Management

管理学系列教材

国际商务谈判

International Business Negotiation

李品媛 编著

WUHAN UNIVERSITY PRESS
武汉大学出版社

图书在版编目(CIP)数据

国际商务谈判/李品媛编著.—武汉:武汉大学出版社,2006.1
管理学系列教材
 ISBN 978-7-307-04738-9

 Ⅰ.国… Ⅱ.李… Ⅲ.国际贸易—贸易谈判—高等学校—教材
Ⅳ.F740.41

. 中国版本图书馆 CIP 数据核字(2005)第 120892 号

责任编辑:范绪泉   责任校对:刘 欣   版式设计:支 笛

出版发行:**武汉大学出版社** (430072 武昌 珞珈山)
       (电子邮件:cbs22@whu.edu.cn 网址:www.wdp.com.cn)
印刷:湖北睿智印务有限公司
开本:720×1000   1/16   印张:20.875   字数:417 千字
版次:2006 年 1 月第 1 版   2011 年 1 月第 5 次印刷
ISBN 978-7-307-04738-9/F·952   定价:29.00 元

前　言

有关谈判理论的系统研究，世界上一些发达国家起步比较早，特别是美国，自20世纪60年代以来已经发展成为系统的科学，相关理论在实践中的应用也取得了较好的成果，谈判学已成为许多大学特别是商学院的必修课程。

我国有关谈判理论的研究和课程的设置始于20世纪八九十年代，尽管起步晚，但发展较快，这主要得益于我国经济的高速增长。作为一名大学的教师，笔者早在20世纪90年代初就开始关注这一领域，并进行了坚持不懈的研究，先后出版了《贸易谈判技巧》、《现代商务谈判》等著作，多次再版、改版，产生了较好的社会影响。

进入21世纪，随着我国在国际市场上的地位与作用的日益扩大，国际交往和国际贸易的不断增多，国际间的谈判行为逐渐增加，如何掌握各国商人的谈判特点，了解国际贸易的规则、惯例，熟知国际交往的礼节已经成为社会各界人士的迫切要求。为此，我们在收集大量相关资料的基础上，参考了国内外一些较有特点的谈判论著，编写了《国际商务谈判》一书。

该书主要有以下特点：

第一，结构安排独具特色。全书分为5编，共18章。在第一编的四章中，主要阐述谈判的基本理论和原则，介绍了谈判交往礼仪和谈判准备的内容，以期读者对谈判形成一个系统的认识，在理论层面上把握谈判活动，提高谈判者的综合素质。在第二编中的七章中，主要是介绍各国商人的文化习俗、谈判特点以及怎样与其谈判，由于篇幅的限制，我们将与我国进行贸易交往较多或比较有代表性的国家选出来进行研究和介绍，提高学习的针对性。第三编中的四章主要围绕着谈判实战的策略技巧展开论述，包括谈判一般战术技巧的运用，讨价还价策略，谈判中阴谋诡计的破解以及怎样处理谈判僵局，目的是提高读者的实战技巧。第四编主要进行谈判沟通和谈判者的心理研究，目的是提高读者的心理素质。第五编介绍国际商务谈判合同的签约与履行，试图从国际商法的角度探讨国际商务合同的签订、履行和让与中的问题与适用的法律，以增强读者的实际操作能力。

第二，谈判是一门实用性较强，融多学科于一体的边缘科学，因此，怎样兼收并蓄、恰到好处地将诸多领域的相关研究成果融入到谈判学中，也是本书研究与写作中重点考虑的内容。如运用心理学理论分析谈判中特定的心理现象，将经济学和管理学运用到谈判活动中的现象分析中，以及谈判中合同签约与履行的国际法律体系适用问题等。作者在这方面花费了较多的精力，并进行了认真的查证，力求在表述上深入浅出，雅俗共赏，理论结合实际，使各个层面的读者都能够理解和接受。

第三，本书还注重阐述理论与概念的实例运用，并在每一章的结束都附有一篇谈判案例，作者的目的是将谈判理论的介绍，谈判活动的解析尽可能置于社会或企业的实际场景中，增强读者的阅读兴趣和了解战术应用的具体环境，更好地掌握谈判的理论原则与策略技巧，进一步增强读者的谈判意识，树立正确的谈判观念，提高谈判能力和谈判效率。从实践来讲，谈判技巧的应用没有一个是在完全相同的背景条件下，同样复制获得成功的，关键在于读者怎样领会这其中的精髓，创造性地应用这些谋略与技巧。

本书不仅可以作为大专院校经济管理各专业的教材和参考书籍使用，同时也兼顾了广大实际工作者学习的需要，可供政府、经济、外贸、工商企业管理人员和购销人员阅读，作为一个普通读者，也可从中获得有益的启示。

总而言之，谈判是一门融多学科于一体的边缘学科，也是一门复杂的、需要综合运用各种技能与技巧的艺术。由于作者的学识、水平及经验有限，本书不妥之处在所难免，我们恳切希望广大读者不吝赐教。

作者

2005 年 11 月

目　　录

第一编　谈　判　理　论

第一编

谈判理论

第 1 章　国际商务谈判概要

学习目的

国际商务活动主要是通过谈判实现的。谈判是现代国际社会无处不在、随时发生的活动。国际社会的经济往来，贸易活动，政治纠纷，军事调停无一不是通过谈判协商解决的。因此，我们首先需要了解什么是谈判？人们为什么要谈判？谈判在现代社会中的意义和作用以及国际商务谈判的基本特点。

谈判一词源于拉丁语 negotium，意思是"生意"。到今天已引申为两方或多方的洽商、会谈。而作为科学含义的谈判，则有着一系列更深刻的含义。

1.1　谈判的含义

要正确认识谈判，有效从事洽商活动，首先要对谈判进行系统剖析。

1.1.1　正确认识谈判

（1）人人都可能成为谈判者

谈判是社会生活中经常发生的事情，几乎每个人都在某一特定条件下成为一个谈判者。与小商贩讨价还价，购买他的农产品；与组织的负责人讨论个人的工作调动；也可能作为企业代表与其他谈判者磋商某一交易；直至作为外交人员与其他国家的官员商讨国际间的事情，这些都是谈判，谈判是我们生活中不可缺少的一部分。有关研究资料表明，发达国家约有 10% 的人每天直接或间接从事谈判活动，其中职业的商务谈判占 5% 以上。

尽管谈判在我们的实际生活中扮演了重要角色，但是人们对谈判活动的认识与重视程度还是远远不够的，·在国内商务活动中，一些人仅仅把谈判看做是人们讨价还价的手段、解决纠纷的途径，甚至认为谈判是玩弄权术、使用伎俩的代名词。所以，许多人只是凭经验、凭直觉从事谈判活动。即使在国际商务活动中，也认为增加了翻译、聘请了律师，事情也就解决了。致使许多涉外交易谈判的合同条款漏洞百出，洽商盲目、草率乃至受骗上当。可以说，缺乏高水准的谈判人员，直接导致了诸多不应有的失误，影响了谈判活动的最终结果，也影响了谈判——社会生活中的重要角色的作用的发挥。

无可争议，谈判已不仅成为我们生活中的重要内容，随时出现在我们身边，也成为国际社会协调的代名词。我们之所以研究它，是因为我们的市场经济不断发展，逐渐与国际社会全方位接轨，其涉外活动的谈判人员也要掌握谈判理论，了解各国民俗特点，熟悉并灵活运用谈判技巧，所以说，谈判是一种涉猎广泛、需要多方面专业知识、技能与技巧的复杂的、高层次的社会活动。

（2）谈判是一门艺术

谈判又是一种复杂的、需要运用多种技能与方法的专项活动，有人称谈判为艺术，一点也不为过。

首先，谈判的艺术性表现在要求谈判人员具有较高的素质，包括掌握各种知识，有较高的修养，善于与人相处，能灵活地处理各种问题。实践表明，从来没有两项谈判活动是用同一种方式进行的，人们也不可能事先准确预测到谈判的结果。适用于上次谈判的方法，这次就可能失效。谈判的成功与否在很大程度上取决于谈判双方人员的能力和水平的发挥，取决于谈判人员的策略技巧的应用。这不同于人们练习某一种劳动技能，操作的次数越多，动作越固定、越熟练，劳动技巧越高，灵活性、变通性、创造性才是谈判的核心。因此，没有较高素质或是缺乏专业训练的人，是很难获得理想的谈判结果的。

其次，谈判也是沟通的艺术。谈判双方的信任与合作是建立在良好的沟通基础上的。沟通的内容十分广泛，既包括交流双方的情况，反馈市场信息，维护对方面子，运用幽默语言，活跃谈判气氛，倾听对方的讲话，控制自己的情绪，建立双方的友谊与信任等，也包括对不同民族、国家的文化、习俗、语言和行为方式的理解与尊重。谈判专家认为只有善于沟通的谈判者才是真正的谈判高手，所以，谙熟沟通谋略，善用沟通手段也是谈判者必备的专业素养。此外，谈判地点、时间和时机的选择，谈判场所的布置、安排，都有一定的策略性，善于谋划和利用这一点，会收到事半功倍的效果。

最后，谈判的艺术性表现在人们的语言运用上。谈判是一种交际活动，语言则是交际的工具。怎样清晰、准确地表达自己的立场、观点，了解对方的需要、利益，巧妙地说服对方，以及体现各种社交场合的礼仪、礼貌，都需要良好的语言表达技巧。有这样一个实例。我国台湾一个律师与其同伴外出办事。早餐结束后，他的同伴外出买报纸，5分钟后，他的同伴空着手回来了，边走边摇头，嘴里还嘟囔着什么。"怎么回事？"律师问。同伴回答说："撞见鬼了！我走到街对面的报摊，拿了一份报纸，递给了他一张10元钱的钞票，说'买报纸'。但卖报人不但不找零钱给我，反而抽走了我挟在腋下的报纸，还气冲冲地说，他不是在上班时间里专门替别人换零钱的。"

　　律师听了同伴的述说，没说什么，只是让同伴在原地等着，他自己向报摊走去。等到那位卖报人做完了一笔生意后，律师温和地对卖报人说："先生，对不起，不知道你是否肯帮助我解决这个难题？我是外地人，想买份报纸，可是只有这10 元的票子，我该怎么办？"卖报人毫不犹豫地抽出了一份报纸递给律师，说："拿走吧，等你有了零钱再给我。"可见语言沟通的作用。律师与他的同伴不同的是，他传递的不仅是买报的信息，还包括尊重和理解。

　　综上所述，谈判既是科学，又是艺术。这是因为它广泛地运用和借鉴了当今世界最新的学科理论与研究成果，总结了适合于谈判活动的原则与方法，从而形成了较为完整的学科体系。它的艺术性则充分表现在谈判策略、谈判者的语言及各种方法的综合运用与发挥的技巧上，只有这样，才能收到良好的谈判效果。

1.1.2　谈判的概念

　　要给谈判下一个定义，既简单又困难。说它简单，是因为谈判对我们而言并不陌生，它几乎每天、每时都出现在我们的生活中，谈判就是人们的一种交际活动。说它困难，是因为谈判的内容极为广泛，人们很难只用一两句话准确、充分地表达生活中谈判的含义。尽管如此，我们还是试图通过对谈判所包含层次的分析来描绘出谈判的大概轮廓，以便我们能把握谈判概念的一些基本要素。

　　美国著名谈判专家尼伦伯格认为：谈判是人们为了改变相互关系而交流意见，为了取得一致而相互磋商的一种行为。[①] 美国法学教授罗杰·费希尔和谈判专家威廉·尤瑞合著的《谈判技巧》一书把谈判定义为"谈判是为达成某种协议而进行的交往"。[②] 在他们的概念中，谈判是作为人际之间的一种交往活动而存在的。

　　美国谈判专家威恩·巴罗认为："谈判是一种双方都致力于说服对方接受其要求时所运用的一种交换意见的技能，其最终目的就是要达成一项对双方都有利的协议。"巴罗坚持认为谈判活动的核心是交换意见并致力于说服对方，要很好地实现这一目的，就不能只是简单的表述，而是要有高超的"交换"技巧。

　　而我国学者则认为：谈判是"当事人为满足各自需要和维持各自利益而进行的协商过程。"这一解释强调谈判活动的持续性，这一点在正规、大型的谈判活动中十分突出，由此也表明谈判不同于简单的、规律性的重复活动。

　　综合上述观点，我们认为，谈判的含义至少要包括以下几个方面的内容：

　　第一，谈判是建立在人们需要的基础上的。尼伦伯格指出：当人们想交换意见、改变关系或寻求同意时，人们开始谈判。这里，交换意见、改变关系、寻求同

---

①　[美] 尼伦伯格著，郑丽淑译. 谈判的奥秘. 四川文艺出版社，1988. 4 页

②　[美] 罗杰·费希尔等著，郭序等译. 谈判技巧. 北京大学出版社. 1987. 1 页

意都是人们的需要。需要包括的具体内容极为广泛，如物质的需要、精神的需要、低级的需要和高级的需要。需要推动人们进行谈判，需要越强烈，谈判的动因就越明确。但谈判又是两方以上的行为，只有各方的需要能够通过对方的行为满足时，才会产生谈判。所以说，无论什么样的谈判，都是建立在需要的基础上的。

格蒂石油公司的老板叫保罗。格蒂是美国的大富豪，而乔治·密勒是他手下的一名主管，负责监督洛杉矶郊外的一片油田。此人勤奋、诚实、懂行，在格蒂眼中，"他的薪水跟他所负的责任相符"。但格蒂每次到油田查看钻探现场、油井和装备设施时，总会发现工作效率不高、错误迭出，如经费失控、工序脱节、后勤保障不到位等问题。格蒂认为，症结在于密勒热衷于坐在洛杉矶的办公室里进行遥控指挥，很少亲临现场监督作业情况，没有很好地行使监督人员的职责。于是，他决定跟密勒进行"男人与男人的谈话"。

为使谈判达到预定的目的，格蒂做了认真的准备，自以为对密勒了如指掌，便气势夺人地跟他摊牌："我认为你的工作方式还有不少需要改进的地方，我只在现场呆了一个小时，便发现有好多地方需要改进，坦率地说，我不懂你为什么看不出来？"密勒回答说："先生，您忽略了一点，脚下踩的是你自己的油田，油田的一切跟您都有直接的利益关系，这就足够使您眼光锐利，发现问题。至于解决办法，当然多的是！可是工地上有谁会像您一样认为呢？"格蒂没有想到密勒另有理由，他只得说"让我考虑考虑"，暂停了谈话。

第二次，格蒂干脆利落地亮出底牌说："假如我把这片油田交给你，利润按9:1分享，不再给你薪金，你看怎么样？"

密勒考虑一会说："我同意这种分配方式，但我想得到我应得的利润。""那么请你开个价。"格蒂谨慎地说。"格蒂，你做了基础投资，但管理是我一个人做的，所以，至少应按8:2分享利润。"密勒坚定地说。"好吧，让我们共同来做一个实验。"格蒂边说边伸出了手。"你不会吃亏的。"密勒也伸出了他的手。

协议达成，变化立即出现。密勒开始真正关心降低费用、提高产量。用一种完全不同的眼光看待油田作业，以前的工作效率低、人浮于事的现象有了根本的改观。经过密勒的不断努力，油田的产量不断提高，费用却在逐渐降低。

格蒂嘴上说做个试验，心里却想"吃小亏占大便宜"。他耐着性子等了两个多月之后，带着挑剔的目光来到油田。他仔细查看了作业情况，却找不出什么毛病，最后，他信服地对密勒表示，油田状况令他十分满意。就此开始了两个人长久的合作。

需要不仅是显现的，也是潜在的，许多情况下，需要靠发现、发掘，格蒂成功地发现了密勒的需要，并就两个人的合作方式达成了正式协议，改善了企业的管理现状。

第二，谈判是两方以上的交际活动。要谈判，就要有谈判对象，只有一方则无法进行谈判活动。从采购员与推销员的一对一谈判，到联合国的多边谈判，都说明谈判至少要有两方以上的参加者。既然有两方以上的人员参加，这种活动就是一种交际活动，就需要运用交际手段、交际策略来实现交易的目的。这是谈判活动与人类的其他行为的重要区别。

　　谈判中需要沟通与交流，交际手段和策略是十分重要的。事实证明，许多谈判失败或没有达到预期的效果，主要原因是沟通或交流不够。美国一家大保险公司在市中心一块相当好的地段拥有一家大酒店的抵押权。虽然生意不错，但酒店老板很少按时付款。由于无法使酒店老板按规定时间付款，保险公司威胁说要取消这家酒店的回赎权。

　　酒店老板听说了这一消息后，只问了一个问题："你们将在哪儿停放客人的汽车?" 他知道停车场是另一份合伙契约的一部分，完全在他的控制之下，但保险公司却不知道这一点。如果保险公司取消酒店的回赎权，酒店老板就会关闭停车场，从而使酒店无法继续营业。

　　无奈，保险公司停止了取消回赎权的诉讼，宽恕了酒店逾期付款的行为，并根据酒店老板提出的条件重新商议抵押权问题。看来，对信息的掌握与使用能直接改变谈判中的地位。如果你对信息的了解不如你的对手时，你就会陷入被动之中。

　　第三，谈判是寻求建立或改善人们的社会关系的活动。人们的一切活动都是以一定的社会关系为背景的。就拿买卖活动来讲，看起来是买卖行为，但实际上是人与人之间的关系，是商品的所有者和货币持有者之间的关系。买卖行为之所以能发生，取决于买方和卖方新的关系的建立。谈判的目的是要获得某种利益，要实现追求的利益，就需要建立新的社会关系，或改善原有的社会关系，而这种关系的建立是通过谈判实现的。

　　20 世纪末，一个最著名的谈判案例就是戴姆勒-奔驰的子公司和克莱斯勒公司的合并谈判。1994 年，戴姆勒-奔驰的子公司梅塞德斯-奔驰股份公司在海尔穆特·维尔那的领导下，开始寻找合作伙伴。因为仅靠梅塞德斯的牌子，其增长已经达到了极限，要想获得新的增长点，必须扩大品牌系列。克莱斯勒求贤若渴也有很长时间了。"克莱斯勒和戴姆勒-奔驰是绝配，对此我毫不怀疑。"克莱斯勒公司董事长伊顿说。

　　在长达 8 个月的谈判期间，戴姆勒给这次秘密行动起了一个名字叫"伽马"。伽马是希腊语的第三个字母，前两个字母代表曾经进行过、但是没有成功的联合计划。1998 年 5 月 6 日，德国戴姆勒-奔驰股份公司与美国克莱斯勒汽车制造公司宣布合并，组成新的戴姆勒-克莱斯勒公司。两强联合决定了近 50 万人的命运，将创造高达 2 600 亿德国马克的年营业额，几乎相当于整个丹麦的国内总产值。这一消息立刻震动了全球工业界和经济界。同一天在《华尔街日报》登载了一篇文章，题为"戴姆勒、克莱斯勒的秘密会谈——350 亿美元的两强大联合"，文章一见报，戴姆勒的股票顿时由 178 德国马克猛涨到 201 德国马克，克莱斯勒的股票由 41 美元涨至 53 美元。

第四，谈判是一种协调行为的过程。任何谈判协议的达成，都是寻求协调、达到统一的结果。没有达成协议，则是协调活动的失败。谈判的整个过程，就是提出问题和要求、进行协商，又出现矛盾、再进一步协商的过程。这个过程可能会重复多次，直至谈判终结。

没有任何一项谈判是双方一接触就一拍即合，达成协议的。众多条款需要不断协商沟通，取得双方的一致。有的甚至拖延数年时间。中国海洋石油公司与英国壳牌石油公司 40 亿美元的合作项目，就是双方在谈判了 12 年后，才最终达成协议的。中间经历了 5 次大的反复，先后有中国石油公司、中国石化公司、中国香港招商局集团和广东省参与合作与谈判，投资方案出台了数十个，可行性分析也做了无数遍，参与谈判的人员更是数不胜数，最终的结果还比较圆满。这也进一步印证了谈判本身就是人们不断沟通协商的过程。

第五，选择恰当的谈判时间、地点。谈判是两方以上面对面的接触，这就需要选择谈判时间和谈判地点。一般来讲，是谈判双方根据实际需要协商确定的。谈判的参与者都十分重视选择恰当的时间和地点。这在政治谈判和军事谈判中尤为重要。在世界比较著名的谈判事例中，很多谈判活动都精心选择谈判地点，确定谈判的相关人员。例如，以色列和巴勒斯坦人的谈判，地点却在美国，由美国人充当中间调节人；而 20 世纪 70 年代越南和美国人的停战谈判，地点选择在法国，双方都乐于接受并最终达成协议。

综上所述，我们认为谈判的概念是指参与各方出于某种需要，在一定的时空条件下，采取协调行为的过程。

谈判的范围是十分广泛的，企业销售产品、购买材料，职工调动工作，政府的外交联系，国家间的和平协定，甚至是家庭纠纷等，都可以成为谈判的内容。这里，为了研究问题的方便，我们把发生在国际社会经济领域中的谈判，即国际商务活动作为谈判研究的主线，并以此展开分析与论述。

1.2　现代经济社会离不开谈判

既然谈判的内容是十分广泛的，谈判的作用也体现在多个层面上。

1.2.1　谈判是市场经济发展的产物

谈判并不是今天才出现的事物。它从古至今一直是人们生活的组成部分。但是，只有在商品经济发展到一定阶段时，人类社会进入文明阶段时，谈判才在社会生活中发挥了巨大的作用。这是由于商品经济的内涵是等价交换，它排斥一切政治权力的干预，只有通过买卖双方的平等协商，才能在互利的基础上实现彼此的联系，促进经济的不断发展。可以说，商品经济的发展，使谈判扮演了社会经济生活中的重要角色；而谈判手段的广泛而有效的运用，又极大地促进了商品经济的繁荣与兴旺。

在人类社会形成初期，由于生产力水平极其低下，集体狩猎的食物都是平均分配。虽然当时也有协调行为，但这种协调是自发的、无意识的，可以看做是人的"天性"。

随着社会生产力的进一步发展，产品出现了大量剩余，有了交换的可能性和必要性。这时，出现了通过谈判进行部落间交换的现象。在第三次社会大分工形成后，出现了专门从事商品交换的商人，交换已发展为经常的、广泛的社会活动，谈判则成为这种贸易交往的媒介，成为人们社会活动的重要内容。

商品经济存在的基础是社会分工、生产资料及产品属于不同所有者，由此决定了人们之间的交往关系必须是平等的、互利的，人们之间的经济联系必须是有偿的、等价的。与此相适应，谈判便成为人们实现这种联系的重要形式，为谋求各方之间的联系与合作发挥着巨大的作用。实践证明，商品经济越发达，谈判的应用越广泛，谈判的形式就越多样化、复杂化，出现了民间谈判、企业间谈判、政府间谈判以及国际间谈判等各种谈判形式。同时，谈判广泛运用于社会生产、生活的各个领域，进一步促进了社会的繁荣、经济的发展。它更好地实现了人们在平等互利基础上的联系，改善了相互间的关系，提高了交易的成功率。

今天，谈判已经成为国际社会活动的重要组成部分，成为各种组织和公众为解决彼此间的矛盾、争议和调整人际关系的重要手段。不论人们是否承认、有没有意识到，人们都曾在现实生活中扮演了、并将继续扮演着"谈判者"的角色，正如谈判专家所说的那样，"世界就是一张偌大的谈判桌"。

1.2.2 谈判是国际间企业联系的纽带

谈判，特别是国际贸易谈判，主要是在企业与企业之间，企业与其他组织之间进行的。这种联系在当今是通过以谈判为主的沟通活动实现的。事实上，经济越发达，分工越细，专业化程度越高，企业间的联系与合作越紧密，越是需要各种有效的沟通手段。但同时，在市场经济条件下，企业是社会的经济细胞，是独立的商品生产者，具有独立的法人资格。企业之间的交往与联系，必须遵从市场经济的客观规律，在自愿互利的基础上，实行等价交换、公平交易。因此，谈判理所当然地成为各种经济现象之间联系的媒介，成为企业之间经济联系的桥梁和纽带。

改革开放政策的实施，打破了我国传统的僵化、落后、封闭式的管理体制，也将企业推向了市场，给企业以充分的经营自主权，使企业成为在市场经济活动中能够自主运营的独立的商品生产经营者。企业在追求利润最大化的同时，能够维护自己独立的经济利益和各种合法权益。随着我国经济体制改革的逐步深入，现代企业制度的日益确立，谈判已经成为社会经济活动中企业之间以及其他各种经济实体之间联系的主要媒介。企业通过谈判，实现资金、技术、设备、原材料和劳动力的最佳组合；通过谈判协商解决交易活动中的一系列问题；通过谈判处理合同纠纷；通过谈判磋商解决企业生产经营过程中所有涉及两方以上的问题。谈判加强了企业之间的联系，促进了社会经济的发展。

1.2.3　谈判是开展国际贸易的重要手段

当今的经济活动，是在国际之间拓展的。任何一个国家都不能只依靠本国的资源、生产能力、科学技术来满足国内的需求。而且随着社会生产的不断发展，不论是科学技术先进的国家，还是落后的国家，都必须注意学习利用其他国家的长处、优势，借鉴别人的科技成果。众所周知，日本在 20 世纪 70 年代到 80 年代靠引进的先进技术，实现了经济起飞，一跃成为世界经济强国。纵观世界市场，从 20 世纪 50 年代到 80 年代，世界贸易额增长了 20 多倍，进入 21 世纪，经济全球化、一体化已成为世界经济发展的大趋势，各国间的贸易早已跨越了国界和地域的限制。

要加快我国现代化建设的步伐，必须进一步扩大对外贸易，参与国际经济大循环。我国在 21 世纪初成为世界贸易组织的成员，这为我国参与国际贸易、更多地吸引外资、引进国外先进技术、设备，展示了光明的前景，创造了极好的条件。我们一定要抓住这一有利时机，尽快融入世界经济发展的潮流中，以提高我国的国际竞争力，加快我国市场经济的发展。

就另一方面讲，我国长期以来对外贸易发展速度不快的原因之一，就是我们对外贸谈判重视不够，缺乏一支精悍的、高水平的谈判人员队伍，现有的谈判人员也缺乏系统的、专门的训练。许多人不仅不懂谈判中的策略技巧、战术方法，甚至对自己的个性特征、行为方式，也缺乏最基本的把握，综合素质不高，一些人还停留在经验式的摸索阶段。

随着对外开放的不断扩大，世界经济一体化已经成为一种主导潮流，中国在其中发挥的作用越来越大，2004 年，我国的进出口贸易额已达到 1 万亿美元，成为世界上仅次于美国和德国的贸易大国，对国际上的外贸依存度也越来越高，国际知名企业大规模地进入中国市场，国内企业也源源不断地向国际市场进军，众多企业直接同外商打交道，这一切使得高水平谈判人员缺乏的状况更加突出。而且从目前国际贸易发展的态势来看，国际商务谈判不仅需要懂专业的专门人才，更需要一专多能的复合型人才。如在引进技术、设备的谈判中，技术谈判与商务谈判不能很好地结合起来，懂技术的不懂贸易，懂贸易的不懂技术，致使一些企业与外商签订的合同条款不清、漏洞百出，不仅给企业和国家造成了不应有的损失，也影响了我国对外贸易的发展。

发展对外贸易，参与国际竞争，开拓国际市场，必须要掌握高超的谈判技巧，了解熟悉国际间商贸活动的一般规律、准则以及各国的民俗、消费习惯，把握不同国度谈判者的谈判风格，只有这样，才能有效地运用谈判手段，在国际商贸活动中运筹帷幄，掌握主动，赢得胜利。

1.3　国际商务谈判的特征

1.3.1　谈判是人际关系的一种特殊表现

谈判是由两方以上的人员参与的活动，这就必然表现为一种人与人之间的关系。人际之间存在着多种多样的关系，如生产关系、血缘关系、师徒关系、邻里关系、同乡关系等。但上述这些人际关系并不等同于我们所研究的谈判行为之间的人际关系。在这里，谈判活动所体现的人际关系具有某种特殊性。这就是参与谈判活动的各方是出于某种利益而结成的相互关系或共同体，这种关系不同于上述人际关系的稳定性、持久性的特点，而是短暂的和动态的。也就是说，由谈判活动所建立的人际关系，一旦协调过程完成，相互之间的关系便告结束。当然，我们也并不排除这种关系可能转换为另外一种人际关系——相对稳定、持久的协作或合作关系。

从另一方面来看，谈判行为所形成的人际关系的范围是十分宽泛的，即介入这种关系的人的来源可能是多方面的，不仅仅是负责谈判的专业人员，生活在社会各个层面的人都会在某种特定的情况下从事谈判活动。例如，公司员工会向公司的管理层提出要增加员工工资，或寻求加班费等事宜；某人的邻居可能会与他协商，要其将门前的树挪走，因为树阴遮蔽了邻居的窗户。凡此种种，我们可以随时感受到谈判行为的发生。

1.3.2　谈判的参与各方具有独立的自我意识

谈判——作为人类广泛的社会行为，其核心是参与各方体现了一种平等互利的关系，任何一方都不能凌驾于另一方之上。当然，谈判中所使用的谈判技巧则另当别论。谈判的各方只有地位平等，才能在相互间有效地磋商问题，协调分歧，彼此合作。

人类的平等意识由来已久，人类社会历史上出现的两次大的"社会进步"行为——"摆脱共同体束缚而争取个性自由"，即摆脱原始氏族共同体走向古典自由民社会、摆脱封建宗法共同体走向近代市民社会，其核心都是一个平等的问题。最具声望的"雅典道路"之说就是由"氏族族长制"转变为"民主制"，即古希腊罗马的议会制。但是在人类的历史进程中，人们的平等体现得并不充分，表现都是局部的或不完善的。由于种族和阶层的差异，战争、暴力和一些不平等条约等还是大量地充斥在人类的行为中，扼杀和破坏了人们之间的交往与沟通。

随着人类社会的不断进步，自由、平等、博爱已成为人们普遍接受的价值观，市场经济的高度发达排斥一切强权，人们需要平等自由的交往和联系，这一切使谈判这种建立在平等协商基础上的活动逐渐成为人们社会活动的主角，发挥着越来越大的作用。

从另一角度来看，在谈判中人们实施的各种谋略与技巧，其实质在于掩饰本身的不足而维护表面上的对等，或试图打破表面上的对等而取得形式上的优势，从而获得维护自身利益或取得更好谈判结局的效果。由此，我们可以得出，维护在物质力量、人格、地位等方面的相对独立或对等不仅是构成真正谈判关系的一个条件，而且也是双方在谈判中进行较量的一个焦点。这里我们不妨举个事例说明这一道理。

一个被单独监禁的囚犯整日无所事事。一天，他忽然间嗅到了一种万宝路香烟的味道。他喜欢这种牌子的烟。他看到了门廊里正在吸烟的卫兵，这勾起了他的烟瘾。所以，他用他的右手指关节客气地敲了敲门。卫兵走过来，傲慢地说：“你要干什么？”囚犯答道：“请给我一支烟……就是你抽的那种万宝路。”卫兵感到很惊异，囚犯还想要烟抽，真是异想天开。他嘲弄地哼了一声，就转身走开了。

这个囚犯却不这么看待自己的处境。他认为自己有选择权，他愿意冒险检验一下他的判断，所以他又用右手指关节敲了敲门，这一次，他的态度是威严的。那个卫兵吐出一口烟雾，恼怒地扭过头，问道：“你又想要什么？”囚犯回答道：“对不起。请你在30秒之内把你的烟给我一支；否则，我就用头撞这混凝土墙，直到弄得自己血肉模糊，失去知觉为止。当我醒来时，就说这是你干的。也可能当局不相信我。但是，想一想，你必须出席每一次听证会，不断证明你是无辜的，你必须填写各种报告——所有这些都只是因为你拒绝给我一支劣质的万宝路！就一支烟，我保证不再给你添麻烦了。”

结果呢，卫兵从小窗里塞给了囚犯一支烟，并替他点上。因为这个卫兵马上明白了事情的得失利弊。尽管囚犯与卫兵处于不平等的地位，但他有效地利用自己的权利改变了双方的实力对比，达到了他的目的。

1.3.3　谈判是信息传递的过程

谈判的各方在一起磋商问题，都需要阐述自己的想法和意见，同时也要听取对方的想法和意见，这一过程是一个借助于思维—语言链交换信息的过程，即不断传递信息并随时反馈的过程。这一过程伴随着双方或多方的心理活动，体现的不仅仅是交易的结果，同时也是参与各方价值观和思维模式的较量或展现。

一家美国公司的经理在商谈一笔有较大利润空间的生意时，因毫无恶意地回绝了与热情的沙特阿拉伯商人一起喝咖啡的邀请，使对方感到极为不快。虽然这位美国人只不过是急于签订合同，但这种草率的行为却使对方感到屈辱。于是在后来的谈判中，沙特阿拉伯商人越发态度冷淡，使原本大有希望的洽商陷入僵局。

尽管谈判各方的地位是平等的，实现的利益也是双赢或多赢的，但不等于是各方机械妥协的结果，应该是各方展示各自的实力，利用各种条件或优势争取最大利益的过程。由于参与谈判的各方在观点、基本利益和行为方式等方面存在着既相互联系又相互冲突或差别的现象，并且各方都企图说服其他各方理解或接受自己的观点。在各方之间交换信息越充分，沟通越彻底，走向一致的可能性就越大。

世界著名的迪斯尼公司在 20 世纪 90 年代初遇到这样一件事情。公司耗资 50 亿美元在巴黎附近兴建的主题公园准备于 1992 年 4 月 12 日开张，工程结束前，建筑承包商却要求迪斯尼公司为工人的额外劳动追加近 150 万美元的工资。建筑承包商之所以在当时要钱，其奥秘不言自明。欧洲迪斯尼总经理最初称这一要求为敲诈并完全不予理会。但在第二次的交涉中，公司进一步了解了事态的发展过程，发现建筑商获得了法国新闻界的支持，许多报纸公开报道并夸大宣传此事，一时间满城风雨。更令迪斯尼公司感到威胁的是，对方决定要在主题公园的盛大开张日举行示威游行。认识到自己处于一个无法取胜的境况之后，迪斯尼公司立刻转变态度，声称与对方全面协商，并很快付清了抗议呼声最高的 40% 的工人的工资，与其余的60% 的工人的工资补偿谈判也顺利地完成了。

1.3.4　谈判没有特定的规律可遵循

古语讲"兵无常势，水无常形"是比喻事物的发展没有可遵循的定势，没有可完全照搬的模式，谈判就是这样的一种活动或行为。著名的谈判专家尼伦伯格曾参加过无数的谈判，得出的结论是没有两个谈判模式是完全一样的，尽管有时交易的内容没有太大的差别。

谈判难以寻求一种特定的模式还表现为，判定参与谈判的人胜任与否十分困难。人们会同意谈判人员的经验、谈判战术技巧的熟练掌握具有重要作用这样的观点，但对怎样才算是一个成熟、老练的谈判者这个问题却没有统一的定论。在尼伦伯格看来，老练的谈判者难求，通过研究和实际体验，人们可以精通此行。他列举查理·艾克在《国际谈判》一书中的观点来证实他的主张："根据十七、十八世纪外交手册，全能的谈判者，必须反应敏锐，又有无限的耐心，知道如何隐瞒又不致流于欺诈。能激发别人的信任，自己却不信任他人。看来温和，其实是果敢。能吸引人却又不为人所吸引。"

在尼伦伯格看来，精于谈判之道的专家不玩谈判的游戏。他们了解妥协和调节的艺术，知道找出共同利益的重要性，而且他们会避免陷入"我要赢这场游戏"的竞争态度。谈判时，双方会做最大的让步，并对对方的让步做最低的期望。但他们不会做得很明显，而是间接、暗地里很灵活地表现出来。这要有长期的经验和训练，才能达到此种地步，也只有这样熟练的谈判者，才能圆满地完成谈判任务。

尽管我们知道这样的谈判者是理想的谈判人选，但是，却无统一的判定标准。许多专家将一些特质赋予谈判高手，如坚定、果敢、自信、有洞察力等，但实际上，这只是优秀谈判者的充分条件，这样的特质也会表现在优秀的领导者和管理者身上。在谈判这种特定的活动中，也会锻炼人的一些特质。

1.3.5 对对方文化及习俗的理解与尊重

国际商务谈判无论是就谈判形式，还是就谈判内容来讲，远比国内谈判要复杂得多。这是由于谈判双方人员来自不同的国家，语言、信仰、生活习惯、价值观念、行为规范、道德标准乃至谈判的心理都有着极大的差别，而这些方面都是影响谈判进行的重要因素。

在谈判中，语言是双方沟通和交流的重要工具，运用语言不仅能表达己方的立场、要求、意见，也可以通过语言更好地了解对方的立场、观点、想法。在国际谈判中，语言是影响谈判顺利进行的首要障碍。由于语言上的差异，使一方不能准确理解另一方所表达的含义或内容，造成误会、分歧，进而影响谈判的例子很多。因此，这类谈判双方要明确的第一个问题就是使用哪一种语言作为谈判工具，国际谈判多数是以英语为洽商的主要语言。但如果在对方国家谈判，也常使用对方的语言。这里，优秀翻译人员是必不可少的。如果谈判人员本身精通外语，则是最有利的条件。

在谈判中，个人的偏见和成见是难以避免的。由于文化之间的差异所形成的观念对谈判的影响更为深远。例如，西方人注重时间观念。他们把时间看做金钱。因此，在谈判中，不喜欢无故拖延谈判，中断谈判，迟到或早退。在我国一次对外招标的大型项目合作中，中方与外方的企业同时进行合作施工。中方负责施工材料的供应，外方负责施工。结果，双方出现矛盾纠纷，起因是中方提供的施工材料比按合同规定晚到一天，而外方据此不付货款。中方企业十分愤怒，觉得这是解释一下就可以理解的事，外方是小题大做。类似这种问题，在国际谈判中时有发生。例如，我们和中东地区国家的人做生意，常常感到他们不注重时间，即使是内容明确，双方没有太大分歧的商谈也会持续很长时间，有的甚至会中断谈判，接待其他来访者。如果你对他们的文化不理解，就很难获得他们的信任，更谈不上做什么大生意。再如，美国人看重个人能力与聪明，在谈判中努力表现个人的作用，而日本人则倚重集体的力量与智慧，谈判中竭力不表现自己，十分注意维护集体的利益。

价值观念不同，还使得谈判人员对谈判结果有着不同的评价。有的人以获得对方更多让步为满足，认为是维护了自己的利益，而有的人则对获得对方的尊重与重视表示满意。所以，在涉外谈判中不能单凭己方的想法、意愿去推测对方的意图、打算。这种一厢情愿的做法常常是造成沟通失败的主要原因。进行这类谈判的准备工作是十分重要的。要尽可能利用一切资料、一切机会了解对方的行为特点、生活方式、谈判风格，做到胸中有数，临阵不乱。同时，在谈判中，努力克服不同文化所造成的偏见与成见，避免用自己所习惯的价值观念去衡量对方，充分体谅、理解和尊重对方的行为，注意与对方的沟通交流，增加彼此间的了解是十分重要的。

国际贸易谈判中的一个很重要但又往往被人们忽略的问题就是谈判双方人员的心理障碍。这是由于不同文化背景导致人们行为差异而形成的心理反射。例如，在谈判中，当一方表达其立场观点时，往往担心对方不能很好理解，而对方也可能有同感。在运用语言上，选择词汇十分慎重，惟恐用词不当，有失礼节。对所应采用的策略、方法顾虑重重。许多在其他谈判场合中潇洒自如、从容不迫、临危不乱的谈判人员，在这类谈判中常表现出拘泥呆板、犹豫不决、瞻前顾后的反常行为。所以，在国际谈判中，还要注意克服谈判人员的心理障碍，要重视和加强对谈判人员的心理训练，使其具备在各种压力下的心理承受能力。

复习思考题

1. 怎样理解谈判的艺术性？
2. 结合实际分析谈判的五个基本要点。
3. 为什么说谈判是市场经济发展的产物？
4. 试分析谈判是一种特殊的人际关系。
5. 怎样理解谈判即是沟通？
6. 试分析国际商务谈判的主要障碍。

案例分析

美国瓦那公司与日本夏山株式会社的贸易纠纷

事件背景

瓦那食品公司是世界 500 强企业之一。该公司准备在 20 世纪 80 年代初开发日本市场。于是委派负责海外事务的董事马莱进行调查，并与日本食品企业接触。日本五大食品企业之一的夏山株式会社对与瓦那公司进行长期合作表现出极大的兴趣，两家企业于 1982 年签订协议，开设垄断代销店，为期 12 年。

于是，瓦那公司将在日本生产公司产品的许可证转给了夏山株式会社。1984年初，夏山株式会社开始生产由日本国内生产和销售的瓦那产品塑料盒装的奶酪甜食点心。但同时，夏山株式会社继续进口瓦那公司生产的奶酪甜点心（该产品为铅罐装，夏山株式会社将此产品与国内生产的瓦那产品一起向日本顾客销售）。1984 年末，夏山株式会社在日本国内生产的产品销售额不能达到合同规定的水平。这样，根据合同专利权使用条款的约定，夏山株式会社必须向瓦那公司支付产品专利权使用费。但是，夏山株式会社对专利使用费的"正当性"表示了异议。他们认为，夏山株式会社在生产瓦那产品上损失较大，瓦那公司在收取二重利益，即在日本国内生产的专利使用费以及出口收益。

夏山方面的立场

于是双方谈判开始。夏山株式会社认为只有将塑料盒全部换成金属罐，这才能说国内生产已经开始。因此瓦那提出的最小值专利使用费条款不适用。夏山株式会社认为自己是受骗了，是由于罐装进口品影响了盒装国产品的销路。社长山下二郎认为，马莱是诬骗夏山株式会社的罪魁祸首，因此，对马莱特别恼火。在后来的一段时期，山下将谈判事宜交给了部下。在他离开日本期间，其部下在与马莱谈判时却同意全额支付最小值专利使用费的余款。气愤的山下在与律师商量以后，给瓦那食品公司会长马斯塔滋写了一封英文信，信中申明了夏山株式会社的立场，同时要求对方退还夏山职员寄出的最小值专利使用费款项。信中还口气严厉地指责了瓦那公司。这也使得瓦那公司代表对夏山株式会社的对立情绪加大。

山下给马斯塔滋的书信令其忧虑，山下显然对瓦那食品公司负责海外事务的马莱董事不信任，因此要求与马斯塔滋会长本人谈判。但马斯塔滋会长还是让马莱给山下回信。尽管马莱事先说明这是禀承马斯塔滋会长的旨意写的，但信的内容全是马莱的风格，形式主义色彩浓厚，山下看信后更为恼火。干脆不给任何回复了。但在马莱的要求下，双方在东京举行了会议。瓦那方面的谈判小组由马莱和三名成员组成，夏山方面出席的是山下、岸和其他四名成员。

马莱认为他们为成功地举行此次会议做了许多细致的准备，同时又带了三名成员来东京，花费了不少费用。但会议结局简直是灾难性的。不管瓦那方面提出什么建议，山下一律加以阻止、责难和拒绝。在会议初始阶段，山下批评了瓦那公司有关专利使用费一事，他气得满脸通红，愤愤不平地说："你们简直像一帮装模作样、戴着善良假面具的吸血鬼、守财奴。"

马莱及其同事开始以为这不过是一种稍带幽默的俏皮话，没有回应。但山下在会议期间不时怒气冲冲地重复同一主张，不断指责、批评瓦那公司。这下马莱及其同事感到事情复杂了。这时尽管瓦那方面捉摸不清山下发火的原因，但确已感到合作关系岌岌可危。他们试图缓和，但一无所获。丧失了信心的瓦那公司在两个方案之间摇摆：一是寻求打破事态僵局的良策，寻找一位中间人；二是尽快地与对方解除合作关系。

纠纷原因何在

总公司在对有关此事的所有书信进行研究，并用电话详细询问马莱以后，聘请了国际谈判研究所的顾问，顾问提出了如下建议。首先是咨询顾问对日本人态度的解释：

首先，山下的态度是一种有意识的计谋，这样他可以掌握主动权，即可以先发制人。其次，山下个人或许对马莱存在敌意，这就使得纠纷的火焰越燃越烈。最后，对第二个观点可做如下解释：a. 马莱的书信形式主义色彩浓重，含有教训口气，极具攻击性。b. 马莱在解决问题时（比起面谈）偏重于借助书信。这给日本人一种冷淡的形式主义的印象。c. 山下认为自己的职务以及社会地位远高于马莱，因此对马莱的书信一概不予回复，他认为小看马莱也无不当之处。

其次咨询顾问对瓦那食品公司提出建议：

一是彻底改变交流方式。不再依赖于书信来往，要与对方面对面谈判。二是正式谈判以前，调整瓦那公司发展事业的目标，并就能否与夏山株式会社建立良好关系等事项做出判断。三是即便准备放弃合作，也应该以此为要挟，在私人交往基础上建立起关系。四是为使日方恢复到正常状态，应承诺进行永久性投资。五是在与夏山株式会社进行谈判时，应按下列顺序说明：a. 国际形势以及日美关系对国际通商关系的影响；b. 叙述瓦那公司的目标以及夏山株式会社的目标，说明在现阶段哪些目标已经达到，如何看待存在的问题，同时坦率承认自己的错误及对夏山株式会社误解的地方。c. 坦率表明意见的一致性和分歧问题，提出新的全盘经营方案等建议。

谈判准备和新进展

双方定于 1985 年 12 月 4 日重新进行谈判。在谈判中瓦那公司采用了顾问的建议，首先给对方送去了议事日程和讨论顺序，以期得到对方同意。其次，开场白通俗易懂，富有公理。再次，首席谈判（马莱）指出各要点并加以说明，留出对方提问的时间。切忌过分夸张和即兴陈词。最后，美方成员各司其职，一人作为首席谈判的助手，记录一切发言，将此整理后呈递首席谈判参考，这样，首席谈判可以将全部精力倾注于谈判；其余两人观察在首席谈判提出新建议后对方成员的反应，如日方的"有兴趣"、"赞成"、"绝对反对"等意思时的反应动作。

结果，双方的谈判发生了惊人的变化。马莱两眼生辉，他使山下放下了高傲的架子。山下及部下也露出了笑容。谈判终于有了起色，打破了传统偏见和越积越深的误解。当然，夏山株式会社和瓦那公司之间后来的合作并非毫无龃龉、畅通无阻。但是，通过这次谈判，它们之间恢复了对彼此的尊敬，明确表明自己的观点，并互为对方所接受，而且，相互之间能够尊重各自立场的相异之处。夏山株式会社在反复研究瓦那公司有关新产品的设想后，决定生产一种最有希望的新产品（瓦那公司对此欣喜万分）。马莱承认自己的交流方式不能有效地与日本人谈判，因此，他给其部下下放了更大权限，以促进两家企业之间的相互了解。

当专利使用费问题即将得到最终解决时，山下再次登场，他指示部下，在最后同意以前，要瓦那公司为解决有关最小值专利使用费时愚弄夏山株式会社一事以书面形式给予道歉。马莱对此并未轻易接受。最后，他写了一封同时能使双方都满意的正式道歉信。这样，围绕夏山株式会社和瓦那食品公司的长时间的经济纠纷才告完结。

资料来源：〔澳〕罗伯·M·马奇著，王华译. 如何与日本人谈判. 江苏人民出版社，1990

问题：
1. 试从民族文化与习惯心理两方面分析双方分歧产生的原因。
2. 谈判前的准备与谈判中的沟通起什么作用？结合实例说明。

第 2 章　谈判原则

学习目的

　　谈判的基本原则也是谈判的指导思想、基本准则。它决定了谈判者在谈判中将采用何种谈判策略和谈判技巧，以及怎样运用这些策略和技巧。深入理解谈判的基本原则，有助于谈判人员确立正确的指导思想，选择更职业化的谈判战术。

　　谈判原则是谈判人员在谈判中应该遵守的基本准则。在国际商务谈判中，对不同的谈判者来讲，所采用的原则和指导思想也是不同的。这里我们主要介绍哈佛学者所倡导的、为国际社会所广泛赞同的几项原则。

2.1　谈判是一种"双赢"的合作

　　参与谈判的各方究竟是合作者，还是竞争者？这是历来谈判学家在理论上争论的焦点，也是众多的实际谈判者在谈判中确定立场的出发点。我们认为，不论是何种类型的谈判，即使是政治谈判、军事谈判，谈判的双方或多方都是合作者，而非竞争者，更不是敌对者。

　　这是因为，如果把谈判纯粹看成是一场棋赛，或一场战斗，不是你输就是我赢，那么，双方都会站在各自的立场上，把对方看成是对手、敌手，绞尽脑汁、千方百计地想压倒对方，击败对方，以达到己方单方面的目的。结果，达到目的的一方成了赢家，趾高气扬，做出重大牺牲或让步的一方成了输家，屈辱不堪。双方虽然签订了协议，但并没有融洽双方的关系，更没有达到双方都满意的目的。因而这一协议缺乏牢固性，自认为失败的一方会千方百计寻找各种理由、机会，延缓合同的履行，挽回自己的损失。其结果可能是两败俱伤。正如谈判专家尼伦伯格所指出的："陷入输赢的谈判状况时，我们越想胜利，奋战得也越艰苦，因为对方也期望胜利。"

　　美国纽约印刷工会领导人伯特伦·波厄斯以"经济谈判毫不让步"而闻名全国。他在一次与报业主进行的谈判中，不顾客观情况，坚持强硬立场，甚至两次号召报业工人罢工，迫使报业主满足了他提出的全部要求。报社被迫同意为印刷工人大幅度增加工资，并且承诺不采用排版自动化等先进技术，防止工人失业。结果是以伯特伦·波厄斯为首的工会一方大获全胜，但是却使报业主陷入困境。首先是三家大报被迫合并。接下来便是倒闭。最后全市只剩下一家晚报和两家晨报。数千名报业工人失业。这一结果说明，由于一方贪求谈判桌上的彻底胜利，导致了两方实际利益的完全损失。

由于双方都把对方看做是自己的对手，双方各自的利益互不相容。一方多得就意味着另一方少得，一方获利就意味着另一方让利。因此，双方对立的另一个危害就是互相攻击、互相指责。谈判者为了维护各自的利益，只知一味地指责对方、埋怨对方，却不注意寻找双方都可能接受的条件，从而使双方的关系更加紧张、对立，达成协议的可能性变得更小。

因此，在谈判中，最重要的是应明确对方不是对手、敌手，而是朋友、合作的对象。理想的谈判过程不能简单地看成是利益争夺的过程，而是一个双方互相沟通、交流，寻求共同发展的过程。著名的计算机制造商 IBM 公司，在与客户交易时就本着这一原则，常常取得令人意想不到的结果。一次，IBM 同一家大银行做一笔计算机生意，双方为价格争执不下，银行拿另一家公司来压 IBM 公司。在关键时刻，IBM 公司的业务经理向银行的负责人问道："阁下，你是想和一个硬件商人做生意？还是想找一个合作伙伴？"对方愣了一下，立即明白了他的意思，说道："我想找个合作伙伴。""那么，和你的新伙伴握手吧。"随后两只大手握在一起，生意就此成交了。

美国谈判专家费雪·尤瑞明指出："每位谈判者都有两种利益：实质的利益和关系的利益。"① 合作共识、互利互惠，会使谈判双方既得到实质的利益，又能获得关系的利益。只有在这一指导思想下，谈判者才能从客观、冷静的态度出发，寻找双方合作的共同途径，消除达成协议的各种障碍。

我们认为，要坚持合作互利的原则，主要从以下几个方面着眼：

第一，从满足双方的实际利益出发，发展长期的贸易关系，创造更多的合作机会。贸易都是互利互惠的，如果双方都能够充分认识这一点，就能极大地增加合作的可能性。国外某市有一个广播电视修理商协会，长期生意不景气，很想寻找一条适合的途径壮大声势，扩展规模。于是协会提出与电台合作。经过协商，它们达成了这样的协议：电台为广播电视修理商协会免费做广告宣传，修理商则把电台的节目单张贴在修理铺的橱窗上，还保证所有修好的收音机都能收到该电台的节目。同时，还负责对所在地区进行调查，及时向电台反馈该地区电台广播情况。协议的结果是双方都获益。修理商协会得到电台免费提供的价值数万美元的广播宣传，而电

---

① ［美］罗杰·费希尔等著，郭序等译. 谈判技巧. 北京大学出版社，1987. 16 页

台因此获得了更多的听众和信息。结果双方一直合作得很好。

第二，坚持诚挚与坦率的态度。诚挚与坦率是做人的根本，也是谈判活动的准则。中国有句老话，"精诚所至，金石为开"。任何交易活动，无论是哪一方缺乏诚意，都很难取得理想的合作效果。

在平等合作、互相信任的基础上，双方坦诚相见，将己方的意图、目标、要求明确地摆到桌面上来，而对于对方的要求的合理部分表示理解与肯定，对于双方应商榷的部分明确指出，双方力争做到开诚布公、光明磊落。这会大大增加工作效率和相互的信任。

当然，坚持诚挚与坦率，并不是排斥谈判策略的运用，并不是说将己方的一切都和盘托出，毫无保留。这里的诚挚是指谈判的诚心与诚意，动机纯正，坦率是指光明正大。它排除不可告人的目的，如极端的损人利己，转嫁危机。

坚持诚挚与坦率会更好地消除谈判各方的误会与隔阂，更好地了解事实真相，达成双方的谅解与合作。我国北方某城市在开发经济项目时，与一美籍华商洽谈一个合资经营碳化硅的项目。最初，由于该美籍华商对中方政策、态度不甚了解，戒心很大，经过国内亲友的一再劝慰，才同意与有关方面洽谈。中方由主管工业的副市长亲自出面与之谈判。在会谈过程中，中方态度十分友好、坦率，明确指出双方合作对该市经济发展的重要意义，诚恳希望对方为家乡的发展做出贡献，并保证尽全力促使双方的合作顺利进行。对方十分感动，打消了原有的顾虑和担心，对怎样搞好这一合作项目提出了许多有价值的建议。最后双方经过磋商，很快签订了意向书，开始了双方的合作。

第三，实事求是。这是指谈判各方在提出自己的要求、条件时要尽可能符合客观实际。要充分估量己方条件的切实可行性。同时本着公平合理的出发点去评价对方的要求、立场。

坚持实事求是，并不排斥抬价压价战术的运用。但不论是抬价、压价，要让对方觉得合情合理，具有客观性，不是漫天要价，瞒天过海。否则，双方很难做到精诚合作。

江苏仪征工程是世界上最大的化纤工程，该项目引进了国际上最先进的技术设备，与多家公司合作，但是，在与前联邦德国吉玛公司的合作中，发现从德方引进的圆盘反应器有问题，并给中方造成了重大的经济损失，由此引发了中方对德方的索赔谈判。中方提出了索赔 1 100 万德国马克的要求，而德方只认可 300 万德国马克。由于双方要求差距太大，几个回合之后，谈判搁浅了。中方谈判首席代表，仪征化纤公司总经理任传俊反复考虑，决定以情感化，真诚相待。他提议陪德方公司总经理理扬·奈德到扬州游览。

在大明寺的鉴真和尚面前，任传俊真诚地说："这里纪念的是一位为了信仰，六度扶桑，双目失明，终于达到理想境界的高僧。""你不时常奇怪日本人对华投资比较容易吗？那是因为日本人理解中国人重感情、重友谊的心理。你我是打交道多年的老朋友了，除了彼此经济上的利益外，就没有一点个人之间的感情吗？"理扬·奈德深受感动。

双方从扬州直接回到仪征，谈判继续。任总开门见山地说："问题既然出在贵公司身上，为索赔花太多的时间是不必要的，反正要赔偿……"理扬·奈德耸耸肩膀："我在贵公司中标，才 1 亿多美元，我无法赔偿过多，总不能赔本干。"任总紧跟一句："据我得到的消息，正是因为贵公司在世界上最大的化纤基地中标，才得以连续在全世界 15 次中标，这笔账又该怎么算呢？"对方语塞。

随后，任传俊直率地说："我们是老朋友了，打开天窗说亮话，你究竟能赔多少？我们是重友谊的，总不能让你被董事长敲掉饭碗。但你也要为我想想，中国是个穷国，我总得对这里的一万多名建设者有个交代。"中方这种实事求是的态度，终于感化了德方，赔偿的谈判协议最终以德方赔偿 800 万德国马克达成。

2.2　着眼于利益而不是立场

无论是商贸合同的谈判，还是家庭纠纷的解决，或是国家间的和平协议，人们习惯于在要求上讨价还价，双方各持一种立场来磋商问题，结果或是通过让步达成妥协，或是会谈破裂，不欢而散。

坚持立场会使我们在谈判中取得一定成果，它可以为我们在有压力、不确定的情况下提供一种标准，同时也为可接受的协议提出具体条件。但认真分析后就会发现，在捍卫立场的前提下磋商问题或讨价还价，后果是十分消极的。

首先，在立场上的讨价还价，违背了谈判的基本原则，它无法达成一个明智、有效而又友好的协议。任何谈判方法都可以用以下三个标准进行检验：（1）达成明智的协议；（2）应实用有效；（3）增进双方的关系。

为捍卫立场所磋商的谈判协议，最常见的就是谈判的一方或双方不顾对方的客观情况，不考虑对方利益，一味地强调己方的得失，寸土不让，寸金必得。即使做出迫不得已的让步，也是以对方的让步或牺牲为代价。所以，这种协议即使达成，也是双方机械妥协的产物，否则，就会使谈判无休止地争执、拖延下去，还会严重损害双方的关系，使达成协议的可能性变得很小。

其次，立场上的讨价还价会破坏谈判的和谐气氛，使谈判成为一场意志的较量，每一方谈判者都宣称他要做什么或不做什么，取得相互同意的解决办法就成为一场战斗，双方都想凭意志的力量使对方改变立场，结果是要么一方做出重大牺牲，以求达成协议，要么双方各不相让，谈判破裂。在 20 世纪 70 年代和 20 世纪80 年代，世界上比较发达的资本主义国家中，劳资关系是截然对立、水火不相容的。之所以这样，一个根本原因就是，不论是资方，还是劳方，都把双方的关系看做是敌对的，工人工资的增加，福利的改善，就是企业利润的减少。所以，工会一方要千方百计地维护工人的利益，就是找管理者的毛病，特别是当管理方制裁工人、裁减人员的时候。劳资双方的对峙给企业带来的后果是极其严重的，许多情况下是两败俱伤。如果双方是朋友、合作者，情况就会大不一样。日本采用家族理念的管理就十分成功。现在，西方的工会领导人与企业管理层都转变了传统观念，工会领导者更多的情况下是配合管理者工作。因为双方的利益是休戚相关、荣辱与共的，罢工现象减少了，工人待遇提高了，企业的管理也因此大为改观。

再次，立场上的讨价还价，还会导致产生不明智的协议。当谈判者在要求上讨价还价时，他就把自己局限于这些要求中，结果是对要求考虑得越细致、越周到，防卫得也越严密，陷得也就越深，越难以改变立场、态度。因为要求与自我已经融为一体，甚至为了保全面子而提出新的要求。这时，所采取的行动和对策都是为了捍卫自己的要求或立场，很少考虑协议是否符合对方的利益。这样，即使达成协议，也仅仅是各方在立场上、分歧上妥协的机械反映，而不是如何尽量满足各方的合理利益。其结果往往使双方互不满意，从而会消极地对待双方的协议，而实际上他们本来是可以达成满意的协议的。

最后，立场上的讨价还价还会严重地阻碍谈判协议的达成。谈判者越是坚持立场，毫不让步，越可能不择手段地迫使对方向己方让步，越希望谈判朝着对自己有利的方向发展；而对方也是如此。这是影响协议达成的重要因素。美国和前苏联两国关于全面禁止核试验谈判的破裂就是一例。谈判的双方僵持在一个"关键"的问题上。即美国和前苏联每年允许对方在自己领土上设立多少监视站以调查地震情况。美国坚持不能少于 10 个监视站，而前苏联则只同意设立 3 个监视站，结果由于双方都不放弃自己的立场，致使谈判破裂。但却没有人考虑：是一个监视站每人观察一天，还是 100 个人在一天内随意窥探。双方都没有在观察程序的设计上做出努力，而这恰恰符合美苏两国的利益——希望把两国的冲突限制在最低限度内。

另外，坚持立场去讨价还价，还需要做出大量的个人决定。拒绝什么，是否让步？多大幅度？这种决策不仅包括向对方让步，也包括进一步让对方让步。谈判者缺乏高效率的刺激，采取拖延战术，或威胁恫吓，甚至欺骗，这些都会增加达成协议的时间与代价，增加了谈判破裂的可能性。

可见，为捍卫立场而进行的磋商，会给谈判带来难以克服的困难，造成无法弥补的损失。为了克服在立场上讨价还价带来的弊端，我们应当在谈判中着眼于利益，而不是立场，在灵活变通的原则下，寻找增进共同利益和协调利益冲突的解决办法。

每个谈判者都明白，在谈判中所做的一切都是要维护己方的利益。但是，维护利益与坚持立场完全不同。虽然坚持立场的出发点是为了维护利益，但实际结果却并非如此。正像我们在上面所分析的那样，一方希望谈判朝着有利于自己的方向发展，产生有利于自己的结果，而对方也是如此。事实证明，所采取的立场越极端，所做的让步越小，就要耗费越多的时间和精力弄清是否可能达成协议。

但在维护利益的前提下，谈判则变得灵活、多变，只要有利于己方或双方，就没有什么不能放弃的，也没有什么不可更改的。仔细分析各种类型的谈判，你就会发现，在谈判中，表面上的利益都是冲突的，但是深入观察分析，你就会找到在立场背后还有着比冲突利益更多的共同利益。产品的交易谈判，双方的利益冲突是卖方要抬高售价，买方要降低售价；卖方要延长交货期，买方要缩短交货期。但是，双方的共同利益却是双方都有要成交的强烈愿望，双方都有长期合作的打算，也可能双方对产品的质量、性能都很满意。卖方为高质量产品自豪，希望售价从优，买方也愿为高质量的产品付出好价钱，但都希望付款的方式有所改变。由此可见，双方共同利益还是存在的，关键看你是否认真发掘。同时，你也可以采取一定的方法调和双方的利益，使不同的利益变为共同的利益。如买方一次付清货款，可能会换来卖方的优惠价，也可能是卖方的售后服务使得买方乐意出高价。许多时候，恰恰是因为利益的不同，才会使协议成为可能。交易双方的一方想要得到金钱，一方想要得到物品，于是交易做成了。

谈判的目的在于满足自己的利益，当你对此进行交流时，达到目的的机会便会增加，但是在双方洽谈的过程中，对方可能不知道你的利益是什么，你也可能不知道他们的利益是什么，因此，必须寻找机会让对方知道并充分考虑你的利益，使对方明白满足利益对你是多么重要。与此同时，你也要了解关心对方的利益，把他们的利益也纳入你要考虑的方案之中，并为寻找妥善的解决办法积极努力。如果双方都这样做，谈判是会取得令人满意的结果的。

2.3　提出互利选择

谈判破裂的原因之一就是双方为维护各自的利益，互不相让。但是双方的根本利益所在是否都集中在一个焦点上，却是值得认真研究和考虑的。一个很有趣的例子说明了这一道理：两个人争一个桔子，最后协商的结果是把桔子一分为二，第一个人吃掉了分给他的一半，扔掉了皮；第二个人则扔掉了桔子，留下了皮做药。它说明人们在同一事物上可能有不同的利益，在利益的选择上有多种途径。

在现代谈判中，传统的分配模式不但无助于协议的达成，反而可能有害。往往是对争论的东西，或者是我得到，或者是你得到。一方多占一些，就意味着另一方要损失一些。而新的谈判观点则认为，在谈判中每一方都有各自的利益，但每一方利益的焦点并不是完全对立的。一项产品出口贸易的谈判，卖方关心可能是货款的一次性结算，而买方关心的是产品质量是否是一流。因此，谈判的一个重要原则，就是协调双方的利益，提出互利性的选择。

一个最著名的成功谈判就是通过协调利益达成了双方都满意的协议，这就是"戴维营和平协议"。1967 年，"六天战争"以来，以色列占据了埃及的西奈半岛。当 1978 年埃以坐下来商谈和平时，它们的立场是水火不相容的。以色列坚持要保留西奈半岛的一部分，而埃及则坚持全部收回西奈，人们最初反复在地图上划分西奈的埃以分界线，但无论怎样协商，埃以拒不接受。显然，仅把目标集中在领土划分上是不能解决问题的。那么，有没有其他利益分配办法呢？以色列的利益在于安全，它们不希望归还西奈半岛后，埃及的坦克随时都有可能从西奈边境开进以色列；而埃及的利益在于收回主权，从法老时代，西奈就是埃及领土的一部分，这回刚刚重新得到主权完整，不想把领土让与一个外国入侵者。症结找到了，最后的协议是：西奈完全归还给埃及，但是，要求大部分地区非军事化，以保证以色列的安全，埃及的旗帜可以到处飘扬，但埃及的坦克却不能靠近以色列。谁都不能否认，埃以协议的达成是一个令双方都满意的方案，这就是协调利益的结果。

在一定情况下，谈判能否达成协议取决于提出的互利性选择方案。为了更好地协调双方的利益，不要过于仓促地确定选择方案，在双方充分协商、讨论的基础上，进一步明确双方各自的利益，找出共同利益、不同利益，从而确定哪些利益是可以调和的。

当然考虑对方的利益，并不意味着迁就对方、迎合对方。恰恰相反，如果你不考虑对方的利益，不表明自己对他们的理解和关心，你就无法使对方认真听取你的意见，讨论你的建议和选择。自然，你的利益也无法实现。

坚持互利原则，应做到：

第一，打破传统的分配模式，提出新的选择。人们习惯思维的结果是：对于争论的东西，或是我得到，或是你得到，好像没有更好的选择形式。这种观念是影响人们寻找互利解决方案的主要障碍。要打破传统的分配办法，提出新的选择形式，就要考虑头脑中没有的东西，就需要创造性，需要灵感。一方面要收集大量的信息资料作为考虑问题的依据；另一方面，要突破原有的习惯思维模式，鼓励谈判小组成员大胆发表个人见解，集思广益，并付诸实施。

第二，寻找共同利益，增加合作的可能性。当双方为各自的利益讨价还价、激烈争辩时，很可能会忽略了双方的共同利益。如果你的谈判战术就是坚持某一点不动摇、不退让，许多情况下，就会使谈判在枝节问题上陷入僵局，甚至破裂。事后冷静下来，权衡考虑如果达成协议后对各自的利益，常常追悔莫及。一个根本原因是什么？就是当时考虑的都是各自的利益。如果能从大局出发，多考虑双方共同利益，把双方的利益由互为矛盾转化为互为补充，那么就会形成"我怎样才能使整个馅饼变大，这样我就能多分了"的观念认识。这里我们仅举一例说明这一道理。

电影制片人休斯与演员拉塞尔签订了一个一年付给她 100 万美元的合同。12个月后，拉塞尔合理合法地说："我想要我合同上规定的钱。"休斯声明，他现在没有现金，但有许多不动产。女明星不听他的辩解，坚持只要她的钱。结果原先亲密的合作关系成了互相敌对的对立关系，双方都通过律师进行交涉，一时间谣传纷纷。

最后，两个人都意识到这样争下去没有益处。拉塞尔对休斯说，你我是不同的人，有不同的奋斗目标，如果我们这样争斗下去，恐怕获胜的只是律师，让我们看看，能不能在相互信任的气氛下分享信息和需要呢？于是，他们以合作者出现，纠纷得到了创造性的解决。合同改为休斯每年付拉塞尔5万美元，20年付清，结果休斯解决了资金周转的困难，并获得了本金的利息，而拉塞尔所得税逐年分散缴纳，有了20年的可靠收入，她也不用担心自己的财务收入问题了。

寻找共同利益要注意：尽管每一合作都存在着共同利益，但是它们大部分都是潜在的，需要谈判者去挖掘、发现。共同利益不是天赐的，要把它明确地表示出来，最好将它系统地阐述为共同目标，强调共同利益给双方带来的益处，会使谈判更为和谐、融洽。

第三，协调分歧利益，达成合作目标。协议的签订是建立在双方分歧的基础上的。乍听起来，似乎是荒谬的，但细想却有它的道理。最典型的如股票的买卖。股票购买者总是认为股票看涨才买，而股票出售者正是看中股票可能要跌才卖，这就是观念上的分歧构成了交易的基础。

那么，交易双方究竟有什么分歧？表现在哪些方面？我们不妨看看专家为我们列出的带有普遍性的利益分歧，如表2-1所示。

表2-1

一方关心的主要内容	另一方关心的主要内容
形式	实质
经济上的考虑	政治上的考虑
内部的考虑	外部的考虑
象征性的考虑	实用上的考虑
近期的	远期的
具体的结果	双方的关系
行动上的	思想上的
创新	守旧
名望与声誉	实际利益

资料来源：[美] 罗杰·费希尔等著，郭序等译. 谈判技巧. 北京大学出版社，1987. 67页

我们在强调共同利益的同时，还要重视分歧利益，更主要的是如何协调双方的分歧利益。

调和利益的较好方法是提出互利性的选择方案。在双方充分协商、讨论的基础

上，进一步明确双方各自的利益，寻找共同利益，协调分歧利益。因此，要在谈判中尽可能发挥每个人的想像力、创造力，扩大选择范围，广泛听取各方意见，寻找几种比较理想的选择方案。

在提出选择方案的基础上，再询问对方喜欢哪一种方案，你要知道的是更受欢迎的是什么，而不是所能接受的是什么。可以对所确定的选择方案进行多次修改加工，征求对方意见，了解对方的倾向性，从而使方案尽可能地包含双方的共同利益。例如，在产品交易谈判中，你可以询问买方："什么样的结算方式对你更好？是一次性结算？还是分次结算？分次结算，是分三次还是四次？是每次 6 万元，分成四次，还是每次 8 万元，分成三次？如果你们要先交货、后付款，那么，按规定，请先付 5% 的定金。"

一个优秀的谈判者，会千方百计地寻找既使自己满意、也使对方满意的解决方案。如果顾客在购买商品时感到受骗，也就意味着店主的失败，他会失去顾客，同时也失去了声誉。一个使对方一无所获的协议还不如不达成协议，因为对方会觉得你不是值得信任与合作的人，这种看法还会影响到其他人。因此，我们应建立一种新的评价谈判结果的标准，即己方的满意取决于对方对协议的满意程度。确定了互利的方案，并不等于达成了最后的协议，还需要对方做出决定。因此，为了使对方尽快、尽早做出决定，要尽量排除方案以外的不利于决定的一切因素。

在某些情况下，对方没有按照己方的意愿做出决定，己方常常以威胁的方式警告可能发生的后果，并要对方承担一切责任。这种做法往往过于简单化，如果对方拒绝接受，那么，先前所做的一切工作将付诸东流。因此，不到迫不得已，不要使用这种方法。应着重使对方意识到，所确定的方案是双方参与的结果，包含着双方的利益和努力，客观指出履行方案给双方带来的结果，以及对双方企业发展的积极意义，促使对方早下决心，做出决策。

总之，如果把协调双方利益，提出互利选择的原则概括为一句话，那就是"寻求对你代价低，对对方好处多的东西"。

2.4 区分谈判中的"人"与"问题"

区分人与问题是指在谈判中，把对人即谈判对手的态度和所讨论问题的态度区分开来。

谈判的主体是人，因此，谈判的进行必然要受到谈判者个人的感情、要求、价值观、性格等方面的影响。一方面，谈判过程中会产生相互都满意的心理，随着时间的推移，双方建立起一种相互信赖、理解、尊重和友好的关系，使谈判进行得更顺利、更有效。因为，在心情愉快、感觉良好的心理状态下，人们会更乐于助人，乐于关心他人利益，乐于做出让步。

　　另一方面，在谈判中也会出现相反的情况，谈判双方意气用事、互相指责、抱怨，甚至尖酸刻薄、充满敌意。好像谈判中双方争执的每个问题，都是谈判者个人的问题。他们习惯于从个人利益和成见出发来理解对方的提议，这样就无法对解决问题的方法做出合理的探讨。造成这种情况的主要原因，就是谈判者不能很好地区分谈判中的人与谈判中的问题，混淆了人与事的相互关系，要么对人对事都采取软的态度，要么对人对事都采取硬的态度。把对谈判中问题的不满意，发泄到谈判者个人的头上，对某些情况的气愤会转向与此相联系的人的身上。

　　谈判中人与事相混淆的另一原因是人们常从没有根据的推论中得出结论，并把这些作为对人的看法和态度。例如，谈判中常常有"他们的开价太高了，我们不能接受"的看法。这虽是对对方要求的不满，但往往会被认为是对对方代表个人的指责、抱怨。这会导致对方个人感情上的变化，使对方为了保全个人面子，顽固坚持个人立场，从而影响谈判的进行。

　　另外，如果谈判中双方把彼此当做对手，也会造成人与事的混淆。在这样的情况下，谈判者说的每一句话，都容易被对方理解为是针对个人的，双方都注意防卫并做出反应，全然忽视了对方的合理利益和公正要求，使得容易解决的问题反而变得更加复杂，达成一个明智而公正的协议会变得渺茫无望。

　　因此，在谈判中，应坚持把人与问题分开，具体做法是：

　　第一，尝试从对方的立场出发考虑提议的可能性。人们习惯于从自己的立场出发考虑问题。提出建议或方案时，很少从对方的立场出发考虑提议的可能性，结果想当然认为是可以接受的提案却遭到了对方的激烈反对。但如果尝试从对方的立场出发考虑一下提案，你就会发现你的提议并不周全，也变得能够理解对方的意见，理解或谅解对方的观点、看法，当然理解并不等于同意，对别人思想、行动的理解会使自己全面正确地分析整个谈判形势，从而缩小冲突范围，缓和谈判气氛，有利于谈判顺利进行。汽车界泰斗亨利·福特曾说："如果成功有秘诀的话，那就是站在对方的立场来考虑问题。"

　　当然，站在对方的立场上分析问题、估计形势，有一定困难，但是这对于谈判者是十分重要的。仅认识到对方与自己看问题有差别是不够的，如果要在谈判中说服对方，或对对方施加影响，就要了解对方的想法，掌握对方的心理，如果对对方的理由比他们自己理解得还深，那你就增加了取得谈判成功的机会，减少了产生误解的可能。

　　站在对方的角度看待问题，会较好地克服想当然的推断所造成的偏见，从而正确地分析理解双方对问题的看法。人们的一个习惯就是常从自己的担心中去推断别人的行为和意图，这种习惯往往导致谈判双方各自对对方所说的话及提议加以最坏的推测。即使挑不出对方的提议对自己有什么危害，也总觉得他们是为他们的利益提出的建议，恐怕于己方不利，不能轻易地同意了事。但如果尝试从对方的角度看问题，或是提出"假如我是对方，我会如何做"的设想，就会使你抛弃这些先入为主的偏见，看到事物的全部，也能够客观、冷静地分析具体问题，那么，事情就好办多了。有个例子恰当地说明了这一道理。在桌子上放着一个盛着半杯凉水的杯子，你既可以说，桌子上放着一个半空的杯子，你也可以说，桌子上有不满一杯的凉水。为什么同一事物却有不同的说法？这是因为看问题的角度不同，某一角度反映了事物的一个侧面，综合起来，就是事物的整体。所以站在对方的位置上考虑一下问题，对双方都有好处，即使目前你还不会，只要尝试去做，你一定会有所收获。

　　第二，尽量多阐述客观情况，避免责备对方。谈判中经常出现的情况是：双方互相指责、抱怨，而不是互相谅解、合作。其原因就是混淆了人与事的区别。当对谈判中某些问题不满意时，就会归罪于某一方或某个人，因而出现了把问题搁在一边的状况，形成了谈判者之间的指责、攻击、甚至谩骂的局面。这种做法虽然维护了个人的立场，但却产生了相反的效果。对方在你的攻击下，会采取防卫措施来反对你所说的一切。他们或是拒绝听你的话，或是反唇相讥，这就完全把人与事纠缠在一起。比如，买方购进了一台机械设备，在安装试运行中，发生了故障。卖方维修了几次，效果不理想。这时买方可能会指责卖方，"你们卖给我们的设备有问题，技术不过关"，"你们交付这种已经淘汰的陈旧设备，维修服务也不负责，我们要求退货和赔偿"。显然，这里含有明确指责对方，让对方承担责任的意思。责备别人是人们很容易采取的方式，特别是当你觉得对方确实应承担责任时。但是，我们的目的不是批评指责对方，而是怎样才能更好地解决问题。如果你仅仅是指责对方，发泄怨气和不满，对方在你的攻击下很可能会采取防卫行为，或者为自己的行为辩护。千方百计推卸责任，或者采取消极怠工的战术，干脆置之不理。当他们感到个人感情、面子受到伤害时，就会把怒气发泄到双方要解决的问题上。

　　要避免这种情况的出现，就要注意区分人与问题。尽量多阐述客观情况，在对方没有首先推卸责任的情况下，不要先提责任在谁，既避免对方不承担责任，又调动起对方解决问题的积极性。对于上例，你可以这样讲："我们从你们那购进的这台设备，已经出现了三次大的故障。看起来，设备还不能正式投入生产，一天要损失上千元，那么，我们是退掉这台设备，还是更换主要部件，还是采取其他补救措施？"尽管字里行间没有出现任何指责对方的语言，但这绝不等于开脱卖方的责任，相反，会使对方感到更加不安，有责任、有义务帮助买方挽回损失。

　　所以，明智的做法是抨击问题而不是责难人。以开诚布公的态度将双方的分歧点摆出，在提出你的见解的同时，尊重对方的意见，心平气和，彬彬有礼，表达对占用其时间与对方努力的尊重，避免使用责难对方的言词，这样，你就争取到了主动，消除了由于双方分歧、对立所带来的紧张气氛，消除了对方的戒心，使对方感到你是在抨击问题、讨论问题，而不是针对他个人。

　　在这种情况下，一种比较好的方法是对对方的提议或见解给予某种肯定的支持，同时，以同样的方式来强调双方的分歧问题，这种支持与抨击的结合看起来并不协调，甚至矛盾。但是，正是这种不协调，才有助于问题的解决。

　　心理学中有一种理论是认识不协调论，认为人们讨厌不协调，并愿意消除它。如果你能肯定他的提议，又能指出他的提议与谈判中问题的不一致性，造成认识不和谐，那么，要克服这种不和谐，他就会放弃原先的主张，同你取得一致。

　　同时，在语言的表达上，也需要一定的策略和技巧。事实证明，如果你讲述自己的看法而不是讲别人的行为与原因，那就会有更好的效果。如"我感到失望"，而不是"你背信弃义"；"请原谅，我没能理解你话的含义"，而不说"是你没说清楚你的意思"等等，这样既讲明了客观情况，又避免了责备对方，避免了因责备对方而引起的防卫性反应，而这种反应常使对方拒绝接受你的意见。

　　第三，使双方都参与提议和协商，利害攸关。谈判出现矛盾分歧，有时双方甚至争得面红耳赤，不可开交，多数情况下是由于双方各自从自己的立场出发，拿出一个旨在让对方接受的提议或方案，这样，即使是对谈判有利的协议，对方也因为怀疑而拒不接纳。如果提出的一方一味坚持，另一方也很可能态度强硬，结果常常会导致僵局。但如果改变一下方式，就可以避免出现上述情况。

　　改变的方式很简单，这就是让双方都参与方案的起草、协商。一个能容纳双方主要内容、包含双方主要利益的建议会使双方认为是自己的，如果他们切切实实感到他们是提议的主要参与者、制定者，那么达成协议就会变得比较容易。当各方对解决的办法逐步确认时，整个谈判过程就变得更加有秩序、有效率。因为对提议内容的每项改进与让步，都是双方谈判人员积极参与的结果。

　　要使对方参与，就应使他们尽早参与，可采取询问对方建议的形式，把对方有建设性的意见写进提议中，并给对方的想法、观点以尽可能的称赞。如果能使对方觉得他在提议中起了主要作用，他就会把提议看成是自己的，掺入了个人的感情，这样，他不仅能很容易地接受提议，甚至还会出现维护提议的行为。

　　第四，保全面子，不伤感情。谈判人员有时固执地坚持己见，并不是因为谈判桌上的建议无法接受，而只是因为他们在感情上过不去，即使是出于无奈而让步，也往往会耿耿于怀。因此，在谈判中顾及对方面子，不伤害对方感情十分重要。伤害对方感情的可能仅仅是几句话，但带来的后果是极其严重的。对方的感情被伤害，会激起他的愤怒，导致反击，也可能引起他的恐慌，导致自卫，甚至采取对抗性、报复性的行动，这只能破坏双方的关系，使谈判陷入僵局。

　　另一种情况是，我们在与对方谈判代表打交道时，由于过分重视对方是企业或公司的代言人，而忽略了对方个人的感情变化，忽略了对方对某些问题特别敏感的反应。当对方觉得你藐视他个人，损害了他的面子，自尊心受到伤害时，他就会变得像刺猬一样，充满敌意，防卫自己，攻击别人。这种状况是很不利于双方沟通交流的。许多研究资料表明，受到感情伤害、失掉面子的人，往往会从交易中撤出，对方攻击越中要害，失掉面子的一方则撤退得越彻底，越没有商量的余地。

专家们还认为，在谈判者心目中，有一种"本能的敌对者"，即感情上的敌人。如果对方与你关系紧张，是由于你伤害了他的感情，使他丢了面子，那么，他会与你敌对下去，没完没了。即使你搬出所有的事实、证据，都无济于事。这种情况下，就很难公正灵活地讨论处理谈判中的问题，更无法维持友好的合作关系。相反，如果对方在谈判中感到有面子、有地位、有尊严时，他可能会变得非常宽容大度，善解人意，也会很容易让步，一切都变得可以通融。可见保全面子的重要性。

为了不伤感情，保全面子，我们认为应该注意以下几点：

首先，我们要认识、理解自己和对方的感情。在谈判进程中，要反复不断地提醒自己：情绪是否激动？是否感到心烦意乱？是否意气用事？自己的情绪处于什么状态？是平和、恐惧、担心或愤怒？或自信成功？相应的，对对方也要做一些分析判断。我们强调不要把个人感情与所交涉的问题混在一起，不是置个人感情于不顾，而是要做到不要伤害对方的个人感情，使问题更难以处理。并通过观察分析其个人感情的变化，找出问题的症结。为什么对于这个问题他们面露得意之态？为什么对付款方式这样敏感？他们为什么急切想知道谈判协议能否达成，是负有某种使命吗？多问些问题，会使你对自己、特别是对方情绪变化更加敏感，体会出许多语言表达不清楚的东西；也有助于你掌握讲话的分寸，以免伤害对方感情。

其次，要保全面子，还要善于忍耐、倾听，学会理解对方是十分重要的。要特别强调的是，当对方发泄怨气，甚至发怒时，己方不要做相应的反应。处理愤怒、生气或其他消极感情的有效办法是使其发泄出来。在一般情况下，随着感情的爆发，怒气也会慢慢消失，这比隐藏在内心深处，支配人们的行动要好得多。但在对方发泄怒气时，要学会控制自己，不要马上做同样的反应。那样，除了会引起双方的争执外，不会得到任何东西。在对方发泄怒气时，最好的方法是静闻其言而不出口反击，让对方把话说完，以减少积怨。

再次，当谈判对方或对方的某人处于非常窘困的境地时，己方应尽量想办法减少对方的敌意。常用的方法有：指出第三者的错误、矛盾，如会计人员的计算失误，某部门资料递交不及时等，也可以把问题归咎于双方企业的政策、程序以及其他方面的差异、失误，这样可以推卸一些责任，使对方明白这并不是他有意造成的，借以缓和双方的对立情绪。也可以采取象征性办法或姿态给对方挽回面子。我们知道，如果恋人之间出现矛盾，要缓和关系，常常带些象征性的礼物，如鲜花、书籍、装饰品，真诚地向对方道歉，请求原谅，以打动对方。这样做不需要付出昂贵的代价，但却可以有效地缓和关系。在谈判中，消除双方紧张、对立、僵化的关系，也可以采用类似方法。如一种同情的表示，礼节性的拜访，一起就餐、娱乐，一则幽默笑话都可以以最低的代价，缓和敌对的情绪。有这样一个事例，在柏林的一次学生示威运动中，政府调集了镇暴车和警察驱赶，正在双方紧张对峙时，突然从一辆警车中传出声音："各位女士们先生们，请走开或拿出你们的毛巾、浴巾，我们要做一些水上特技表演。"示威人群不禁轰然大笑。随后，大水从镇暴车中涌出，人们纷纷躲避，对立的情绪也随即缓和下来。

最后，注意交流。谈判本身就是一种交流，但出现双方互不信任、指责抱怨的情况是常有的事。原因之一就是误解或交流不够造成的，如误会对方讲话的含义、通过第三方传递歪曲的信息等，如果能及时、经常、面对面地沟通，把话放在桌面上，会很好地消除误解。

当然，我们这里讲的交流是双方全心全意地投入。一方认真陈述，另一方全神贯注地倾听。如果听者忙于思考下个问题，或急于提出自己的观点，就不能很好地理解对方所讲的，也起不到交流的作用。相反，对方如果认为阐述他的观点比倾听你的意见更重要，那么，也就谈不上交流。

2.5　坚持客观标准

无论是把谈判看成双方的合作，还是看成双方的较量，都无法否认谈判中双方利益冲突这一严酷现实。买方希望价格低一点，而卖方希望价格高一些；贷方希望高利率，借方希望低利率。从这种观点出发，一方希望得到对自己有利的结果，另一方也持同样的观点。这些分歧在谈判中时时刻刻存在着，谈判双方的任务就是清除或调和彼此的分歧，达成协议。

消除或调和彼此的分歧有多种方法，一般是通过双方的让步或妥协来实现的。而这种让步或妥协是基于双方的意愿，即愿意接受什么，不愿意接受什么。所以常常会出现一方做出让步以换取另一方对等的让步。这样，调和与消除双方的分歧就变得十分困难，付出的代价也是巨大的，更谈不上创造性地解决问题。

坚持客观标准能够很好地克服建立在双方意愿基础上的让步所产生的弊病，有利于谈判者达成一个明智而公正的协议。所谓客观标准是指独立于各方意志之外的合乎情理和切实可用的准则。它既可能是一些惯例、通则，也可能是职业标准、道德标准、科学鉴定等。由于贸易谈判所涉及的内容极其广泛，客观标准也是多种多样的。例如在大米交易谈判中，卖方报价是每吨 1 000 美元，而买方出价是每吨900 美元，那么调和的标准是什么呢？这时市场上同类商品的价格就是参照物，就是谈判的客观标准。当然，这里客观标准只是谈判双方参照的依据，不是商定的价格。因为价格议定还要考虑交货期限、交易数量、商品质量等多种因素。如果双方都能从坚持客观标准这一原则出发，那么，所提出的要求和条件就比较客观、公正，而不是漫天要价、不着边际，调和双方的利益也变得可能和可行。

在谈判中坚持客观标准要注意以下三点：

第一，标准的公正性。标准可以有许多种形式，而且不同的国家、社会制度，标准的差异也极大。但如果坚持公正、公平的原则确定标准，就可以使标准更好地发挥权威作用，并以此来协调人们的相互关系。20 世纪 70 年代，当埃以之间矛盾冲突不断，各方出面调停时，一位美国律师获准同埃及总统纳赛尔讨论埃以冲突问题。律师问纳赛尔："你希望梅厄夫人（以色列总理）采取什么行动？"纳赛尔坚决地答道："撤退！从阿拉伯的领土上完全撤退！"律师又惊讶地问："没有什么交换条件？对方从你这里什么也没得到？"纳赛尔斩钉截铁地说："什么也没有，这是我们的领土，以色列应该撤退！"律师又问："如果明天早晨梅厄夫人在广播和电视上宣布说：'我代表以色列人民宣布，我国将从自 1967 年以来占领的土地，包括西奈半岛、加沙走廊、西海岸、耶路撒冷和戈兰高地上完全撤退，但是阿拉伯国家没有做出任何让步。'那么，情况会变成什么样呢？"纳赛尔听完，大笑起来，说道："啊，她在国内要有麻烦了！"在这次谈话中，埃及人认识到，他们对以色列提出的条件是不合实际的，也是不公正的。纳赛尔修正了自己的观点，从而有了日后的中东停战协议。

第二，标准的普遍性。任何一项谈判至少要涉及两个以上的问题。如购买机器设备的谈判要涉及机器设备的性能、安装、投产和人员培训、设计蓝图、技术要求、政府规定、预付款、最终付款、交货日期、维修服务等多项内容。这样，就必须从各个方面寻找客观标准作为谈判的依据，如设备性能标准、技术要求指标、交货期限规定、维修服务内容等。有时，由于交易的内容比较特殊，没有现成的客观标准可供参考，可根据类似的情况，由双方拟定出一个参考标准。如特制设备交易谈判，可把标准设备的有关标准作为参照依据。

正如我们在公平理论的研究中所指出的，客观公正的标准可能是多种多样的，在考虑标准的普遍性时应尽量发掘可以作为协议基础的形式，然后在诸多的候选形式中比较筛选，最好参与谈判的各方都要发表意见，在各方的讨论中确立的标准，会使大家都有执行的积极性。

第三，标准的适用性。某些谈判内容可参照的标准有很多。例如，产品交易谈判中的价格，既有同类产品交易的惯例价格，也有某种情况下的市场价格。那么采用哪一个作为谈判的客观标准呢？这就取决于标准的适用性。谈判双方出现分歧就是因为依据不同的标准。例如，买方认为，"我方出价是每吨 1 900 美元，这是日本同类产品的售价"；卖方争辩道，"我们认为这种商品的价格应是每吨 2 000 美元，这是目前的市场价"。这样，双方就需要认真商讨，确定出适用的客观标准。

坚持以客观标准为基础，并不是指以哪一方提出的标准为基础。一个合理的标准并不排除其他标准的存在。如果每一方都认为自己的标准是公平的，那么则无标准可言。这就要求双方在提出自己标准的基础上，努力寻求沟通它们的客观基础，寻找其内在联系。比如哪一标准一方过去曾使用过？在什么样的条件下使用？哪一标准曾被更广泛地应用?

　　如果对问题进行彻底全面的讨论后,双方仍无法确定哪一标准是最合适的,那么比较好的做法是找一个双方认为是公正的"第三方",请他建议一种解决争端的标准,这样,问题会得到比较圆满的解决。

　　坚持客观标准还会避免双方讨价还价带来的弊病。因为坚持客观标准,你就有了公正的力量和听取意见的说服力。这使你反对武断的理由要比对方反对客观标准的论据充分得多。拒绝让步但接受合理意见要比对方既拒绝让步又拒绝接受合理意见要容易得多,在这些问题上你赢得了优势,就可以把对方要求上的讨价还价变为客观标准的讨论,从而掌握谈判的主动权。

　　如果在谈判中对方的主张没有一点灵活性,没有一点变通的余地,那么,你所要考虑的则是接受这种不公正要求的后果,而不是自己的最佳选择。这种谈判即使是达成协议,也是以牺牲一方利益换取另一方利益的谈判,而不是双方都满意的谈判。

　　在谈判中坚持使用客观标准有助于双方和睦相处,冷静而又客观地分析问题,有助于双方达成一个明智而又公正的协议。由于协议的达成是依据通用的惯例或公正的标准,双方都感到自己的利益没有受到损害,因而会有效地、积极地履行合同。

　　综上所述,我们通过谈判原则的分析,将谈判分为三种模式,即:软式、硬式和原则式。美国哈佛大学著名谈判专家罗杰·费希尔与威廉·尤瑞在他们所著的《谈判技巧》一书中,为我们具体分析了这三种谈判模式最基本的差别,有助于我们更好地认识和运用原则性的谈判,如表 2-2 所示。

表 2-2　　　　　　　　　　　　三种谈判模式的比较

软式	硬式	原则式
谈判的对方是朋友	对方是敌手	双方是问题的解决者
谈判的目标是达成协议	目标是取得胜利	要获得有效率、友好的结果
通过做出让步来搞好与对方的关系	把对方做出让步作为保持关系的条件	把人与问题分开
对人对事采取软的态度	对人对事采取硬的态度	对人软、对事硬
相信对方	不相信对方	超然于信任之外
轻易改变自己的立场	坚持自己的立场	着眼于利益,而不是立场
提出建议	提出威胁	寻求利益
提出自己最低限度的要求	谎报自己最低限度的要求	没有最低限度
同意以己方的损失来促成协议	坚持把己方片面得利作为协议的价值	提出互利的选择
寻找对方可以接受的答案	寻找自己可以接受的答案	探讨多重方案

续表

软式	硬式	原则式
坚持达成协议	坚持自己的立场	坚持客观标准
避免一场意志的竞争	努力赢得意志的竞争	寻找意志之外的合理结果
屈服于压力	施加压力	服从原则而不是压力

资料来源：〔美〕罗杰·费希尔等著，郭序等译. 谈判技巧. 北京大学出版社，1987

复习思考题

1. 怎样理解谈判的双方是问题的解决者，而不是敌人或朋友？
2. 如何实现谈判中的"双赢"？
3. 坚持立场谈判所表现的消极作用是什么？
4. 怎样理解"区分谈判中人与问题"原则？
5. 坚持客观标准所体现的基本点是什么？
6. 三种谈判模式本质的差别是什么？试分析三点以上。

案例分析

中国入世谈判的最后阶段

华盛顿时间 1999 年 9 月 28 日晚，外经贸部部长石广生提前结束原计划两天的新一轮中美 WTO 谈判，率领中国代表团飞返北京。此时，距中国 11 月 30 日加入世贸组织的谈判只有两个月了。中美谈判是中国进入这个世界自由贸易大家庭的最主要的双边谈判，双方至今分歧巨大，没有进展，甚至没有确定下一次谈判的时间和地点！

"乐观派"与"悲观派"之争

中美 WTO 谈判有希望突破的消息，是在 1999 年 10 月下旬美国财政部长萨默斯访华前夕传开的。在 1999 年 5 月，中国驻南斯拉夫使馆被炸事件导致中美关系紧张之后，美国财政部长萨默斯是美国政府来华访问的最高官员。那次萨默斯来华，不仅将参加拟定中的中美联合经济委员会第十二次例会，而且将专程前往兰州，会见在当地视察的朱镕基总理。而在萨默斯确定 10 月 24 日访华之前，美国纽约时报、华盛顿邮报和华尔街日报等主流报纸不约而同地披露了一条重要消息：克林顿总统于 10 月 16 日与江泽民主席通了电话，就中国入世一事进行商谈。26 日，萨默斯的官方性访问结束后，他透露了一个重要信息：中美双方在今年签署双边入世协议后，只能到 2000 年才能得到美国国会的批准。

11 月 8 日，美国终于正式宣布巴尔舍夫斯基来华进行正式谈判的消息，9 日已经是关键时刻，让中国在已提条件上再度加价绝无可能。11 月 7 日，克林顿总统就此次安排，再度与江泽民主席通电话，四次元首热线，三次提到 WTO。

从美联储主席访华到朱总理访美

在 1999 年 1 月初一个寒冷的日子，来华访问的美联储主席艾伦·格林斯潘在北京与朱总理会面。朱总理告诉他，尽管中国经济发展速度在放慢，但中国最终决定开放市场，包括电信、银行和保险、农业以加入 WTO。在其后的 3 个月内，中美为入世进行的双边谈判以加速度进行，巴尔舍夫斯基在 1999 年 3 月间两度来华并与朱总理会谈，直到 3 月下旬，谈判已经进行了 90%。

在 1999 年 3 月间的人民代表大会上，朱总理正式宣称，"黑头发都谈成了白头发"的 13 年的谈判应该结束了，中国愿意为在今年内加入 WTO 做出重大让步。电信业开放与银行业扩大开放这两个最敏感的话题，朱总理也在会上有了公开的承诺。朱总理 4 月初赴美访问，中美双边谈判获得突破性进展，10 日，中美签订农业协议。双方都承认绝大部分谈判都已经完成，13 日克林顿致电朱总理要求加紧进行最后谈判。又一轮谈判于 4 月下旬再度开始，然而，随后发生了中国驻南斯拉夫使馆被炸事件，本来可以较快完成的双边谈判骤然中断。直至 1999 年 9 月 27 日，中美谈判方再次开始。石广生率队在华盛顿进行的这次谈判没有取得成果。

博弈与博弈者的决心

巴尔舍夫斯基 1999 年 11 月 9 至 15 日的北京之行，乃关键时刻的关键行动，每一分钟都引人关注。

人们无法知道谈判的详情，但可以感受到谈判中的"博弈"在紧张进行。有时，一次谈判通宵达旦；有时，一次谈判只有几分钟。巴尔舍夫斯基刚到北京，就确定了周五离开的时间表，而且一再表示本周内必须完成谈判。至周四晚，双方约定次日清晨 9 点再谈。但次日 8 点 50 分，巴尔舍夫斯基得到推迟谈判的消息。6 小时后，谈判再度开始。这是一次没有结果的谈判。深夜，美国代表得到消息，次日朱总理将与巴尔舍夫斯基见面谈判，此后又是巴尔舍夫斯基一行与石广生等人长时间的艰苦谈判……

江泽民曾在欧洲访问时指出，中国的立场是一贯的，也是明确的。第一，中国加入世界贸易组织是中国经济发展和改革开放的需要，同样世贸组织也需要中国。第二，中国是一个发展中国家，社会生产力还不发达，只能以发展中国家的条件加入世界贸易组织。第三，中国加入世界贸易组织，其权利和义务一定要平衡。中国不会接受过高的、超出中国承受能力的要价。

　　美国政府在此次 WTO 谈判的最后阶段，表现了一种较为坚决的积极态度。克林顿总统之所以有此姿态，主要原因之一在于他未能在当年 4 月朱总理访美期间适时签署中美双边一揽子协议，一直遭受到美国舆论的较大压力。当时，美国一些主流报纸就曾经提出过相当尖锐的批评，认为此举造成的后果"一时还难以估量，但必是非常严重"。此后，发生了 5 月初中国驻南斯拉夫使馆被炸事件，中美双边谈判骤然中止。中美世贸双边"行百里而半九十"，被媒体不幸而言中。在这种形势之下，时时处于舆论强攻之下的克林顿不可能不从美国的整体利益出发，对中国入世采取更为积极的态度。

　　经过一波九折的反复，1999 年中美终于在西雅图会议召开前 15 天，正式签署了双边协定。这是一次里程碑式的重大胜利。当然，纵使中国 1999 年年底之前被 WTO 的 134 名成员国所正式接纳，仍不意味着中国能够按 WTO 的全部条款在美国市场毫无阻碍地获得相应权利。这是因为与中国入世相关的"永久最惠国待遇"条款必须得到美国国会的认可。果不然，后来的事态发展证明了有关人士的推测，但最终的结果却是中国于 2001 年正式加入世界贸易组织。

　　资料来源：舒菁. 南方周末，1999 年 11 月，第 24 版

　　问题：

　　1. 此项谈判历时 13 年，一波九折，主要原因是什么？

　　2. 请你给此项谈判进行一下总结，适用的原则是什么？

第 3 章　谈判的准备

　　通过对本章的学习，使读者了解谈判准备工作的基本要求，了解国际谈判需要了解掌握的重要信息和资源以及组建谈判小组、确定谈判目标等相关问题，以期使读者对如何进行谈判有一个全面的把握。

　　谈判的准备和谈判的进行一样重要，如果没有谈判前充分、细致、全面的准备工作，也不会有谈判的顺利进行。任何一项成功的谈判都是建立在良好的准备工作基础上的，俗话说："大军未动，粮草先行。"打仗是这样，完成任务是这样，谈判也是如此。

　　谈判是一种复杂的综合性的活动，其准备工作也是内容庞杂、范围广泛的，这里我们着重从人员、信息收集、计划、物质条件四个方面介绍准备工作的基本内容。

3.1　谈判人员准备

　　谈判的主体是人，因此，筹备谈判的第一项内容就是人员准备，即组建谈判小组。完成这方面的准备工作需要解决以下几个问题：如何选择谈判人员？怎样组建谈判小组？什么样的人担任谈判小组的领导？如何加强小组内的协作以及怎样处理谈判小组与企业的联系？

3.1.1　谈判组人员数量的确定

　　谈判小组成员应由几个人组成，没有统一的规定，但谈判专家的研究表明：就一般谈判来讲，谈判小组以 4~5 个人比较理想。这是因为：

　　第一，要使谈判人员各显其能，发挥作用，使谈判工作有条不紊，卓有成效，谈判组的人员就不宜过多。否则，就会使某些成员无法发挥作用，甚至会因意见纷杂而莫衷一是，以致因协调内部关系而分散了与对方交锋的精力，丧失谈判的主动权。

第二，现代管理理论认为：在复杂多变的环境中，管理的跨距不宜过宽。3~4
个人的管理跨距便于经理人员或谈判组负责人对谈判过程实施监督，对小组成员进
行协调，也便于成员间沟通信息、交流情况、相互配合。法国管理学家格拉丘纳斯
（V. A. Graicunas）进行了大量的组织内管理幅度与人际之间关系的研究，提出了：
"当管理幅度按算数级数增加时，人员间的复杂关系按几何级数增加。"它可以用
公式来表示：

$$C = n\ [2^{n-1} + (n-1)]$$

式中：n——表示组织内所领导或管辖的人员数；

C——表示由此产生的人际关系数[①]。

由此可见，一个管理者能否有效管理和协调好一个团队，除了他的知识、能
力、精力、职务性质对协调团队的人际关系有重要影响外，所辖团队的人数也是重
要的影响因素。

第三，即使是大型项目的谈判，其中的每一次谈判所需要的专门知识也不过三
四种，谈判小组内有一两个专业技术人员或专家完全能够应付。这里需要指出，如
果谈判需要非同寻常的专家或技术人员，最好让他们以观察员或顾问的身份参与工
作，而不是以正式代表的身份参与谈判，他们不应有直接的发言权。以避免由于他
们缺乏谈判的经验和策略以及过于直率的表达而造成一方的被动。

第四，要完成谈判的全过程，更好地发挥谈判人员的作用，及时处理谈判中的
意外情况，有时需调整或更换谈判人员。例如，在谈判摸底阶段和条款的协商阶
段，需要市场调研人员和生产技术人员的参与，律师可能是多余的。但在签订合同
阶段，需要律师审查合同草案，以便确保合同的每一条款都措辞严谨，具有法律效
力，因此，律师可能代替技术人员成为谈判小组成员。但从整个谈判过程来讲，谈
判组成员数量并未改变。

当然，这并不是说谈判小组成员一定是四人或五人，确定小组成员人数的关键
是看需要，如果是大型谈判或特殊谈判，人数少会显得势单力薄，甚至会被对方认
为是不重视。那么，谈判人员则不是以谈判小组，而是以谈判代表团成员的身份参
加谈判了。谈判专家斯科特认为，如果没有特别的原因，都应力求谈判规模小型
化，以利于谈判者恰当地利用谈判技巧对谈判班子进行有力的协调与控制，即便是
大型规模的谈判，人员也最好不要超过 12 个人。

3.1.2 谈判组成员的相互配合

谈判组既然是由两个以上人员构成，就存在一个人员之间相互协调、配合的问

---

① 李品媛主编．管理学．东北财经大学出版社，2005. 185 页

题。同时，由于谈判组人员选配是根据谈判内容需要确定的，人员相互之间可能并不熟悉、了解，这样，就加大了小组成员之间相互配合与支持的难度。我们认为，小组成员间的相互配合主要表现在两个方面：即谈判小组领导人与其成员的配合；谈判组成员间的相互配合。

（1）谈判组领导人的作用

什么样的人才是谈判小组领导的最佳人选？对于这个问题，答案不一致。我们认为，最重要的衡量标准是人的能力。对领导者的要求并不是要他什么都懂，什么都会，而是看他能否很好地发挥其他人员的能力、作用，能否在谈判中恰如其分地调动和使用各类人员。高明的决策者能充分调动谈判人员的积极性、主动性、创造性，使谈判绝处逢生，而低能的决策者会压抑谈判人员的积极性、主动性的发挥，使谈判功亏一篑。

谈判组领导人的能力主要是：有坚定的自信心、有较强的决策能力、观察判断能力、组织协调能力、应变能力、表达能力等。具有这些方面的能力，小组领导人就能有效地发挥其作用，使谈判小组成为一个团结一心的坚强集体。

此外，谈判组领导人的领导风格也很重要。谈判组应该高效率地协同工作，但它的效率则取决于小组成员是否适应在某种领导风格下工作。例如，谈判组成员所在企业是权力集中型的领导风格，所有的信息都汇集给企业经理，然后由他做出一切决策。如果谈判领导人也具有相应的风格，双方就会配合得很好。领导在谈判中起决定作用，其余成员就形势做出分析，提出建议，由他决定是否采纳。相反，如果领导人的风格是权力分散型的，那么他在谈判过程中，则会起协调沟通作用，有效地调动小组成员的积极性，发挥每个成员的能力与智慧。

（2）谈判组成员间的相互配合

谈判组成员间的相互配合、相互支持有多种形式。比如，当需要发言人介绍我方谈判意图、情况时，其他人员为发言者提供资料、数据等。这里我们主要就谈判人员在谈判场合的表现，如介绍、插话、表情、动作等，说明谈判组成员间的相互配合与默契。

插话也是成员间相互配合的形式。如对谈判组成员的发言表示赞同、支持，或是为发言者做进一步的证明，可在同事谈话停顿或告一段落时插话。例如，当双方谈及交货问题时，我方主管人员说："由于订货量较大，恐怕三个月之内交货有困难。"这时，有关人员插话："在本季度内，我们每个月都得完成三百台以上的任务，所以，即使三个月以后交货，也要订出详细计划，加班加点。"这样，既巧妙地支持了我方的发言，又强调了问题的重要性、可信性。

谈判组成员们的表情神态、动作也有助于相互沟通、支持。如我方主要发言人在讲话时，其成员东张西望、心不在焉，或者坐立不安、交头接耳，这样，就会削弱我方发言人在对方心目中的地位，也干扰对方的理解。如果我方代表讲话时，其成员聚精会神地倾听，不时表现出赞同地点点头，做些必要的补充，就会给对方良好的心理印象，加强所阐述问题的分量。

（3）谈判小组的对外沟通

在小组谈判中，我们强调尽量要缩小谈判规模，但是，在许多情况下，谈判的规模较大，出席的人员也很多，但不论出席人员有多少，都应由谈判负责人或主谈者来对外，以防止由于意见分歧或有意、无意的过失，给对方造成可乘之机。美国谈判专家荷伯·柯恩的经历值得借鉴。一次，他代表某公司与另一家公司进行谈判，由于谈判地点设在对方公司所在地，所以，在闲暇休息时，他与该公司所辖工厂的领班聊起天来，这位领班告诉柯恩，他用过许多公司的产品，但只有柯恩所代表的公司的产品通过了实验，符合他们的规定。然后，他又进一步补充说，他们期待谈判会很快有结果，因为厂里的存货快用完了。可想而知，柯恩掌握了这些信息，对他控制谈判的主动权会有多么大的帮助。

3.1.3　谈判的后援力量

比较大型或重要的谈判，常常要准备一定的后备力量。后备力量的人选也可能是企业或部门的经理、负责人，也可能是专门业务人员、技术人员，以备谈判出现问题时及时与企业有关人员取得联系，调整、更换谈判人员。

谈判组要得到后备力量的支持，必须协调同他们的关系。谈判组在谈判之前，要明确自己的责任范围、权限范围，以免因责任不清而发生冲突，贻误战机。在谈判中，必须及时同企业的后备人员沟通情况，商谈有关问题，以进一步加强谈判组的力量。

比较大型和复杂的谈判，往往要经过数年的时间，甚至历经波折，谈判人员及谈判场所的调整和变更更是司空见惯，如果这方面准备充分，调整得当会有极为重要的收获。中国入世谈判，在 1992 年的知识产权谈判阶段，原准备出席谈判的外经贸部领导突然因病不能出席，中方经过慎重考虑，派出了曾任北京市副市长，时任外经贸部副部长的吴仪，这位"小女子"的出马，令所有人刮目相看。她那机智灵活又不失尊严、原则的谈判风格令中美之间长期矛盾、多次谈判无实质进展的知识产权谈判打开了突破口。其中最为著名的一个谈判是吴仪与美国谈判代表梅西的交锋。美方谈判代表梅西的"我们是在与小偷谈判"和中方主帅吴仪的"我们是在同强盗谈判"的谈判开场白堪称经典，流传甚广。

3.2　谈判信息的搜集

随着科学技术的飞速发展，我们已进入了信息爆炸的时代。了解信息，掌握知识，已成为人们成功地进行各种活动的保证。谈判则是人们运用信息获取所需事物的一种活动，所以，谁掌握了信息，谁就掌握了谈判的主动权，掌握了赢得谈判成功的基本保证。国际著名谈判大师基辛格说："谈判的秘诀在于知道一切、回答一切。"

3.2.1　了解合作方政府的方针、政策、法律及民俗

任何国家的经济活动，都离不开政府的调节控制。社会经济活动都是在国家的宏观计划调节下进行的，政府的各项方针、政策为经济发展指明了方向，创造了宽松的市场环境，从而保证经济活动顺利进行。自然，企业的各种经济活动也是在这些方针指导下进行的。这就要求谈判人员必须了解各国政府的有关方针、政策，以及与此相适应的各种措施、规定，以保证交易的内容、方式符合政府的有关规定，保证合同协议的有效性、合法性。

此外，还要了解掌握有关国际贸易的各种法规条例，了解对方国家政府的关税政策、贸易法规、进出口管理制度，实行禁运或限制进出口的种类范围，以制定正确的谈判方针、计划，避免谈判中出现不必要的分歧、误会，促使谈判顺利进行。例如，各国都有贸易出口管制措施，但是，各国间出口管制的内容及商品品种却有很大差别。某种商品在某国可能是国内紧缺物资，限量出口，但在另一国可能是剩余商品，大量出口。了解这些信息，有利于主谈方选择确定谈判对手，制定正确的谈判目标，确定在谈判中的基本策略。

在国际贸易谈判中，了解不同文化背景下的消费习俗、消费心理和购买行为也是十分必要的。因为所交易的产品从设计、命名、商标、包装、运输以至交货日期都可能在不同程度上与消费习俗、购买心理有一定的联系，影响买方的经营与销售。例如，20 世纪末，中国某公司曾向德国出口一批核桃，谈判中双方商定，交货日期在当年 11 月中旬。提前交货和延期交货都有奖罚条款。但中方由于某种客观原因，推迟了交货日期，这批货于次年 1 月中旬到达德国，错过了销售的黄金时期，德方进口核桃是供应圣诞节的。结果，核桃大量积压，对方要求赔偿包括核桃储藏费在内的所有损失，其赔偿费远远超过了核桃的成本。如果中方了解到德国人有在圣诞节消费核桃的习俗，恐怕就会对核桃的交货期限格外当心，实在不能按期发货，至少可以采取一些亡羊补牢的措施。在对外交易中，像这样的事例不胜枚举，应避免此类情况的发生。

3.2.2　掌握国际市场行情

随着现代社会生活节奏的不断加快，企业间的竞争也更加激烈，市场行情瞬息万变，这一切促使人们十分重视信息的收集与掌握。在谈判中，必须及时、准确地了解与标的对象有关的市场行情，预测分析其变化动态，以掌握谈判的主动权。这里所讲的市场行情是广义的，不仅仅局限于对价格变化的了解，它应包括：市场同

类商品的供求状况；相关产品与替代产品的供求状况；产品技术发展趋势；主要竞争厂家的生产能力、经营状况、市场占有率；市场价格变动比例趋势；有关产品的零配件供应；以及影响供求变化的显现的与潜在的各种因素。一个最著名的例子就是，20 世纪 60 年代中国与日本进行的石油设备交易谈判。20 世纪 60 年代中期，中国发现了大庆油田，但当时对外是严格封锁消息的。1966 年 7 月，《中国画报》封面上刊登了大庆石油工人艰苦创业的照片，画面上，工人们身穿大棉袄，正冒着鹅毛大雪奋战在钻井平台上。据此，日本人得出结论，大庆油田可能在东三省北部的某地，因为中国其他地区很难下这么大的雪。接着，日本人又注意到《人民日报》的报道，王进喜到了马家窑，豪迈地说：好大的油海啊，我们要把中国石油落后的帽子扔到太平洋里去。于是，日本人找来伪满时期的旧地图，发现马家窑位于黑龙江省海伦县东南的一个村子。后来日本人又根据日文版的《人民中国》的介绍，中国工人阶级发扬"一不怕苦，二不怕死"的精神，肩扛人抬将设备运到现场，推断石油钻井离马家窑很近。又根据 1964 年王进喜出席第三届人民代表大会，推断大庆油田出油了。最后，日本人又根据大庆油田钻塔的照片，推算出油井的直径，由当时的全国石油产量减去原有产量，算出大庆油田的石油总产量。在此基础上，日本人设计了适合大庆油田操作的石油设备，当我国突然向外界宣布在国际上征求石油设备设计方案时，日本人一举中标。

　　掌握市场行情，并不是要把所有市场信息都收集起来，不分轻重、主次、真假，一概加以考虑研究。为保证信息、情报的准确、可靠，必须对所收集的市场信息进行反复筛选、过滤、加工、整理，使原始的情报信息变成对谈判交易活动有用的市场情报。鉴别和筛选情报、信息主要应从客观性、及时性、全面性、典型性、适应性几方面加以考虑。

　　在经济发达的国家，要了解有关的信息十分快捷与方便，人们在 5 分钟内就可以通过电脑系统的查询与调查，收集有关信息。这种信息查询与分析系统、数据处理系统、预测分析系统既可以由企业提供，也可以由社会的专门机构提供。目前我国对此重视还不够。不仅企业收集处理信息的系统比较落后，社会专门提供信息咨询服务的机构也很有限。比较快捷的途径就是向我国港台地区及国外的咨询机构购买信息。这在涉外谈判中还是十分有益的。例如，中国某一公司拟引进彩色胶卷相纸的生产技术，该公司自己花了很长时间来收集该项技术及价格的资料，但始终不得要领，弄不到准确情报。后来委托我国香港的一家咨询公司，请他们对彩色胶卷相纸生产技术的转让和选购有关设备提出意见。在较短时间内，该咨询公司就提出了咨询报告，对世界上几家有名的经营彩色胶卷相纸的生产厂家，如柯达、埃克发、富士、樱花、依克福、汽巴等公司垄断技术市场情况做了分析，还估计了各公司对技术转让的可能态度，估算了引进项目所需要的投资，这些咨询意见为引进该项技术提供了重要的决策依据。

3.2.3 摸清对方情况

古语曰："知己知彼，百战不殆。"只有了解和掌握了谈判对手的情况，才能有针对性地制定己方的谈判策略。收集谈判对手的情况，可以从已收集的市场信息中加以筛选，但这类情报具有较强的目的性、特殊性，还要采用其他的信息收集方法，以掌握更多的信息。

（1）案头调查法

当双方成为谈判对手，准备进行贸易洽商时，为了便于对方了解本企业或产品的情况，常常相互提供一些资料，如商品目录、报价单、企业情况简介、产品说明书等。有些企业为了招揽客户，还专门把印有企业生产经营所有产品的一览表、小册子赠送给可能成为交易对象的客户。所以，谈判人员应首先把这些资料收集、整理起来，进行分析研究。这种调研方法投资少，见效快，简便易行，立竿见影。

（2）直接调查法

即由谈判人员通过直接、间接地接触获取有关情况和资料的方法。例如，谈判人员可以向本企业那些曾和对方有过交往的人员进行了解，也可以通过函电方式直接与对方联系，而对较重要的谈判，双方则可能安排非正式的初步洽商。这种预备性接触好处很多，不仅可以使我们有机会正面观察对方的意图以及立场、态度，而且也可以使对方对我们的诚意、观点有所了解，以此促进双方在平等互利、互谅互让的基础上通力合作。

（3）购买法

当交易规模、数量较大时，可考虑采取先小批量购买的方式直接了解对方产品情况。在收集、掌握对方资料的基础上，要对谈判对方进行认真的分析与研究，以便进一步明确谈判对手的意图、目的，从而推测出双方在哪些方面能够取得一致意见，在哪些方面可能出现问题、分歧，会谈会有怎样的成果，据此，制定调整我方的谈判方针、策略，使目标制定更加切合实际。

（4）付费调查法

各种咨询和调查中介公司是进行国际商务活动主要的信息来源渠道。这些公司有正规的信息收集、整理和分析系统，拥有受过专业训练的咨询调查专家，可以为委托方提供所需的信息情报。在国际商务活动中，一般都采用这一方式了解相关情况。

需要指出的是，分析研究的内容还可以拓展到对方的公司或企业是属于保守型还是开放型？是处于不断扩大生产经营规模的成长中的企业，还是已占有足够市场份额的大型企业？它们与其他客户是怎样交易的？有着什么样的声誉？己方与对手的实力对比如何？双方的优势、劣势是什么？只有在认真分析研究的基础上，才能把杂乱众多的信息归纳为切实可用的情报，使之发挥出奇制胜的作用。

最后，了解对手还包括了解对方参加谈判人员的个人情况，尽可能了解和掌握谈判对手的性格、爱好、兴趣、专长，了解他们的职业、经历以及处理问题的风格、方式等。特别是在一对一的谈判中，掌握对手的兴趣、爱好，投其所好，会使你取得意想不到的成功。美国著名人际关系学专家戴尔·卡内基举了一个"推销员"推销面包的事例，就是最好的说明。迪巴诺面包公司是纽约一家有名气的面包公司，但是纽约一家大饭店却从未向它订购过面包，四年来，公司经理迪巴诺每星期去拜访大饭店经理一次，也参加他所举行的会议，甚至以客人的身份住进大饭店。不论他采取正面攻势，还是旁敲侧击，这家大饭店仍是丝毫不为其所动，这反而更激起了迪巴诺推销面包的决心。但需要采取什么方式呢？通过调查，迪巴诺发现，饭店的经理是美国饭店协会的会长，特别热心协会的具体工作，凡是协会召开的会议，不论在何地，他都一定参加。这一次，迪巴诺去拜访他时，便大谈起协会的有关事情，果然引起了经理的兴趣，饭店经理滔滔不绝地讲了协会的各种情况，声称协会给他带来了无穷乐趣，并邀请迪巴诺参加。在两人的交谈中，丝毫也没涉及到购买面包的事宜。但几天后，饭店的采购部门打来电话，表示要购买迪巴诺公司的面包。这使得迪巴诺感慨万分，单纯为了推销面包，历时四年，竟连一点面包渣也没卖出去，可仅仅对饭店经理所热心的事情表示关注，形势竟完全改观。

3.3 拟定谈判方案

方案是人们在行动前预先拟定的具体内容和行动步骤的框架，制定周密细致的谈判方案是保证谈判顺利进行的必要条件。所以，拟定谈判方案是谈判准备工作的核心。拟定谈判方案应包括以下几方面内容：

3.3.1 选择谈判对手

谈判至少是两方以上发生的行为，因此要进行谈判，必须要确定谈判对手。但谈判又是双方自愿的行为，还要考虑对方能否成为己方的贸易伙伴。双方在谈判中的实力和地位如何，对我们应在谈判中采用的风格和策略影响很大。如果谈判双方有可能存在经常性的贸易行为，就必须重视对对方企业乃至个人情况进行详细的调查研究，并估计谈判双方的实力，寻找那些可能增进双方友谊、促进双方感情交流的机会。如西方一些大企业之间经常安排球队互访比赛，召开各种形式的联谊会，其目的都是增强双方的友谊，融洽双方关系，以利于双方洽谈。

如果没有可能或不必要与对方建立长期的贸易关系，其战略战术应有所变化，至少在谈判中不能给对方以过多的让步，不必花费过多的精力维系双方的友谊与交往。

此外，如果进行经常性的贸易，应注意与具有良好信誉的客户建立联系并努力维护双方关系。在选择谈判对手时，一般应确定在四个以内。

如果谈判内容广泛，交易比较复杂，可将对手确定在两个以内。否则，对手过多，会分散己方注意力，难以处理和控制复杂的谈判过程。谈判另一方也会因竞争对手较多而失去谈判的信心，反而不利于谈判进行。

然而，如果只选择一家企业作为谈判对手，则无法进行比较和鉴别，对方也可能利用这一局面，向己方提出苛刻的要求，迫使己方做出较大让步。所以，至少应考虑选择两家企业作为谈判对手。

对一次性买卖，谈判对手的数目则不必受到限制。如果是大项目，企业可以采取招标的方式，在对方递价的基础上，确定谈判对手。

3.3.2　制定谈判目标

目标是人们行动预期达到的成果或结果，也是考核或检查人们行动效率的标准。

谈判目标就是检验谈判效率和成果的依据和标准，也是谈判思想、方针、策略的具体化和数量化。目标制定的正确与否以及能否达到目标，意味着谈判活动的成败与效率的高低，因而正确地制定与实现谈判目标，对于整个谈判具有决定性的意义。

由于谈判是一个持续发展的过程，因此，谈判目标也要有阶段性目标或分目标。从战略角度来讲，目标可以分为三个层次：对企业具有决定性影响的目标；谈判目标和谈判某一阶段的具体目标。

（1）企业总目标

任何企业的生产经营活动都离不开目标体系，如企业发展的长期目标、中短期目标、企业总体目标、部门目标等。目标在企业的生产经营活动中具有重要意义，决定着企业在一定时期内的生产经营方向和奋斗目标。它是企业目的和任务的转化、分解。企业主要是根据各个不同的具体目标进行生产经营活动。

谈判内容是企业生产经营活动的一部分，必须要服从和维护企业的总体目标，这就要求在制定谈判目标时以企业的总目标为标准。总目标是制定分目标的依据和标准。根据总目标，谈判人员就可以明确在每次谈判中的目标和责任，明确自己所处的地位及谈判成功的意义，从而采取相应的谈判策略与技巧，保证实现企业的总目标。

（2）谈判目标

谈判目标是指每次谈判所要达到的目标。它是谈判活动的总目标，对企业生产经营活动来讲，它又是分目标、具体目标。分目标的实现对完成总目标有极其重要的意义，也是谈判成功的标志。谈判目标即分目标的制定，既要考虑到企业的总目标，也要考虑到企业的实际状况，谈判对手的实力，双方的力量对比，以及市场供求变化因素。

谈判目标的制定极为重要，它关系到企业总目标的实现，又决定了在谈判中每一阶段具体目标的制定，以及在谈判中所采取的策略。谈判目标的制定有以下三种方式：

一是最优期望目标。是指对目标制定一方最为理想的谈判目标。它是在满足目标制定者的基本利益之外，加上一个增加值，所以最优期望目标也被谈判专家称为"乐于达成的目标"。但是，在实际交易中，这种目标实现的可能性较小，它的主要作用是作为一种报价策略，为报价一方争取优势，为实现可接受目标创造条件。

谈判是各方利益相互兼顾和重新分配的过程，谈判的对方也不会轻易地放弃他的立场，也会竭力争取他的利益。己方也不可能在对方报价之后就会立即接受其报价。所以双方提出的最优期望目标，都是作为谈判的初始阶段的一种策略手段。它在谈判桌上有积极的作用。

美国谈判专家卡洛斯对两千多名谈判人员进行的实际调查表明：一个良好的谈判者必须坚持"喊价要狠"的原则，若卖主喊价较高，则往往能以较高的价格成交，若买主出价较低，则往往能以较低的价格成交。这里的卖价、买价就是谈判最优期望目标的主要内容。在哈佛大学教授霍华德的实验中也证明，告诉谈判人员最优期望目标和最低期望目标比只告诉他们最低期望目标的效果要好得多。

二是可接受目标。这是谈判人员根据各种客观因素情况，经过科学论证、预测、决策后所确定的谈判目标。这是目标制定方最基本、最主要的利益所在。它不同于最优期望目标，那种目标带有较大"水分"，主要用于和对方讨价还价。而可接受目标则是谈判某一方制定的基本利益目标，是要坚守的主要防线。在谈判桌上，双方所要争执的目的，主要是为了保护各自的可接受目标，利用最优目标作掩护，实现可接受目标。

但是，也有的谈判专家认为，在谈判之初就提出自己的可接受目标，然后坚持到底，这就是著名的博尔韦尔策略。博尔韦尔曾是美国通用电气公司的副总裁，他在工资谈判中坚持最初条件，很少让步。他首先提出一个自认为是公平合理的建议，然后就坚持下去，结果常常是对方先妥协。

这种谈判方式在实践中也十分有效。日本著名的松下电器公司就坚持这种做法。他们在估算成本的基础上，加上 10% 的利润，据此制定基本谈判目标，然后在洽商中，坦诚地告诉对方，以博得对方的信赖与合作。

谈判的可接受目标，并不是目标制定方的最后防线，它也是可更改、变动的。与最优期望目标相比，可接受目标更为接近实际，是谈判制定方要力图实现的，但它有一定的弹性和伸缩性。著名谈判专家尼伦伯格认为："严格限制谈判目标易于使谈判破裂，谈判目标具有弹性时，谈判就会畅通无阻，这样谈判的期望就会随情境来修正，处理谈判目标应该像利用风力一样，最坚强的树木也要向风势妥协，但风筝利用风力却可以飞得更高。"①

三是最低限度目标。最低限度目标是制定目标一方所要撤退的最后防线，即这一目标如果不能实现，那么就放弃谈判，这是指谈判一方在谈判协议中所要实现的最低限度的要求。

在制定谈判目标时，既要准备出现最好的情况，也要做好最坏的打算。不论是友好合作的洽商，还是紧张激烈的讨价还价，双方都涉及到利益分配问题。对于某一方来讲，在洽商中既有可能实现较为理想的谈判目标，也有可能是在最低限度目标内达成协议。这样最优期望目标、可接受目标和最低限度目标的制定就使谈判目标具有大的伸缩性，避免了由于僵化、死板导致谈判破裂，也保证了一方最基本的利益，并在此基础上争取更好的利益。

由上述分析可见，谈判目标中的最优期望目标、可接受目标、最低限度目标各自的目的、作用不同，它们之间的相互关系可以概括为：

对于买方来讲（见图3-1）：

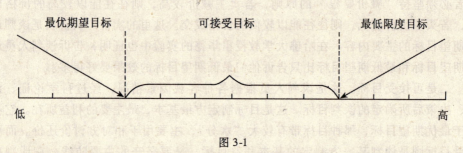

图 3-1

对于卖方来讲（见图3-2）：

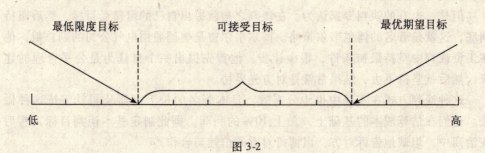

图 3-2

把上述两个图用一个图来表示（见图3-3）：

---

① ［美］尼伦伯格著，郑丽淑译．谈判的奥秘．四川文艺出版社，1988.54 页

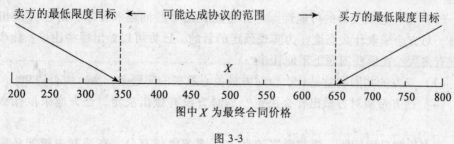

图中 X 为最终合同价格

图 3-3

从上列图示中我们可以看出，无论是对于卖方，还是买方，最优期望目标与最低限度目标都是一个始点，而可接受目标处于中间范围，这个范围就是谈判双方讨价还价的焦点，也是谈判可能达成协议的范围。这里我们在理论上假设达成协议的价格是中间值 X。在实际谈判活动中，也可能 X 值不在中间，或是向左倾斜，或是向右倾斜，这要取决于谈判双方的实力、谈判方法的运用及其他影响因素。

（3）谈判某一阶段的具体目标

具体目标又是对谈判目标的分解，有些谈判，特别是交易复杂、规模较大的谈判，制定阶段目标十分必要，它可以使谈判人员随时检查和调整谈判进程以及谈判成果。

谈判具体目标的制定要相对灵活，可根据谈判内容、预计的谈判期限、谈判的规模而定。如谈判初始阶段是了解对手报价，提出己方条件；第二阶段，就交易主要内容进行协商，进一步讨论产品规格、价格、质量、交货期限、运输等条款，确定双方存在争议的有关问题；收尾阶段，审议合同条款，复查协商的所有内容，商谈履行合同事宜。

综上所述，谈判目标是使谈判顺利、有效进行的保证。在划分目标的同时，一定要注意相互之间的衔接与连贯，企业总目标是制定谈判目标的依据，阶段目标又是实现谈判目标的保证，三者缺一不可。

3.3.3 估量谈判中的问题

任何谈判都不能指望双方一交手就马到成功，达成协议。要是那样顺利，就无所谓谈判了。谈判就是双方面对面地坐下来，商量、争论、讨价还价、妥协让步，最后达成一个双方都能接受的协议，这往往要经过多次的反复。因此，在谈判开始之前，要对谈判中可能出现的问题做好充分的准备，做到心中有数，有备无患。

在详细分析资料、进行资信调查的基础上，所估量考虑的问题主要是以下几个方面：

（1）谈判双方的实力、地位。对方的优势、劣势是什么？己方有哪些优势和不足？

（2）估计达成交易的可能性。对方可能提出哪些问题和要求？对己方提出的条件，对方会采取什么态度？为实现预定的目的，己方可以做出哪些让步？让步的幅度有多大？在哪些问题上不能让步？

（3）双方的共同利益是什么？对方最关心重视的问题是什么？能否调和？

（4）己方希望对方做出什么决定？如对方没有做出决定，己方应采取什么措施？

许多谈判事例证明，谈判者在这些方面准备得越充分，在谈判中越能从容不迫，越能赢得谈判的成功。

当然，由于准备工作的局限性，不可能在谈判开始之前把所有可能出现的问题都设想到、准备好。比较科学有效的方法是采用分阶段准备，即在大体上列出谈判中比较重要的问题，着重准备谈判初始阶段的问题，当谈判开始进行后，再利用谈判的间歇和空闲时间准备下一个阶段的问题。

分阶段准备的好处就在于能够根据谈判对手在谈判桌上提出的问题加以考虑和准备。这样，在谈判中，就要认真记录对方讲话的内容要点，然后加以分析判断，寻找真正的原因。

在充分准备的基础上，速战速决地处理谈判中的棘手问题，也是谈判成功的关键。对此，通用电气公司的前董事长杰克·韦尔奇在他的回忆录中有生动的事例。早在20世纪80年代中期，杰克就想出售公司旗下的航天业务。但直到1992年，杰克才找到比较理想的合作对象——马丁·玛丽埃塔公司，它是一家单纯的航天业务公司。

1992年10月，杰克在一次商业会议上找到了马丁·玛丽埃塔公司的CEO（首席执行官）诺姆·奥古斯丁，杰克向他提议坐下来，探讨一下航天业务的发展去向。但诺姆却比较犹豫，主要是担心杰克收购他们的公司。

几天后，诺姆来到了杰克的办公室，通用公司的工作人员早已经把交易的事项和条件制成图表，供谈判使用。诺姆坐下来听杰克陈述，这项交易显然对双方都有好处。马丁·玛丽埃塔公司可以把规模扩展得更大。而对通用公司来讲，它也可以从军工领域安然脱身。军工这一领域太复杂，拜占庭似的政府审批制度使得通用公司成了一堆谁都想咬一口的唐僧肉，一些律师变着法儿的挑他们的毛病。

晚饭中间，杰克与诺姆达成共识，抛那些通常做法，列出他们不容商量的底线内容。在谈判过程中，诺姆曾秘密地在杰克的办公室度过了三个晚上。当时马丁·玛丽埃塔公司的100名最高级管理人员正在佛罗里达的开普提瓦岛上开会，所以，诺姆白天出现在开会的会场，匆匆吃过晚饭后便飞到纽约与杰克见面谈判。然后，他再飞回去，在飞机上睡一觉，接着准备白天公司的会议。

在第三个晚上后，杰克与诺姆就把交易的底线确定了。他们的相互信任不断加快谈判的进度，三个星期之后，交易完成。当双方于 1992 年 11 月 23 日宣布这项交易的时候，在股票市场上，四个小时内，每家公司的市值都上涨了 20 亿美元。从费尔菲尔德的第一顿晚饭到宣布这项当时最大的航天行业购并交易，前后只用了 27 天。这项交易使马丁·玛丽埃塔公司规模扩大了 1 倍，并引发了航天业的大规模并购浪潮。两年以后，马丁·玛丽埃塔公司与洛克希德公司合并。到 1994 年，当通用公司把自己持有的该公司股票全部出售的时候，通用得到了 30 亿美元，价值已经翻了一番。

3.3.4　确定谈判方法

谈判是一门艺术，是多种方法与技巧的综合运用，谈判又是一种具有高度抗争性的活动，谈判的态势如何，结果怎样，具有极大的不确定性，这就要求谈判人员具有较高的素质，同时，也为谈判人员才干的发挥创造了极为有利的机会。为了更好地运用谈判策略，取得良好的谈判结果，谈判人员各展其能，我们把这种由于谈判者个人在谈判中所体现的不同行为方式称为谈判风格。

谈判风格多种多样，最有代表性、最泾渭分明的两种谈判风格即"鹰式"和"鸽式"。鹰式谈判风格常表现为正面对抗或冲突的态势，坚持强硬立场，使用强硬手段，向对方施加压力，像老鹰一样勇猛顽强，呈现一种典型的进攻性的谈判风格。以"铁女人"著称的英国前首相撒切尔夫人，便是鹰式谈判风格的杰出代表。撒切尔夫人在 1972 年欧共体首脑会议上提出将英国每年的负担减少 10 亿英镑，最初被共同体的其他成员国看做是"天方夜谭"，但她以极顽强的意志将谈判结果定格在每年减少 8 亿英镑，创造了世界交易让步之最。

鸽式的谈判风格则是以规劝利导、迂回温和的方式说服对方，达到合作的目的。这种谈判方式竭力避免冲突、僵局，他们态度友善，语调谦和，措辞委婉，善于在和风细雨中化敌为友，使其心悦诚服。沙特阿拉伯石油大亨亚马尼便是其代表。他在谈判中以从不发火著称，总是不厌其烦地将问题重复一遍又一遍，直到对方失去耐心，举手投降。

如果按集体和个人决策的方式，还可以分为"协议导向型"和"领导主导型"的谈判风格。在谈判开始之前，谈判人员应该对所制定的谈判目标进行彻底详尽的讨论，使谈判目标明确可行，然后在谈判的每一阶段，都应对谈判的战略和方法进行检查，不断充实和修订谈判目标。如果谈判人员运用主导型的谈判方式，那么，必须要考虑谈判小组负责人的领导风格类型和小组成员的适应性，以使这种谈判形式能更好地发挥其效用。

采用哪种谈判方法主要考虑谈判人员的经验、谈判内容、谈判对手的特点，如果是涉外谈判，还要考虑对方的民族习惯与文化差异。此外，还应考虑在一些特殊情境下己方所要达到的目的。

如果己方旨在发掘互利互惠的合作机会，最好采用创造型的谈判风格，不要过分地拘泥于传统的谈判方式，谈判的具体目标也应灵活，具有较大的弹性。只要双方有长期合作的可能，可在目前的谈判中做出较大的让步，为长期的合作打下基础。如果双方一直保持长期的合作关系，那么，谈判的风格可采取"回顾展望"方式，与对方回顾过去长期合作的愉快经历，与个人之间的友好情谊，展望未来发展合作对双方的重要意义。这种谈判方式会融洽双方会谈的气氛，增加彼此间的信任，有利于达成协议。

3.4 物质条件的准备

物质条件的准备工作包括两个方面：谈判场所的选择，谈判人员的食宿安排。从表面上看，这同谈判内容本身关系不大，但事实上，不仅联系密切，甚至关系到整个谈判的发展前途。

3.4.1 谈判场所的选择

谈判专家对于谈判地点的选择有两种意见：一种意见认为谈判地点无论设在哪一方都各有利弊。如果谈判地点设在己方办公室、会议室，其优点是：（1）避免由于环境生疏带来的心理上的障碍，而这些障碍很可能会影响谈判的结果。（2）获得额外的收获。己方可借"天时、地利、人和"的有利条件，向对方展开攻势，以求让步。（3）可以处理谈判以外的其他事情。（4）便于谈判人员请示、汇报、沟通联系。（5）节省旅途的时间和费用。综合上述优势，谈判地点争取在己方的最有利之处在于己方自由发挥，就像体育比赛一样，在己方场地举行谈判洽商活动，获胜的可能性就会更大一些。一些谈判学家所做的研究也证明了这一点。美国专家泰勒尔的实验表明：大多数人在自己家的客厅与人谈话，比在别人的客厅里更能说服对方。这是因为人们一种常见的心理状态，就是在自己的"所属领域里，能更好地释放能量与本领"。所以行为成功的概率就高，这种情况也适用于谈判。

但无可否认，如果谈判地点设在对方，也有其优越性：（1）可以排除多种干扰全心全意地进行谈判。（2）在某些情况下，可以借口资料不在身边，拒绝提供不便泄露的情报。（3）可以越级与对方的上级洽谈，获得意外收获。（4）对方需要负担起准备场所和其他服务的责任。

正是由于上述原因，在多轮谈判中，谈判场所往往是交替更换，这已是不成文的惯例。当然，谈判地点在哪一方还取决于许多其他客观因素，如考察生产过程、施工基地、投资所在地的地理环境等。有时，中立地点也是谈判的合适地点。如果预料到谈判会紧张、激烈，分歧较大，或外界干扰太大，选择中立地点就是上策。

但是，无论哪一方做东道主，都不应忽视对谈判地点的选择和谈判场所的布置。在某种程度上，它直接影响谈判人员的情绪，影响会谈的效果。首先，谈判场所不要过于嘈杂，场所的光线、温度也要适宜。当然，从谈判战术的角度讲，就更有艺术性。日本老资格政治家河野一郎在他的回忆录中清晰地描述了 20 世纪 50 年代他与前苏联领导人布尔加宁的一次谈判，就是利用环境的优势轻取对手。当他来到谈判会议室准备就座时，苏联人按惯例让他先行选择，河野环视了一下，就近选了一把椅子说："我就坐在这儿吧。"布尔加宁说了声"好"，便在河野对面坐了下来。事后，河野讲，他选的椅子在方向上是背光线的，谈判中他很容易看到对方的表情，甚至布尔加宁流露出的倦容。河野曾宣称这是他多年外交谈判的一个秘诀。

3.4.2　通讯设施的完善

谈判设施的配置与完善十分重要。谈判活动要有效进行，要求各方之间信息交流充分，上下反馈及时，而这些都是通过谈判场所的通讯设施来实现的。我们不赞同那种在这些方面施展手段，延误对手沟通来谋取己方利益的做法。所以，无论是哪一方做东道主，这一点一定不要忽视。要使谈判人员能够很方便地打电传、电报、电话，要具备良好的灯光、通风和隔音条件。最好在举行会谈的会谈室旁边，备有一两个小房间，以利于谈判人员协商机密事情。主要谈判场所也可以配备一些专门的设施，供谈判人员挂些图表或进行计算。除非双方都同意，否则不要配有录音设备，经验证明，录音设备有时对双方都会起副作用，使人难以畅所欲言。

3.4.3　谈判房间的布置

谈判房间的布置包括选择什么形状的谈判桌，怎样安排谈判人员的座位等。一般来讲，比较大型的、重要的谈判，谈判桌可选长方形的，双方代表各居一面。但如果谈判规模较小，或双方人员比较熟悉，可以选择圆形谈判桌，这可以消除长桌那种正规、不太活泼的感觉。双方围成一圈坐定，会形成一个双方关系融洽、共同合作的印象，而且彼此交谈容易，气氛随便。有时，出于需要，还可以采用任意排位方法就坐，它适合于小规模的、双方都比较熟悉的谈判，或是比较特殊的谈判。例如以色列和中东国家的和平谈判，由于双方的立场极为对立，要有中间调节人，即第三方出席谈判，为此，专门发明了一种 T 形谈判桌。最后，有些谈判，还可以不设谈判桌，但是，要事先确定一种有效的信号控制方法，以便随时根据情况发出指令，控制局面。

与谈判桌相配的是椅子，椅子要舒适，不舒适使人坐不住，但也不能过于舒适，太舒适使人易产生睡意，精神不振。此外，会议所需的其他设备和服务也应周到，如烟缸、纸篓、笔、记事本、文件夹、各种饮料等。

最后，谈判是艰苦复杂、耗费体力、精力的一种交际活动，因此，用膳、住宿安排也是会谈的内容。东道国一方对来访人员的食宿安排应周到细致，方便舒适，但不一定要豪华、阔气。可以按照国内或当地的标准条件招待即可。许多外国商人，特别是发达国家的客商，十分讲究时间、效率，反而不喜欢繁琐冗长的招待仪式，但适当组织客人参观游览，参加文体娱乐活动也是十分有益的，它不仅会很好地调节客人的旅行生活，也是增进双方私下接触、融洽双方关系的有利形式，有助于谈判的进行。

复习思考题

1. 怎样理解谈判小组作用的发挥？
2. 谈判小组负责人的作用是什么？
3. 谈判信息收集与整理对谈判结果有什么影响？
4. 试述三种谈判目标的关系及影响因素。
5. 请分析谈判目标弹性的利弊。
6. 谈判的物质准备包括哪几个方面？

案例分析

中国海洋石油总公司与壳牌公司的合作

2000 年 10 月 28 日，中国海洋石油总公司（以下简称中海油）前总经理卫留成和英荷壳牌化工公司首席执行官亨克斯在北京共同签署了南海石化项目合营合同。合营双方为壳牌南海石油有限公司和中海石油化工投资有限公司，双方各持股50%，中海石油化工有限公司是由中国海洋石油总公司（90%）和广东投资开发公司（10%）合资组建。新成立的合营公司命名为中海壳牌石油化工有限公司。这项总投资高达 40 亿美元的"南海石化"项目是我国有史以来最大的合资项目，经历了 12 年的风风雨雨，双方才终于达成协议。

初始合作

作为全球顶尖的石油公司，壳牌公司早已发现中国是世界经济发展中最后的也是最大的一个市场。但是，进入中国市场，必须寻找理想的合作伙伴，而壳牌公司与中海油之间很早就开始了海上石油勘探的合作，他们认为中海油是一个能够接受国际先进管理经验，能够与国际接轨，并且有着丰富的国际合作经验的公司。

在最初与壳牌公司合作时，中方实际有 5 家，除了中海油以外，还有中石化、中石油、中国香港招商局集团公司和广东省，中、外方各持股 50%。由于中海油当时在中方股东中所持股份最大，占 20%（中石化、中石油各持股 10%，另外两家各持股 5%），也为了便于一个声音对外，所以，以中海油为主代表中方各个股东与外方合作，当然其他股东也派有代表参加。

后来中石油和中石化分别在 1994 年和 1996 年底退出，招商局集团在 1999 年退出，由此中海油股份扩大到 45%。双方最初制定的方案是发展 500 万吨的炼油厂和 45 万吨的乙烯厂，这恰好符合中海油的战略发展方向。

三种方案

双方从签订意向书、进行前期市场调查、制定项目建议书、可行性谈判到 1991 年 7 月 27 日正式签署可行性研究协议，共耗费三年多时间。

中海油所生产的原油主要是重油，重油一方面含高钙，它属于在炼油中很难处理的金属元素；另一方面含酸，酸在炼油过程中对设备的腐蚀非常厉害，所有的加工设备必须是加上了合金衬里的不锈钢，这使得加工成本大大增加。为了考虑实现优化组合，给乙烯提供原料，需要把炼油过程中的重质部分采用壳牌沥青造气的先进技术，将沥青转换成合成气，作为发展化工的基础原料，但最终算出的项目赢利率只在 6% 或 7%。这样的投资目标，既不能满足国外投资方的要求，中方投资者也不能接受。因此，项目告吹。

1994 年初，开始进行第二个方案的研究。炼油规模由原来的 500 万吨扩大到 800 万吨，这在当时已是国内的最大生产规模。然而计算下来，赢利率最终只有 9%（石化行业投资的基准赢利率的指标应大于 10%），而壳牌当时要求的赢利率目标是 12% 以上。所以，双方都不能下决心投资这个项目。

到 1996 年底，双方开始了第三回合方案的制定。虽然还是油化结合，但已经调整为先上化工，后上炼油的项目。将 45 万吨乙烯扩展到 60 万吨，后来又决定扩大到 80 万吨，炼油项目暂时先不上，以保证乙烯加工规模达到世界一流企业生产规模，计算结果是赢利超过 10%。按照双方各自的经济评价模型来分析，都认为回报率不错，达到了可以接受的赢利目标。

强手交锋

由于项目投资巨大，对双方来讲都至关重要。国际上的合作，除了研究项目的技术和市场外，还必须找到双方合作的结合点。这使得合同谈判的结构异常复杂，要将 50 年双方的权利和义务全部用文字归纳出来，体现在合同当中，这是这次谈判的主合同内容。另外，配合这个主合同还有许多辅助合同，比如专利许可合同（该项目共引进当时世界上最先进的 12 项专利，其中 9 项来自壳牌）、技术服务合同（说明如何在合资公司中使用现有的国际服务）和商标使用合同（南海石化产品将使用"壳牌"商标）等一系列合同都需要谈判。

据壳牌南海石油有限公司负责人介绍，谈判初期是比较艰难的，两个完全不同文化背景的公司往往有着不同的思路和想法，虽然说双方都本着互利互惠的原则进行谈判，但一涉及到具体问题，就僵持住了。由于语言的差异，即便是一个文字，有时在中英文互译的过程中，也会产生歧义。为了避免因中国的法律出现变化而对合营公司的利益造成不利影响，壳牌坚持在先期起草的合同里写明：如果中国的法律出现对合营公司不利的变化，中国政府要给予承诺，要保护合营公司的利益。

但中方认为，企业赢利好坏不能通过政府干预，只能在法律出现变化时适应法律的变化，因此，坚决不同意这样的要求。双方的交锋你来我往，最后壳牌终于做了让步，承认我国的改革开放、法律制度不断与国际标准接轨。但更重要的原因是壳牌公司发现与他们打交道的是一支具有国际水平的高效率管理团队。

最后冲刺

为了加快谈判的进程，中海油公司组成 5 个谈判小组，同时展开平行的谈判。在北京的 4 个谈判小组，分别进行主合同谈判、专利许可合同谈判、技术服务谈判和联合销售谈判，另外一个驻广东的小组进行地方合同谈判。由公司的谈判领导小组对谈判班子进行统一严密的组织和管理。对各个谈判小组，第一要确定中方的谈判底牌；第二要制定谈判策略和谈判技巧。

中方负责人每天上班的时候打开电脑，都会出现整屏红色的 E-MAIL（尚未处理的邮件）。因为他要求所有的谈判小组，在白天谈判结束后，必须当天将所有的问题，通过电子邮件汇集到他的邮箱里，然后逐个、及时、清晰地处理。

除了 5 个谈判小组以外，双方最高层的领导，包括壳牌的董事长和中海油总经理卫留成，每 3 个月要进行一次会晤，主要的目的是解决谈判过程中出现的重大原则问题。到了谈判的后期，更是加快了接触的频率。在海洋石油大厦 25 层楼上，每两周一次的电视、电话会议在这里秘密举行，其热线联系一般是北京与荷兰、北京与伦敦、北京与新加坡等地。

到 2000 年 8 月，多年的谈判实际上已经进入了尾声，双方高级领导人会晤之后，将所有已达成的意向、但还没能彻底解决的问题，都提交到 8 月 14 日的会议上来解决。由于有以前谈判接触中达成的共识和默契作基础，所以，提交到 8 月 14 日这一天的所有问题都得到了双方的谅解，全部获得了解决，"有志者事竟成"。

资料来源：王晨. 大连日报，2000 年 12 月 10 日，第 2 版

问题：

1. 影响谈判活动的主要因素是哪些？你能从这一谈判案例中提炼出来吗？
2. 中海油与壳牌公司的谈判能成功的根本原因是什么？

第 4 章　国际交往礼仪

学习目的

　　涉外商务谈判遵守国际交往礼仪十分重要。了解不同国家或地区谈判人员的风格、特点、商业习惯，遵守在公众场所中的礼仪规范不仅体现一个谈判人员高水准的职业修养，也会直接或间接地影响谈判的最终结果。

　　国际交往需要遵守的礼仪表现在多方面，这里我们主要根据国际商务谈判涉及的内容侧重介绍会谈及社交礼仪。

4.1　会面礼仪

　　会面是商务谈判活动的初始阶段，双方或多方的实质接触首先源自会面，会面中谈判人员的着装打扮、言谈举止会极大的影响双方人员的相互交流与进一步沟通。

4.1.1　化妆礼仪

　　商务人士的容貌整饰是十分重要的，这不仅关系到个人的修养与自信，同时也体现了公众场合的礼貌和对别人的尊重。

　　商务人士的容貌整饰体现在许多方面，主要有修饰、化妆、美容、整容等，这些都在不同程度上美化个人，提升个人的修养与气质。一般化妆是最常见的整饰行为。"化妆是一种通过对美容用品或美容手段的使用，来修饰自己的仪容，美化自我形象的行为。"① 但化妆不是我们传统观念的用化妆品简单向脸上一擦了事，还是比较有学问的。女性的化妆术比较复杂和讲究，但男性化妆主要包括美发定型，清洁与护理面部与手部，使用香水等。化妆得体，尤其是对于女性来讲，在商务场

---

　　① 金正昆著．商务礼仪教程．中国人民大学出版社，2005.63 页

合中十分重要。因为这是你传递的最为重要的信息之一。

化妆的种类较多，如有晨妆、晚妆、上班妆、社交妆、舞会妆等各种形式，通常商务活动的化妆属于淡妆，也叫工作妆，即简约、清丽、素雅，具有明显的立体感。工作妆的目的是消除商务人士的性别特征，不能过分的引人注目，由于不同的化妆品适用于不同肤色或皮肤的人群，要注意选择比较适合自己的化妆品，如化妆品的颜色、气味甚至品牌。对于男士来讲，头发的修饰十分重要，因为男士头油较多，气味较重，应该注意使用去头屑和头油的护发品，并注意随时检验自己这方面的问题。

但无论男女，对于公众场合使用的香水都要认真对待。使用香水本来是增加个人魅力，但如果使用不当，会适得其反。实践证明，许多人讨厌过浓的香水，长时间闻会分散人的注意力，甚至会使人眩晕。研究表明，如果香水的味道在 1 米之内被闻到是正常情况，如果在 3 米之内被闻到则属过量。而且香水属于个人偏好，男性与女性使用的品牌有较大的差异，不要混淆。再有，在国内许多人喜欢廉价的花露水，这在国际交往中使用是失礼的。

由于化妆美容的专业知识较多，难以快速掌握。如果你是初次进入商务场合要向有经验的人士请教，如果经常从事这类商务活动要系统学习，切不可掉以轻心。一个善于修饰自己的商务人员会通过化妆修饰将自己装扮得得体大方，赢得对方的尊重，但如果不是这样，反倒会立刻给自己减分。

4.1.2　商务着装

在商业交往中，着装也很重要。法国时装设计大师香奈尔说："如果一个人穿得十分邋遢，你注意到的便是他的服装，如果他穿得十分整洁，你才注意到他本人。"

在国际交往中，中国人对西方的着装礼仪了解不多，所以，有时显得失礼。更多情况下是自身着装欠妥，使对方贻笑。主要有以下几种形式：

一是西装的搭配不得体。西装的穿着与搭配有许多形式，但要合乎规矩。穿西装最基本的搭配是衬衫、领带和皮鞋。在非正规的场合，穿单件西装可以不系领带，但不能穿无领衫，更不能配上旅游鞋。有些人穿西装喜欢内套毛衣，严格来讲这也是不得体的，特别是不能配大花或大格图案的毛衣，而且西装内的衬衫如果不整洁也是失礼的行为。

二是西装过于肥大，不合体。国内许多男士穿西装买的尺寸过大，或西装质地较差也会损害个人形象。近年来国内流行西装的商标裸露在外，或极夸张的商标装饰，这都是不规范的做法，在国际商务活动中切忌不能自作主张赶所谓的时尚。穿西装主要体现在内敛和精致，如搭配、做工、颜色，而不是张扬。

三是女性的着装不合礼仪。在商务活动中，女性的正装就是西服套裙，一些国内女士常见的穿裤子配上衣都不是规范的商务活动着装。还有的女士穿西装配短裤，这也是不合规矩的，一定要穿长裤。但穿长裤要注意不能破损，否则就像穿破衣服一样，是严重失礼的事。女士的着装与鞋子和手提包要相互搭配，如果你不知道怎样搭配，黑皮鞋和黑色手提包是一种经典选择。

一般来讲，穿西装的礼仪较多，很难用几句话说明白。但一个要领是着装要合乎规矩，整洁大方。要符合"三一定律"，即应使自己皮鞋的颜色与腰带、公文包的颜色相一致，并且最好三者皆为黑色。还有就是"三色原则"，即男士在正式场合的着装应当保持在三种颜色之内。实际上，在国际商务活动中，西方人，特别是商人或政界人士通常穿深色西装，如蓝、黑、深灰等。这主要是由于担心穿浅色、过于时髦的服装，给人一种轻浮不可信的感觉。此外，穿着西装时，上装纽扣要扣上一粒，在别人面前不要把手插在口袋里，不要搂着胳膊。

需要指出的是，男性系领带也十分重要。领带分公事用和私事用两种。参加重大典礼或办公系的领带是公事用领带，体现保守、庄重。然而，领带90%以上是私用的。虽然据此可以认为如何选择领带是完全个人的自由，但在日常生活中存在一些约定俗成的规定。领带是传递感情的信使，并能对男人的文化修养和情趣作出反映。一般来讲，爱系红领带的人，具有争强好胜的性格；常系黑色绸领带的人是沉着冷静类型的人等。

在商务活动中，系领带主要应考虑个人的脸型、肤色、服装和场合等，注意了这些问题，领带就能给你增添光彩。从色彩搭配来讲，有三种色系搭配。第一种是以蓝色为基调，即穿蓝色西装，系红、白、黄条纹或花点的领带，既庄重严肃又不至于太死板。第二种是以灰色为基调的服装，搭配有红、白、蓝等暗花图案的领带，比较轻松随意，能缓和过于谨慎而显得不够融洽的气氛。第三种是被称为"诚实色"的茶色系列中的米黄色西装，配上红白条纹或红、茶色条纹的领带，会给人以和蔼可亲的感觉，有利于活跃性的社会交往。

商务场合，男性着装中的衬衫也十分重要。我国香港记者采访金利来品牌的总裁曾宪梓先生时，这位为"成功男士"创造了知名品牌的企业家的个人感受就是注重着装中的衬衫。他一年消费400多件衬衫，可见他对衬衫的青睐。衬衫最能体现人的风度。对于男性来说，衬衫的质地、做工和色泽最为重要。优质的衬衫应是面料柔软光滑，剪裁得体，做工精细。在衬衫的穿着上要注意领子的整洁和衬衫的挺括，一定要熨烫后穿着。

女性在商业场合的着装更要注意。美国一位服饰研究专家发现，工作中的女性穿灰色和蓝色的西装并配合适当的鞋子和饰物可以引起同事的尊重。下列服饰的搭配能使妇女具有高度的权威感，职业化对女性是十分重要的。

（1）蓝套装与白衬衫相配。白衬衫能赋予人极高的权威性、地位感，及一种决定者的威严。它不会侵犯到别人的自尊。

（2）素面灰色、碳灰色套裙与白衬衫，或配粉红色衬衫。粉红色在某些场合会破坏你的权威，而在另一些场合会增强你的权威。

（3）中灰色套装与黑衬衫相配。黑衬衫具有很高的权威性、尊贵感，但它会使有些人感到生硬、不可接近。

（4）深栗色套装与白或黑色衬衫搭配，栗色是一种高雅的颜色，它会使你的风度高贵典雅。

（5）黑色套装与白衬衫搭配、深红褐色套装与黑或白衬衫搭配、铁灰色套装与白或红褐色衬衫相配都是很好的职业装束。

4.1.3 交换名片

名片在谈判人员的交往中起着重要的媒介作用。在正式谈判的场合，谈判人员的身份都要由介绍人介绍，但也要寻找适当的机会交换名片，因为名片清楚、准确地显示了你的身份、地位、职务，为双方的联系与交往提供了方便。

在交换名片时，如果是你首先出示，请双手递上名片，而且对方的每一个人都要递送。如果是对方先向你递送名片，要认真浏览名片，切不可扫一眼就装入口袋了事，更不要将其随便放在手边，走后遗忘在桌子上。如果在一次会谈中递送的名片较多，注意不要将对方的人员姓名相互混淆，张冠李戴，这在交际礼仪上也是大忌。美国驻日本商会会长齐默尔曼先生曾在一次与日本人谈判中，一连交换 112 张名片，他为了防止混淆和记住相关事宜，对每个名片都进行了标注，并将名片分类存档。

经常对外交往的谈判者，其名片的印制也不同于国内，国内比较流行的各种字体如魏碑、草体、隶书等都不适宜印制名片，如果有中文的话，只用宋体即可。在名片比较显眼的地方，应印上你的学历和专业职称，而不是行政职务。如果是出国洽谈，在名片中最好写上你投宿的旅馆名称、房间号码、电话号码等。在国际交往中，各国由于民俗的差异，对递送名片也有一定的规矩，一般是有资历的人或发起者先递名片。

4.2 会谈礼仪

商务会谈比较正式的也可以称作谈判，在本书第 3 章即谈判的准备一章中我们研究了谈判开场白和双方见面的介绍。这里我们主要从礼仪的角度分析在商务会谈中涉及到的一些基本社交礼仪。

首先，谈判双方相互介绍，介绍一般由主要负责人按照出席谈判会议人员的级别高低依次介绍，一般是先介绍职位高的人员，如果没有特殊安排，先被介绍的人不要马上就座，要等所有的人都介绍完之后再一起坐下。

　　介绍是谈判双方相互接触、认识必不可少的环节。怎样通过介绍给对方良好的"第一印象"，需要一定的策略技巧。例如，己方负责人向对方介绍一位小组成员，他可以说"这是我们的财务主管李万成"，也可以说"这是我们财务主管李万成，他具有 15 年财务工作的经验，曾负责审查过金额达 3500 万美元的贷款项目"。对比之下，显然后一种介绍更有影响力，会在一见面的接触中，既抬高了被介绍人员的身份，也给对方一定的心理压力。

　　介绍过程中双方交换名片，准备就座，开始会谈。就座的座位是东道主事前安排好的，一般都写有谈判组成员的名字，以免坐错。但要注意落座的时间和方式，一般是主人就座后，客人才就座。如果没有特殊情况不要再要求调换位置或椅子。

　　其次，与对方开始谈判时一般要有一段开场白，作为谈话的过渡，以免马上进入正题，大家过于紧张，谈话放不开。但开场白的选择有一定技巧，比较好的是中性话题，如来访者的旅途见闻、体育和娱乐活动、双方熟悉的人物、当天的新闻报道以及能够引起双方兴趣而又不敏感的问题。由于开场白不同于正式谈判，双方表情轻松，语言诙谐幽默，甚至可以开开玩笑。但要注意分寸，掌握尺度，不能失礼，也要注意民族习惯和信仰。

　　再次，在与对方交谈时，目光要直视对方；在陈述己方的观点时，要注意面对所有的人，环顾周围，不要只盯住一个人或个别人，这会让其他人都感觉到不舒服，要注意平视对方，躲避视线交流或眼望别处都是不自信的行为。

　　需要指出的是，迎光或背光对谈判人员作用的发挥也有影响。迎着光线会使人不舒服，长时间会心情烦躁，其面部表情也会被对方一览无余。背着光线效果就会好得多，甚至会使你占据主动，从容地观察对方。

4.3　就餐礼仪

4.3.1　就餐礼仪差异的原因

　　就餐礼仪是世界各民族社交礼仪中名目繁多且禁忌较多的，尽管这里我们主要介绍国际上比较通行的就餐礼仪，但是这些礼仪的形成是有其深厚的文化背景和习俗规范的。这就需要我们认真了解其形成的基础和文化内涵，不能简单地将其看做是一种入乡随俗的现象，如果你能对对方的习俗表示理解和尊重，同时又能表示对对方文化的熟悉和景仰，指出其文化内涵和特征，你就能赢得对方的尊重和好感，建立在这种基础上的相互了解应该是值得提倡的。

　　首先，许多餐饮的礼仪是建立在各种禁忌与习俗的基础上的。如阿拉伯人不饮酒，忌食猪肉、带贝壳的海鲜和无鳞鱼。因此，按传统的方式，就餐以酒作为款待宾客的形式显然是不合适的。另外，阿拉伯人认为左手是处理不洁事务的，因此，侍者不能用左手为宾客上菜。

其次，餐饮的礼仪与各自民族的文化息息相关，如欧洲人餐饮实行的是分餐制，这是基于卫生和个人习惯，还有基于他们认为剩食物是不礼貌和浪费的价值观。而在中餐中，如果招待客人盘子里的东西吃得光光的，会使主人感到尴尬，没面子，是失礼的行为。

再次，各民族差异体现在餐饮形式与内容上，千差万别，需要相互包容与理解。例如，在阿拉伯国家，赶上斋月，别人忌食，你也最好别大吃大喝。西方国家忌讳"13"这个数字，如果你将就餐的餐厅安排在 13 号，将会使客人极其不愉快。我国曾在尼克松访华时，由于外交部的疏忽，将随同前往的贵宾罗杰斯安排在酒店的 13 层下榻，使对方极为不满。由于周恩来总理的及时干预，工作人员的诚恳道歉，才消除了误会。

4.3.2　西餐礼仪

商务礼仪规定，东道主必须先于客人抵达用餐地点，以迎候客人的到来。一般以提前 10~15 分钟为宜。稍事休整后，应在适当之处恭候客人到来。如比较重要的客人还要在餐厅旁边配有休息室，以供来宾休息与整理。

吃西餐与中餐的差别很大。其中，刀叉、餐巾的使用，座位的安排都有讲究，切不可失礼。一般吃正规的西餐要有几道程序，如开胃菜、汤、海鲜、主菜、甜品、水果、红茶或咖啡等。

使用刀叉也应当注意，依次从自己面前的餐盘两侧由外向内取。在吃菜时，可左手持叉，右手握刀，自左而右逐步切割，逐一而食。若与别人交谈，可将刀叉呈"八"字状摆在自己面前的餐盘里。如不想再吃某道菜了，则可将刀叉并排放置在自己面前的餐盘里。吃西餐有许多刀叉，其摆放和使用都有规矩，如果你不清楚其用途或不知如何使用，要观察东道主的做法，模仿进行，如果主宾比较熟悉，可以直接请教，边学习边用餐，气氛会更融洽。

吃西餐不论是菜还是汤，都应该等到每个人都端好以后，主宾一起开始吃，吃的速度也应大家同步，不要过快或过慢，应闭嘴咀嚼，避免吃东西时的特殊声音，口中的骨头、鱼刺等不要直接外吐，可用餐巾掩口，用手或用具取出，放在盘子里。喝汤不能端起碗喝，要使用汤勺，即使汤热，也不能用嘴吹。

中国人习惯边喝酒、边抽烟、边就餐。但在西餐中，正餐并不吸烟，吸烟是在喝咖啡的时候。而且，在诸多公众场合不允许吸烟。

吃西餐不要在盘中剩下食物，这是不礼貌的行为。就餐时不要劝别人饮酒或起身灌酒，不能用餐具相互敲打，发出声响，不能毫无遮掩地当众剔牙。

需要指出的是，在就餐期间短暂离开，应将餐巾放在自己所坐的椅面上，以示自己将很快回来。若是将餐巾放在餐桌上，则表示自己已经吃好，去了就不再回来了，这样侍者可以根据客人餐巾的摆放为其提供服务。

最后，如果搞不清楚西餐提供的一些食品或餐具的用途，可观察东道主的做法行事。如吃带腥味食品时，餐桌上常备有柠檬，可用手将汁挤出滴在食品上，以去腥味。

4.4　日常礼仪

4.4.1　公众场合的举止

在国际交往中，言谈、举止、风度是十分重要的。除了要求举止大方，言谈得体外，还应注意一些细节问题。如在公共场合，不要大声、毫无顾忌地谈笑、争论，声音过大，会破坏周围的气氛，妨碍他人。

公众卫生也十分重要。许多人随便乱丢废纸杂物，有的人当众挖鼻孔，擤鼻涕，大声打喷嚏，丝毫不顾及别人的感受。有的人使用公众设施既不爱惜，也不节约，甚至中饱私囊，极度缺乏修养。这在与国际友人交往中都是有失身份的，需要认真改正。

在公众场合，通行的规则是女士优先，所以，男士要表现出君子风度，不要抢先进门上车，也不要抢先就座。开车也不能抢行，要给行人让路。只要是有人等候，就一定要按先后顺序排队进行。

公众场合的赞美之词的技巧也需要掌握。一般情况下，如果你感觉到打扰了对方，一定要有抱歉的语言；如果是对方为你提供的方便，一定要道谢；如果对方公开赞美你，也要礼貌回敬。

外出探访，不论是公事还是私事，一定要事先约好，一般是通过电话约定。突然登门拜访是不礼貌的行为。赴约时既不要迟到，也不要过于提前。如果所去地点不熟悉，则不妨提前一些时间抵达，确认地点无误后，可在附近小候片刻，再准时出现。如果约定之后，又要取消或不能按时出席，不要采取拖延的办法，要及时电话通知并诚恳道歉。约定拜访的时间要尽量避开节假日、用餐时间、过早、过晚的时间以及其他一切对对方不方便的时间。

寒暄、答谢要适可而止，拜访的时间也要注意，主要是不能拖得过长，如果发现主人有倦怠之意，要即刻告辞。在访问结束辞别时，道谢之后要马上离开，拖拖拉拉，一再答谢道别，讲个没完，反而失礼。

有这样一个事例，很能说明在国际商务交往中，尊重不同国际礼仪的重要意义。1961 年 9 月，英国陆军元帅蒙哥马利再次来到中国访问，当时的总理周恩来特意让我国一位军事外交家熊向辉参加接待小组，陪蒙哥马利去我国各地访问。在洛阳，蒙哥马利元帅晚饭后与陪同人员上街散步，经过一个剧场时，他径直闯了进去。舞台上正演出豫剧《穆桂英挂帅》。翻译向蒙哥马利介绍剧情。幕间休息时蒙哥马利就退场了。他说："这出戏不好，怎么能让女人当元帅呢？"熊向辉解释说："这是中国的民间传奇，群众很喜欢看。"蒙哥马利认真地说："爱看女人当元帅的男人不是真正的男人，爱看女人当元帅的女人不是真正的女人。"熊向辉也较上真了："中国红军就有女战士，现在解放军里还有一位女少将。"蒙哥马利耸了耸双肩说："我对红军、解放军一贯很尊敬、钦佩，不知道还有女少将，这有损解放军的声誉。"熊向辉急了："英国的女王不也是女的吗？按照你们的体制，女王是英国国家元首和全国武装部队总司令。"蒙哥马利不吭声了，但情绪明显表现出不愉快。

回到北京后，周恩来把熊向辉找到西花厅听情况汇报，熊向辉还详细地把他与蒙哥马利的那场争论做了汇报。熊向辉心里还有点暗自得意。不料，周恩来听后却严肃起来。他批评道："你讲得太过分了。你说这是民间传奇就够了，他有看法何必驳他。你搞了这么多年的外交工作，难道还不懂得求同存异？你弄得人家无话可说，就算你胜利了？鲁迅讲过，'辱骂和恐吓绝不是战斗'，引申一下，讽刺和挖苦绝不是我们的外交。"稍过片刻，周恩来以缓和的口气问："蒙哥马利最喜欢看什么节目？"熊向辉说："杂技，特别是口技。""他看了抢椅子没有？""没有。"周恩来取出为蒙哥马利安排的节目单，发现其中没有杂技和口技，却有一出折子戏《木兰从军》。"幸亏问了你，不然蒙哥马利还以为我们是在故意讽刺他。"

经过调换后的文艺节目，蒙哥马利看了非常满意。后来，他在回忆录中还特意提到《抢椅子》和口技表演："他们表演得很妙，非常有趣。"

4.4.2　给付小费

在服务场所还要给付小费，这与我们国家也有很大不同。在国外，如果一个人受到了服务人员的热情接待，通常是以给小费的形式答谢的，而不是我们的"谢谢"。由于小费给付的范围十分广泛，所以，出国访问的人员要清楚什么情况下给小费，给多少。最常见的给付小费的场合主要有：一是下榻酒店时要给付门童、行李员、送餐者和客房服务人员的小费；二是到餐馆用餐时要给领位员、侍者、乐手和卫生间保洁员小费；三是美容美发时给付美容美发师的小费；四是乘坐出租车给付司机的小费；五是观看音乐会、歌剧等给侍者和服务人员的小费；六是旅游观光给付导游员和驾驶员的小费。

支付小费主要是以东道国或地区通行的货币，也可以是他们乐于接受的货币，如美元等。小费的金额因不同国家或地区和不同行业有一定差别，但大体上是10%～20%。所以，出国人员应随身携带一定数量的小额现钞。

最后，需要指出给付小费的方式。要尊重对方，不能以居高临下、高人一等的心态。还要悄悄支付，给小费不是要显示你的富有，而是对对方服务的感谢。同时还要掌握恰当的时机。

　　了解国际交往礼仪，可以使你的言谈举止更加得体，使你能友好和平地与人相处，并赢得对方的信任与尊重，这对你的谈判将大有裨益。

4.5　馈赠礼仪

　　在商业交际中，互赠礼物是常有之事，礼物虽小，可以加深相互的友谊，有利于促进彼此之间的贸易关系。但赠送礼物不能草率，在一般情况下，要根据客人的身份或对方赠礼的情况决定礼物的价值。这种礼品不一定越贵越好，过于贵重的礼物会使受礼者过意不去或产生疑心，最好选择有纪念意义或民族特色的礼物，但也要考虑对方的消费习俗。

　　人们对于馈赠的褒贬评价各不相同。反对者认为，赠送礼品有行贿之嫌，而接受礼品者有受贿之嫌。赞成者认为，赠送礼品是人之常情，也是表达双方感情的一种方式，有助于谈判成功，我们同意后者观点。特别是在涉外谈判中，就许多国家或地区的习俗来讲，互赠礼品同互致问候一样，是双方友好交往的必要手段。我们国家领导人出访，国外来宾都要互赠礼品，以示友好。因此，在涉外谈判中，应当学会掌握运用这一策略。

　　由于各民族的风俗习惯不同，在赠送礼品上有较大的差异。

　　首先，要注意由文化造成的爱好上的差异。如日本人不喜欢有狐狸图案的礼品，英国人不喜欢以大象作商标的礼物，同时，受礼人不喜欢有送礼公司标记的礼品。与法国人交往不能送菊花，因为在法国只有在葬礼上才用菊花。在阿拉伯国家，酒不能作为礼物送给对方。

　　其次，要考虑礼品价值的大小。古语说"礼轻情义重"。一般来讲，送礼价值不宜太高，送礼物主要是表明或增进双方的友好情谊，不是贿赂。礼物过重，除了贪心者外，对方也不便接受，有时反而会产生疑心。只要礼物符合其民族习惯，又是精心选择的就可以。

　　最后，送礼的场合也要注意。例如，对英国人最好是在请人用过晚餐或看完戏之后进行，对法国人则在下次重逢之时为宜。

　　赠送礼品是一个十分敏感而又微妙的问题，一定要慎重从事，否则会适得其反。如对方赠送礼品，出于礼貌，应回赠礼品。如赠礼对象是一对夫妇，其夫人则是受礼的对象。

　　需要指出的是，我们中国人受礼后，往往不好意思打开，便随手放置一旁，其实这是失礼的行为。在西方人眼中，受礼后要当着客人的面打开礼物并轻声称赞，这才是得体的行为。

4.6　各国文化禁忌

文化的内容十分广泛，它包括风俗习惯、行为规范、宗教信仰、生活方式、价值观念、态度体系以及人们创造的物质产品等。因此，不同民族的不同文化所形成的差异也非常大。如：英国是经验主义、现实主义的文化特点，法国文化则是崇尚理性的，中国文化精髓是儒家的中庸、平和、忍让、谦恭的文化特征，由此形成了相应的文化禁忌。

4.6.1　习俗的禁忌

所谓习俗是指风俗习惯。风俗是指历代相沿积久而形成的一种风尚；而习惯是由于重复或练习巩固下来的并变成需要的行动方式。习俗作为一种广泛的社会现象，对人们的行为方式有极大的约束作用。当人们不得不服从习俗的约束时，我们称之为禁忌。

习俗形成的禁忌表现在许多方面，例如，人们通常是以牙齿的洁白显示人的健康和整洁，但在马来西亚，人们是以牙齿发黑的程度来评价其社会威望，很多人特意嚼槟榔果使牙齿上色。再如，欧美妇女结婚时习惯穿白色的婚纱，在她们看来，白色象征着纯洁、美丽；而我国妇女结婚时，大部分都喜欢穿红色的婚礼服，因为红色象征着吉祥如意、幸福美满。

在亚洲和非洲许多国家或地区，人们喜欢通过纹饰身体来表现习俗。在一些伊斯兰国家通行一夫多妻制。世界上不同国家或地区有各种习俗的禁忌，有些甚至完全相反，这在国际交往中要格外注意。如，在欧美一些国家拜访客人要将礼物送给夫人，而在另一些国家夫人则完全不能是送礼的对象。

我国的一家图书进出口公司在伊斯兰国家展销图书时，一套印刷精美、装帧考究的图书被勒令停止展销。原因是书中出现了一幅服务员用左手给一位阿拉伯大亨上菜的插图。在穆斯林的习俗中，左手是不洁净的，用左手上菜是对人的一种侮辱。

4.6.2　生活方式的禁忌

生活方式是文化所赋予的一种社会活动方式。文化与生活方式有着极为密切的关系，文化规定了人们一定的生活样式，教育人们以什么样的方式、方法去生活，如衣食住行、婚丧嫁娶、接人待物等。在不同的社会文化背景下，人们的生活方式会产生较大的差异，而违背这些规矩会给人带来心理上的不愉快。例如，犹太人与穆斯林相近，饮食的禁忌特别多，烹饪方式及吃法都受戒律约束。他们认为猪肉、蹄筋等是不洁之物，属禁用之列。

美国人利克斯写的《商业大失败》中列举了许多这样的实例说明禁忌在跨文化中是无处不在的。例如，在发达国家或地区，男女的地位是平等的。但在许多发展中国家或地区，男性与女性的地位却差别极大。一家美国公司在南美做一个广告时就闹出了大笑话。广告中一位南美女性命令她的先生，让他通知他们要拜访的客人可能要晚到一会儿。这简短的画面犯了两处禁忌：一是没有哪位南美人认为迟到需要通知对方，二是更没有哪位女性能够这样指使丈夫。同样，也是一家美国的洗涤用品公司，在当地进行媒体宣传时，广告设计表现的是，画面左边显示一套脏衣服，右边的衣服则变得整洁挺括，两者中间是一箱傲然直立的洗衣粉。但是，由于当地人看物的习惯是从右到左，所以，广告的读者得出的结论是：使用该洗衣粉将越洗越脏。

4.6.3　宗教的禁忌

宗教是文化的重要组成部分，也是人信念中最深层次的东西。世界上主要有四大宗教派系：基督教、伊斯兰教、佛教和天主教。宗教对人的影响是持久的、强烈的。与此相适应，宗教的禁忌也比较严格，难以改变。例如，印度教崇拜牛，男女老少忌食牛肉。

伊斯兰教教义规定的禁忌比较多，表现在人们生活的各个方面。例如，教义中规定的斋月，是来自于真主安拉在穆罕默德 40 岁的希吉拉历的 9 月，把《古兰经》经文传授于他，所以，此月被认为是一年之中最吉祥、最神圣的月份，为了表示纪念，进行封斋。封斋期间，白天不进食，即使遇有外交礼节宴请，也必须在日落之后才能进行。穆斯林忌讳妇女抛头露面，不允许其出现在商业图像中。穆斯林甚至在家禽、牲畜的宰杀方式上也与众不同。我国一家出口公司在"广交会"上与一家科威特公司签订了出口 700 箱北京冻鸭的合同。科威特方面要求中方必须按"伊斯兰教方法"屠宰，而且要中国伊斯兰教协会出具证明。中方予以同意并将此条款写入合同中。事后在为对方加工这批产品时，由于中方已拥有了先进的屠宰技术，所以并未按对方的要求去做。结果货到对方口岸后被全部退回，给公司造成了巨大的经济损失。

基督教认为"13"为不吉利的数字，是来自于耶稣受难日。所以，"13"这个号码到处都不受欢迎，一些酒店干脆就没有 13 层、13 号。另外，许多来自于宗教信仰的节日，如西方的圣诞节、复活节，日本的鬼节，中国的清明节等，都有许多特有的消费模式和仪式。

复习思考题

1. 在国际交往中，谈判人员应注意的礼仪有哪些？

2. 名片在谈判中的作用是什么？

3. 为什么说谈判人员的服饰会影响商务谈判的结果？

4. 西餐与中餐的礼仪体现在哪些方面？

5. 谈判人员应遵守哪些公众礼仪？

6. 国际间交往，馈赠礼物要注意什么？

案例分析

礼仪下的谈判交锋

20 世纪 80 年代初，日本大阪电器株式会社与美国家用电脑公司根据双方高层人士达成的合作意向，派员工洽谈一项微机软件的专利购销合同。日方代表是技术部正副经理山田规与片冈聪，美方代表是总经理助理高韩。

高韩是中国台湾人，留美获法学学位后曾在纽约一家律师事务所短期供职，取得律师资格后受雇于电脑公司，因年纪轻、脑子活、办事认真而受到总经理器重。

山田规与片冈聪是久经征战的谈判老手，素以老辣沉稳著称，尤善把握促使对方妥协让步的火候，这对"黄金搭档"认定与对手见面之际即是谈判的开始，而对手离开日本时，才是谈判的结束。

9 月 10 日下午，高韩带着一大堆分析日本人心理的书和株式会社的情况简报飞抵大阪机场。日本代表山田规和片冈聪恭恭敬敬地把高韩送上一辆大轿车的丝绒正座的椅背上，自己却挤在折叠侧椅上正襟危坐。

"你们为什么不和我坐在一起呢？正座很宽敞的。"高韩客气地说。"哦，不，您是重要人物，我们的尊贵客人，您应该舒服地休息一下。"片冈聪礼貌地答道。高韩感觉很舒服。

车行不久，山田规亲切地问："高韩先生，您会说本地话吗？""你是指日语吗？"高韩反问道。"是的，在日本，我们谈判时都用日语。"山田规谨慎地说。"这个，我不会，我想谈判时可以用英语。不过，我可以学几句对话，我带着日文字典呢。"高韩很有把握地说。

大轿车继续前行，双方随便地闲聊。山田规颇似关心地问："您是不是一定要准时搭机回国？如果是，我安排这辆车准时送您到机场。""谢谢您的关心。"高韩说罢伸手从口袋里掏出回程机票交给山田规。山田规接过仔细一看，班机是 9 月 25 日下午 3 时，看完又郑重其事地递给片冈聪，仿佛把这件尊贵客人交办的事宜，必须一丝不苟地完成似的。

大轿车很快在一座高级宾馆门前停下，日方一直把高韩送进预定的套间。高韩性急地询问："什么时候开谈？"山田规笑吟吟地答道："早点开谈当然很好，可并不重要，我们是贵公司的老客户，双方有着良好的合作记录。我们从来没有使贵公司任何一位贸易代表感到为难。请放心，凡是可以做出的让步，我们一定说服董事长同意。"此番表白无疑是试放一颗"定心丸"，眼见高韩全无拒绝之意。山田规又说："助理先生首次来日本，我们非常希望您休息得好一些，顺便浏览一下日本的风光，领略一下日本民族的风土人情，欣赏一下日本的传统文化。即使开始谈判，我们也将尽力使您劳逸结合，让您休闲、工作皆有所获。"说罢双双鞠躬，告辞离开。

第二天一早，日方的盛情款待便开始了。高韩白天被主人带去游览山川风光、名胜古迹，晚上被领着听"雪浪花"、泡歌伎馆。自然景观尚未看完，人文景观接踵而来，从天皇的皇宫到东京的神社全部看上一遍。主人甚至还替高韩报名参加日本禅宗的英语讲座，使之在了解日本宗教的过程中加深体会日本人的"好客文化"。同时，东道主用独具风味的日本料理、大和民族的传统晚宴招待客人。

很快过去了 11 天，到 9 月 22 日上午双方才坐到谈判桌前，然而例行公事的寒暄、"开谈"等谈判程序又用去了半天。下午各方报价，高韩的卖价是 1 000 万美元，山田规的买价是 800 万美元，双方差额达 200 万美元。于是开始了讨价还价，按惯例各方一上来都是坚守自己的意愿。谁知谈判尚待深入，却又不得不提早结束，因为主人安排的打高尔夫球的时间到了。高韩至此才感觉到自己受到了捉弄，但又无可奈何。

9 月 23 日上午，继续交锋。距归期只有两天的高韩直接压盘，用 900 万美元的报价把双方差额降为 100 万美元。但日方代表毫不让步，推说自己开的买价是经董事长批准的最高限价，所以 800 万美元是无权改变的。高韩顿时急躁起来。但不论高韩怎样陈述，日本代表只是静静地听着，至此，谈判陷入僵局。

9 月 24 日上午举行会谈，高韩首先发言："美国名人杰姆斯·猩克曾说过，只要在事情结束前到达，你就绝不会太迟。所以我认为，尽管我们双方正式开谈的时间晚了一些，但要达成令各方满意的协议总还是来得及的。二位，我们都知道大多数重要的让步都会在接近截止时限的那一刻发生。你们知道了我的截止时限就在明天，但是请两位考虑一下，如果我改变截止时限，将会发生什么结果？"

日方代表很是震惊，沉默片刻之后，两人以"说服董事长"为由，匆忙离开谈判厅，紧急商量对策。下午再谈，山田规说："我们几次恳求董事长，总算使他同意让价 10 万美元。"高韩说："按谈判讨价还价的程序看，我们还得争论三个回合，但没有时间了。明天上午我得收拾行李，如果没有成交的可能，我就打道回府了。"这一招确实有效，山田规和片冈聪当即决定做大幅度让步。

9 月 25 日一早，山田规约谈的电话打到宾馆，并且保证以诚恳的妥协态度协商交易。第三回合谈判准时开始。片冈聪说："高韩先生，我们是诚心诚意接待您的，只是安排得过于紧凑，请不要介意。我们之间是很有希望成交的，经董事长同意，本公司同意让价 50 万美元，我们希望以 850 万美元成交。"

高韩笑着说："贵公司在让价方面确实作出了努力，但调整的 50 万美元仍不是我们公司所能接受的最低价限。看来，我只能把谈判经过如实向总经理汇报了。最后，再次谢谢你们的款待。"高韩走出谈判厅，认定谈判破裂无疑。

午饭过后，日方送高韩到机场，山田规似乎异常恳切地说："为了促成我们之间首次交易，我提议将价格提高到 880 万美元。您如果同意，我们现在就签订合同。"于是，在大轿车上，双方继续谈判合同条款。就在即将达到机场时，双方以 880 万美元完成了这笔交易。高韩回到美国，总经理劈头说道："日本人最低报价应是 950 万美元！"

资料来源：王超主编．谈判分析学．中国对外经济贸易出版社，1999

问题：
1. 社交礼仪在谈判中有什么作用？你赞同日本人的做法吗？
2. 美方代表如果要避免自己的失误，应该怎样做？

第 二 编

各国商人的谈判风格

第 5 章 日本人的谈判风格

学习目的

　　通过本章的学习，进一步了解在世界上最有代表性的日本人生存的文化基础、信奉的价值观，了解日本人的思维和感情的习惯以及这些习惯的模式，以便更好地掌握日本人在谈判中所展现的风格与技巧。

　　日本地处亚洲，可以说是亚洲国家中发达文化的代表，但是日本民族又是极具特点的民族，其文化形成和发展渊源与亚洲其他国家又有不同特点。研究日本人的谈判特点不能不从日本的文化谈起。正如美国著名谈判和商务专家马克·齐默尔曼指出的："对于日本人的心理和日本社会结构的广泛研究，是能有效地和日本人打交道所绝对必需的基础。"

5.1 日本民族的文化特征

　　日本的文化深受中华民族文化的影响，但是，由于社会的进步和生产力的发展不同，又可以认为与中华民族文化有显著的差异。现在日本的文化是全世界最值得研究的文化现象之一。

5.1.1 文化与人格的双重性

　　日本人的性格上具有双重性，这是举世公认的。但对于形成这种人格双重性的根源，却众说纷纭。笔者认为日本人人格的双重性是由文化和民族性所决定的。在日本人身上有许多东西看起来是十分矛盾的，如日本人在交往上十分谦卑，但骨子里却是不服气、不服输；在诸多生意场合他们不断地称自己的公司是小公司，影响力微不足道，但谈生意的出发点、考虑问题的思路却是做大生意。有一个著名的事例很好地说明了这一点。美国驻日本的同盟国最高司令官道格拉斯·麦克阿瑟将军曾评论日本人好像是 12 岁的儿童，日本人回敬道："我们具有双重品格，既像 12 岁，又像 40 岁。这两个人同时附着在我们的身上，并在生活中有两种完全不同的生活观。"归根结底，在日本人的性格中有诸多相互矛盾的东西，表面上看有某一种特点，但实质上可能又是另一回事。日本文化研究的权威学者之一，美国人类学家鲁思·本尼迪克特，在 1946 年出版的《菊与刀》一书中，对日本文化进行了系统研究。她根据文化类型理论，将日本文化的特点概括为双重性，即"菊"和"刀"的文化。这里的"菊"是日本皇室家徽，"刀"是日本武家文化的象征。作者以"菊"和"刀"来象征日本人的矛盾性格，进而指出这是日本文化双重性的结果，如爱美而又黩武，尚礼而又好斗，喜新而又顽固，服从而又不驯等。所有这些矛盾的东西在日本人的身上淋漓尽致地体现出来。这是日本民族与世界上其他国家的民族相比，其民族差异性的重要特点。一方面，日本人严格遵守他们所信奉的历史传统观念，以此指导和规范自己的行为；但另一方面，当这种观念与他们行事的目的发生冲突或受到侮辱时，他们又会采取另一套理念或行事原则。

在日本家喻户晓、广为流传的一个故事——"47 个浪人"，常常作为日本人行为和决策方面的必修课，它宣扬了人们应该崇尚和坚持的信仰以及为实现信仰所付出的代价。故事发生在德川幕府时代，当时，各地的大名（收入在万石以上的高级武士）都要定期觐见江都（东京）幕府将军。这时要任命两位大名主持仪式，浅野良矩大名是其中之一。由于不熟悉仪式，他们不得不向身份很高的在幕府中枢任职的吉良义央请教。另一位大名给中枢大名送了厚礼，但浅野良矩则没有送。于是，吉良义央不屑指导浅野良矩，并让他在后来的仪式中穿上违反仪式的装束，当浅野良矩发现自己受辱后拔刀而起，砍伤了吉良义央的前额。从对"名分的情义"来说，他因受辱而向吉良复仇是一种德行，但在将军殿上拔刀动武则属不"忠"。浅野良矩正当地履行了"对名分的情义"，但却必须按照规定"切腹"自杀。

浅野良矩死后，他的家臣们商量着怎样复仇。按照日本人的信义和忠诚的标准，他们也应自杀，以显示他们对主人的忠心和对吉良的抗议。但浅野良矩足智多谋的家臣首领大石认为，应该为主人报仇后去"尽忠"才是最有意义的。于是，他们采取了卧薪尝胆的复仇办法。由于吉良势力极大，防范严密，浪人做事都要事先提交计划，所以，贸然行事很难成功。大石在浅野良矩 300 多个家臣中挑选了47 个忠臣，矢口否认报仇一事，他们分别潜逃隐藏了一年。这期间大石夜夜狂饮欢宴，其他的浪人也都装着是不忠实的仆人纷纷离去，甚至杀妻别子伪装自己。终于，在 1703 年 12 月 24 日的晚上，浅野良矩的 47 个仆人用武力占领了吉良义央的府第，并杀死了他，用吉良义央的头祭奠他们的主人。浪人们的行动震撼了江户，受到了人们甚至是藩主的热烈欢迎和极大尊敬。这些浪人报答了"情义"，但他们还需要"尽忠"。幕府命令 47 士切腹自杀。在日本小学五年级的课本上是这样写的："他们为主君报仇，情义坚定，应为永世垂范……于是，幕府经过再三考虑，命令他们切腹，真是一举两全之策。"

这本来是个令人扼腕叹息的悲剧，但恰恰是浪人们不顾任何后果而采取极端方式的复仇精神，他们的"忠"、"孝"行为，得到了日本国民的极大赞赏和尊敬。因为它弘扬了日本国民信仰的基本精神——"情义"与"尽忠"，至于付出什么，包括精神、物质甚至是生命都是微不足道的。到了近代，大多数日本人崇尚的，如丰田秀吉所代表的"舍生取义"的行为规范，用中国人的话讲是"不成功，则成仁"，则又有了新的内涵，更注重为达到目的而不择手段。研究者们认为这要归功于德川幕府的创始人德川家康。德川家康认为，如果他战败而亡，他的家族后代应该想尽一切办法生存下来，哪怕是女性卖春也要将后代抚养成人，目的是为家族雪耻。

这种二重性表现在商业上就是日本人并不是用传统价值观判断生意中的一切是非，正常情况下，公司奉行的是一套经营哲学与行为规范，但如果这不能有效地改善公司的处境或换一种做法对公司更有利，就要采取行动去实现，而不管这种行动是否有悖于自己的信念，也就是说，在日本不允许道德标准超越个人对集体利益所负有的责任。正如美驻日大使赖肖尔指出的："宗教或道德原则，政治和社会观念，在日本并没有起着巨大的团结社会的力量的作用，而这一切恰与其他国家相反。"这可以解释为什么日本人可以采取对于其他民族来说是非道德的行为而毫无羞愧之意。在美国洛杉矶曾经发生过一件丑闻。日本的日立和三菱电器公司的官员由于试图贿赂 GE 公司的官员，窃取 MVS/XA 软件（IBM 操作系统软件）的技术细节而被捕，因为日本的公司需要这些技术，当日本人在使用了第一批礼物来试图拥有他们需要的技术的许可证时，没有达到目的，于是就派一批工业间谍来窃取。据报道，IBM 公司在日本的头号竞争对手富士通公司的官员讲，他们很愿意为获取该技术支付（私下）报酬，并不认为这有什么不妥。

美国驻日本商会会长马克·齐默尔曼先生就曾经遇到过这样的一件事情。日本一家大工业集团找到齐默尔曼先生，他们有礼貌地劝说齐默尔曼先生出面让他的下属公司在纽约的办事处停止从欧洲某公司购买某一化学药品，转而向这家日本集团购买该药品。齐默尔曼先生向对方解释他可以向公司推荐日本公司，但必须遵照程序。这家日本集团公司说他们已经去过纽约公司表明了他们的态度，但美国公司不愿意购买日本产品。这时，齐默尔曼先生表示他对日本公司的处境很同情但无能为力。但日本人打断他的话说，如果齐默尔曼先生不能改变现状，他们将使美国在日本的公司遭受损失。日本人明确地表示他们会在商品上做些细微的技术性修改，以逃避侵犯专利权的指控，然后将该药品以最低价格卖给日本所有的仿造公司，这样就会把美国的公司排挤出市场。当目瞪口呆的齐默尔曼先生还没有对此做出反应时，日本人又补充说："你明白，这一切都是为了本公司，我们公司有一家新的化工厂现在只有25％的机器在运转，我们需要提高产量，为此请你帮帮忙。"齐默尔曼先生简直不敢相信自己的耳朵，但这确实是发生在他身边的事，日本人不但不以这为耻，即使他们看到齐默尔曼先生不买他们的账时，还在不停地威胁，以使方法奏效，因为日本人觉得这样做是十分正当的。

5.1.2　社会制度等级森严，礼仪繁多

日本应该说是发达国家或地区中等级制度比较森严的国家，每个人在社会中都分处于不同的利益集团，并恪守集团中的行为规范和道德约束。对于日本人来说，被社会某一团体接纳，不仅增加个人的归属感、安全感，更重要的是这个团体中的人会无条件地支持他。日本的这种等级制度源于日本的封建社会，到了德川幕府时代发展到顶峰。每户的家长必须在门口张贴有关其阶层地位和世袭身份的标志。他的衣着、食物以及可以合法居住的房舍都要按照世袭身份的规定。到了近代，尽管日本的经济逐渐发达，但传统的文化理念和人人尊奉的等级制却没有多大改变，因为它已深深烙印在日本人的头脑中。当然，在今天日本的等级制度并不就是指社会明文规定的制度体系，而是人们心目中认同的规范与制度。

研究发现，要想深刻了解日本人，必须要弄清日本人人都推崇的"各得其所"（或"各安其分"）这句话的内含。这代表了日本人对他们社会中秩序、等级制的信念与依赖，这与世界上其他国家或地区，特别是欧美人的自由平等的信仰有很大差别。

在日本，人们的社会交往建立在一个十分和谐和融洽的基础上，但这并不意味着人们都是以平等的身份交往。对于美国人那种从不拘泥于小节、人人可以随意展现自己的行为规范，在日本不仅难以见到，还被视为有失体统。日本人宣布其信奉"各得其所"的信念时，是根据其社会经验所培育的生活准则，但这完全不同于西方式权威主义。日本人在每一次寒暄、每一次相互接触时，都必须表示出双方社会距离的性质和程度。他们甚至在讲"吃"或"坐"最简单的日常用语时，都必须按照社会规则，严格遵守对方与自己的亲疏程度，或双方的辈份，使用不同的词汇。仅"你"这个词就有好几个，在不同的场合使用，动词也有好几个不同的词根。掌握"敬语"的使用在日本极为重要，使用时还伴有适当的鞠躬和跪拜。所有这些动作都有详细的规矩和惯例。不仅要懂得向谁鞠躬，还必须懂得鞠躬的程度。对某一个人来讲是十分适度的鞠躬，在另一个人身上可能会被视为是无礼，因为他们之间的关系不同。这些都必须从孩提时期就得学起。

如果日本人的这些礼节只是在社交场合使用也就罢了，但在日本人的家庭中，这种礼节不但没有减少，反而更加繁琐，这使得世界上多数国家或地区的人感到十分不解。对此，人们的解释是，在日本，恰恰要在家里细致地观察礼仪并加以学习。母亲背着婴儿时就应当用手摁下婴儿的头，教婴儿学会怎样行礼。幼儿摇摇晃晃会走时，要学的第一课就是尊敬父兄。妻子要给丈夫鞠躬，孩子要给父亲鞠躬，等等。这里鞠躬并不是徒具形式，它意味着鞠躬的人原打算自己处理的事，现在则承认对方有权干预，受礼的一方也承认要承担与其地位相应的某种责任。日本这种

以性别、辈分以及长嗣继承等为基础的等级制是家庭生活的核心。当然也是社会交往的核心。在日本社会中，不懂礼仪的人是无法立足并取得成功的，即便是外国人，也要懂得礼仪的重要性并从内心尊重和理解，日本人才会接纳你。

在现代社会，日本更加注重向发达的欧、美等国学习，科技进步，国力强盛，但日本人遵从礼仪、遵从社会等级的观念却没有多大改善，反而孕育了新的内涵。

5.1.3 群体意识极强，不提倡公开竞争

日本文化所塑造的日本人的价值观念与精神取向都是集体主义的，以集体为核心。例如，日本人很团结，推崇集体主义精神，但是，日本人的团结是建立在对自己人认同的基础上。日本人的自我认同标准是很严格的，要在血统上、法律上、能力上都是日本人才可以。

研究日本问题的专家，美国学者马克·齐默尔曼认为：日本人认为压抑自己的个性是一种美德，人们要循众意而行，日本的文化教化人们将个人的意愿融入和服从于集体的意愿。所以，日本人认为寻求人们之间人际关系的和谐是最为重要的，任何聚会和商务谈判，如果是在这样的感觉和气氛下进行的，那么它将存在一种平衡，一切也就进行得很顺利。美驻日大使赖肖尔也认为：在日本，合作精神、通情达理、体谅别人是最值得称颂的品德，而个人奋斗、刚直不阿、坚持自己的权利却没有市场。正因为如此，日本人的谈判决策非常有特点，绝大部分美国人和欧洲人都认为日本人的决策时间很长，其根本原因就是群体意识的影响。

与欧美企业相比，在日本的企业中，如果某个职工工作出色。他并不希望上司的单独表扬或特殊奖励。这是因为：他们认为这是集体智慧的结果，如果要奖励或表扬，对象往往是整个班组。日本人在提出建议之前，必须与公司的其他部门和成员商量决定，这个过程十分繁琐，日本人决策如果涉及到制造产品的车间，那么决策的酝酿就从车间做起，层层向上反馈，直到公司决策层反复讨论协商，如果谈判过程协商的内容与他们原定的目标又有出入的话，那么很可能这一程序又要重复一遍。对于我们来讲，重要的是要了解日本人的谈判风格不是个人拍板决策，即使是谈判代表有签署协议的权力，那么合同书的条款也是集体商议的结果。谈判过程中具体内容的洽商要随时反馈到日本公司的总部，所以，当成文的协议在公司里被传阅了一遍之后，它就已经是各部门都同意的集体决定了。需要指出的是，日本人做决策费时较长，但一旦决定下来，行动起来却十分迅速。

正是由于日本人的群体意识强的心理，所以，日本人并不喜欢公开的竞争。研究发现，在青年人和成年人中，竞争并不有助于加快工作进度和提高工作质量，反倒会降低工作效率。而如果人们单独工作，则效率高、失误少、速度也快。最直接的解释是，在竞争条件下，人们的关注点就会集中于担心失败而使自己丢面子这一点上来，会把注意力转移到与"侵犯者"的关系上，而不是专心于自己的工作。

然而，深层的根源却在于日本人的"耻感"文化。在竞争中必然有失败者和胜利者，对于失败者来说会因失败而"蒙羞"，这种羞耻感在欧美人身上没有多大的负面效应，更多的是表现为一种动力。但对于日本人则严重得多，则会成为危险的信号，他或者丧失信心、萎靡不振，或者怒发冲冠、"拔刀相向"。日本人对失败和无能等不名誉的反应极其敏感，高度戒备和自我防御，因为对于他们来说，承认错误和失败，就必须为此付出代价，辞职或退休。我们可以经常在各种竞技场合看到日本人由于竞争失败而产生的极为过度的反应，如集体嚎啕大哭、捶胸顿足等，日本人的这种表现并不是在"做秀"，这些确实代表了他们发自内心的痛苦。因此，在日本并不提倡公开竞争，更没有人当面明确指出别人的错误，而随意地评论别人，特别是贬损、诽谤，更被日本人视为大忌。因为日本人认为："杀人犯：杀害某人肉体的人；嘲笑者：杀害他人心灵的人。"

5.2　日本人的谈判特点

在我们所研究的各国谈判人员的风格特点时，无疑日本人是谈判者中最具个性和魅力的，各国的谈判专家也都公认：日本人是最成功的谈判者。

日本人的谈判风格，我们认为主要表现在以下几点：

5.2.1　将信任作为合作的前提

与欧美商人相比，日本人做生意更注重建立个人之间的人际关系，以致许多谈判专家认为，要与日本人进行良好的合作，朋友之间的友情、相互之间的信任是十分重要的。许多在日本工作的外国企业家也认为，要想在日本社会取得成功，关键是看你能否成功地与日本人结交。

美国研究日本问题的著名专家齐默尔曼先生指出："外国谈判者必须了解，日本人不喜欢对合同讨价还价，他们特别强调能否同外国合伙者建立可以相互信赖的关系。就我个人的经验而言，如果能成功地建立这种相互信赖的关系，几乎可以随便签订合同。因为对于日本人来讲，大的贸易谈判项目有时会延长时间，那常常是为了建立相互信任的关系，而不是为了防止出现问题而制定细则。一旦这种关系得以建立，双方都十分注重长期保持这种关系，这种态度常常意味着放弃用另找买主或卖主获取眼前利益的做法，而在对方处于困境或暂时困难时，则乐意对合同条款采取宽容的态度。"他也用他在日本经商的经验证明了这一点。日本人与他们的公司签署了销售和采购协议后，尽管后来受到国际市场价格变动的不利影响，对日方不利，但是日本人仍按协议购买他们的产品，而且毫无怨言。原因就是日本人与他们建立了良好的相互信任关系，他们坚信，从长期来讲，维持与美国人的合作关系是十分有益的。如果他们只图眼前利益，那么以后许多共同研究项目和技术转让的机会就会丧失。所以说，日本人重信誉而不是合同。

　　在商务谈判中，如果你与日本人建立了良好的个人友情，特别是赢得了日本人的信任，那么，合同条款的商议是次要的。欧美人愿意把合同条款写得尽可能具体详细，特别是双方责任、索赔内容，以防日后纠纷。而日本人却认为，双方既然已经十分信任了解，一定会通力合作，即使万一做不到合同所保证的，也可以再坐下来谈判，重新协商合同的条款。曾有这样的事例，我国香港要从国外订购一条船，他们与欧洲人洽商时，对欧洲人答应万一拖延交货将赔偿 400 万美元的条款十分感兴趣，但与日本人洽商时，日本人却说，不用写索赔条款，如果一定要写，随我国香港一方的意愿填写，愿意写上索赔整条船的价格都行。这使我国香港人大为震惊，最后，合同给了日本人。

　　合同在日本一向就被认为是人际协议的一种外在形式，如果周围环境发生变化，使得情况有害于公司利益，那么合同的效力就会丧失。要是外商坚持合同中的惩罚条款，或是不愿意放宽业已签订了的合同的条款，日本人就会感到极为不满。但如果根据情况的变化，体谅他们的处境，日本人也会忠诚地与外商合作。我国上海一家鞋厂与日本一家企业成交了一笔布鞋生意，但当鞋运到时，已错过了销售旺季，产品大量积压，日方提出想退货。由于责任不在中方，所以，中方既可以拒绝对方的退货要求，也可以体谅日方的困难，采取一些变通的办法。经认真研究，中方接受了日方退货的要求，想法将这批货调到国内其他市场。此事被新闻媒体报道后，马上又有几家日本客户来函要与该厂合作，而原日方的企业则成为中方厂家在国外销售的总代理。

5.2.2　注重交际礼仪

　　我们都知道，日本是一个礼仪的社会，日本人所做的一切，都要受严格的礼仪的约束。比如，见面鞠躬，日本人习以为常。不仅家里人之间如此，商店开门营业，走亲访友，见面都要行礼。再如，"对不起"是日本人的口头禅，在我们看起来是正常的要求与行动，也要附之"对不起"。日本人的礼仪，我们可以从插花、茶道、婚礼、高度礼节性的谈话以及名目繁多的送礼等方面就可以领略到。许多礼节在西方人看起来有些可笑或做作，但日本人做起来却一丝不苟、认认真真。正因为如此，专家们认为，如果外国人不适应日本人的礼仪或表示出不理解、轻视，那么，他就不大可能在推销和采购业务中引起日本人的重视，不可能获得他们的信任与好感。

　　尊重并理解日本人的礼仪，并能很好地适应，并不是要求你学会像日本人那样鞠躬，喜欢喝日本人的大酱汤，而是在了解日本文化背景的基础上，理解并尊重他们的行为。

　　首先，日本人最重视人的身份地位。在日本社会中，人人都对身份地位有明确的概念。而且在公司中，即使在同一管理层次中职位也是不同的，这些极其微妙的地位、身份的差异常令西方人摸不着头脑。但是，日本的每个人却非常清楚自己所处的地位，该行使的职权，知道如何谈话办事才是正确与恰当的言行举止，而在商业场合更是如此。美驻日商务总代表齐默尔曼先生曾讲过这样一个事例：美国一家医药公司准备与日本人谈一笔买卖，他们派出一组认为是"最精明的人"来进行谈判。这个小组由一些头脑敏捷的青年人组成，其中包括一名女士，年龄大多在20～30岁。结果他们访日三次，均遭挫折，甚至未能让与他们合作的日方部门首脑听一听他们的意见，更不用说讨论他们的原打算与日方洽谈的具体内容了。在走投无路的情况下，他们找到了齐默尔曼先生，并听取了他的建议，在谈判小组中增补了一名在公司任职25年以上的有经验的人员，职位是公司的副总经理，结果日方立刻转变了态度，双方开始了积极的会谈。原因是，在日本公司中的负责人，都是年龄较大、经验丰富的资深企业家，他们不相信美国公司派来的年轻人有什么实权，更主要的是，他们感到和"毛孩子"谈判有损于他们的尊严，是对他们地位的贬低。

其次，充分发挥名片的作用。与日本人谈判，交换名片是一项绝不可少的仪式。所以，谈判之前，把名片准备充足是十分必要的。因为在一次谈判中，你要向对方的每一个人递送名片，绝不能遗漏任何人。齐默尔曼先生就曾有过一次会面中交换112张名片的纪录。他花了整整15分钟才完成这个仪式，他知道，除了走遍房间的每一个角落，向每一个人鞠躬，同其交换名片，没有其他方法可以表示相互之间的尊敬和友好。

如果日方首先向己方递上名片，切不要急急忙忙马上塞到兜里或有其他不恭敬的表示，日本人十分看重面子，最好把名片拿在手中，反复仔细确认对方的名字、公司名称、电话、地址，既显示了你对对方的尊重，又记住了主要内容，显得从容不迫。如果收到对方名片，又很快忘记了对方的姓名，这是十分不礼貌的，会令对方不快。同时，传递名片时，一般是职位高的、年长的先出示，另外，很随意地交换名片，日本人也认为是一种失礼。

要面子是日本人最普遍的心理。在日本，最畅销的香皂是"颜"牌，"颜"即指人的脸面，当然，无人敢指责这种产品。无论在什么情况下，日本人都非常注意留面子，或者说不让对方失掉面子，这在商务谈判中表现最突出的一点就是，日本人从不直截了当地拒绝对方。许多西方谈判专家明确指出：西方人之所以不情愿同日本人谈判，最重要的一点就是，日本人说话总是拐弯抹角，含混其词。日本人认为直接的表露是粗鲁的、无礼的。有关调查资料也证明了这一点，美国人喜欢坦率、直接的交谈占大约61%，而日本人采用婉转、含混的交谈也占61%，可见欧美人与日本人截然相反的谈判风格。

日本人对任何事情都不愿意说"不"，因为他们觉得断然拒绝会伤害对方的感情，或使他丢面子。所以，在对方阐述立场，提出要求，甚至讨价还价时，日本人讲的最多的就是"哈嘻"，尽管这个词在词典的解释是"是"，但实际上绝不是表示同意，它是意味着"我在听着你说"。这种情形经常给初次与日本人接触的外国谈判者造成了极大的误会。特别是西方人，当他们侃侃而谈，不断听到日本人的"哈嘻"之后，便以为一切都很顺利，很快就会大功告成。可是当具体落实合同条款时，却发现一切都得从头来，这使他们大为恼火，也感到不可理解。不同意为什么不在当时讲出来呢？看来，最好的解释就是东西方文化的差异吧！日本著名律师，也是一位谈判专家，为我们讲述了这样一个事例。纽约大学打算成立一家日本经济研究中心，大约需要300万美元的基金，其中的150万美元想在日本筹集。于是他们派了一位很有名望的学者前来日本，拜会了首相和金融界的头面人物，结果得到了相当积极和热忱的回应。日本人一致答复这位美国学者，认为成立这样一个中心非常有意义，他们一定会全力帮助实现这一目标。美国学者以为他得到了保证，兴冲冲地回国了。当筹建工作开始后，问题出现了，日方连一毛钱也没有捐出来，愤怒的学者马上拜会了日本驻美大使，强烈指责日方的不讲信义。其实，问题的关键正如律师矢部正秋指出的："日本式谈判的最大缺点在于言行不一，尽管嘴里在答应，心里却并不认为正在做出某种承诺。这种情形无论在政府或民间都普遍地存在着。"但是深入了解日本文化的人会感受到日本人这样做是有原因的。日本人在和不太熟悉的人交往时，非常注意礼貌，绝对不会说出拒绝或不满的话，也不会流露出不满意的表情，所以，用"显象"和"意象"两种方式表达比较贴切。"显象"是指看得见、听得见，注重礼貌，但并非真正的心意，而"意象"才是真正的心意，但需要对方去领悟体会。例如，一个人在店里挑了很多衣服试穿都不满意，店员会很礼貌地鞠躬，愧疚地说："实在对不起，没有适合您的衣服，浪费您好长时间，希望您下次再来，谢谢您。"这是显象的表达。其实，他的意象是在说："您这个人真没教养，也不先搞清楚自己的尺寸，看准了再试穿。"通常日本人之间会领悟这种关系或意思。

另外，当对方提出要求，日本人回答"我们将研究考虑时"，不能认为此事已有商量的余地或对方有同意的表示，它只说明，他们知道了你的要求，他们不愿意当即表示反对，使提出者陷入难堪尴尬的境地。同样，日本人也不直截了当地提出建议。他们更多的是把你往他的方向引，特别是当他们的建议同你已经表达出来的愿望相矛盾时，更是如此。

对此，我们在专家意见的基础上，把保全面子作为与日本人谈判需要注意的首要问题，有以下四点需要注意：

第一，千万不要直接指责日本人。否则肯定会有损于相互之间的合作关系。较好的方法是把你的建议间接地表示出来，或采取某种方法让日本人自己谈起棘手的话题，或通过中间人去交涉令人不快的问题。

第二，避免直截了当地拒绝日本人。如果你不得不否认某个建议，要尽量婉转地表达，或做出某种暗示，也可以陈述你不能接受的客观原因，绝对避免使用羞辱、威胁性的语言。

第三，不要当众提出令日本人难堪或他们不愿回答的问题。有的谈判者喜欢运用令对方难堪的战术来打击对方，但这种策略对日本人最好不用。如果让他感到在集体中失了面子，那么，完美的合作是不存在的。

第四，要十分注意送礼方面的问题。赠送各种礼品是日本社会最常见的现象。日本的税法又鼓励人们在这方面的开支，因为送礼的习惯在日本已是根深蒂固了。

日本人在送礼上的慷慨大方令西方人十分惊讶，但这是亚洲文化的特点。送礼是表示对对方的看重，希望借此加深友谊。既表示一种礼貌，款待客人的热情，又表示一种心意。但日本人的送礼十分注意受礼对象的职位及其他相关因素，精心考虑礼品的价值。同样，对日本人送礼也要注意这一点。要注意根据日方职位的高低，确定礼品价值的大小。如果总裁收到的礼物和副总裁的价值相等，那么前者会感到受到了污辱，后者也会觉得尴尬。礼品价值在高级人员中以 100 美元较为理想，在中级管理人员中以 50 美元为宜。此外，送礼的标志也十分重要。对特殊或重要人物，最好送带有特殊标记的礼品，如高级金笔打上受礼者名字的缩写，一般的可酌情选择如具有民族特色的纪念品等。

5.2.3　以耐心实现谈判目标

日本人在谈判中的耐心是举世闻名的。

我们前面提到日本人的决策过程十分缓慢，这只是对欧美人而言。欧美人注重时间效率，他们认为如果一个星期能够解决的问题，用上两个星期，就是拖延。所以他们常把耐心与缓慢相提并论。对我们而言，日本人的耐心不仅仅是缓慢，而是准备充分，考虑周全，洽商有条不紊，决策谨慎小心。为了一笔理想交易，他们可以毫无怨言地等上两三个月，只要能达到他们预想的目标，或取得更好的结果，时间对于他们来讲不是第一位的。

另外，日本人具有耐心还与他们交易中注重个人友谊、相互信任有直接的联系。要建立友谊、信任就需要时间。像欧美人那样纯粹的业务往来，谈判只限于交易上的联系，日本人是不习惯的。欧美人认为交易是交易，友谊是友谊，是两码事，而在东方文化中，它们是密切相联的。所以一位美国专家谈道："日本人在业务交往中，非常强调个人关系的重要性，他们愿意逐渐熟悉与他们做生意的人，并愿意同他们长期打交道。在这一点上，他们同中国人很相像，中国人在谈判中总是为'老朋友'保留特殊的位置，所谓'老朋友'就是那些以前同他们有交往的人，和那些受他们尊重或信任的人介绍来的人。"

耐心使日本人在谈判中具有充分的准备。耐心使他们手中握有利剑，多次成功地击败那些急于求成的欧美人，耐心使他们成功地运用最后期限策略，耐心使他们赢得了利润。所以，与日本人谈判，缺乏耐心，或急于求成，恐怕会输得一败涂地。

5.2.4　善于使用金钱

同时间上的慷慨一样，日本人在金钱上也十分慷慨。在国际商务活动中日本人在金钱的使用上是十分大方的，也可以说喜欢用金钱来实现一切，包括个人感情的表达、商业上的利润、技术专利的获得等。如果日本人与他们认为是重要的客户交往，馈赠贵重礼物是必不可少的。他们会挖空心思，千方百计地考虑和寻找他们认为是恰当的礼物，然后郑重其事的送给对方。他们认为这是表达对对方尊敬和笼络友好感情的必备环节。而对方也给予同样的礼遇的话，日本人就会更加起劲地重复这一方式，使馈赠礼物的行为不断地加码。作者就曾与一位日本的企业家及家人陷于这种馈赠礼物的循环中难以脱身。当然，日本人馈赠对方礼物，不会据此向对方提出额外的要求，也不会带有不良的居心索取本该属于对方的利益。他们认为送礼是表达与对方诚心合作或给对方带来麻烦而表示歉意的理想方式。

日本人善于使用金钱的另一种形式是，安排客人参加各种形式的招待和参观活动：会议、午宴、晚餐、观摩歌舞、洗浴按摩、打高尔夫球、观光等，不胜枚举，这些活动往往开始得很早，常常持续到午夜或更晚的时间。与其他国家或地区的商人相比，日本人的安排与招待更为隆重和认真，过程也更为复杂和繁琐，如同谈判的程序一样也是丝毫马虎不得的。这使得与日本人交往的欧洲人有时会感到不自在，甚至觉得日本人比较做作，虚情假意，一些美国商人就曾这样公开抨击。但实际上日本人还是自觉自愿做这些事情的，他认为这是商业交往中必备的程序，因此，就要做好。其他亚洲人也推崇日本人的做法，但不一定如此认真或一丝不苟，因为消遣或娱乐是放松的事情，在安排的环节上也可随意或不拘泥于形式。

5.3　与日本人的谈判战术

掌握和了解日本文化的内涵，熟知日本人的谈判特点，目的是为了更好地制定谈判战术。在谈判战术的制定上，我们认为有以下几点需要注意。

5.3.1　了解和把握日本人的谈判要领

日本人是超级谈判者，但优秀的谈判家风格各有不同。在许多情况下，我们没有获得理想的谈判结果，不是我们不优秀，而是我们没有很好地了解日本人的谈判特点。国际上，美国人是同日本人打交道反省最多的民族，这不仅是由于现代日本经济发展势头强劲、国力昌盛，更重要的是美国人在与日本人打交道时经常处于下风，即使是环境极为有利的时候。美国人的经验同样适用于其他国家或地区的谈判者。侨居日本达数十年之久，深谙日本的政治、经济、文化的美国专家博耶·德·门蒂认为：美国人的谈判方法是把所有的纸牌都摆到桌面上，然后等待对方接受或讨价还价，结果美国人一下子就暴露了其全部立场。与此相反，日本人却一直保持礼貌而不明朗的态度，他们等候时机期待美方的让步。时间越久，美国人越是急于达成协议，也就越有可能做出更大的让步。

因此，一个优秀的谈判者在与日本人打交道时必须明确，日本人的指导思想靠的是尽其所能和权宜之计，而不是原则。日本人最基本的谈判技巧是不断地采取建立在他们对手的行动基础上的战略，进而想尽一切办法，最充分地发挥自己的优势。要特别注意，日本人在表面上是十分友善和谦卑的，但在骨子里却是强硬而狡诈的。他们最常见的做法就是用保持沉默来表示不同意，甚至弯腰、闭眼或打起盹来，使得与其打交道的人无所适从。讨价还价时通过不断地提问题，了解情况，逼迫对手，但却很少做结论。日本人谈判中从不咄咄逼人、进攻挑衅，但给对手造成的被动并由此产生的消极情绪却是有目共睹的。

所以，对于日本人不能急于求成，不能指望靠速战速决的策略取得成功。要表现得像日本人那样有耐心和时间，休会策略、疲劳战术、出奇不意都是理想的谈判策略。此外，事前的充分准备，对日本人的个人爱好和特点的了解都是十分重要的。

5.3.2　不能把签订合同作为惟一形式

我们讲过，日本人是在信任的基础上来签订合同的。这在某种程度上意味着日本人将合同视为婚约的形式，即双方约定是一回事，而实际执行又是另一回事。日本人不喜欢将合同条款确定得十分精确、严格，也不喜欢就合同内容讨价还价。尽管日本人也愿意就协议的条款正式协商并严肃签署，但如果周围环境发生变化，继续执行合同会损害公司的利益，那么合同的条款就应该改变或作废。但这时，如果谈判对手还坚持履行合同中的惩罚条款，日本人就会感到极为不满。这对欧美人来讲是不可理解的，不能履行合同受到制裁是天经地义之事，否则要合同干什么？但日本人则不同。他们认为如果不能履行合同一定是有原因的，对方要充分体谅并允许变通。如果对手坚持就一定会得罪日本人。所以，日本的公司都有法律顾问，但在谈判中却很少让律师出席。实际上，日本人认为在双方关系非常友好的情况下将律师介绍到谈判桌上是不友好的表示。这意味着不信任对手，因此，也很难取得理想的谈判结果。这一观点在亚洲国家或地区应该是很有市场的。所以，要理解日本人的做法并加以适当调整是十分必要的，最好的办法是与日本人建立友好的关系，包括个人友谊，一旦你与日本人的关系建立是全方位的，你就能与日本人做大生意。

5.3.3　充分利用中间人

与日本人谈判使用中间人（中介人），效果十分理想。在日本社会中，到处都有中间人的身影，中间人在提亲、找工作、退职等日本国民诸多的社会活动中发挥着异乎寻常的作用。从一方面来说，这种习俗是日本人防止两个竞争者直接对峙的有效办法之一；另一方面，中间人的介入，能够有效缓解人们的不安情绪，起到保全面子和缓和矛盾的作用。

在谈判中使用中间人，首先，双方的联系由中间人出面沟通，这为双方表述各自立场观点提供了有效途径，在中间人的斡旋下，可以将双方的意向协调起来，为正式谈判铺路。其次，中间人在谈判中的调停作用也不可忽视。谈判中的矛盾与冲突是经常发生的，而有中间人介入，可以将事态控制在最低限度，解决的效果也是十分积极的。中间人一般可以告诉你是否有可能将洽谈推向下一步。这对于那些与日本公司打交道而又不得要领的企业极为重要。最后，由于日本人的"耻感"文化，用中间人方式进行间接交往，当事人就不至于听到在直接谈判中可能会遭到的对方的拒绝而受窘，或招致憎恶及伤及名分、"情义"的要求与责难。中间人也会因发挥了这种重要作用而获得众望，并以其成功手段博得社会的尊敬。谈判顺利则中间人脸上增光，由此而使顺利签订协议的机会也大大增加。总之，中间人在沟通双方信息、加强联系、建立信任与友谊上都有着不可估量的作用。专家建议，当外商在同从未打过交道的日本企业洽商时，他们要想在谈判前就获得日方的信任与好感，最好的办法是取得日方认为可靠的、一个信誉甚佳的企业的支持，即找一个信誉较好的中间人，这对于谈判成功大有益处。

所以，在与日方洽商时，我们要千方百计地寻找中间人牵线搭桥，中间人既可以是企业、社团组织、皇族成员、知名人士，也可以是银行、为企业提供服务的咨询组织等。需要注意的是，利用中间人，最好寻找男性。日本公司是男性占统治地位的机构，选用女性作中间人会被认为不恰当。中间人的身份、地位要同与之打交道的日方代表地位相等。如果地位相差较大，不论高或低，都可能造成紧张或尴尬的局面。一般来讲，中间人应同中层管理人员接洽最为理想，这主要是在日本公司，决策的形成是从中下层开始，逐级向上反馈，而进行商贸谈判的决策也始于中层。另外中间人与日方的首次接触，最好是面谈的形式，通信和电话联系都不理想，会面也最好在中间场所。

5.3.4　不要有最后期限

日本人善于坚持持久谈判，他们为了达到既定目的，可以无限期地等待，以寻找有利的时机促成交易。因此，如果在谈判中过早地暴露你的行程或显示你急于求成，会造成不利的后果。这一点欧美商人深有体会。美国人做事喜欢讲究效率，能两天做完的事，绝不拖延到第三天。但这种效率观念在日本受到了冲击。因为日本人如果知道了你的行程，就会把谈判日程安排得像乐队演奏一样充实、紧凑，常使得外国人尚未搞清能否达成生意时，就只剩下区区数小时打道回府了。

德国某大公司应日方邀请去日本进行为期四天的访问，以草签协议的形式洽谈一笔生意，所以双方都很重视。德方派出了由公司总裁带队，由财务、律师等部门负责人及夫人组成的庞大代表团，代表团抵达日本时受到了热烈的欢迎。在前往宾馆的途中，日方社长夫人询问德方公司总裁夫人："这次是你们第一次光临日本吧，一定要好好观光一下。"总裁夫人讲："我们对日本文化仰慕已久，真希望有机会领略了解一下东方悠久的文化、风土人情。但是，实在遗憾，我们已经订了星期五回国的返程机票。"结果，日方把星期二、星期三的全部时间都用来安排德方的游览观光，星期四开始交易洽商，日方又搬出了堆积如山的资料，"诚心诚意"地向德方提供一切信息，尽管德方每个人都竭尽全力寻找不利德方的条款，但尚有6%的合同条款无法仔细推敲，就已经到了签约时间，德方进退维谷。不签，高规格、大规模的代表团兴师动众来到日本，却空手而归，显然名誉扫地。签约，有许多条款尚未仔细推敲，万般无奈，德方代表团选择了后者，匆忙签订了协议。

复习思考题

1. 日本人的国民文化有什么特点？
2. 你怎样理解日本民族的两重性？
3. 试分析日本人社会地位差异的根源。
4. 请分析日本人的"时间服从交易"的谈判规则。
5. 为什么与日本人交易时合同不能代表一切？
6. 请分析与日本人交易时中间人的作用。

案例分析

中日 FP-148 货车的索赔谈判

中国 20 世纪 80 年代末期从日本 S 汽车公司进口大批 FP-148 型号货车，使用时普遍发现严重质量问题，蒙受了巨大的经济损失。为此，中国向日方提出索赔。双方代表在北京举行谈判。

首先是关于卡车质量问题的交锋。日方深知，FP-148 汽车的质量问题是无法回避的，他们采取避重就轻的策略：如有的车轮胎爆裂，挡风玻璃破碎，电路有故障，铆钉震断，有的车架偶有裂纹……这些在日本人看来都是事出有因。

对此，中方事前有所准备，日方所讲的每一句话，言辞谨慎，要简不繁，都是经过反复研究推敲过的。毕竟质量问题与索赔金额有必然的联系。中方代表用事实给予回击：贵公司的代表都到过现场亲自察看过，经商检和专家小组鉴定，铆钉并不属于震断，而是剪断的；车架出现的不仅仅是裂纹，而是裂缝、断裂；而车架断裂不能用"有的"或"偶有"，最好还是用比例数来表达，则更为科学准确……

日方代表改口道："请原谅，比例数字尚未做准确统计。""贵公司对 FP-148 货车质量问题能否取得一致看法？""当然，我们考虑贵国实际情况不够……"

"我们认为日方在设计时就应该考虑到中国的实际情况，因为这批车是专门为中国生产的。至于我国的道路情况，诸位先生都已实地察看过，我们有充分理由否定那种属中国道路不佳所致的说法。"

日方转而对这批车辆损坏程度提出异议："不致于损坏到如此程度吧？这对我们公司来说，是从未发生过，也是不可理解的。"中方拿出商检证书："这里有商检公证机关的公证结论，还有商检拍摄的录像。如果……""对商检公证机关的结论，我们是相信的，无异议，我们是说贵国是否能做出适当的让步。否则，我们无法对公司交待。"经过一番激烈对峙，中日双方对 FP-148 货车损害归属问题取得了一致的意见。日方一位部长不得不承认：这属于设计和制造上的质量问题所致。

初战告捷，但索赔金额的谈判才是根本的。中方一位代表，在他的纸笺上的索赔项目旁，布满了阿拉伯数字。这是技术业务谈判，不能凭大概，只能依靠科学准确的计算。中方率先提问："贵公司对每辆车支付加工费是多少，这项总额又是多少？"

"每辆 10 万日元，计 58 400 万日元。"日方答道。"每辆 16 万日元，此项共 95 000 万日元。"中方的结果。日方反问："贵国报价的依据是什么？"

中方将车辆损坏的各部件，需要如何维修加固，花费多少工时，逐一报出单价。"我们提出这笔加工费不高。如果贵公司感到不合算，派人维修也可以。但这样一来，贵公司的耗费恐怕是这个数的好几倍。"

日方表示认同了："贵方能否再压一点？""为了表示我们的诚意，可以考虑。贵公司每辆出多少？""12 万日元。""13 万如何？""行。"这项费用日方共需支付 77 600 万日元。

中日双方争议最大的项目，是间接经济损失赔偿金，金额高达几十亿日元。日方提出支付 30 亿日元，中方提出 70 亿日元。

日方代表听了这个数字后，连连说："差额太大，差额太大！""贵国提的索赔额过高，恳请让步。我们是有妻儿老小的……"日方代表希望以情攻心。

"贵公司生产如此低劣的产品，给中国造成了多么大的经济损失啊！但我们不愿为难诸位代表。如果你们做不了主，请贵方决策人来与我们谈判。"

即日，日方代表接通了北京通往日本 S 汽车公司的电话，与公司决策人密谈了数小时。接着，谈判又开始了，先是一阵激烈争辩，继而双方一言不发。最后，中方代表打破僵局："如果贵公司有谈判的诚意，彼此均可适当让步。""我公司愿付40亿日元，这是最高突破数了。""我们希望贵公司最低限度必须支付60亿日元。"

　　这样一来，使谈判又出现了新的转机。双方几经周折，提出双方都能接受的方案：赔偿50亿日元。除上述两项达成协议外。日方愿意承担下列三项责任：一是确认出售到中国的全部 FP-148 型卡车为不合格品，同意全部退货，更换新车；二是新车必须重新设计试验，精工细作和制造优良，并请中方专家试验和考察；三是在新车未到之前，对旧车进行应急加固后继续使用，由日方提供加固件和加固工具等。至此，中日货车索赔案终于得到了解决。

资料来源：王政挺．中外谈判谋略掇趣．东方出版社，1992

问题：

1. 请根据索赔谈判的特点，总结日本人的谈判风格和运用的谈判策略。
2. 如此数额巨大的索赔谈判，达成协议的主要障碍应该是什么？

第 6 章　美国人的谈判风格

学习目的

　　通过本章的学习，读者应了解美国人的文化历史和民族习性，了解美国商人的谈判特点和行为方式，以便更好地与美国商人沟通与协商，发展国际贸易。

　　美国是世界上经济、技术最发达的国家之一，国民经济实力也最为雄厚，在目前所形成的世界三大经济势力格局中，亚洲是由众多国家或地区所构成的，欧盟也由十几个国家组成，惟独美国以占世界 GDP 的 1/10 的实力独霸一方。美国人的谈判风格也很有特点，从我国对外贸易的角度讲，美国是我国的主要贸易伙伴，在合资、合作的项目中，美国的资金与技术的引进也占较大比重。因此研究掌握美国人的谈判风格也是十分必要的。

6.1　美国人的文化观念

6.1.1　崇尚个人主义

　　个人主义是美国文化的核心，其主要内容是自主动机、自主抉择，通过自力更生达到自我实现。在美国人的价值观念中，极为推崇自我奋斗型的成功。追根溯源，美国人的这种人文精神是有历史渊源的。与世界上许多国家相比，美国的历史十分年轻，仅有 200 多年，大批拓荒者从欧洲来到美国，实现发财致富的梦想。这种开拓精神世代相传，使得现代的美国人仍是世界上进取精神最强烈的民族之一。

　　另一方面，美国又是一个由移民组成的国家，各个民族相互交融，创造了一个开放的国度，人们欢迎外来的事物，并能迅速地为己所用。美国的历史虽然短暂，但却充满了活力，开放程度高，没有传统观念的束缚，所以，美国人又是创新意识和竞争意识极强的民族。专家们的研究结论是：美国人愿意在全世界传播美国的价值标准，热衷于输出美国的思想和美国的制度。但如果你让他认识到你的民族有更好的东西，他们也十分乐于接受，这一点绝对不同于欧洲人。

　　到了现代，美国人的个人主义又是和国家、民族联系在一起的。美国的综合国力是世界上最强大的，在国际贸易中，美国占有举足轻重的地位。英语几乎是国际谈判的通用语言，世界贸易有 50% 以上用美元结算。所有这些，都使美国人对自己的国家深感自豪，对自己的民族具有强烈的自尊感与荣誉感，这种心理在他们的贸易活动中充分表现出来。他们在国际交往中，自信心和自尊感都比较强，加之他们所信奉的自我奋斗的信条，常使与他们打交道的外国商人感受到美国人的自我优越感。他们喜欢对世界上的事物评头论足，发表意见，并勇于坚持他们的"正义"和"道义"，这些也招致了其他国家人们的不满和批评。所以，对美国民族和文化的评价有褒有贬。讨人喜欢的一面是富有幽默感，大方随和，充满自信，才华横溢，讲究民主，成就辉煌。受人批评的一面是人人讲究个性、独特，个人价值的自我实现是特立独行、变化无常、高傲自大。

6.1.2　推崇自由与平等

　　美国人的价值观念中与个人主义联系最密切的是自由和平等的价值观。对美国人而言，平等是企求一个更美好的世界的基础，是崇高与道德的基础。它意味着拥有不受专制压迫、不受干涉、不受强制的自由；意味着在法律面前人人平等和人人都有改善自己生活条件的权利。这是自杰弗逊总统把这一思想写入独立宣言后，美国人一贯信奉的原则。

　　美国的社会是建立在和谐、自由和平等的基础上的，美国人自认为不受任何人的恩惠，也不强加于别人。他们不拘泥于等级的礼节，也不要求别人施予这些。崇尚自由和平等的观念是如此深刻地影响着美国人的生活方式，以至于美国三军招募新兵，提出的口号是"捍卫自由"，电话电报公司招徕顾客是"享有用各种各样方式打电话的自由"。美国人是"不自由毋宁死"。

　　坚持自由平等的原则。这些都是美国人信奉平等及不可侵犯的权利的主要之点，也是我们认为不仅在国际关系中，即使是在日常生活中也必须同样遵循的准则。

与美国人最有关和最无关的其他民族特征

法国	日本	英国	巴西	墨西哥
最有关				
勤奋	民族性强	友好	有洞察力	勤奋
有活力	友好	放纵自己	有创造力	有洞察力
有创造力	果断	有活力	有活力	有创造力
果断	粗鲁	勤奋	勤奋	果断
友好	放纵自我	民族性强	贪婪	贪婪

续表

法国	日本	英国	巴西	墨西哥
最无关				
懒惰	勤奋	懒惰	懒惰	懒惰
粗鲁	懒惰	老练	放纵自我	诚实
诚实	诚实	性感	性感	粗鲁
老练	性感	果断	老练	性感

资料来源：［美］弗兰克·L·阿库夫著. 国际商务谈判. 上海人民出版社，1995.45 页

在外国人的心目中，美国人有一种强烈的固定模式，但是美国人却没有意识到他们的外国对手是如何看待他们的。了解这种看法是积极的还是消极的，对成功地建立新的或继续发展原有的商业联系是至关重要的。我们不仅要了解美国人对其他民族的看法，还要了解其他民族是如何看待美国人的，只有这样，才会变得敏锐起来，避开谈判中的"地雷"，抓住做生意时不同文化所提供的独特机遇。从上述表中，我们可以看到，有代表性的国家对美国人的评价，有积极的，也有消极的，重要的是对消极评价要认真对待，因为它可能影响你与他们的交往。比如，日本人普遍认为美国人是民族主义者，你应该在交谈中减少亲美的言论，以免造成不必要的隔阂；另一方面，法国人和墨西哥人认为美国人是勤奋的，如果你表示对美国人勤奋的赞赏，那么你提供的服务对方会觉得很可靠。但需要指出，日本人不把勤奋与美国人相联系，那是因为日本人是世界上最勤奋的民族，但相对于其他民族来讲，美国人还是勤奋的。

平等和自由表现的另一面就是美国人拒绝专制。拒绝政治专制，也拒绝文化和知识的专制，实施的是民主政治文化。即便在总统竞选时，那些出身高贵的人也要将自己装扮成平民形象或贴近百姓的人物而拉拢选民。相对于其他民族来说，美国人不崇拜权威，也不相信救世主，他们靠的是自己解放自己，自己的事情自己做，想要达到什么目标，就创造条件去实现，而不是等待、期望和乞求。这种精神既是美国活力的根源，也是美国人具有竞争力的表现。

6.1.3　讲究实际，注重利益

美国人的价值观还体现为实用主义的一面。实用主义体现在美国社会生活的方方面面，不玩花样，不讲情面，不喜欢客套，不讲究排场。商业往来，利益优先；人际交往，效率第一；产品销售，最吸引人的广告是"经济实用"。注重实际、追求利益是社会评价的主要标准。

美国人做交易，往往以获取经济利益作为主要目标。所以，他们有时对日本人、中国人在谈判中要考虑其他方面的因素，如由政治关系所形成的"利益共同

体"等表示不可理解。尽管他们注重实际利益，但他们一般不漫天要价，也不喜欢别人漫天要价。他们认为，做买卖要双方都获利，不管哪一方提出的方案都要公平合理，所以，美国人对于日本人、中国人习惯的注重友情和看在老朋友的面子上，可以随意通融的做法很不适应。

美国人做生意时，考虑更多的是做生意所能带来的实际利益，而不是生意人之间的私人交情。所以亚洲国家和拉美国家的人都有这种感觉：美国人谈生意就是直接谈生意，不注意在洽商中培养双方的友谊、感情，而且还力图把生意和友谊清楚地分开，这种观念使他们在谈判中的行为显得比较生硬，也与亚洲人的文化观念相去甚远。正如一位美国专家所指出的：美国人感到，在中国，像是到朋友家做客，而不是做生意。同中国人谈判，是"客人"与"主人"的谈判。中国人掌握着谈判日程和议事内容，他们有礼貌，或采取各种暗示、非直接的形式请客人先谈，让客人"亮底"，如谈判出现障碍或僵局时，东道主会十分热情地盛宴招待对方。中国人的地主之谊、客气和热情，常使美国的"客人"迷惑不解，明明应该是剑拔弩张的对峙，怎么会有那样的笑脸相迎？在有些情况下，美国人不得已为顾全情面做出慷慨大方的决策。美国的一家地毯公司，在这样的好客气氛中，居然用两倍的价格一口气买下了好几家中国地毯厂半年的产品，尽管这样做是非理智的，事后他们也为这种感情冲动后悔不已。

美国人注重实际利益，还表现在他们一旦签订了合同，就非常重视合同的法律性，合同履约率较高。在他们看来，如果签订合同不能履约，那么就要严格按照合同的违约条款支付赔偿金和违约金，没有再协商的余地，所以，他们也十分注重违约条款的洽商与执行。

6.2　美国人的谈判风格

6.2.1　自信心强，自我感觉良好

美国人的特点之一，就是自信与自强，不喜欢依赖别人。美国谈判专家认为："他们（美国人）意识到自己是公司的一部分之前，首先想到的是，自己是某一领域的专家，他们往往认为自己的水平比对手要高。"这里我们既可以理解为自傲，也可以理解为自信。

美国人的自信还表现在他们坚持公平合理的原则上。他们认为双方进行交易，双方都要有利可图。在这一原则下，他们会提出一个"合理"的方案，并认为是十分公平的。他们的谈判方式是：喜欢在双方接触的初始就阐明自己的立场、观点，推出自己的方案，以争取主动。在双方的洽商中充满自信，语言明确肯定，计算也科学准确。如果双方出现分歧他们只会怀疑对方的分析、计算，而坚持自己的

看法。正是这种自信、直率的个性，使他们对中国人，特别是日本人的婉转、暗示、含糊的表达方式表现出某种不理解、误会，对中国人与日本人的谦恭、客气也感觉到不适应，这是文化差异的结果。

美国人的自信，还表现在对本国产品的品质优越、技术先进性毫不掩饰的称赞上。他们认为，如果你有十分能力，就要表现出十分来，千万不要遮掩、谦虚，否则很可能被看做是无能。如果你的产品质量过硬、性能优越，就要让购买你产品的人认识到。那种到实践中才检验的想法，美国人认为是不妥的。

美国人的自信与傲慢还表现在他们喜欢批评别人，指责别人。当谈判不能按照他们的意愿进展时，他们常常直率地批评或抱怨。这是因为，他们往往认为自己做的一切都是合理的，缺少对别人的宽容与理解。"我是对的，你是错的"是美国人的普遍心态。

此外，美国专家也指出，美国人的谈判方式也往往让人觉得美国人傲慢、自信。他们说话声音大、频率快，办事讲究效率，而且很少讲对不起。他们喜欢别人按他们的意愿行事，喜欢以自我为中心。"想要让美国人显得谦卑，暴露自己的不足，承认自己的无知实在太困难了。"总之，美国人的自信让他们赢得了许多生意，但是也让东方人感到他们咄咄逼人、傲慢、自大或粗鲁。

例如，当年美国总统福特出访日本，由美国 CBS 广播公司现场直播，而当时日本只有 NHK 拥有卫星转播系统，所以，就必须与 NHK 谈判合作事宜。在福特总统预定出访的前两周，CBS 从纽约派遣了一个小组到日本谈判，其负责人是一个年轻的高级官员，这位美国人大模大样、以直言不讳的态度向比他年长许多的 NHK 主管提出种种不合理的要求，其中包括超出实际需要近两倍的人员、车辆及通讯设备等。日本人非常恼火，这哪里是请别人帮忙，分明是来讨债的。但日本人并不公开指责美国人，只是在敷衍了事。这使得一向以播送新闻迅速、全面而著称的 CBS 陷入困境。无奈只得由最高层的主管亲自出马，向 NHK 表示道歉，并一再诚恳地请求 NHK 协助转播访问事宜，NHK 马上转变态度，使事情有了圆满的结局。

6.2.2 坚持区分人与问题

美国人具有较强的客观性，这一点在国际交往中表现在当事人对"人和事物的区分程度"上。在进行国际关系协调和重大问题处理时，美国人丝毫不掺杂个人感情和私情，完全理性化地根据客观事实来处理问题。即使是邻里之间的矛盾和纠纷，也不喜欢私了、中间人的调节，而是聘请律师，上法庭，程序化处理。这就是美国人坚持"把人和事区分开来"的做法。而在世界其他国家，"把人和事区分开来"这一观点是很难成立的，也是行不通的。例如，在裙带关系十分盛行的亚洲和拉丁美洲，社会中的诸多利益群体都是根据血缘和亲缘的关系确定的，人们之间交往的密切程度以及怎样交往无法避免"看人做事"。亲属之间的经济往来无须订什么协议，大家都不要太计较。即使是朋友也会由于熟悉而有一个特殊的位置。反倒是十分认真的人没有了市场。

在商业交往中，美国人更注重做生意的技巧，而不是其过程和感情问题，双方在简短的寒暄之后，美国人就会说："让我们开始谈生意吧。"这常常显得美国人与其他国家的谈判者不太合拍。在许多文化中，谈判者之间的个人关系会得到高度重视。例如，在亚洲，任何重要的商业安排都是在建立了大量的人际关系之后进行的，假如你不愿意这样做，未来的谈判进程会困难重重。美国人的急于谈判、进入工作状况，会使其他国家的人感到，人活着似乎就是为了工作，而不是为了生活。

日本问题的美国研究专家博耶·德·门蒂的研究表明，日本人对美国人的工商体制看法是负面效应大于正面效应，他们认为美国人像机器一般雇佣和解雇工人时的那种冷冰冰的、不分青红皂白的做法，以及他们所关心的最主要的事情是怎样尽力捞取经济效益的这种态度是不近人情和不道德的。

正是由于美国人不喜欢将其他的关系卷入经济事务中，所以，他们十分愿意使用法律和经济手段解决问题。在国际谈判中，美国人喜欢签署内容明确、责任清晰的书面合同。篇幅较长、内容详尽的文件才是规范的、有效的，这是由于美国社会普遍流行诉讼的结果。但是，留给对方的印象是，美国人不信任任何人，所以，他们专注于法律文件，通过这些来保护自己，这使得不同文化的谈判者和合作方十分失望。美国著名的耐克公司在寻求与一些亚洲国家，如印度、中国合作时，坚持要将制鞋的标准和惩罚条款明确地写入合同中，但这些合作对象坚持先合作、再提高的原则，结果，始终无法达成协议。

6.2.3 热情坦率，性格外向

美国人属于性格外向的民族，他们的喜怒哀乐大多通过他们的言行举止表现出来。在谈判中，他们精力充沛、感情洋溢，不论在陈述己方观点，还是表明对对方的立场态度上，都比较直接坦率。如果对方提出的建议他们不能接受，也是毫不隐讳地直言相告，甚至惟恐对方误会了。美国《新闻周刊》在1983年对世界上比较有代表性的5个国家法国、日本、英国、巴西、墨西哥的民众对美国人的看法调查表明：美国人最有代表性的四点特征是民族性、有活力、勤奋和有创造力。所以，在某种程度上，美国人可以成为与东方文化相对立的西方文化的代表。

在商务谈判中，美国人与东方人，特别是与日本人和中国人的表达方式有明显的不同，美国人常对中国人在谈判中对不满与不同意采取迂回、兜圈子的做法感到莫名其妙。例如，美国西屋电气公司加拿大分公司，同中国东方气轮机厂的一个访问团谈妥了向该公司销售几台大型气轮机，可是接下来的不是签订合同，而是两次在北京紧急磋商，西屋公司不得不一次又一次地重申最初的动机，而中方则一次又一次地要求按最初的精神办，兜来兜去，最后西屋公司才弄明白，中方无非是要确

定一个最理想的购买价格。这项协议，一直到西屋公司的代表第二次回国后才通过电传签订了，美国人不理解，中国人一开始为什么不说明要求降低价格。而中国人很恼火，如此高规格的接待，反复的暗示怎么还装糊涂。对于中国人在谈判中喜欢用微妙的暗示来提出实质性的要求，美国人更是感到不习惯，也因此在实际交往中，不少美国厂商因不善于品味中国人的暗示，失去了不少极好的交易机会。

谈判中的直率也好，暗示也好，看起来是谈判风格的不同，实际上是文化差异的问题。东方人认为直接地拒绝对方，表明自己的要求，会损害对方的面子，僵化关系，像美国人那样感情爆发、直率、激烈的言辞是缺乏修养的表现。同样，东方人所推崇的谦虚、有耐性、涵养，可能会被美国人认为是虚伪、客套、耍花招。

6.2.4　重视合同，法律观念强

美国是一个高度法治的国家。据有关资料披露：平均每 450 名美国人就有 1 名律师，这与美国人解决矛盾纠纷习惯于诉诸法律有直接的关系。他们这种法律观念在商业交易中也表现得十分明显。美国人认为，交易最重要的是经济利益，为了保证自己的利益，最公正、最妥善的解决办法就是依靠法律，依靠合同，而其他的都是靠不住的。因此，他们特别看重合同，十分认真地讨论合同条款，而且特别重视合同违约的赔偿条款。一旦双方在执行合同条款中出现意外情况，就按双方事先同意的责任条款处理。因此，美国人在商业谈判中对于合同问题的讨论特别详细、具体，也关心合同适用的法律，以便在执行合同中能顺利地解决各种问题。

在这种法治国家，守信和诚信是每个人的基本准则，也是企业经营的法则，深深植根于每一个公民和企业员工心中。有这样一个事例很有代表性。一个美国人在搬家时，准备换一张床垫。他到某一家具店交了定金，但却在回家的路上遭到了一场事故，使他成为了植物人。不巧的是，由于他留下地址的错误，家具店在送货时无法找到他。于是，商家不停地张贴广告，以各种形式发布消息寻找这位顾客，但一直未果。在七年之后，奇迹发生了——已成植物人的顾客苏醒了。这事在报纸上报道后，已换了几任老板的家具店的老板找到了他，将保留的货物送到了顾客手中。这在全美引起了轰动，它不仅反映了商家经营上的守信，也代表了美国人的诚信精神。

6.2.5　注重时间，谈判效率高

美国是一个经济高度发达的国家，生活节奏比较快，这使得美国人特别重视、珍惜时间，注重活动的效率。所以在商务谈判中，美国人常抱怨其他国家的谈判对手拖延、缺乏工作效率，而这些国家的商人也埋怨美国人缺乏耐心。常常出现这样的情况，美国人认为三天就能解决的问题，其他国家的人在一个星期之后也未必能决策。所以在国际间的谈判中，美国人常显得不合拍。

在美国国内的企业，各级部门职责分明，分工具体。因此，谈判的信息收集、决策都比较快速、高效率。加之他们个性外向、坦率，所以，他们一般谈判的特点是开门见山，报价及提出的具体条件也比较客观，水分较少。他们也喜欢对方这样做，几经磋商后，两方意见很快趋于一致。但如果对手的谈判特点与他们不一致或正相反，那么他们就会感到十分不适应，而且常常把他们的不满直接表示出来，就更显得他们缺乏耐心。人们也就常常利用美国人夸夸其谈、准备不够充分、缺乏必要的耐心的弱点，牟取最大利益。当然，美国人干脆利落，如果谈判对手也是这种风格，确实很有工作效率。

在美国人的时间观念中，"时间即是金钱，时间也是商品"，他们常以分、秒计算时间，比如月薪1万美元，每分钟就是8美元。因此，在工作中他们时间观念特别强，即使是非常重要的交易谈判，他们也不喜欢进行"毫无意义"的谈话。如果你占用了他的时间，在他的观念中，就认为你偷了他的金钱。所以，美国人十分珍惜时间、遵守时间，他们也希望对方如此，从而保证谈判的高效率。

美国商人重视时间，还表现在做事要井然有序，有一定的计划性，不喜欢不速之客来访，与美国人约会，早到或迟到都是不礼貌的。

与美国人谈判，最好不要指名批评某人，或指责客户公司的某些缺点，也不要把以前与某人有过摩擦的事作为话题，还要避免把处于竞争关系的公司的问题披露出来，加以贬抑，这样做很危险，有时不仅不会达到预想的目的，甚至还会得到相反的效果。

6.3 与美国人的谈判战术

6.3.1 坦诚相待，开诚布公

前面谈到，美国人的性格是外向的和随意的，其特点是外露、坦率、诚挚、豪爽、热情、自信以及不拘小节等。因此，在谈判中美国人最不喜欢玩花样，他们也不动这样的心思。美国人对日本人的消极评价就是日本人不仅让人难以理解，还让人琢磨不透。其实，就是日本人的性格特征与美国人不同。一项调查显示，美国人喜欢直率表述的占60%以上的比例，而日本人喜欢婉转含混表述的恰恰也占到这一比例。在国际谈判中，无法使美国人像日本人一样思考，也不能颠倒过来，那么，相互理解并有效沟通就是十分必要的。与美国人打交道尽量做到开诚布公，坦诚相待，以理服人。在美国人看来，表里如一、言行一致是十分重要的，例如，当双方发生纠纷时，美国人会想法找机会发泄自己的不满，甚至怒气冲天，毫不掩饰，因为在他们看来，双方有矛盾纠纷，心绪恶劣，表情不佳也十分正常。但亚洲人却感到极不舒服，会觉得对方无礼，人们更愿意隐藏自己的真实感情，使对方面

子上过得去。

对此，美国人也常常反省自己，这种直截了当经常会很容易地冒犯谈判另一方，尤其是拉丁美洲和亚洲国家的商人。当美国人把这种习惯作为对谈判对方态度和直接用于商业条款的磋商时，对方可能会产生激烈的反应，认为美国人是粗鲁和令人不愉快的。此外，直截了当可能会使他们错过或误会对方所传递的微妙信息。例如，中国人即使对美国人的提议十分不感兴趣，也不会直接表明，而是需要美国人根据他说话的上下文进行分析判断，自己辨识问题的答案。

但对于其他国家的谈判者来说，了解并适应美国人的做法有积极的意义。你会很容易与美国人相处，获得他们的认同和信任，但如果你辜负了这种信任，在交易中有不诚实的行为，你就很难再得到他们的尊重了。

6.3.2　遵守时间，信守诺言

美国人时间观念强是人所共知的，他们对谈判对手不遵守时间也是深恶痛绝的，就国际交往礼仪讲，不遵守时间也是不礼貌和没有信用的表现。与美国人谈判首先要与对方约定时间并保证按约定时间遵守。既不能早去，也不能晚去。中国人喜欢不打招呼，顺路看望老朋友的做法，在美国人之间是绝对不能发生的。

如前所述，美国人将时间看做是金钱，如果不恰当地占用他们的时间就是侵犯了他们的利益。在谈判过程中，美国人热衷于把一切事物用最简洁、最令人信服的语言迅速表达出来，并期望对方也能这样做。如果你能够达到美国人的速度，就会赢得他们的尊重和信赖，生意上的密切往来也是必然的了。

信守诺言也十分重要。美国人将口头承诺作为判断一个人诚信与否的重要标准。因为美国人是十分诚实守信的。一位在美国留学的华人学生想买一台二手车，于是就按照卖车广告的介绍，找到了车主。经过一番仔细观察试驾，感到十分满意，正准备与车主讨价还价，车主开口道："有个事情，我们必须向你们交代……"这时，只见屋里跑出两个小孩，小孩子迫不及待地发问："你告诉他们那个车的毛病了吗？"接着车主讲述了他们才发现的一个小毛病，并解释为他们的失误再优惠 500 美元。事后，新车主只花了 24 美元就将小毛病修好了，但美国人的诚信精神却给他留下了深刻印象。

美国人是诚信的，他们希望对方也是如此。所以，与美国人打交道不要轻易许诺，但一旦承诺，就应该认真履行，哪怕这样做对你不利。如果你有一次失信于美国人，再想获得他们的信赖，几乎是不可能的。

6.3.3　准备充分，速战速决

我们知道，美国人不喜欢拖拉，办事的效率和节奏都比较快。如果在久拖不决的情况下，经常可以看到美国人不耐烦的神情，甚至时常频频看表。他们不善于掩饰自己的情绪和行为，如果所讨论的问题分歧较大，他们的表现就更加直接，说话的语速不断加快，声调也在不断提高，甚至可能在房间中踱步。美国人做事情喜欢参与进去，甚至做一些即兴表演。这些特点都是美国人率真的一面，是他们的真情流露，而不是他们在"做秀"，不是在使用一种进攻的谈判战术，因此，不要使用针锋相对的拖延策略，他们最讨厌出现分歧采取拖延、沉默的消极做法。我们不赞同许多亚洲人采用的拖延、疲劳战术试图挫美国人的锐气，逼其就范，妥协让步的做法。如果你一味地固执己见，不调整自己的策略，想要获得美国人的尊重和长久的合作是很困难的。

最好的办法是，善于迎合美国人的这些特点，采取积极的姿态，提出一些有建设性的改进建议，表现出热情和善解人意的一面，营造一种热烈的和愉快的谈判气氛，力争加快谈判的进度。许多情况下，谈判中的障碍会随着谈判气氛的缓和、相互间关系的融洽而自然消除，因为美国人一般不心存介蒂，更不会处心积虑地寻求报复。如果你能很好地适应美国人的特点，谈判的结果也会是积极有效的。

6.3.4　一丝不苟履行合同

美国人尊重法律、重视合同，不仅讨论签署合同条款十分认真严格，在执行中也是一丝不苟、中规中矩。这就需要你也要认真对待并严格执行合同。在这方面沟通和交流都比较容易。但是由于文化不同所产生的习惯上的冲突，相互的谅解就比较困难。例如，中国人的传统观念认为，生意上的交往不能完全抛开朋友或关系亲密者，对待老朋友，就可以理所当然地要对方提供比别人优惠的待遇，出让更大的利益。但美国人则表示难以理解，他们认为商业合同就是商业合同，朋友归朋友，两者之间不能混淆起来。私交再好，甚至是父子关系，在经济利益上也是绝对分明的。

追根溯源，还是文化上的差异。美国人的这种法律意识与中国人的传统观念反差较大，这会直接反映在中美谈判人员的洽商中。一位美国专家曾就这一问题指出：中国人重视协议的"精神"，而美国人重视协议本身的条文。一遇矛盾，中国人就喜欢提醒美国伙伴注重协议的精神，而不是按协议的条款办。与中国人签约，本身就是一种"精神的象征"。一家与中国合作的美国电梯公司的代表说：与中国人签约，"真像签了个婚约，双方规定相爱30年"，但怎样相爱，不看合同条款的规定，而是凭信任、友谊、感情，凭协议中双方的"合作精神"。美国耐克制鞋公司之所以总是找不到合适的中国制鞋伙伴，原因之一就是太钻"牛角尖"，非要在协议条款上写明，要求厂家的成本低于台湾省的厂家，而质量要达到耐克水平。而中方则认为，双方只要相互信任，协议只是个君子协定，不要在具体细节上斤斤计较，反倒伤了和气。中国人对用法律解决问题，不认为是最好的办法，而是最无奈的办法。因此，这一点也值得我们认真考虑，并在谈判中加以注意。

复习思考题

1. 美国人的文化是否是发达国家文化的代表？
2. 美国人讲求时间效率是民族性的特点还是生活快节奏的必然结果？
3. 你认为应该怎样拉近与美国人的距离？
4. 性格外向与内向对于谈判者来讲是优点还是缺点？
5. 你怎样看待美国人"区分人与问题"？
6. 请你分析美国人谈判特点的文化基础是什么？

案例分析

中美的进出口交易价格谈判

中国某一进出口交易商长期从事铸铁管道接头的出口，主要原材料为生铁。2004 年初，中国国内各种原材料价格上涨，中方的出口价格已经击穿，必须要客户涨价。而该公司主要的大客户是合作了十多年的美国代理商，该人是一个中国通，会说流利的汉语，而且，对中国的民族文化、消费特点和企业合作方式十分了解，双方的合作也一直比较愉快。在中方看来美方会理解中国出口产品原材料涨价的处境，可以接受 10% 的涨价幅度。更重要的是美方清楚地知道他经营中国出口产品的利润高达 150% 。

然而出乎意料的是，还没有等中方发出涨价请求，美方却提出让中方削价 20% 的请求。经了解后才知道，他在广交会上认识了中国太原的一家厂商，这家厂商提出的报价比中方代理商的原报价低 10% ，这让美国商人感到可以借此机会打压中方代理商，迫使其再进一步让价。

此时中方代理商的处境比较艰难，也十分被动。原本应该涨价 10% ，但美方的心理预期是降价 10% 。对此，中方代理企业进行了认真分析，坚定了一个信心，就是中方的太原厂商以这么低的价格供货，不出问题是不可能的。所以，中方代理商反复和美国人强调企业目前的处境，强调质量问题和工艺不同的价格差别，一直要求美方涨价，实际上也是在等待时机。

最后等来了一件不可思议的事情使问题出现转机。美方的会计人员出现失误，把一笔已经取消的订单的款项汇入中方代理商的账户。中方坚持该款不能随便返还。对其解释说，由于中国外汇管制，这笔货款不能随便退还，只能充当定金，以货物充抵。美方无奈，只得应允，但只同意提价 5% 。中方也同意了美方的要求。但不到一个月，真正的机会来了。太原厂商提交美方的大批货物都不符合要求，而如果美方代理商不能及时向用户交货的话，将要赔偿一大笔违约金。

对此，美方代理商是真正着急了，又向中方代理商提出购货要求，主动同意将以后的交货价格涨到10%，但条件是要求中方代理商以难以想象的速度生产出原来给太原厂商的订单中所要求的货物。但这对于颇有实力的中方代理商不是问题，中方代理商迅速组织货源，在所有环节上保证为美方货物运输提供便利，使美方的损失降低到最小程度。这一事件也给美方以深刻教训，更坚定了与中方老朋友合作的信心。当然，中方代理商也十分珍惜与对方多年合作的关系，一直以诚相待，在秋季原材料价格回落的时候，中方代理商又主动给美方降价5%。

问题：

1. 在这一案例中，你能得到的启示是什么？
2. 诚信与谈判策略技巧的相互关系是什么？你怎样理解？

第7章 欧洲人的谈判风格

学习目的

通过本章的学习，读者应了解世界上最发达的一些国家——欧洲商人的谈判风格与交易特点，了解他们的文化习俗与通行的贸易规则，使我们在谈判中有的放矢，更好地与来自不同文化背景的人做生意。

欧洲大陆是由众多经济发达的国家构成的。它们在世界贸易中占有十分重要的地位，也与中国有广泛的贸易往来。研究欧洲主要国家商人的谈判风格，有助于我们更好地开展对欧贸易。

7.1 德国人的谈判风格

德国民族也称日耳曼民族，是世界上最令人称道的民族之一。该民族不仅以其文化、历史、习俗、性格、精神和智慧独立于世界民族之林，还产生了许许多多对世界文明发展有重大影响的人物和事件。这是一个不能让人忽视的民族。

7.1.1 德国人的民族性

第一，德国民族是一个能吃苦耐劳、坚强勇敢的民族。德国建国的历史并不太长，但是，德国民族的历史却源远流长并充满战争与暴力，战争连绵不断，许多学者认为，这与德意志人具有一种好狠斗勇的野蛮天性，有一种种族主义的自然倾向有关。在近代史百年历史上，世界经历的两次大战都是由德国人发起的，这不能不引起人们的反思。当然德国人自己也在不断反省。但尽管经受了战争的创伤，德国民族在极短的时间内又恢复了经济，成为世界上数一数二的强国之一。这与德国人具有极强的民族自尊心和自豪感是分不开的，同时也仰仗于德国人的吃苦耐劳的民族精神和坚强意志。德国社会民族党领袖李卜克内西说："你如果想了解德国，就必须抓住这样一个事实，德国，特别是普鲁士，是一个倒立着的金字塔，牢牢埋在地里的塔尖是普鲁士士兵头盔顶上的尖铁……如果你能弄懂这个金字塔是怎么倒过来的，你就已开始对德国有一点了解了。"

第二，德国人具有无与伦比的组织纪律性。德国人是世界上最有克制力和纪律性的民族，习惯于服从。在德国的工厂里，工人们以严格的劳动纪律产出优质产品而闻名；军队里的军人们以顺从和守纪律、有极强的作战力而闻名。在国际事务中，德国人外交中的坚韧性也为他们争得了好名声。这恐怕源于德国人的民族优越感和责任感，因此，当他们认识到严于律己有助于实现国家大计时，他们会将个人的恩怨得失抛向一边，顾全大局，以民族利益为重。这一点与日本人十分相像。

第三，德国人是一个十分理性的民族。在社会生活中，德国人往往持分析和理性的观点，并且强烈地信奉他们文化中具有普遍性的生活方式。所以，德国人憎恶欺骗和浮夸，如果你要说服他，必须用诸多的事实和实例来支持你的主张，德国人注重事实胜过情感。与德国人相处，你不能指望很快与他们交上朋友，但是，经过长久交往并被他们认可后，那种友谊是牢不可破的。

德国人十分重视社会秩序，包括组织秩序和个人秩序，他们不喜欢异常的行为，也不认同千方百计展示自己、炫耀自己的美式风格，人们的感情很少外露。一些西方专家认为，德国是一个等级制度明显的社会，各个阶层在社会中担任着不同的角色，从而形成稳定的社会结构和秩序，所有人都享有受到法律保障的平等权利。

7.1.2　德国人的谈判风格

第一，德国在世界上是经济实力最强的国家之一，它的工业极其发达，生产率高，产品质量堪称世界一流，这主要是由于企业的技术标准十分精确具体，对这一点德国人一直引以为荣。因此，他们购买其他国家的产品，往往把本国产品作为选择标准。如果你要与德国人谈生意，务必要使他们相信你公司的产品可以满足德国人要求的标准。当然，他们也不会盲目轻信你的承诺。但如果你不能信守诺言，那么你就没希望取得大笔买卖的订单。从某种角度来说，德国人对你在谈判中表现的评价，取决于你能否令人信服地说明你将信守诺言。

第二，德国人在世界上享有名副其实的讲效率的声誉，他们信奉的座右铭是"马上解决"，他们不喜欢对方"研究研究"、"考虑考虑"等拖拖拉拉的谈判语言，他们具有极为认真负责的工作态度，高效率的工作程序。所以，在德国人的办公桌上，看不到搁了很久、悬而未决的文件。德国人认为，一个谈判者是否有能力，只要看一看他经手的事情是否能快速有效地处理就清楚了。

他们重视并强调自己提出的方案的可行性，不轻易向对手做出较大的让步，让步的幅度一般在20%以内，因为他们坚信自己的报价是科学合理的。

第三，德国人在谈判之前的准备比较充分，他们不仅要研究购买你的产品的问题，而且还包括研究销售产品的公司，公司所处的大环境，公司的信誉、资金状况、管理状况、生产能力等等。他们不同于那种只要有利可图就与之做生意的赚钱公司,他们不喜欢与声誉不好的公司打交道。所以,有的人认为德国人比较保守,这可能是一个影响因素。所以,与德国人谈生意要准备充分,建议应该具体而实际,陈述不仅应该详尽、有逻辑性,还要以一种清晰、有序和权威的方式加以陈述,可以引用较多的专业资料,同时应该对产品和合同细节有全面的认识。

第四,重合同、守信用。德国人很善于商业谈判,他们讨价还价与其说是为了争取更多的利益,不如说是工作认真、一丝不苟,他们严守合同信用,认真研究和推敲合同中的每一句话和各项具体条款。一旦达成协议,很少出现毁约行为,所以合同履约率很高,在世界贸易中有着十分良好的信誉。

总之,德国人的谈判风格是审慎、稳重,专家建议对德国人不宜以开玩笑的方式打破沉默。此外,德国人在个人之间的交往上也是十分严肃正统的。许多人告诫不要谋求在正式礼仪之外的个人之间的关系。德国人一般与交易者都保持一定距离并希望对方也是如此,这种关系可以一直保持到生意有结果。

7.1.3 怎样与德国人打交道

第一,注重与德国人建立密切的业务关系。初次接触德国人,你会觉得他们比较冷淡,但随着时间的推移、他们对你了解的加深,他们的热忱和忠诚就会显露出来,这对交易的进展和洽商都是十分有益的。

第二,要注意谈判中的细节问题。如德国人不喜欢非正式的"传话",最好的方式是用书面形式表达,用词要尽量规范严谨。不要过分夸大你的困难、你的恭维和你的指责。也不要不分场合的幽默,德国人将做生意视为严肃的事,不要随意地开玩笑。德国人也比较注重隐私,不要随意打听业务范围以外的事情,同时也要回避令德国人尴尬的政治问题。与德国人交谈要略站得远些,他们的社交距离比其他欧洲人和北美人要远些。

第三,与德国人的开头话题最好选择体育方面的内容,德国人几乎个个是体育运动好手,他们的休闲时光也大部分用在这方面。称赞德国的产品也是令人愉快的事,德国能酿造世界上最好的啤酒,而且人人都善饮酒。无论是他们还是你主动提及都是一个不坏的话题。

第四,与德国人的约定一定要准时出席。德国人可以将开会的时间定在12:03,可见对时间精确的程度。另外德国人的议事程序也比较严谨。他们的个人时间安排提前几个月都已排好,计划严谨,秩序井然,他们非常不喜欢模棱两可或含混不清的事情。

第五,对会谈内容要准备充分,建议和陈述应该尽量详尽有逻辑性。不要没有什么先兆地突然提出令人吃惊的方案和建议。与美国人相比,德国人显得比较拘谨和含蓄,但是非常稳重和有修养。

第六，德国人一般不接受贵重物品，也不会向对方馈赠贵重礼物。如果相互之间需要礼物交换，品质应是上乘，但不要价格昂贵。适合的礼物有精致的钢笔、电子产品和烈性酒等。

7.2　法国人的谈判风格

7.2.1　法国人的民族性

第一，法国人具有很高的文化修养和艺术修养。许多与法国人有交往的外国人对这一点都会有很深的感触。普通的法国人在交谈中都能将法国和世界有代表性的文学、艺术作品娓娓道来，显示出很好的文化素养。同时法国人也喜欢用这些方面的学识和才华来判断对方并与之交往。我们知道，法国的艺术、建筑、食品和历史是人类文化的重要组成部分，这不仅是法国人的骄傲，也是欧洲人甚至是人类的瑰宝。法国历史上的名家、大师不胜枚举，法国人对世界文化的贡献令法国人极端自豪，这可能也显示出他们自负的一面。但同时，正是这种浓厚的文化氛围培养了法国人优秀的民族品质。

法国人艺术修养极高，一般民众不但热心谈论这些话题并且有鲜明的个人观点和很高的鉴赏力。可以通过与其谈论艺术、建筑、服饰、食品和文学来展示你的学识、修养和专业知识，如果能让法国人敬佩或赞赏，那么，你与法国人的合作应该是很好的。

第二，法国人的另一个特点是热情浪漫、富有想像力和感染力。正是这样一个优秀的民族，创造出了举世闻名的法国时装和大餐。在欧洲，法国人和意大利人是属于比较外向的民族，喜欢与人交往，也乐于助人。

第三，法国是一个等级制度比较明确的国家，尽管大多数人属于中产阶级，但是每个人都清楚自己所属的利益集团，清楚自己所处的角色和地位，不会越权或超越自己的能力范围去行事。所以，法国人也比较注重礼节、地位和级别。在法国，熟人或中间人有着极其重要的作用。比较流行与高层人士搞好私人关系的做法。

第四，善于表达。乐于讲话和会讲话是法国人的通性，据说法国人是世界上讲话最快的民族，快到每分钟能讲265个单词。法国人讲话的水平普遍较高，不分男女老少，知识水平高低，大家都会讲话。电视里常见记者做民意调查，大街上随便找个人，不论什么题目，每个人在镜头面前都毫无惧色，侃侃而谈，说话既不重复，也没有"嗯"、"啊"等口头语。此外，法国人的幽默感也常在谈话中表现出来。

在其他一些场合，法国人的善于表达就是一种辩论，如政治家的讲话、商人的谈判都以法国人的健谈而颇具特色。法国人讲话妙语连珠而又富有逻辑性，经常从分析和批判的角度提出论据。他们喜爱辩论，竭力追求效果，不拘泥于与事实有关的细节和印象。谈具体问题既有数字，又有例子，显示出对辩论题目均有相当的知识和准备。此外，法国人具有绅士风度，即便是激烈的争执，语调也不高昂，不会手指对方或做其他责难性的动作。

7.2.2　法国人的谈判风格

第一，喜欢建立个人之间的友谊，并且影响生意。一些谈判专家认为，如果你与法国公司的负责人或洽商人员建立了十分友好、相互信任的关系，那么你也就建立了牢固的生意关系。同时，你也会发现他们是十分容易共事的伙伴。在实际业务中，许多人发现与法国人不要只谈生意上的事，适当的情况下，与法国人聊聊社会新闻、文化、娱乐、体育等方面的话题，更能融洽双方的关系，创造良好的会谈气氛，这都是法国人所喜欢的。顺便提及，足球和橄榄球是法国大众喜爱观看的运动，钓鱼、骑车、网球、徒步旅行、滑雪和划船是大众喜爱从事的个人运动。

第二，法国人具有一个人所共知的特点，就是坚持在谈判中使用法语，而且在这一点上很少让步。即使他们英语讲得很好，也是如此。经常参加国际谈判的人都知道：在法国商业语言就是法语。因此，专家指出，如果一个法国人在谈判中对你使用英语，那么，这可能是你争取到的最大让步。至于为什么这样，原因有很多，一种说法是法国人爱国的一种表现，法国人具有与美国人一样的种族优越感——对他们本国的文化极端自豪和以自我为中心。此外，也有可能是说法语会使他们减少由语言不通产生的误会。

第三，法国人偏爱横向谈判。就是说，他们喜欢先为谈判协议勾画出一个大致的轮廓，然后再达成原则协议，最后再确定协议中的各项内容。所以，法国人不像德国人那样在签订协议之前认真、仔细地审核所有具体细节。法国人的做法是：签署的是交易的大概内容，如果协议执行起来对他们有利，他们会若无其事，如果协议对他们不利，他们也会毁约，并要求修改或重新签约。

与法国人商谈，在概念上要阐述清楚，最好运用法国人喜欢的理性和逻辑进行谈判。如果你是训练有素的谈判人员，你就会发现这种陈述是比较规范的，有较大的信息量，当然理性和克制也是必不可少的。

第四，法国人大都重视个人的力量，很少有集体决策的情况。这是由于他们组织机构明确、简单，实行个人负责制，个人权力很大。在商务谈判中，也多是由于个人决策负责，所以谈判的效率也较高，即使是专业性很强的洽商，他们也能一个人独挡几面。

第五，法国人严格区分工作时间与休息时间，这与日本人是工作狂相比有极大的反差。法国的八月是度假的季节，全国上下、各行各业的职员都休假，这时候你想做生意是徒劳的。一般法国人一年有 5 周假期，4 周在夏季，1 周在圣诞节期间。

所以，与法国人做生意有句名言：如果在七月份谈的生意，八月份也不会有结果。

7.2.3　怎样与法国人打交道

第一，法国人讲究礼仪，在商务交往中，不要表现出漫不经心的神态，那会使法国人疏远你。但如果你注重礼仪，还要充分考虑法国人的喜好。如法国人注重个人隐私，你就不要将询问个人问题作为谈判的开场白。如果你要对款待你的法国人表示感谢，最迟要在次日寄上一封便函，还可附上一篮水果或鲜花。法国人也比较注重服饰的穿着与搭配，喜欢名牌或精致的服饰，你也要这样做，至少要让他觉得与你交往是般配的。

第二，法国人对女士极为尊重，会非常殷勤地为女士服务。所以，女士们受到法国男士的礼遇和殷勤，也不要当成负担或恩赐，要自然得体地应对与答谢对方。

第三，与德国人相比，法国人更喜欢表露自己的喜怒哀乐，手势和身体的部位也与之配合，说话的声音也大。这并不表明法国人生气或愤怒，只表明他对某一事物怀有极大的兴趣或激动。对此，要注意你的行为。过于冷静或消极会让法国人不快，也会降低他们的热情，这样一来，你很难与法国人相处。

第四，法国人习惯在各种社交场合，而不是在家里宴请朋友。但应避免在晚餐时谈论生意，除非主人主动提及。法国的烹饪举世闻名，但不是所有的佳肴都适合你的口味，因此，不要一次夹得太多，而且如果夹到盘子里了，最后一定要吃掉，否则就是失礼。此外，与其他西欧国家相比，法国人有更多身体的接触，如拥抱、接吻、握手等。

7.3　英国人的谈判风格

英国是最早的工业化国家，早在17世纪，它的贸易就遍及世界各地。但英国人的民族性格是传统、内向、谨慎的，尽管从事贸易的历史较早，范围广泛，但是其贸易洽商特点却不同于其他欧洲国家。

7.3.1　英国人的民族特点

第一，英国人的等级制度比较明显。这就是为什么英国王室在治理国家中已经没有实际权力，还要保留，其象征意义十分重要，王室的一举一动都是人们模仿的对象。在人们的观念中，等级制度依然存在，在人们的社交场合，"平民"与"贵族"仍然是不同的。例如，在英国上流社会，人们喜欢阅读的是《时报》、《金融时报》；中产阶层的人阅读的是《每日电讯报》；而下层平民则阅读《太阳报》或《每日镜报》。相应地，在对外交往中，英国人比较注重对方的身份、经历、业绩，而不是像美国人那样更看重对手在谈判中的表现。所以，在必要的情况下，与英国人谈判，选派有较高身份、地位的人，有一定的积极作用。

第二，英国人保守、严谨，不轻易与对方建立个人关系。即使是本国人，人与人之间的交往也比较谨慎，很难一见如故。他们不轻易相信别人，更不依靠别人。这种保守、传统的个性，在某种程度上反映了英国人的优越感。但是一旦你与英国人建立了友谊，他们会十分珍惜，并长期信任你，在做生意上关系也会十分融洽。所以，一个结论就是，如果你没有与英国人长期打交道的经验，没有赢得他们的信任，没有最优秀的中间人做介绍，你就不要期望与他们做大买卖。

第三，英国人是理性的。英国人善于分析，并以抽象的方式处理问题，他们尊重规则和规律，避免以主观的方式看待问题，英国人注重事实依据，不信任个人感情，也避免感情用事。所以，与英国人交往，戏剧性的表现、夸张的手法、感情上的爆发都是不可取的。

第四，英国人有强烈的个人主义特性，对自己的决策勇于承担责任，他们强调个人的创造性和成就，进而形成强有力的个人领导能力。英国人做一切事情都有详细的计划并严格按章办事。英国人认为一切事物都有确定的规则，这给生活增添了稳定感和安全感。

7.3.2　英国人的谈判风格

第一，英国人对于人们在社会或商务范畴内所担任的角色具有固有的信任，并对这些角色的相互依存怀有强烈的感情。这些角色不可避免地存在着不平等的现象，但是人们在法律面前应确保获得平等。英国人渴望获得成功，但是并不急于求成，他们认为人的能力会在恰当的时候显示出来并被承认。

第二，英国人对谈判本身不如日本人、美国人那样看重。相应地，他们对谈判的准备也不充分，不够详细周密。他们善于简明扼要地阐述立场，陈述观点。在谈判中，表现更多的是沉默、平静、自信、谨慎，而不是激动、冒险和夸夸其谈。他们对于物质利益的追求，不如日本人表现得那样强烈，不如美国人表现得那样直接。他们宁愿做风险小、利润也少的买卖，不喜欢冒大风险、赚大利润的买卖。在1989 年，英方与中方曾拟合作一个大项目，当一切都谈妥之后，由于形势有了变化，英方担心中方政策有变，毅然放弃了这个合作项目，这就是英国人的特点。

第三，英国商人的一个共同特征，就是不能保证合同的按期履行，不能按时交货，据说这一点举世闻名。英国人为此也做了很大努力，但效果不明显。原因是什么？众说纷纭，较为信服的论据就是，英国工业历史较为悠久，但近几个世纪发展速度放慢，英国人更追求生活的秩序与舒适，而勤奋与努力是第二位的。另外，英国的产品质量、性能优越，市场广泛，这又使英国人忽视了这个现代贸易应遵守的基本要求。

第四，英国人在谈判中缺乏灵活性，英国人不喜欢变化，特别是突然变化的提议和方案，他们通常采取一种非此即彼、不允许讨价还价的态度。他们在谈判风格上不像美国人或日本人那样具有竞争性，讨价还价不是生活中常见的事。许多在英国生活的外国人，对于英国人在商场或超市买东西从不讨价还价感到不可理解。所以，英国人在谈判中也体现了这一点。在关键阶段，表现得既固执又不愿花费很大力气，不像日本人那样，为获得一笔理想的交易竭尽全力。

7.3.3　与英国人谈判需注意的问题

第一，与英国商人进行接触的最好办法是通过第三者来进行。应该寻求比较有身份和地位的中间人进行沟通和斡旋，可收到事半功倍的效果。

第二，会谈要准备充分，会谈时不要迟到。会谈之后，要将详尽的资料留给你的英国合作者。而且，他们对短期成果比对长期成果更感兴趣。

第三，英国人很少在公开场合显露出兴奋、激动和愤怒的表情，他们对于私人感情十分克制。自然，他们也不喜欢过分张扬的谈判对手。此外，英国人习惯于淡化危险或紧急的情况。

第四，英国人不喜欢对方的让步是以恩赐的态度实现的。所以，你即使给对方一个让步，也要让他感觉到是自己努力争取的。你在提出建议时要注意给自己留有余地，也不要急于做出较大的让步，英国人常常会提出温和的要求。尽量不要催促英国人达成协议，最后期限等策略不适合英国人。

第五，与英国人打交道，年龄优势也比较明显，一般来说，德高望重、资历较高的人比较受欢迎，也更受尊敬，原因可能是他们比较老成持重、行为谨慎。

第六，英国人的话题禁忌较多。不要以谈论政治、宗教和职业道德的话题作为开场白。也不要随意指责英国人，尽管他们可能会为一点小事反复向你道歉。也不要拿皇室成员开玩笑，也不要轻易谈论某人的家世，也不要把英国人与美国人相比较。但英国人喜爱动物和体育运动，这些都是很好的话题。

第七，与法国人不同，法国人会经常将你注视得不自在，英国人说话却经常不看对方，谈话的距离也比较远，见面握手也比较随意，讲话中手势较少，并避免身体其他部位的接触。

7.4　意大利人的谈判风格

7.4.1　意大利人的民族特点

第一，宗教意识浓厚。意大利有 6 000 万左右的人口，90% 以上信奉天主教，宗教思想意识几乎渗透到社会的方方面面，其主流的价值观如是非、善恶、家庭、工作等都受其影响。宗教的信仰给大多数人提供了条理感和基本的判断标准。

第二，意大利人属于感性人格，对事物的处理带有主观性和片面性，注重个别情况的具体细节，不习惯借助于事物发展的客观规律或原则去处理问题。在判断事物真相时，人们的主观情感所起的作用要大于对某种思想认识或客观事实的信仰。

第三，意大利人是以个人主义为主的民族个性，主要是个人决策并负责。当然个人是以服从家庭和群体的利益为前提的。意大利人十分看重家庭，他们常常以家庭为中心做事。

第四，意大利人的社会阶层是有明显界限的，主要是根据收入划分。当然社会各个利益群体是社会稳固的基础，同时，这种互相认可的群体关系也进一步巩固了社会结构。所以，意大利很少出现大范围的矛盾和种族冲突。

7.4.2　意大利人的谈判风格

第一，在欧洲国家中，意大利人并不像其他国家那样对时间特别看重，约会、赴宴经常迟到，而且习以为常。即使是精心组织的重要活动，也不一定能保证如期举行，但如果他们特别重视与你的交易，情况可能另当别论。

第二，意大利人崇尚时尚，无论是商人还是旅行家，都衣冠楚楚、潇洒自如。他们的办公地点及设施都比较讲究，他们对生活中的住宿、饮食等都十分注重，对自己的国家及家庭也感到十分自豪与骄傲。在商务谈判中，最好不要谈论国体政事，但可以听听他们或引导他们谈谈其家庭、朋友，当然，前提是你与他们有了一定的交情。意大利人性格外向，情绪多变，喜怒常常表现出来。在谈话时，他们的手势也比较多，肩膀、胳膊、手甚至整个身体都随说话的声音而扭动，以至于有的专家认为，听意大利人说话，简直是一种享受。

第三，意大利人比德国人少一些刻板，比英国人多一份热情。但在处理商务时，通常不动感情。他们的决策过程也比较缓慢，但不同于日本人，他们并不是要与同僚商量，而是不愿仓促表态。所以，对他们使用最后期限策略，效果较好。

第四，意大利人有节约的习惯，与产品质量、性能、交货日期相比，他们更关心的是花较少的钱买到质量、性能都过得去的产品。如果是要他们卖东西，只要能有理想的售价，他们就会千方百计地满足用户的要求。

7.4.3　与意大利人谈判需注意的问题

第一，与意大利人交往，最好聘请一位关系密切的代理人，由他来为你安排恰当的约会。约会的时间不能太早或太晚。

第二，尽管每一个意大利人都有特定的管理职位或头衔，但他们的实际权力与职位并不一定吻合。在意大利公司，有一种平行的权力链，这种平行系统的权力基础是个人的相互利害关系。所以，不能盲目地与他们交往，无端地确定对方的意图。要尽量与中间人沟通并认真听取他们的意见。

第三，意大利人的谈判速度远慢于北美人。越是重要的合同，幕后的工作就越多。许多正式会谈只是一种形式，关键的问题解决多是在会谈以外。假如你表现得急于达成协议，会暴露你的弱点，削弱你的议价能力，适得其反。耐心是十分重要的。许多情况下，意大利人表现得不动声色。但他可能突然结束一场谈判，以暗示这一问题并不重要。相反，当一切努力都似乎无望时，谈判结果却可能柳暗花明。

第四，与意大利人谈判的开场白最恰当的话题是意大利文化、艺术、食物、酒、电影、风景以及体育运动等，特别是意大利的足球。如果对方对本国的事情，特别是政治问题加以评头论足，你也不要急于提出你的见解或批评意见。

第五，不要随意打听你在社交聚会上刚认识的人的职业，这会使对方觉得你不善交际，甚至缺乏礼貌。

第六，意大利人十分好客，他们愿意邀请客人就餐，拒绝将是不礼貌的。你可以回请。但要注意请意大利人吃饭是很重要的事情，你的声誉得失有可能发生在吃饭时。在就餐时，可以与对方洽谈商务事宜。

7.5　北欧人的谈判风格

7.5.1　北欧文化的特点

北欧主要是指挪威、丹麦、瑞典、芬兰等国家，也称斯堪的纳维亚国家。北欧是一个文化、经济高度发达的地区。这几个国家地域广阔，人口稀少，社会政治经济十分稳定，与世界各地的贸易交往也具有较长的历史。

第一，北欧是世界上政治、经济和文化高度发达的地区，非常讲究民主和平等，由于民族和地理上的相近性，民族主义超越了社会分歧。掌握不同权力的人对人民都有一种固有的信任感。每个人在社会中享有充分的自由和福利，尽管他可能是一个失业者。这些国家人口不多，主要由中产阶级构成，所以，社会交往中的人际关系简单，做事讲究程序和规矩。

第二，北欧人时间观念极强。相对于亚洲、中美洲、阿拉伯国家来讲，欧洲人的时间观念极强，北欧人更是视时间为生命。时间对他们来说不仅意味着金钱，还应当是被享用的。这主要是由于这些国家经济发达，社会秩序井然，人们工作效率高，注重生活舒适和享受，强调人文精神的结果。

第三，北欧人宽容、善良，修养极好，具有强烈的博爱主义，强调个人的尊严和价值。他们从不指责批评其他国家和社会制度，但也不希望别人干涉他们。由于这些国家的社会福利保障极为健全，生活舒适悠闲，不像美国的一些大城市，人们的生存压力极大，相互间竞争激烈。但他们自律很好，纪律性强，社会秩序井然。

第四，北欧国家男女平等，也没有种族歧视。女性就业比例很高，参与政治和社交活动十分活跃，出现了许多女性部长甚至首相，生意场合女性也比较多。在芬兰，妇女占有国会中40%的席位。

7.5.2　北欧人的谈判风格

首先，北欧人十分讲究文明礼貌，也十分尊重具有较高修养的商人。他们在与外国人交往时比较讲究礼仪。无论是正式谈判，还是非正式谈判，他们如果是东道主，会将会议安排得有条不紊，尽量让客人满意。

其次，北欧人对自己产品的质量非常看重，其产品质量在世界上也是一流的。近几年，他们更倾向于具有高附加值的、高度专业化的产品出口。他们在工作期间严肃认真，一丝不苟，但娱乐时间也绝不工作。

再次，北欧人在谈判中十分沉着冷静，即使在十分关键的时刻也不动声色，有耐心、有礼貌，但他们不喜欢无休止地讨价还价。如果他们与你做生意，主要是因为他们确认你的公司的产品在市场上是十分优秀的，他们信得过你，但如果你只为自己利益着想，忽视了他们的利益或建议，他们就会改变对你的看法，很可能放弃与你做生意。

最后，北欧人的一个共同特点就是喜欢蒸汽浴，这已经成了他们生活中的一部分。如果你与北欧人洽商，他们请你洗蒸汽浴，说明你受到了他们的欢迎，这是个好的开端。但如果你不能适应长时间的热气，也要提出，这不是丢面子的事情。许多情况下，你可以在洗蒸汽浴时与他们交谈，这可以免除正式谈判的许多不便。

7.5.3　与北欧人谈判需注意的问题

第一，北欧人注重时间，因此，经常是直截了当地进入谈判事项，也不喜欢对方过多的客套，繁琐的接待、隆重的仪式、庞大的谈判队伍、豪华的晚宴都不适合北欧人，即便你精心策划，收效也甚微。

第二，与北欧人做生意、会面，名片比较重要，如果你属于一家历史悠久的公司，最好在名片上印上公司成立的时间。因为这些国家的人尊重传统。但也不要罗列出一大堆头衔，北欧人朴素、务实，不注重形式。

第三，注重这些国家之间细微的差异与习俗。例如，丹麦人衣着保守、随意，到主人家做客最好带巧克力，因为鲜花会让女主人手足无措。但如果到芬兰人家里，带葡萄酒和鲜花都是很好的选择。此外，与人交谈，手插在口袋里，跷摇二郎腿，都是不礼貌的行为。

需要指出，在这些国家打手势也要十分慎重，因为手势代表的含义有很大差别。

复习思考题

1. 德国人的谈判特点主要表现为哪几点？
2. 你认为英国人具有内敛的性格特征吗？
3. 法国人与其他欧洲人不同的民族性是什么？
4. 意大利人文化特征的本质是什么？
5. 北欧人典型的谈判风格是什么？
6. 欧美同为发达国家和地区，其文化特征有根本的差异吗？

案例分析

一次中外技术设备引进谈判

20 世纪 80 年代，国外生产不锈钢，在一些工业发达国家中已经采用炉外精炼、连铸的先进工艺，而中国还是空白。如果引进这方面的生产工艺和设备，就能改变我们原来的两次加热工序，减少能耗，提高收得率，降低成本。

为了做好不锈钢连铸生产工艺和设备的引进工作，该公司先后与日本 S 公司、德国 D 公司、英国 E 公司、意大利 N 公司和奥地利 L 公司等五个国家的厂商进行技术交流达 14 次。还先后派人去日本、德国和奥地利进行了考察，了解到在设备技术方面，L 公司和 D 公司最先进，是世界第一流的；在价格方面，S 公司最高，为 2 300 万美元；其次是 D 公司，为 1 800 万美元，E 公司为 1 350 万美元，L 公司 1 149 万美元，而意大利 N 公司最低为 700 多万美元。

中方由于外汇有限，其谈判目标是既要引进适合的先进技术，又要以较低的价格引进技术设备。进入谈判后，中方在不同的场合，用不同的方法，向对方表示"这个项目有好几个国家的厂商在竞争，竞争者的报价很优惠。"几家厂商先后降价。S 公司从 2 300 万美元降到 891 万美元；D 公司从 1 800 万美元降到 883 万美元；E 公司从 1 350 万美元降到 709 万美元；L 公司则从 1 148 万美元降到 807 万美元；意大利 N 公司从 700 多万美元降到 585 万美元之后表示，如中方决心购买，还可做些微的下降。

当时，上海引进技术设备的审批权限不能超过 500 万美元，意大利 N 公司的报价 585 万美元比较接近 500 万美元这个审批线。这时，中方对 N 公司的情况进行了研究分析。N 公司虽不那么有名，而它的设备还是可以的。若使其再降价，还有一点可以利用，即 N 公司在北京设立办事处已经两年多了，至今一笔生意还没做成，其负责人心情相当急躁，这对中方有利。

经过与 N 公司几个回合的谈判，最后降到 500 万美元。这时合同的其他条件都已谈妥，合同文本也准备好了。正在这时，上海作为直辖市得到了进一步授权，超过 500 万美元的项目上海自己也有权审批了，于是企业产生了一个新的想法，与其花 500 万美元买 N 公司的，倒不如多加一点钱买更好的。中方对 N 公司的报价不还价，希望他们进一步降价。N 公司表示已经无钱可赚，这是最终价格。还说，500 万美元报价只能保留一星期，逾期无效。借此，中方立即打电话给 L 公司，要它在限定的时间内报最终价格。

L 公司的设备是世界一流的。当 L 公司收到中方公司的电话后，专程派中国香港办事处经理来上海，了解情况后，直飞 L 公司本部进行汇报。三天后，L 公司来电提出最后报价，从 807 万美元一下降到 550 万美元，并派人来上海进行最后一轮谈判。中方对他们的首席代表说："对你们在价格上做出的努力表示感谢！但是 550 万美元的标价与竞争者还有较大距离，你们虽然远道而来，不乏诚意。但看来成交是没有希望了，除非你们再做进一步降价。"L 公司马上说："距离多少？"中方说："你们的竞争者是 480 万美元，而且合同文本也准备好了。现在这个机会是特地为你们保留的，如果你们没法再降价，我们只能与你们的竞争者签约成交了。"对方听后表示："我们实在已无钱可赚了，为了战胜竞争者，我们董事会才下了这么个不计成本的决心。"中方进一步说："我们考虑到 L 公司的设备还不错，比有些竞争者好，但价格略高一点可以，多了不行。"对方看中方态度坚决，言之有理，为了做成这笔交易，又忍痛做了进一步让步，最后经过讨价还价，终于以 499.6 万美元成交。

事后计算，意大利 N 公司提供的设备总重量为 487 吨，而 L 公司提供的为 664 吨，L 公司设备的吨位就比 N 公司重了 200 吨。更重要的是 L 公司具有生产不锈钢连铸机设备的丰富经验，设备质量好，L 公司还有自己的培训中心。这次成交的价格从 1 149 万美元逐步降至 499.6 万美元，降幅高达 56%。

资料来源：邹自清. 北方丛刊，1996 (6)

问题：

1. 中方在谈判中运用的策略技巧有什么特点？成功的前提条件是什么？
2. 谈判人员使用的策略与谈判对象是否有直接的关系呢？

第 8 章　俄罗斯人的谈判风格

学习目的

　　原苏联解体后，出现了许多独联体国家，但是，与我国贸易比较频繁、地理位置比较接近的要数俄罗斯联邦，简称俄罗斯或俄国。我国与俄罗斯有较长的边境线，双方边贸历史也较为悠久，近几年贸易额急剧增加，双方合资合作的范围不断扩大。因此与俄罗斯的贸易是我国对外贸易的重要内容，研究俄罗斯人的谈判风格和特点也具有重要意义。

8.1　俄罗斯人的民族文化特点

　　俄罗斯横跨欧亚大陆，面积 1 700 多万平方公里，是世界上领土面积最大的国家，俄罗斯民族的历史与文化也是世界文化的瑰宝之一，即使到了今天，俄国的经济战略地位也十分重要。

8.1.1　俄国文化历史辉煌，民族性格坚强

　　俄罗斯具有悠久和辉煌的历史，对世界文化有着重大贡献。俄罗斯文化的背景是深厚的，它融合了东西方文化的特点，从文化的起源看，俄国文化主要根植于欧洲，如西方人熟悉的文化中的核心价值观如"仁慈"、"尊敬"、"自由"等；同时，俄罗斯文化又兼收并蓄，融入了许多亚洲文化的精华，如与我国文化"中庸"相类似的"平衡"，与我们讲究朋友信义等同的"人情"等。

　　尽管俄罗斯的社会生产力在现代不是十分发达，但俄罗斯人具有很高的国民素质，俄罗斯的科学家和工程师的数量居世界之最，有相当数量的受过教育的中产阶级，文盲极少，大部分劳动者具有很好的劳动技能。过去曾经是大国的历史使得俄罗斯极具责任感和使命感。不论是专业人士还是平民百姓，他们都认为俄罗斯是一个大国，希望在世界舞台上扮演重要角色。今天，在俄罗斯联邦境内的 1.45 亿人

口中，俄罗斯人占总数的82%。

俄罗斯人精神世界丰富，他们历经苦难，但似乎对遭受的苦难有很乐观的理解，并由此带来了丰富的民族文化。俄罗斯人擅长哲学性的思考，说话喜欢长篇大论，他们的行为由人际关系、感情和传统价值观决定。俄罗斯人以他们内心对于怎样才是一个真正的人的理解和他们认为正确的方式以及世界上少有的诚实、庄重的一致性而保持了作为人的完整性。俄罗斯人的良好素养还体现在崇尚对承诺的完全遵守和忠诚。他们认为，一个真正的人必须履行他的承诺，并尊重他人的承诺。

8.1.2　尊崇集体主义，自律性强

集体主义把俄罗斯人与注重竞争的西方人区别开来。在西方，个人主义是受尊重的，但在俄罗斯，个人主义是贬义词，俄罗斯人把自己看成是共同体成员，而不是单个的人，集体主义使得俄罗斯人喜欢群体活动。这一点具有亚洲文化的特点。

俄罗斯人常常依据具体情况判断，权衡个人和集体利益的轻重，而在这种权衡中，集体利益总是被优先考虑的。在一个重视思想的一致性和集体利益的文化中，与既定秩序不一样的人经常会成为被怀疑的对象，个人主义似乎是一个完全与社会谋利益的集体主义相对立的观念。多年实行的僵化的社会主义体制，又进一步强化了人们的这种观念。

俄罗斯人的自律意识也比较强，在公众场合，他们的表现是具有君子风度的，例如，由于实行长期高度的计划经济体制，俄罗斯经济发展缓慢，民众日常生活用品和食品极度短缺，但人们排队秩序井然，遵守规则，表现出良好的文化素养和精神风貌。

但也有人认为，由于前苏联社会是一个高度制度化和规范化的国家，人人遵守这些规则已到了十分刻板的地步，这主要是实施惩罚的后果十分严重。例如，前苏联人与美国人进行的奥运会电视转播权的谈判，美国人如果出现失误，最严重的就是丢掉职位；但对于前苏联人来讲，则很可能丢掉的是性命。

8.1.3　民主意识浓厚，法律意识淡漠

学者通过研究发现，俄罗斯与美国有很大的差异，美国是一个法治而非人治的国家，而宪法中"私有财产神圣不可侵犯"靠的是法律制度实现的，所以，法律、法规相对健全并十分缜密，律师在其中则起了相当大的作用。在美国，各种纠纷和冲突的解决主要是通过协商和妥协实现的。这一点同俄国有很大不同。在俄语中，"妥协"是个贬义词，含义更多地是指"弱小"和"违背约定"。

有这样一句俄罗斯格言："只有所有的法律都死亡了，人们才能生活在真理和公正之中。"在俄罗斯的文化中，比法律更为重要的是真理和公正，俄罗斯民众表

现出十分强烈的对公正和谐社会的向往。因此，他们认为"整个社会达成的一致比拘泥于或尊重法律更为重要，所以，他们低估了法律提供真理和社会公正的能力。"①

　　美国法律专家哈罗德·伯曼认为，俄罗斯人相信，在法律之外，还存在着更为广泛的生活领域。"特别是在……政治和决策中，在那里，人们依靠的是非理性、非法的力量和暴力，这是一方面；在另一方面，道德上的一致性和共同的信念也发挥着影响。统治者的人格力量依然起着主要作用，个人影响力是阻碍法律发展和完善的至关重要的因素。"② 所以，俄罗斯人对很多西方人拘泥于法律规定和繁琐的法律程序的做法很不以为然。在现实中，制定大量法律来保护个人权利反而显得不恰当。

　　俄罗斯人认为：我们必须有自己的意识形态，有自己的思想体系，最重要、最基本的便是爱国主义和对祖国的热爱，每个人都只有在成为一个爱国者之后，才能谈权利和个人观点。在这种意识形态中，遵守道德比追求个人权利和物质进步更为重要。也由此表现出，俄罗斯人尊重权威，但不害怕权威。这是因为民主意识比较浓厚的缘故。因此，即使是在公众场合，他们也能够表明自己的立场，发表自己的主张或坚持自己的观点，对此，他们坚持不懈，而且顽强，从不接受"不"的答案。

8.2　俄罗斯人的谈判特点

　　了解俄罗斯人的民族和文化特点，是为了更好地掌握和熟悉俄罗斯人的谈判风格和商务活动中的行为特点，可以使我们在与俄罗斯人的交往中，有效地克服谈判的障碍，促进两国贸易的更好发展。

8.2.1　固守传统，缺乏灵活性

　　俄罗斯的前身前苏联实行的是高度计划的经济体制，是个外贸管制的国家，任何企业或个人都不可能自行进口或出口任何产品，所有的进出口计划都是经过专门部门讨论决定，并经过一系列环节审批、检查、管理和监督。在这种高度计划体制中，人们已习惯于照章办事，上传下达，忽视了个人创造性的发挥。前苏联解体后，俄罗斯在由计划经济向市场经济的转变过程中进程最快，国际贸易的体制和政策有了巨大变化，企业有了进出口自主权，对外贸易大幅度增长，政府给予外国投

①　〔美〕耶鲁·瑞奇蒙德著．解读俄罗斯人．中国水利水电出版社，2004.71 页
②　〔美〕耶鲁·瑞奇蒙德著．解读俄罗斯人．中国水利水电出版社，2004.72 页

资者的优惠政策，大大地吸引了欧美投资者。但是，人们的观念转变是缓慢的，需要有一个过程。

在涉外谈判中，一些俄罗斯人还是带有明显的计划经济体制的烙印，在进行正式洽商时，他们喜欢按计划办事，如果对方的让步与他们原订的具体目标相吻合，容易达成协议，如果有差距，要使他们让步特别困难。甚至他们明知自己的要求不符合客观标准，也不妥协让步。曾有一个俄罗斯代表团到中国洽商一个合资项目，生产方便面，由中方提供设备和人员培训，需中方投入 120 万元人民币，俄方以厂房、土地作价投资，共计 40 万元人民币。按国际惯例，双方合资项目，利润分成是按投资比例确定的，但俄方坚持它们得 80% 利润，中方得 20% 利润，这种明显不合理的要求自然导致谈判破裂，为什么会这样，就是它们事先订的目标是获利80% 。尽管它认为你的建议也有道理，但是要它们改变原来的打算是困难的，这是诸多谈判者与俄罗斯人打交道后得出的一致结论，缺乏灵活性。

一些俄罗斯人缺乏灵活性，还因为他们的计划制定与审批要经过许多部门、许多环节。这必然要延长决策与反馈的时间，这种传统体制也僵化了人的头脑，尽管现在体制上有了较大的变革，但没有真正形成建立在市场经济体制上的制度。正如一位美国专家指出的，由于旧体制严格的计划性，束缚了人的个性、能力的发挥，而且这种体制要求经办人员对所购进商品的适用性、可靠性和质量进行审查，并要对所做出的决策承担全部责任。因此，他们非常谨慎，缺少敏锐性和创新精神，喜欢墨守成规。

需要指出的是，俄罗斯人缺乏灵活性，还与他们的文化观念有关。在他们看来妥协和让步是弱小或无能的表现，是从公正和正确的位置上的退却。因此，俄罗斯人实现目的的手段便只有耐心和意志了。许多与俄罗斯人打交道的谈判者的一个共同感受就是，如果你的提案有了新的内容，最好在这之前要与俄罗斯人进行很好的沟通，这样他们才能有时间研究并准备应对。否则会进一步强化俄罗斯人巩固原有立场的做法，更不容易协商问题。

近几年，随着俄罗斯经济体制改革的不断深入，国际贸易的不断扩大，这种情况有所改变。但谁都不否认，俄罗斯人是强劲的谈判对手，尽管他们有时处于劣势，如迫切需要外国资金、外国先进的技术设备，但是他们还是有办法迫使对方让步，而不是他们让步。

8.2.2　对各类细节问题感兴趣

俄罗斯人的谈判能力很强，这是源于前苏联的传统，对于这一点，美国人、日本人和中国人都感受至深。他们特别重视谈判中的细节，因为对细节的关注，可以是他们耐心释放的主要方面，也可以为他们争得更有利的条件。专家们认为：由于俄罗斯历史中充满了竞争和战争，导致一些细小的事情反而被放大，以致超过了事情本来的重要性。例如，在商务活动中，俄罗斯人不仅在商讨合同条款、达成协议上比较困难，还表现在执行合同的步骤和过程上经常因为细节问题而障碍重重，当然不能否认官僚体制的层层审批和上报也加重了这一问题。

俄罗斯人注重细节还表现在他们在谈判中尽可能记录一切内容，这是一个好的做法。因为原始记录的用处，不仅仅是记录了哪些已经被讨论，哪些已经达成一致，哪些还有严重分歧，更重要的是从字里行间分析谈判对手的心态、情绪和关注点，找出可以利用的机会，可能争取的承诺。此外，在比较正规和大规模的谈判中，俄罗斯人喜欢使用英语和俄语两种语言谈判，这一方面有助于记录、研究细节问题，另一方面，俄罗斯人视他们的语言为世界通用语言之一，像法国人一样。

从实际案例研究情况看，俄罗斯人注重谈判中的细节，一个很重要的方面是谈判中的技术内容和索赔条款，这是因为引进技术要具有先进性、实用性。由于技术引进项目通常都比较复杂，对方在报价中又可能会有较大的水分，为了尽可能以较低的价格购买最有用的技术，他们特别重视技术的具体细节，索要的东西也包罗万象，如详细的车间设计图纸、零件清单、设备装配图纸、原材料证明书、化学药品和各种试剂、各种产品的技术说明、维修指南等。所以，在与俄罗斯人进行洽商时，要有充分的准备，可能要就产品的技术问题进行反复大量的磋商。

另外，为了能及时准确地对技术问题进行阐述，在谈判中要配置技术方面的专家。同时要十分注意合同用语的使用，语言要准确，不能随便承诺某些不能做到的条件，对合同中的索赔条款也要十分慎重。例如，在出口方国家的气候条件下，产品可能不会轻易出问题，但不能轻易拍胸脯保证机器在任何温度下工作都没问题，更不能做产品出现问题就愿意赔偿一切损失的承诺。这种情况下，出口方可能会十分被动，其产品有可能被送到西伯利亚的雅库茨克的工厂去，如果其产品在零下30℃的气温中冻住了，使生产线停产，并使工厂没有达到生产额度，那么毫无疑问，这个赔偿金是出定了。

8.2.3　善于在价格上讨价还价

俄罗斯人十分善于与外国人做生意。说得简单一点，他们非常善于寻找合作与竞争的伙伴，也非常善于讨价还价。他们从来不接受对方的第一次开价，不论这一价格怎样低。如果他们想要引进某个项目，首先要对外招标，引来数家竞争者，从而不慌不忙地进行选择，甚至采取各种离间手段，让争取合同的对手之间竞相压价，相互残杀，最后从中渔利，我们来看看美国谈判专家所讲的一个事例。

1980 年的奥运会准备在莫斯科举办，谁都知道出卖奥运会电视转播权是一笔好买卖。美国哥伦比亚广播公司、美国国家广播公司、全国广播公司三家大型电视台都准备出大价钱购买独家电视转播权。于是俄罗斯人把美国三家电视网的上层人物都请到他们的豪华客轮亚历山大·普希金号上，他们提出要 21 000 万美元现金，这个开价比 1976 年的 2 200 万美元几乎高出 9 倍。为了达到他们的目的，俄国人分别与美国的这三家电视台的决策人物接触，让他们相互之间你争我夺，拳打脚踢，用美国人自己的话说"我们像装在瓶子里的三只蝎子那样互相乱咬，咬完之后，两只死了，获胜的一只也被咬得爬不起来了"。最后，几经周折，美国国家广播公司以 8 700 万美元购得奥运会转播权。后来才知道俄国人预期的售价在 6 000万至 7 000 万美元之间。

　　俄罗斯人在讨价还价上堪称行家里手。许多比较务实的欧美生意人都认为：不论你的报价是多么公平合理，怎样精确计算，他们也不会相信，千方百计地要挤出其中的水分，达到他们认为理想的结果。所以，专家建议，对俄罗斯人的报价策略有两种形式：第一种是报出你的标准价格，然后力争做最小的让步。你可以事先印好一份标准价格表，表上所有价格都包含适当的溢价，给以后的谈判留有余地。第二种是公开在你的标准价格上加上一定的溢价（如15%），并说明这样做的理由是同其做生意所承担的额外费用和风险。因为在政治体制不稳定的环境中做生意的风险与费用是难以估量的。一般地讲，第二种策略要好些，因为如果在报价之初就定死一个价格，几个星期甚至数月后，情况可能会发生很大变化。

　　俄罗斯的通货膨胀率已远远超过欧美。所以，如果俄罗斯人不用硬通货支付，那么，你与他们做买卖就很有可能吃亏。要对俄罗斯人尽量缩短报价期限，并充分考虑报价在合同期内所受的通货膨胀的影响。

　　俄国人开低价常用的一个办法就是"我们第一次向你订货，希望你给个最优惠价，以后我们会长期向你订货"，"如果你们给我们以最低价格，我们会在其他方面予以补偿。"以此引诱对方降低价格。要避免这种价格陷阱，专家的忠告是：不要太实在，报个虚价并咬牙坚持到底。

8.2.4　喜欢易货贸易

　　在俄罗斯，由于缺乏外汇，他们喜欢在外贸交易中采用易货贸易的形式。由于易货贸易的形式比较多，如转手贸易安排、补偿贸易、清算账户贸易等，这样就使贸易谈判活动变得十分复杂。在对外贸易中，俄罗斯人采用易货贸易的形式也比较巧妙。他们一开始并不一定提出货款要以他们的产品来支付，因为这样一来，对需要硬通货做交易的公司就缺乏吸引力，也使自己处于劣势地位。他们在与外国商人洽商时，拼命压低对方的报价后，才开始提出用他们的产品来支付对方的全部或部分货款。由于外国商人已与俄罗斯人进行了广泛的接触，谈判的主要条款都已商议妥当，所以他们使出这一招时，往往使对手感到很为难，也容易妥协让步。

　　20 世纪 80 年代末期，中俄两国之间的易货贸易发展十分迅速，但近些年来，俄罗斯开始限制生产资料等自然资源的外流，使易货贸易的势头有所减缓 。需要指出的是，如果俄罗斯人提出，只有当你接受他们的易货商品，或者帮助他们把某些商品销售给支付硬通货的第三方时，他们才能支付你的货物，那么，你一定要认真考虑其中所涉及的时间、风险和费用。易货是一种好的交易形式，但当你交易的商品没有市场时，那么，还不如没有这种交易的好。

8.3　怎样与俄罗斯人谈判

　　与俄罗斯人进行商务活动交往，他们缺乏灵活性、关注细节和善于讨价还价的特点都是我们需要认真考虑的。在此基础上，我们要进一步阐述在谈判中比较重要、但谈判者又比较忽视的一些方面，对这些问题的关注，使我们能有效地克服谈判中的困难并避免使我们陷入误区。

8.3.1　避免套用法律，解决谈判中出现的分歧

　　像许多亚洲国家的谈判者一样，俄罗斯人不喜欢一切问题用法律解决，当然在迫不得已的情况下例外。如果你与俄罗斯人的谈判出现问题，请一个朋友出面解决会比用法律程序解决更受他们欢迎。美国人索尔·胡洛克经常与俄罗斯舞蹈团，包括国家大剧院芭蕾舞团和莫斯科交响乐团，签订赴美进行全国演出的合同，但他几乎不用法律顾问或律师。"我只需手写一份合同，双方都在上面签字。他们了解我并且信任我。"这是因为索尔在长期与俄罗斯人打交道时了解了他们的习惯——只要彼此信任，法律是多余的。因此，如果你与俄罗斯人谈判，组团成员中有着数目不等的律师成员，采取一切按法律程序办事的原则，你很难会有什么成绩，事情也不会像你想象的那样顺利。

　　正因为如此，以美国为首的西方社会认为俄罗斯人与他们有着根本的不同。许多美国人认为：在谈生意上俄罗斯人有许多不可理喻的东西。比如，为什么与俄罗斯人达成协议总是那么难、那么费时呢？为什么他们做决定的时候总是迟迟不决、不能理性点呢？为什么他们难以信任他人？俄罗斯人能信守协议吗？[①] 这些使美国人困惑的东西，实际上是西方社会文化习惯和价值观的差异造成的。随着俄罗斯社会经济的发展，市场化进程的加快，这些差异在逐渐缩小。

　　俄罗斯人虽然不喜欢用法律程序解决双方的问题，但他们对于自己想要什么非常清楚，即目标明确。为了争取他们希望的利益，比较常见的方式是发表充满感情

---

① ［美］耶鲁·瑞奇蒙德著．解读俄罗斯人．中国水利水电出版社，2004.115 页

的戏剧化的演说，表明他们确实愿意为所拥护的立场承担义务；提高说话的声调，表达他们的愤慨或暗示威胁，因为有时他们会认为强硬的态度和语气是击败对方的有利武器；还有的时候，他们表现得十分严肃，长时间里一言不发，他们希望通过这种做法，确立自己的权威性，从而也避免了像美国人那样谁都说话，暴露内部不一致的问题。

8.3.2 以信任朋友的方式，建立人际关系

在俄罗斯，由于整个社会联系紧密，人们喜欢与朋友和家人分享心中的想法，谈论政治，表明观点。所以，朋友或小圈子的人是感情深厚、相互信任的。俄罗斯人在很大程度上依靠家人、朋友或有着良好关系的亲密同事维系着社会交往的关系。这一点与西方社会有着很大的差异。美国研究俄罗斯问题的专家埃利萨·克劳兹的研究结论是：多数俄罗斯人认为，尽管美国人的欢迎很热情，能很快成为朋友，但是他们太专注于生活，他们不能像俄罗斯人那样，可以接受朋友的委托，帮朋友处理很重要的事情。

因此，专家建议说，与俄罗斯人谈生意，要多进行私下接触，应该寻找和创造机会，与俄罗斯人在比较私人的场合交谈，甚至是边吃东西、边喝酒、边交谈。如果是到家庭中访问也是比较好的事情，这会大大增加彼此间的亲切感，消除隔阂。对此，美国大使馆的文化顾问耶鲁·瑞奇蒙德先生以他的经历很好地证明了这一点。一次，他未事先打招呼就直接去拜访新西伯利亚的西伯利亚科学院图书馆，馆长尽管对他的突访感到惊讶，但还是极其热情地接待他，用面包、腊肠和伏特加酒加以款待，双方边吃边聊，十分投机，都不设防，很好地实现了美国人想要与其交流的目的。

如果你想在重要的谈判中获得理想的结果，我们提倡与俄罗斯人进行私人交往。这在另一方面也需要你有很好的耐心。因为俄罗斯人不像美国人那样很快与你成为朋友（即使这种朋友不能有助于你很好地实现商业利益），这就需要时间。所以，美国人经常抱怨俄罗斯人时间观念差，或做事情费时间。从俄罗斯人的角度来讲，他们谈生意很有耐心或谈判过程持续时间长，对于重要问题，他们更愿意婉转表达，甚至兜圈子，让对方自己领悟，而不是由他们直接表述。如果你缺乏耐心，或准备不充分，你很难与他们进行有效沟通，更别想在与他们的交往中占据主导地位。

由于俄罗斯人主要靠人际关系进行交往，因此，有些特点需要我们理解或顺应。例如，俄罗斯人的口头禅是"我马上就会去做"。但实际上，通常要打很大折扣，如果你认为他们很快就会将信息反馈给你，就大错特错了。但这时你着急也无助于问题的解决。再比如，时间对于俄罗斯人来讲，不像欧美人那样绝对具有经济

价值。俄罗斯人不是以分或小时计算时间，而是以天、月、年来衡量。在俄罗斯，受人尊崇的不是准时，而是耐心。所以，约定会议的时间，他们可能经常会迟到并不感到有多大歉意。对此，西方国家的谈判者颇有微词，但近两年情况有所改善。

此外，俄罗斯人喜欢近距离的接触，不论男女在谈话时会相互碰对方的身体，同性别的人也可以相互之间亲吻。由此，俄罗斯人会进入在西方人看来是私人的领域。年纪大的俄罗斯人经常告诫完全陌生的年轻人哪些地方做错了。大街上人们可以主动搭话。俄罗斯人会在没有事先通知的情况下拜访朋友。这是因为俄罗斯人大多能够接受意外来访和新结识的朋友。

8.3.3　通过增加娱乐餐饮活动，加深彼此交往

尽管俄罗斯人具有刻板严肃的一面，但如果条件允许，俄罗斯人的生活还是丰富多彩，并极具情感的。俄罗斯人喜欢饮酒，这是举世公认的。虽然看起来俄罗斯人和美国人的人均酒精消费量相差不是很大，但美国人喝的更多的是葡萄酒和啤酒，而俄罗斯人喝的是烈性酒，主要是伏特加酒，而且俄罗斯人喜欢只喝酒，不在酒中添加其他物质。俄罗斯人一般通过喝酒估量别人，而且要喝很多，他们经常喜欢与商谈的客人进行这样的比赛或打赌，一般都是他们赢。

对他们来讲，喝伏特加酒是做生意的时候必不可少的程序。西方人曾这样评价"在俄罗斯……每次谈判之前都有一次餐宴，每次都要喝很多酒……你别期望能够从头到尾滴酒不沾，也别想能够不解开衣服。这是一种试探，其目的是做生意。"①。在正式的宴会上，敬酒在俄罗斯人看来是一件很正规的事情，在格鲁吉亚甚至是一种艺术。俄罗斯人敬酒从宴会开始直到结束。主人会先敬一杯，客人们再回敬，被敬酒的人应同时一起喝酒。一次敬酒就意味着一段对话，客人的敬酒致辞应该具有诗意和戏剧性，总之应该有较强的感染力。

需要指出的是俄罗斯人还喜欢喝茶。按照人均计算，俄罗斯是仅次于英国的第二大茶叶消费国，约有一半的成年人平均每天最少饮 5 杯茶，所以，优质的茶叶也是与他们交往的很好的礼品。

复习思考题

1. 俄罗斯文化特征主要有哪些？
2. 为什么俄罗斯在近代发展落后了，从体制、文化和民族性几个方面来分析。
3. 固守传统、缺乏灵活性是民族的特点，还是多年僵化体制的结果？

---

① ［美］耶鲁·瑞奇蒙德著．解读俄罗斯人．中国水利水电出版社，2004.98 页

4. 善于讨价还价是来自于对细节的关注吗？

5. 请分析俄罗斯的"集体主义"特征。

6. 为什么俄罗斯人喜欢易货贸易？

案例分析

1980 年莫斯科奥运会电视转播权的谈判

从 CBS 为 1960 年罗马奥运会支付转播费，到 ABC 成功地在 1976 年蒙特利尔奥运会上投标，奥运会的转播费用已经涨得相当高。卖价大约如下：

1960 年	150 万美元
1964 年	300 万美元
1968 年	500 万美元
1972 年	1 300 万美元
1976 年	2 200 万美元

但前苏联人打破了这种具有连续性的增长。在蒙特利尔夏季奥运会期间，美国三大电视网的上层人物都应邀参加了在亚历山大·普希金号轮船上举行的舞会，苏联人对每个电视网的上层人物都单独接触并提出苏联式的要求：开价是 21 000 万美元——现金！

苏联人鼓励美国人竞争性投标，他们邀请 ABC、NBC、CBS 的代表到苏联的莫斯科谈判，让他们受到良好的招待。事后，出席过这种招待会的人士说：以后，再也没有饮过比这更好的伏特加酒，再也没有品尝过比这味道更美的鱼子酱，再也没有看到过比这更紧张和更坚决的面孔。

当谈判进入最后阶段时，标价是这样的：NBC，7 000 万美元；CBS，7 100 万美元；ABC，7 300 万美元。一般说来，到了这个时候，在前 10 次奥运会中有 8 次转播经历的 ABC 会占上风。然而，CBS 雇请博克帮忙。博克是来自德国慕尼黑的游说专家。这使得苏联人又和 CBS 的主席进行了一次高级会谈，会谈中 CBS 再一次同意提高它的价格，于是一桩交易拍掌成交。

当时，每个人都认为，CBS 战胜了它的对手。然而，苏联人不反对"吹毛求疵"。1976 年 12 月初，他们宣布进行另一轮投标。CBS 的头头们心烦意乱，但还是返回莫斯科摊牌。摊牌的日子定在 12 月 15 日。这时，苏联人宣布三大电视网刚刚有资格进入拍卖的最后阶段。美国人被苏联人的做法激怒了，他们不顾苏联人的威胁，全部退出谈判，回家了。

事实上，在这次谈判中，如果美国官员出了大错，他们的生计也许会受些影响，但苏联的官员们如果出了大错，他们的性命都可能受到威胁。

为了引起新的竞争，苏联人提出了第四种可能的选择，他们宣称，此届奥运会的电视转播权现在属于美国一家名为SATRA的、默默无闻的贸易公司，这家公司在纽约有一间办公室。SATRA不是那种可以叫做新闻媒体的联合企业，将电视转播权授予它，就相当于对一个刚会摆弄照相机的孩子说："你走运了，小家伙——奥运会转播权是你的了。"

由于SATRA的杠杆作用，博克重新与电视网联系，他通过哄骗、周旋、密约以及在莫斯科与曼哈顿之间飞来飞去，最终以8 700万美元把这次奥运会的电视转播权兜售给NBC。除此之外，这家电视网还同意付给博克600万美元的服务费，还有额外的招待费。尽管当后来NBC知道苏联人原本希望得到的售价是6 000万~7 000万美元时懊悔不已。

资料来源：于忠荣等编著. 商务谈判名家示范. 山东人民出版社，1995

问题：

1. 前苏联人使用的谈判策略有什么特点？
2. 尽管美国人竭尽全力，但却处于下风，造成这种状况的根本原因是什么？

第 9 章 以色列人的谈判风格

以色列人又称犹太人，由于我们对国际谈判的研究是以国家为分类标准的，所以，我们在标题上按国家划分，但在内容上主要是研究世界各地犹太人的谈判风格与特点，学习他们是怎样将商业意识与赚钱相结合，价值观与实际行动相结合的。

9.1 以色列民族的文化特征

犹太民族是世界上历史最悠久、最有特点的民族之一，到了近代出现了犹太人的聚集地，我们称之为以色列。以色列 1948 年建国，它的国土面积接近 2 万平方公里，居世界第 133 位。人口约 500 多万，居世界第 100 位。土地相对贫瘠，自然资源比较缺乏。但在几十年的发展历程中以色列的人均 GDP 已排名世界第 25 位，国力日渐强大，这主要得益于它的民族特点和民族文化。

9.1.1 历史悠久，文化遗产丰富

犹太民族是世界上最聪明、最神秘、最富有的民族之一，特别是犹太人的经商智慧和能力为全世界所称道。犹太民族虽然只有 1 000 多万人口，但却有近 5 000 年的历史。与世界许多古老民族相比，它是个弱小的民族，在悠久的历史长河中被奴役、受歧视、遭迫害，有长达 2 000 年被迫逃亡异乡、流离失所的历史，这种状况一直延续到第二次世界大战结束后，1948 年成立以色列国。但是在长期的民族离散、寄人篱下的困境中，犹太人不仅维持了民族团结，顽强地生存和发展下来，而且在思想、政治、经济和科学等领域对世界的发展做出了重大贡献。在犹太民族中涌现出众多的举世闻名的思想大师、科学家、谈判家、政治家和企业家，如马克思、波普尔、爱因斯坦、奥本海默、弗洛伊德、马斯洛、基辛格、洛克菲勒等。

犹太民族文化精深，思想深邃，对世界文明发展影响极大。世界著名三大宗教中的基督教和伊斯兰教都发源于犹太教，犹太文化通过基督教和伊斯兰教的传播，

对东西方文化产生了巨大而深刻的影响。以《旧约全书》和《圣经》为代表的文化遗产几乎囊括了诸如神话、传说、小说、寓言、戏剧、散文、诗歌、谚语、格言等所有的文学创作形式，并独创了先知文学和启示文学，其作品内容之丰富、内涵之深刻、形式之多样、风格之独特、语言之生动都是世界文化的瑰宝。这种民族文化塑造了以色列人的民族性格，提高了以色列整体的民族素养。

9.1.2　重视教育，正视传统

犹太民族具有重视教育的传统，整体民族文化素质较高。这一传统渊源已久。《圣经》中多次出现要求对人民和儿童进行教育的诫命。犹太传统规定父亲对儿子有三项应尽的义务，其中之一就是教儿子学习犹太经典。而要做到这一点，识字是第一步。家庭教育是保持民族传统的一个重要环节，受到极大重视。犹太人有这样的格言"宁可变卖所有的东西，也要把女儿嫁给学者"，"为了娶得学者的女儿，就是丧失一切也无所谓"。

以色列之父本·古里安曾说过："如果要让我用最简单的语言描述犹太史的基本内容，我就用这么几个字：质量胜过数量。"以色列的富强是和犹太人的高素质、犹太移民带来的先进文化、犹太人重视教育的传统分不开的。早在建国前，犹太复国主义就把教育作为复国的重要手段，提出"文化犹太复国主义"的口号，随之出现了大学和一些中小学。之后，以色列历届政府将教育立国和科技立国作为国家兴亡之根本，本·古里安坚持："没有教育就没有未来。"以色列的第一任总统是著名的物理学家魏兹曼。

还是在以色列建国的炮火隆隆声中，以色列的首任教育部长盖尔就让他的秘书起草教育法，规定 3～15 岁的孩子接受免费教育。这让秘书惊讶不已。因为以色列的战争和建国经费都是美国人提供的，当时整个教育部只有部长和秘书两人，惟一的财产就是一架破打字机。"一定要让我们的国民免费受教育"，这是教育部长的心愿，也是以色列人民的希望。结果当第一次中东战争结束后，教育部就出台了以色列的教育法，第二年这部法律在以色列议会全票通过。很快以色列的国民教育就赶上了世界上的发达国家和地区，如以色列的每 10 万人口中的在校大学生人数为 2 769 人，仅次于美国和加拿大，比欧洲和前苏联都高，以色列 14 岁以上公民平均受教育年限达 11.4 年，与美国和英国相等，妇女识字率达 93.2%，以色列的高官都有大学以上学历，历任总统几乎都受过国外的高等教育。

犹太人整体文化素质较高，以美国为例，20 世纪 70 年代，在金融、商业、教育、医学、法律等高文化行业中，犹太男性占 70%，犹太女性占 40%，而在律师和医生中，犹太人的比例更高。但在同期全美国平均只有 28.3% 的男性和 19.7% 的女性加入此行列。

在普遍接受教育的基础上，以色列人还爱好读书。在每个家庭中，书房是必需的，在公共场所到处可以看到人们在读书。在以色列安息日期间，犹太人开的商店、饭店、娱乐场所等都要停业，交通中断，人人都在家中"安息"和祈祷，严禁走亲访友和外出郊游，但允许人们读书和买书，只有书店开门营业，而且挤满了人。以色列全国有 29 家报纸，分别用 15 种文字出版，据联合国科教文组织 1988 年调查，以色列人均拥有图书馆和出版社的数量居全球之冠，每 4 000 人就有一所公共图书馆。500 万人口的国家有 890 种刊物，《耶路撒冷邮报》每天的发行量是 100 万份，平均每 5 个以色列人 1 份。

9.1.3   商业文化浓重

犹太文化还是商业文化，犹太人对金钱十分敏感和看重，因为只有有了钱，才能实现他们想要的一切。马克思说过："犹太人用犹太人的方式解放了自己，他们解放了自己不仅是因为他们掌握了金钱，而且因为金钱通过他们或者不通过他们而成了世界势力……"马克思认为，金钱给犹太人既带来了幸福和荣誉，也带来了灾难和耻辱。这是因为犹太人长期的经商传统，使他们必须珍视金钱。尽管钱在别人那里只是媒介和手段，但在犹太商人眼里，钱则是每次商业活动的最终争取目标，也是衡量人生成败的标准。世界大思想家孟德斯鸠这样说过："记住，有钱的地方就有犹太人。"

有这样一个故事很好地说明了犹太人的商业意识。一个叫菲勒的犹太富翁，他活了 77 岁，临死前，他让秘书在报纸上发布了一条消息，说他即将进天堂，愿意给失去亲人的人带口信，每人收费 100 美元，这一看似荒唐的消息，引起了无数人的好奇心，结果他赚了 10 万美元。如果他在病床上再多坚持几天，可能还会赚得更多些。他的遗嘱也十分特别，他让秘书再登一则广告，说他是一位礼貌的绅士，愿意和一位有教养的女士共居一个墓穴。结果，真有一位贵夫人愿意出资 5 万美元和他一起长眠。

但是犹太商人却是我们所称谓的儒商——有知识文化的商人。在犹太人看来，没有知识的商人不算是真正的商人。他们都学识渊博，头脑机敏，善于抓住机会。也只有具有知识和智慧的商人才能赚大钱，做大事，所以说犹太民族是世界上最富有的民族是名副其实的。

9.2   以色列人的谈判特征

9.2.1   商业意识敏感，谈判手段灵活

犹太人的商业意识和经商的才能似乎是天生的，他们不但精明过人，而且能力也极强。这与他们极为推崇和器重精明的人，而且也千方百计将自己变为精明过人

的人，以实现他们经商赚钱的理想有直接的关系。有这样一个犹太笑话很发人深省。犹太人有个规矩，安息日不能工作，只能在家虔诚休息，学习犹太典籍。可个别商店老板却照常营业，亵渎了安息日。一次讲道时，拉比对这类店主大加批判。等礼拜结束后，一个被批判得最严厉的老板给了拉比一大笔钱，这使拉比非常高兴。到下一个礼拜时，拉比对安息日营业的老板的指责就不那么厉害了，因为他指望那个老板还能给他钱。但结果，他却什么也没得到。当问老板为什么不给钱时，老板说："事情很简单。你严厉谴责我的时候，我的竞争对手都害怕了，所以安息日就我一个人开门，生意非常兴隆。而你这次说话客气，恐怕下周大家都会在安息日营业了。"

犹太人深知生意经：就是消除竞争对手，做独家生意或垄断生意。但要战胜竞争对手，就必须比竞争对手高明、有智慧。我们知道垄断可以通过政治手段来实现，也可以通过经济手段来实现，但对犹太人来说，使用政治手段是不可能的，因为这个民族长期以来一直受到各种形式的政治迫害，不仅难以跻身上等公民之列，甚至被歧视为劣等民族。到20世纪30年代，希特勒执政时期的德国，对犹太人的政治迫害已达到登峰造极的地步，甚至剥夺了犹太人生存的权力。从另一方面来讲，逆境生存铸就了犹太人的坚忍不拔的民族性格和吃苦耐劳的奋斗精神，也增强了犹太人的经商意识。

犹太人很精明，在上海发迹的犹太富商哈同就是一例。哈同在20世纪初来到上海，身无分文。先是在另一个犹太人老沙逊的洋行供职守门人。后由于其工作勤勉，头脑灵活而成为管理者。最后自己独立开办了哈同洋行，靠贩卖烟草和房地产发了大财。他死后，据英国总领事馆核算，其遗产共1.7亿美元，不动产有土地460亩，房屋仓库1 300余所，豪华别墅和饭店5幢，住房544幢。哈同发家的手段主要是靠商人的精明，"一笔生意，两头赢利"。1923年，哈同将南京东路5亩多土地租给新新公司建设新房，租期32年，期满后房产归哈同，不仅要缴纳地租，而且还规定房屋造价不得低于50万银元，哈同先取10万银元做保证金，待房屋造好，经他验收符合规定的样式、造价、材料及规格后，方才归还保证金。其他的如永安公司大楼、威海卫路住房等均靠这种方法建成。如果对方在使用中遇到困难，哈同就付一笔补贴费将房产收回。

9.2.2 善于谈判的谋划，出奇制胜

犹太商人是世界上最会赚钱的商人，也是世界上最儒雅的商人，他们温文尔雅，举止得体，十分平和而又胸有成竹，既不傲慢自大、目中无人，也很少看见其情绪失控、暴躁易怒的状态，即使是在最不利的情况下，他们也能沉着镇定，使用各种手段，将局势扭转。而未雨绸缪则更是他们的拿手好戏。正应了那句话"玩弄于股掌之间"。这与美国人习惯采用的直截了当、威胁、警告、施压等方式相

反。犹太人从不动怒,他们认为那样不仅伤害别人,也伤害了自己。犹太人也信奉交谈是没有硝烟的战争。话说得好能赢得人心,说不好能招来杀身之祸。因而犹太人更注重在谈判中幽默风趣,从容不迫,应对自如。当然要做到这一点需要高超的谈判技巧和过人的智慧。

早年的奥地利奉行十分顽固的反犹太人政策。它们不准犹太人拥有土地,不准犹太人进入政府和法院任职,不准犹太人从事律师职业等,甚至犹太人结婚都必须提出特别申请。应该说在这样恶劣的环境中生存都很困难,更别说经商赚钱了。但是犹太人罗斯柴尔德家族却利用他们的头脑和智慧做到了。

19世纪初,奥地利政府出现了财政困难,为了筹集军饷和发行政府公债,他们开始考虑借助犹太人的金融头脑和理财能力。罗斯柴尔德家族发现时机已经成熟,于是便派遣了次子萨洛蒙到奥地利开辟新的业务。萨洛蒙到了奥地利后,发现开展业务不能采取直截了当的强硬手段,必须展开迂回攻势。因为在反犹太风潮里采取任何对抗性手段,无异于火上浇油,会造成对自己更加不利的局面。于是萨洛蒙想到了一个在出售国债时附上彩票的方案。但是方案公布后,奥地利公众的保守加上根深蒂固的反犹太意识,使各方的愤怒指责之声不绝于耳,到处都是抵制、批评和谩骂。但萨洛蒙不为所动,仍旧十分自信镇定,一方面借用报纸等传播媒介的影响来激发人们投资购买国债的热情,另一方面暗中派人抢购国债。结果,势头的发展完全像萨洛蒙所预料的,公众的疑虑开始消除,发行的公债开始暴涨,购买的人得到了实际利益,奥地利政府也大大增强了国库。当然萨洛蒙是最大的赢家。"用钱来敲门,没有不开的。"

萨洛蒙在奥地利站稳脚跟后,他又立即着眼于开展新的业务,拓展新的市场。这时铁路的发展在欧洲显示出极大的潜力。但是,在一般欧洲人的眼中,大多将铁路建设视为疯狂的举动。对于非常保守的奥地利人来讲,要他们很快地接受"不用马车的交通工具"是极端困难并充满危险的,但萨洛蒙决定冒这个险。

他开始悄悄地进行准备工作:派遣大批人员到英国,从金融、技术等各方面对铁路事业进行考察和研究;派人徒步调查将来铁路要经过的地方,并设法收购沿途的驿站;买通报社和新闻记者,让他们以循序渐进的方式介绍有关铁路的知识和发展前景。经过将近五年的谨慎筹备,萨洛蒙终于向当时奥地利皇帝斐迪南一世提出申请,要求开欧洲大陆之先河,构筑从维也纳至巴伐利亚长约一百公里的大规模铁路,由于事先已和宰相等重要大臣们进行了充分的沟通,所以,申请很快得到批准。

但实施后,立即招致各方面的严厉批评,报纸上充满了反对萨洛蒙的攻击性文章,医生们则大放厥词"人类的身体无法适应时速24公里以上的速度,乘坐这样的东西,乘客将会七窍流血,在通过隧道时会窒息而死,乘火车的紧张感会使人疯狂"等,而奥地利的金融家也乘机煽风点火,宣称由外国人投资铁路事业将会给国家利益造成危机，这使得萨洛蒙陷入了四面楚歌的境地。

于是，萨洛蒙的迂回策略又派上了用场。犹太人之所以能够自下而上，排除万难，关键是他们在危难时刻超凡的忍耐力和智慧。这时萨洛蒙宣称为了筹集铁路建设的资金，首期发行 1.2 万股的股票，其中有 4 000 股公开募集。消息传出，购买人十分踊跃，竟收到了 8 倍的申请函，正如以色列的一句格言所说："金钱一旦作响，坏话随之戛然而止。"当然这其中也不能否认是萨洛蒙雇用了一批人来应募股票，使得它的行情急速上涨，迅速瓦解了如火如荼的反对运动。

公众的敌对情绪缓和之后，萨洛蒙又向奥地利皇帝提出要求，将这条铁路命名为"斐迪南皇帝北方铁路"，沿线的地名、车站以及车辆本身都附上皇家的皇徽。这不但可以满足皇帝的虚荣心，更具有无与伦比的广告效应。结果很快得到皇帝的批准。萨洛蒙又趁热打铁，提议在铁路的标识牌和文件上印上枢密院院长和财政大臣的名字并请宰相担任铁路的名誉保护官。这一系列做法所产生的神奇的功效，使罗斯柴尔德的家族铁路一下子变成了奥地利帝国的铁路，当然没人敢反对了，结果萨洛蒙从根本上巧妙地化解了危机。

随着时光的流逝，罗斯柴尔德家族传到了第四代路易·罗斯柴尔德手中，已成为奥地利最大的财阀。1933 年，希特勒成立了第三帝国，表现出要侵吞奥地利的野心，于是奥地利的犹太人纷纷逃亡，在维也纳的罗斯柴尔德家族成员也大多前往巴黎或瑞士避难，而路易·罗斯柴尔德男爵因财产问题一时难以脱身。路易继承了罗氏家族的遗传基因，沉着冷静，心胸豁达。在希特勒即将入侵奥地利时，他竟然有心情到阿尔卑斯山滑雪，当纳粹党徒出现在男爵家里时，他竟然让管家挡驾，称在打高尔夫球。第二天纳粹党徒要带走男爵，但路易声称必须吃完早餐才能离开，那种气定神闲的威严让所有人震惊和折服。

抓到男爵的报告传到柏林，纳粹觉得有了筹码来掠夺罗氏家族的财产，他们提出要释放男爵必须交出在奥地利的财产以及家族拥有的威兹公司的全部股权，这家公司拥有位于捷克的中欧最大的煤矿和制铁联合企业。如果答应这些条件就等于宣布在奥地利的罗氏家族的破产，家族对公司拥有的股权最少是 500 万美元。

但罗氏家族对此早已做好应对准备。他们已经预见到这一点，早已把威兹公司的股权转移到英国公司名下，这一工作进行得极其隐密也极其困难。因为跨国公司股权转移必须要得到相关国家的一致同意。路易通过关键人士提醒公司所在地捷克政府：如果德国吞并了奥地利，该公司将转归德国所有，于是捷克政府游说奥地利当局，如果德国占领了奥地利，捷克政府一定把威兹公司收归国有。这样两国政府都同意把公司所属国籍变更为英国国籍。而在这背后，罗氏家族的"黄金之手"起了关键的作用。尽管威兹公司的管理权转移到英国一家保险公司名下，保险公司却属于伦敦的罗氏家族。有了这些幕后交易，罗斯柴尔德家族根本不急于赎人，他们对纳粹要求的答复是，可以在男爵平安获释后，以 300 万英镑的价格出让威兹公司的管理权。恼怒的希特勒以男爵的性命来威胁罗氏家族，但这毫无用处。对他们来说，如果一遇到威胁就无条件投降的话，也不可能成为势力遍及欧洲的金融王国了。

谈判持续了一年，最后交易的条件是用罗斯柴尔德家族在奥地利的一半财产交换男爵，让他平安抵达瑞士，两个月后，希特勒以 290 万英镑收购了威兹公司。

9.2.3 注重信息收集，为我所用

犹太人深知要在商场上战胜竞争对手，必须及时掌握信息，获得别人得不到的有价值的信息并将其充分利用起来。著名政治家，也是谈判高手的犹太人基辛格是他们中的代表，他信奉的格言是"谈判的秘密在于知道一切，回答一切"。本来基辛格是一个默默无闻的人，当时担任哈佛大学的教授，但他利用所获得的信息为尼克松提供了 3 份精心准备的报告，报告中提供了大量的被当时的约翰逊总统列为高度机密的越南与美国的停战斡旋内部情报。当时美国正陷入越南战争的泥淖中，谁能停止这场战争，谁甚至能赢得美国总统的大选。所以，当时的总统候选人尼克松对此事也极为关心。但基辛格早已对此事留意并掌握了许多机密的情报，这为尼克松制定竞选策略立了大功，因而受到了尼克松的赏识。特别是他提供的情报，连尼克松竞选班子的专业人士都没有掌握，这使尼克松感到此人必有大用，于是将其招致麾下，结果他不仅为尼克松顺利当选立了头功，而且后来成为其得力助手，他的思想影响了整个世界政治舞台数十年。在基辛格掌权的时期内，我们都知道他是当时世界上叱咤风云的人物，但是是什么使得他如此挥洒自如呢？其秘诀就是他使自己成为信息情报的枢纽中心。因此，不论他做什么都能够想方设法获得一切有用的信息，为自己获得巨大收益。他任福特时代的国务卿时，一次陪福特总统访问日本时，总统随意地问导游小姐："大政奉是哪一年？"导游小姐一时答不上来，随行的基辛格却立即从旁边插嘴道："1867 年。"这既显示了他的学识渊博，又反映了他对日本的尊重和细致的研究。

犹太人利用信息获取生意上的利益也十分经典。这样的事例在犹太人的发家史上不胜枚举。著名的犹太人罗斯柴尔德家族，其庞大资产甚至可以控制当时的西欧。他们可以利用所控制的信息渠道在几个小时内就赚取数百万英镑。当时的罗氏第三个儿子尼桑是英国伦敦交易所里举足轻重的人物，由于每次交易时他都习惯性地靠着厅里的一根柱子，所以大家把这根柱子叫"罗斯柴尔德之柱"。在 1815 年 6 月 20 日，交易大厅人声鼎沸，人们都在观望着"罗斯柴尔德之柱"。因为前一天，英国和法国之间进行了关联两国命运的滑铁卢战役。如果英国获胜，毫无疑问英国政府的公债将会暴涨；反之，如果拿破仑获胜的话，国债必将一落千丈。因此，交易所里的每一位投资者都在焦急地等候着战场的消息，只要能比别人早知道一步，哪怕半小时，十分钟，也可乘机大捞一把。

但战事发生在比利时首都布鲁塞尔南方，与伦敦相距非常遥远。因为当时既没有无线电，也没有铁路，主要是靠快马传递信息。而在这之前，几次战役都是法军获胜，大多数英国人真是心乱如麻。但此时的尼桑却成竹在胸，因为罗斯柴尔德的五个儿子遍布西欧各国，他们视信息和情报为家族的命脉，所以，很早就建立了横跨全欧洲的专用情报网，并不惜花大价钱购置当时最快、最新的设备，从有关商务信息到社会热点话题都可以实现快速传递，而且准确性和速度都超过英国政府的情报系统，这使得尼桑可以获得最新的信息。此时，尼桑面无表情地靠在"罗斯柴尔德之柱"上开始卖出英国国债了。"尼桑卖了"的消息马上传遍了交易所。于是，所有的人毫不犹豫地跟进，瞬间，英国公债暴跌。尼桑还是在不断地出售。当公债跌得不能再跌时，尼桑却突然开始大量买进。这引起了人们的议论，追随者们弄不清尼桑玩的是什么花样。正当人们疑惑时，官方宣布了英军大胜的捷报。公债价格暴涨，尼桑在几小时的交易中赚了几百万英镑。

9.2.4 严格遵守合约，精于讨价还价

犹太人将商业谈判中所签订的合同视为契约，是交易双方在交易过程中为维护各自利益而签订的在一定时期内必须履行的一种责任书并得到法律的保护。在犹太人看来毁约行为是绝对不该发生的，契约一经签订，无论发生什么问题，都应该设法遵守。

在国际商界中，犹太人重信守约是有口皆碑的。各国商人在同犹太人交易时，对对方履约有着极大的信心，同时也鞭策自己履约。犹太人经商历史悠久，声誉卓著，很重要原因就是履约，即使有再大的困难和风险也要承担自己的责任。他们信任契约，相信签订的双方也一定会严格执行。因为在他们的信念中，深信不疑"我们的存在，也履行和神签订的存在契约"。这与犹太人信奉犹太教有直接的关系。他们认为和神签订的契约绝不能毁，这是天经地义的事情。契约是神圣的，神的旨意决不可更改。所以，在犹太商人中，根本就不会有"不履行债务"这句话。对于违约者，犹太人自然深恶痛绝，一定要严格追究责任，毫不客气地要求赔偿损失。对于不履行契约的犹太人，大家都会对他唾骂，并把他逐出犹太商界。

犹太人由于普遍重信守约，相互间做生意时经常连合同也不需要，口头的允诺已有足够的约束力，因为"神听得见"。犹太商人首先意识到的是守约本身这一义务，而不是守某项合约的义务。曾有这样一个事例，犹太商人乔费尔为美孚石油公司供应3万把餐刀和叉子，由于生产商交货迟到，使得乔费尔处境十分被动，要么违约，要么支付高昂运费。结果，他选择了用飞机将3万把刀叉送到交货地点，避免了违约。许多人认为为3万把刀叉多支付6万美元的运费十分不值，但他却为此获得了极好的声誉。

正是因为他们注重合同的履行，从不毁约，所以，他们在谈判中非常讲究谈判

艺术,千方百计地讨价还价。因为合同签不签,怎样签是你的权力,但一旦签订就要承担自己的责任。犹太人的讨价还价也极有特点,创造性和灵活性体现在多方面。这里我们仅举一例说明。荷兰籍犹太人,电器销售商乔费尔想在欧洲代理销售日本三洋公司的钟表,但在与日本人谈判价格时遇到了挫折。日本人的报价是每件2 000日元,犹太人的还价是1 600日元。双方陷入僵局,日本人沉默不语。乔费尔说:"我们可否这样变通一下,我方原定货到4个月付款可改为预付一部分定金;或者将每年的最低购买量增至1.5亿日元;或者拿出总销售额的2%作为广告费?"

但日本人的态度是:决不考虑1 900日元以下的价格。等到下一轮,又是乔费尔主动出击:"这份包括24项条款的协议书,是我们双方用半年多的时间草拟的,仅为了最后几百元的差距而前功尽弃,实在是太可惜了。大家知道,价格低,销售量自然会增加,而我们的利益又是一致的,为什么不能妥协一个双方都能接受的价格呢?"日方还是不表态。乔费尔又说:"贵方开出的单价实在是太高了,我相信这个价格一定能从中国台湾和香港买到同样质量的产品。"这一下击到日本人的软肋,因为三洋公司的产品是承包给中国台湾厂商制造的。结果日方才开始在价格上考虑让步。

第三轮谈判,乔费尔使用了"最后报价"战术,他说:"我方再做一次重大让步,产品单价上升为1 720日元。现在我们回饭店准备回国事宜,请贵方认真考虑,两个小时后我们听你们的回话。"说完,乔费尔和两位律师站了起来,日方总经理赶紧打圆场,表示何必那么着急,但乔费尔婉言谢绝了,他下了不惜前功尽弃的赌注。两个小时后,日方的常务董事表示:"先生的价格我方基本接受了,但能不能再增加一点?"乔费尔沉默了一会儿,掏出计算器算了算,拿起合同,将价格改为1 740日元,然后说道:"这20元算是我送给贵公司的优惠吧。"

9.3 怎样与以色列人有效洽商

与犹太人打交道,就要熟悉其礼仪,了解其特点,采取有针对性的策略,这就是古语讲的"知己知彼"。

9.3.1 像犹太人一样遵守合约,言而有信

犹太人有一个称谓"契约之民",他们这么多年在世界上的良好声誉主要是靠遵守契约来实现的,一旦签订了合同,不管发生什么事情,也绝不毁约。当然,这也是因为他们认为毁约是最无能、最低级的办法。因此,与他们打交道也必须遵守合同,注重对合同条款的履行,那些从一开始就打定欺诈主意的人在犹太人面前是不会得逞的。

有一种说法：犹太人是没有国家和政府的，他们是以契约来生存的，契约规定了他们生活中所有主要方面，规定了诸多的商业规则。所以，犹太民族被称为"商人的民族"、"律法的民族"。

犹太人信奉的"每次都是初交"也使得他们有效地防范了商业上的各种欺诈。即使是十分熟悉的交易对手，每次交易也都按程序办理，出现问题按合同约定协商解决，退后一步，依照法律解决。这已经成为犹太人的信条。

遵守合约也意味着遵守国际贸易和国际法规条例。不论是从历史和现实来看，犹太人一直活跃在全世界的商业舞台，他们不停地在与各国商人打交道，这不仅练就了其开阔的视野、宽广的心胸，而且也养成了他们遵守国际贸易准则和惯例的良好习惯。他们认为遵守国际法则是天经地义之事，也是最起码的职业道德。因此，如果他们感到对方不遵守国际法则或在谈判中使用拙劣技巧，千方百计为己方争取不正当的利益时，会引起他们的极大反感。在可以改变谈判对手时，他们就不会与你做生意，如果不能这样，那么他们的手段会更高超，最后使对方很可能会搬起石头砸自己的脚。

荷兰籍商人乔费尔在同日本三洋公司打交道时，之所以在最后关头有效地捍卫了自己的利益，从表面上看来是他预先估计到可能出现的问题并做了很好的防范。但是，最根本的原因是他对国际法的重视和遵守。因为国际间的贸易不取决于个人意愿，但如果你通晓和利用法律间的规则做交易，你就是优胜者。可是现实是任何一个即使是十分有经验的商人，也很难全部通晓并掌握国际惯例和法律条款，这就需要律师的帮助。乔费尔在开始寻找交易对象时就随时征询自己的律师的意见，到了日本后，又专门聘请了精通日本法律的日本律师，而且他又十分关注日本的三洋公司是否在这次交易中充分发挥律师的作用，结果一切如他所愿，日本人这次忽视了律师的作用，也因此吃了大亏。

9.3.2　学会利用数字，增强职业敏感性

犹太人思维缜密，尤其对于数字敏感，对细节也十分重视，谈判生意时如此，在生活中也是这样。例如，我们可以说"天气很热"，但他们却说"今天是37℃"，喜欢用准确的数字表示出来。在《犹太人的经商课》一书中，有这样一个小事例很能说明问题。一次，有位犹太服装商人到中国一家服装加工厂参观，他在一位女工的工作台前停下来，问厂长："这些女工每小时平均工资是多少美元？"厂长一下子被问住了，沉思后说："她们的月薪平均850元人民币，每个月工作25天，即每天34元，一天工作8小时，即……"厂长尚未算出女工每小时的工资数，但犹太商人却说："呵，每小时0.5美元，现在人民币对美元的汇率为8.5∶1。"这种犹太人的心算本领几乎是天生的，人人如此。一位犹太富商这样计算他的财富和时间，他每天的工资为8 000美元，那么每分钟约合17美元，假如他被打扰而因

此浪费了 5 分钟的时间，这样就等于自己被盗窃了 85 美元。著名的美国联邦储备委员会主席格林斯潘，就是对数字极为精通的犹太人代表，他的国民经济宏观经济问题分析之所以精准独到，来源于他从最小的细节开始，如库存、产品交货时间等。以至于他的朋友评价他："不仅知道 1964 年出厂的雪佛莱轿车上用了多少个平头螺栓，他还知道如果拔去其中 3 个将会对国民经济造成什么影响。"

因此，在与犹太人的谈判中，你不仅要了解、熟悉他们的这些特点，而且要表现出与他们的相似性。如果你稀里糊涂，总是以大概、可能、似乎等反映你的判断，你就难以获得犹太人的信任。

9.3.3　不要盲目求成，机智与变通是灵魂

犹太人经商经验丰富，这也决定了他们在与人做生意、打交道时，总是小心谨慎，决策过程和谈判进展比较长。如果你急于求成，反倒欲速则不达。因为犹太人不认为在不熟悉对手时，就将一大笔生意轻易敲定是明智的做法。同样，如果你是高超的谈判者也不会期望对方做这样的举动。这里比较好的办法是想法让对方尽快了解自己，信任自己。稳重、有信心，举止得当，是最基本的选择。但如果你有更好的办法实现这一目的，你的成功率就大得多。

就世界范围来看，犹太人是公认的优秀谈判者，这直接来自于他们的民族素养和文化，多年的商业经营也养成了他们的自律和耐心。自律意味着不论在什么商业场合也要坚持自己的准则，不会情绪冲动，不会轻易地在谈判场合中失控，耐心是在没有理想的时机时要等待。而犹太人常常把更多的时间用于研究而不是交易中，这反倒使他们可以获得更大的利益。

9.3.4　要有职业修养和习惯

犹太民族是一个讲礼仪的民族，犹太人的个人修养比较好。不论他们经历多么复杂，冲突对立的谈判也不急不忙，胸有成竹，他们也同样希望对手也是如此。犹太人信奉这样一句格言："在外行人眼里，做生意的人是狡诈的，而明智的商人懂得，绝不能愚弄对手。"所以，犹太人在谈生意时，总是态度热情、明朗地与对手讨价还价。他们既不将这看做是罪恶、低人一等的事情，也不认为应该将此作为馈赠的礼物。他们将什么是应该得到的，什么是额外的利益分得很清楚，这与我们中华民族的"传统美德"是格格不入的。我们的习惯是如果是君子，那么"君子协定"就是象征性的，而不用彼此斤斤计较，更不能为此破坏朋友间的"情谊"。但如果彼此间是对手或敌手，那么我的利益获得就是你的利益的损失，彼此决不轻易相让，甚至可以争得"你死我活"。而后一种商业手段的使用是没有界限的。

所以，我们建议与犹太人谈判不要采取想当然的态度，要注意不要以为所有谈生意的人都与自己的看法一致，不要根据自己的道德标准来衡量对方，至少对方不

一定是你想象中的利他主义者。因为你认为想当然的问题，对方却并不这样看待，这会引起很多误会，甚至是对立。当然有些技巧的使用也是十分重要的。比如，表现坦诚并不意味着天真地毫不遮掩，一股脑儿地将自己的情况都透露给对方。

在《犹太人的经商课》一书中记载着这样一个事例：有一天，一位日本商人请一位犹太画家去银座的餐馆吃饭，画家在等菜之际，取出纸笔，给坐在边上谈笑风生的餐馆女主人画起速写来。一会儿速写画好了，日本商人看后，不由得连声赞叹：太棒了。这时，犹太画家转过身来，面对着他，又在纸上勾画起来。还不时伸出大拇指，像是在比量什么。日本商人一见画家这副架势，知道这回是在给他画速写了，便一本正经摆好姿势让他画。过了十分钟，画家停下笔来说："好了，画完了。"日本商人松了一口气，迫不及待地欠身过去，一看却大吃一惊，原来画家画的根本就不是日本商人，而是画家自己左手大拇指的速写。日本商人连羞带恼地说："我特意摆好姿势，你……你却捉弄人。"犹太画家却笑着对他说："我听说你做生意很精明，所以，才故意考察你一下，你也不问别人画什么，就以为是在画自己……单从这一点来看，你同犹太商人相比还差得远啦。"这也证明了，人们常犯的一个错误是"想当然"。在犹太人的生意经上，最经典的是"每次都是初交"。每一次都需要认真考察对方，审慎决策，以避免想当然的失误。

复习思考题

1. 请分析以色列民族的文化特点。
2. 为什么说以色列民族是世界上最善于经商的民族？
3. 以色列人是怎样确立自己的谈判优势的？
4. 以色列人对数字敏感是天生的吗？
5. 请你分析以色列人的优势是战略上的还是战术上的？
6. 以色列人在利用信息上有什么独到之处？

案例分析

犹太商人与日本三洋公司的纠纷案

荷兰籍电器销售商乔费尔想在欧洲代理销售日本三洋公司的钟表，但他没有贸然行事，而是先进行调查，然后再确定谈判方案。他聘请了一位精通日本法律的律师作自己的谈判顾问并委托该律师提供有关情报，结果发现三洋公司近年来财务状况不佳，正在力图改善。这次和犹太人交易的主要商品是旅行用时钟和床头用时钟，是承包给中国台湾和另外一个日本厂家生产制造的，产品价格波动较大。三洋钟表公司属于家族企业，目前由其第二代掌管，总经理的作风稳重踏实……这些情报使乔费尔对三洋公司的交易心中有了底，他开始考虑交易中可能出现的问题以及他的对策。

尽管这位荷兰籍犹太人对日本一无所知，但他熟悉国际贸易，深知了解、熟悉日本法律的重要性。他与日本人的交易不仅有自己本国律师的参与，还聘请了日本律师，这一决策不仅为他避免了一场旷日持久的国际贸易官司，同时也为他带来了1.6亿日元的利益。

乔费尔开始和他的律师们一起研究三洋公司发来的合同草案。其中有一条，三洋公司提议如果将来发生纠纷问题，请日本大阪法院仲裁。但乔费尔与日本公司的合同是日方先交货后付款，根据这种产品交易可能出现的问题分析，如果改为日本法院判决将十分有利，因为仲裁在世界各国都有效，而判决却只适用于本国。此外，他们又研究了产品的价格、付款条件、交货地点等，议定这些都由乔费尔临场酌情判断。

在双方的谈判进入实质性阶段时，乔费尔请教他的日本律师，日本三洋公司提交的这份合同是否是由三洋公司的律师精心策划的，但他的委托人在研究了这份合同后，认为是三洋公司的雇员按照标准合同改写的，这就保证了乔费尔这一方的计划能顺利实施。

在三洋钟表公司提出的合同草案中，有一条款是关于将来若双方发生纠纷时的仲裁问题，他们提议在大阪进行仲裁，解决纠纷。但乔费尔没有简单地同意或否决，而是仔细研究了他们所进行的交易和相关的法律问题。

就法律来讲，诉讼与仲裁的目的是相同的，但结果却有差异。无论在哪个国家仲裁，其仲裁结果在任何国家都有效。而判决就不同了，因为一国的法律只适用于本国，到了其他国家就变得毫无意义。因此，判定双方的贸易将来可能出现什么样的纠纷，才能有针对性地采用哪种法律方式。

对乔费尔来讲，最容易遇到的麻烦是收到的货物与要求的质量不符，但该项交易是先付货，后付款，他可以以货物质量不良拒付货款，这样三洋公司便可能提出控告。出现这种局面对他是不利的。因为仲裁耗时甚久，两年以上才有结果，而且还有庞大的费用支出，可如果将仲裁地改在荷兰，日本公司又不同意。为此，他进行了认真考虑，决定以智取胜。

开始的谈判很顺利，如代理钟表的种类、销售地区、合同期限等，这是乔费尔精心考虑的议题。谈判先从容易解决的问题入手，因为彼此比较陌生，存在一些戒心，一下子直接谈焦点问题，若分歧较大，谈判就很难进展下去。而由易渐进，既容易加深双方的了解，又容易稳定双方的情绪。一旦大部分条款达成共识，其他问题就容易解决，因为任何人都不愿意做前功尽弃的事情。

随后，谈判进入实质阶段，遇到了第一个波折。按照三洋公司的意见，一旦它们的钟表在欧洲销售时遇到侵犯第三者的造型设计、商标或专利纠纷时，三洋公司将不负任何责任。但乔费尔则不能接受对方的条款，因为这种侵权的情况太容易出现了。但三洋公司寸步不让，双方开始僵持。乔费尔提出了第一方案："一旦出现上述情况，损失将有两部分，诉讼费和赔偿费。我方可承担诉讼费，贵方能否承担赔偿费？""不！"这是三洋公司的回答。"那么各承担一半如何。""不！""贵方承担最高5 000万日元如何？"三洋公司仍是拒绝。

对方提出一连串的拒绝，这也在乔费尔的考虑之中。主要是声东击西，让对方在小问题上不让步，从而产生心理负担，使其在重要方面让步。此时，乔费尔话锋一转说："我对耗费大量精力的仲裁方式从来就没有好感，据我所知，日本法院非常公正，因此我提议今后若有纠纷，就由日本法院来判决。"这次，日方爽快地答应了。他们以为在本国打官司会对日方有利。

乔费尔一看目的已达到便将讨论的焦点转向产品价格。日方的要价为每只单价2 000日元，乔费尔的报价为1 600日元。乔费尔为了打破僵局，又提出了种种方案，但日方均拒绝。乔费尔采取了最后报价的战术："现在，我方再做一次重大让步，产品单价为1 720日元。现在我们回饭店准备回国事宜，请贵方认真考虑，两个小时后我们听你们的回话。"说完，乔费尔和两位律师站了起来，日方总经理赶紧打圆场，表示何必那么着急，但乔费尔婉言谢绝了，他下了不惜前功尽弃的赌注。两个小时后，日方的常务董事说："先生的价格我方基本接受了，但能不能再增加一点？"乔费尔沉默了一会儿，掏出计算器算了算，拿起合同，将价格改为1 740日元，然后说："这20元算是我送给贵公司的优惠吧。"

乔费尔提出建议的时机非常重要，如果是在不相干的情况下，提出这一问题，很可能引起日本人的警觉。必须在出现矛盾的情况下，分散了对方的注意力，这时提出对方不会觉得有什么不妥。于是乔费尔选择了当双方就价格问题谈不拢时，及时抛出了他的提议。"我一向对耗费大量时间和精力的仲裁方式没有好感……"三洋公司在说了一大串"不"之后，终于等到了一个可以说"是"的提议，于是，当场相当爽快地同意了。至此，荷兰商人为自己争取到了一个难得的获胜筹码。

三年后，双方交易的产品在欧洲销售涉及侵权问题，遭到了美国公司的起诉，荷兰人认为产品侵权是日本公司的责任，并给他造成了很大的损失。坚持应在应付的货款中扣除，而日本人认为，付货款和侵权是两码事，坚持要荷兰商人全额支付货款。结果双方对簿公堂，三洋公司控告荷兰商人。但日本法院受理后的判决在荷兰毫无意义，而在荷兰起诉，由于合同上写明日本的大阪法院是惟一裁决所，荷兰法院也不会受理。万般无奈，日本公司同意私下调解，最后，1.6亿日元的货款用来抵偿乔费尔一方遭受的损失。

资料来源：于忠荣．商务谈判名家示范．山东人民出版社，1995

问题：

1. 荷兰籍犹太商人通过什么方式捍卫了自己的利益？
2. 这一案例给我们的启示是什么？

第 10 章　阿拉伯人的谈判风格

学习目的

　　通过本章的学习了解阿拉伯人的文化特点、民族习性和生活方式，进而更好地了解和掌握阿拉伯商人的行为方式和交际习惯，以适应未来与之交往更广泛的阿拉伯人的商务活动。

10.1　阿拉伯人的文化特点

10.1.1　阿拉伯人的民族性

　　阿拉伯人是世界上分布比较广泛的民族之一，但主要集中在亚洲，如沙特阿拉伯、科威特、阿拉伯联合酋长国、伊拉克、叙利亚、黎巴嫩、约旦等。从历史上看，阿拉伯人一直享受着民族独立。早期的历史表明，他们与波斯、罗马两国相邻，这两个国家东征西伐，建立了泱泱大国，社会、政治、经济、军事十分发达，但却从未敢侵犯阿拉伯人的独立，相反却保持与阿拉伯人的友好睦邻关系。

　　但阿拉伯人自己的内部冲突与部落矛盾却一直是由来已久。该民族在蒙昧时代就生活在永无休止的部落斗争之中，因此，自豪、赞美、诋毁、崇拜偶像是其生活与民族发展不可缺少的重要内容。

　　当伊斯兰教发展为一个独立的教派，成为阿拉伯人的精神支柱后，阿拉伯民族则变得更加强大，因为，伊斯兰教的教义启迪其心灵，开发其智慧，教育其民众"认主为一，敬畏真主，惧怕惩罚，渴望得到真主的恩典；体会到了征服者的尊严和统治者的权力；对自己有着一种从未有过的自信。"①

　　到了现代，阿拉伯人的民族性不但没有减弱，反而越发强烈，这表现为他们不论在什么地方，移民到哪个国家，都会显示出其阿拉伯人的特征，穆斯林的特征。

---

　　①　艾哈迈德·爱敏．阿拉伯——伊斯兰教文化史．商务印书馆，2002.296 页

这其中有伊斯兰教信仰的教化，也有阿拉伯人先天的民族习性，即对自己身份的认同感。

10.1.2　阿拉伯人的文化特点

在宗教文化方面，阿拉伯人创造了世界上最有影响的宗教——伊斯兰教，伊斯兰教是全世界历史最悠久的三大教派之一。

伊斯兰教的《古兰经》文笔简洁精练，目的在于劝诫。它的核心基石是将善行，而不是金钱作为衡量人价值的标准。伊斯兰教认为善行有其自身的价值，不管是来自富裕者还是贫穷者。而贫穷者的善行要比有钱财的傻瓜的施舍更为可贵，因为贫穷者的牺牲更为伟大，因此应得到更多的报偿。所以，伊斯兰教教义的核心是热爱生活、赞美勤劳。

阿拉伯人的文化也极有特色，阿拉伯人的口头文学十分发达，它不像波斯、希腊民族那样有举世闻名的文学巨著，但由于这种口头相传可以使更多的人加入到文化的创造中来，因此，这也是一笔宝贵的文化遗产。例如，阿拉伯的诗歌多得惊人，这些诗歌题材广泛，诗律繁多，表达意境各异，以至于有人认为阿拉伯人人都是诗人，他们做诗如同说话一样容易。

阿拉伯人的谚语和格言也是世界文化的瑰宝之一。谚语与格言在阿拉伯人中的地位犹如哲学对希腊人那样重要。它们既来自于阿拉伯人对生活的观察体验，也来自于他们的聪明与智慧。当然，英雄人物、民族勇士也是极好的创作素材。这些文化积淀是阿拉伯人行为方式的基础。

阿拉伯文化与伊斯兰教是密不可分的，许多学者认为研究阿拉伯文化，主要是通过研究伊斯兰教来进行的。伊斯兰教是传播并重视阿拉伯文化最大的原动力。研究阿拉伯文化的著名学者，埃及人艾哈迈德·爱敏认为："《古兰经》是精神文化和理性文化的源泉，也是阿拉伯文化和学术的源泉。"[1]

阿拉伯文化兼收并蓄了世界上许多优秀的民族文化，如希腊文化的本质是逻辑思维，它试图将一切事物都分解为前提和结果，这一特点在穆斯林的数学和哲学中有所体现。而波斯文化的本质是实用主义哲学，阿拉伯人的格言中没有希腊人那么多的理论，但却是丰富的实际生活经验的总结和提炼，而这一特点，恰恰融合了波斯人的智慧。印度文化的本质是语言美，是本能、直觉、天赋的自然流露。但译成阿拉伯文字后，要比原文还美，因为阿拉伯文化中的直感和天赋赋予了作品更深的寓意。但如果将阿拉伯格言译成其他文字，那阿拉伯文的节奏和韵律就都失去了。因为翻译最难的是译出作品的精神、风格，也就难以实现其原有的光彩和典雅。

---

① 艾哈迈德·爱敏．阿拉伯——伊斯兰教文化史．商务印书馆，2002. 288 页

10.1.3 阿拉伯人的价值观

多数阿拉伯国家如科威特、沙特阿拉伯等都没有成文的宪法，在沙特《古兰经》就是宪法。伊斯兰教就是法律，而国民的所有行为都依据伊斯兰教准则来判断。人们不愿意接受没有体现伊斯兰教价值的任何信息，即使是商人也是根据伊斯兰教教规处理问题。可以说，宗教意识的信仰渗透到一切之中。

一般有影响的男性是群体的核心，也是主要的决策者。尽管他必须尊重群体或集体的一致意见，但一切问题的解决方法都在于对教规的正确解释和运用。个人的领导才能和身份地位都取决于其出身门第以及保护大家族荣誉的能力。忠诚家庭和绝对服从伊斯兰教教律为人们提供了安全保障。在现代，这些忠诚甚至会影响到阿拉伯人被公司聘用的位置和就业机会。

阿拉伯人具有许多优秀的道德品质，他们慷慨大方，急公好义，待客热情，善于辞令等。不论是哪国的穆斯林，他们待人诚恳热情，而不管对方是否是伊斯兰教徒，都一视同仁。他们通常会用自己民族的较高礼节招待客人。

10.2 阿拉伯商人的谈判特点

10.2.1 重视感情与朋友关系

如果说在中央集权制的国家，商业活动由国家计划控制的话，那么，在阿拉伯国家，商业活动一般由扩大了的家族来指挥。实际上，这些国家的统治和管理主要是靠扩大了的血缘关系的家族成员来维持的。因此，在这些国家中，人们十分看重对家庭和朋友所承担的义务，相互提供帮助、支持和救济，家族关系在社会经济生活中占有重要地位。

实际上，许多事件表明，如果你漠视了阿拉伯人的感情，或忽视了他们的需要，尽管你可能是无意的，但后果也可能会极其严重，甚至不堪设想。Thom Mc An 公司是一家销售鞋类的老牌企业，该公司所销售的鞋子里面都印有几乎辨别不清的 Thom Mc An 字样。这家公司曾试图将其产品打入孟加拉市场，但却引发了一场暴乱，有五十多人在冲突中受伤。其原因是 Thom Mc An 字样看上去像阿拉伯文字中的"安拉"（即真主，伊斯兰教所信仰的主神）。被惹怒的穆斯林们断定 Thom Mc An 公司企图让孟加拉人脚踏"真主"之名来亵渎真主，这是他们绝对不能允许的。

阿拉伯人一方面具有沙漠地区的历史传统。他们十分好客，任何人来访，他们都会十分热情地欢迎并拿出家中最好的食品来款待客人。如果他对你有好的印象，通常会伸出手放在你的右肩并吻你的双颊，如果阿拉伯人拉着你的手走时，是对你友好的表示，不要随便将手抽回来。阿拉伯人对客人也十分大方，也非常乐于馈赠礼物。客人要注意不要老盯着看一样东西，否则他会拿出来或摘下来当场送给你。而如果你拒绝，就会得罪他。因此，也千万不能在主人面前看着他的太太，这会引起主人的极大不快。

　　阿拉伯人见面问候有好几种方式，为保险起见，最好等主人先向客人问候，客人见机行事。一般受过西方教育的年轻的阿拉伯商人问候客人采用握手的方式。坚持传统阿拉伯风俗的商人问候客人采用双方互握对方右手、将左手放在对方的右肩上、同时相互亲吻两边脸颊的方式，这种问候需要客人尽量配合。

10.2.2　时间观念淡漠，不急于决策

　　由于多年的沙漠传统，阿拉伯人生活节奏一直较慢，即使是生活在现代大都市的阿拉伯人，也不太注重时间观念，洽商中的约会，他们会经常迟到，但如果你太认真，反倒会得罪他们。这使得十分重视时间的西方人不可理解，他们常常对阿拉伯人对待时间的满不在乎的态度感到不满。但实际上，阿拉伯人认为西方人让时间限制来主宰自己是缺乏理智的表现。只有阿拉伯人才将时间视为自己的奴仆。

　　因此，阿拉伯人会谈判迟到、在谈判中随意中断或拖延谈判的现象很常见，他们认为这是"家庭"的延伸，而不是失礼。所以，与他们谈判，你必须适应这种习惯，学会忍耐和见机行事。但也可以与对方预约，到外面单独洽谈。但有一点必须切记，你必须学会与阿拉伯人打交道，必须适应他们的生活方式，只有赢得阿拉伯人的信赖，才是达成交易的关键。

　　阿拉伯人决策过程也较长，原因可能是多方面的。一种原因是价值观的影响，他们不喜欢快速做出决定，他们认为仓促行事不是理智的行为，也难以有好的结果。另一种原因是阿拉伯人可能久拖不决，不一定是他们的拖拉和无效率，这种拖延也可能是他们对你的建议有不满之处，而且尽管他们暗示了哪些地方令他们不满，你却没有捕捉到这些信号，也没有做出积极的反应。这时，他们并不当着你的面说"不"字，而是根本不做任何决定，他们希望时间能帮助他们达到目的，否则就让谈判事宜在置之不理中自然地告吹。

　　一般来说，商务会议确定的时间可能会一拖再拖，而且理由可能很简单。即使开始，初期也是进展特别慢，双方相互之间还不熟识，阿拉伯人会仔细地询问你旅途情况或身体情况，讲一些无关紧要的话，这需要你的配合并表现得神态自若、不急不忙。可能要经过两三次预备会议，内容也都是闲聊，你才可能有机会发言。阿拉伯人会通知客人准备好商讨正事的时间。如果是在阿拉伯商人的办公室，交谈过程常常会被一些突然来访的客人打断，主人很可能会抛下你，与新来的客人谈天聊地。通常会议将要结束时招待大家喝咖啡，也暗示着会议即将结束。

　　经验表明，会议地点选择也比较重要。最好不要选在阿拉伯人的办公室内，应

在你下榻宾馆的会议室内。一是进出会议室的人将大大减少，二是参加会议的人是对会议内容真正感兴趣的人，三是提供的食品可能更合你的口味。

10.2.3 不喜欢冲突和激烈对抗

阿拉伯人不喜欢同人面对面地争吵，也会尽量避免直接冲突。但他们却有自己的一套婉拒别人的有效办法或杀手锏，这就是 IBM。我们不要误以为是美国的 IBM 公司。阿拉伯词语中的 IBM，"I"是"因谢拉"，意为"神的意志"；"B"是"布克拉"，意为"明天"；"M"是"迈利西"，意为"不介意"。这是阿拉伯人在交易谈判中保护自己，抵挡对方的一种有利武器。如果阿拉伯人想取消与你的合同，便凭借"神的意志"，你也无可奈何；如果交易与气氛对你有利，他要借口"明天"再谈；如果你为他的上述行为不愉快或恼怒的时候，他会轻松地拍着你的肩膀说"不要介意"。

阿拉伯人也不喜欢一同你见面就匆忙谈生意。他们认为，一见面就谈生意是不礼貌的表现。他们希望能花点儿时间同你谈谈社会问题和其他问题，一般要占去 15 分钟或更多的时间，有时要聊几个小时。因此，你最好把何时开始谈生意的主动权交给阿拉伯人。但你也要适应阿拉伯人习惯和朋友以及其他客人同时讨论几个问题。你也不要奇怪，当你准时抵达会议地点时，会发现你的对手已经与别人谈上了。

在谈判桌上，阿拉伯人不急不忙，有时还处于沉默状态，这是他们比较欣赏的状况，并不是紧张或不满的表现。在双方都沉默的时候，你没有必要打破沉默，也不要采取其他行为改变状况，这反而使你陷入被动。

如果访问者要想使行程有些成效，最好同中间人认真协商要会见的阿拉伯谈判代表重视什么，包括节日，在阿拉伯国家有两个人人都重视的节日，即开斋节（开斋的节日，宴会持续三天，以庆祝斋月的结束）和古尔邦节（圣餐的宴会，持续三天）。在这两个节日期间，不可以谈任何生意。

10.2.4 代理人、中间人位置十分重要

与阿拉伯人做生意，寻找当地代理人也是十分必要的。专家建议：不论是同私营企业谈判，还是同政府部门谈判，代理人是必不可少的。这些代理人操着纯正的阿拉伯语，有着广泛的社会关系网，熟悉民风国情，而且同你所要洽商的企业有着直接或间接的联系，这些都是你做生意所必需的。阿拉伯人做生意特别重视朋友的关系，许多外国商人都认为，初次与阿拉伯人交往，很难在一两次交谈中涉及业务问题，只有经过长时间的交往，特别是与他们建立了友谊后，才可能开始真正的交易谈判。而有中间人从中斡旋，则可大大加快这种进程。如果是中间人替你推销商品，交易也会比较顺利。

　　但专家警告，与阿拉伯商人打交道，要很好地发挥中间人的作用，首要的是你能聘请到好的顾问或中间人。一个有经验、有智慧的中间人会在委托人与决策者们会面前试探了解各个不同决策者的意见。然后，他会安排你与那些非常有可能同意你建议的决策者们接触。你也不要催促你的中间人引荐你，这样做可能会导致由于接触了不适当的人而使你的意见遭到别人的否决，一旦出现这种情况，要再改变就极其困难了。

　　但是阿拉伯人不喜欢同代理商做交易，他们采购商品喜欢直接与制造商交易，例如，你同沙特代理商交易后，又由他向科威特代理商购买。所以，中间人最好不要是行业内的竞争者。同时，你也不要忽略了给中间人的报酬。

10.3　怎样与阿拉伯人谈判

　　我们了解了阿拉伯人的文化特点、民族习性和一般的商务行为，可以使我们更有针对性地在商务谈判中把握其特点，进行有效沟通与协商。

10.3.1　不要表现出急于成交

　　阿拉伯人时间观念不强，做决定的速度也比较慢，总之，做生意比较低调。如果你能与他同步，对方会感觉很好，愿意与你逐渐交往。但如果你表现得咄咄逼人，急于求成，阿拉伯人就会离你越来越远。

　　阿拉伯人在世界上属于那种注重感情的民族，他们喜欢凭感情行事，他们对你有好感才会与你做生意，而不一定非看你的实力如何。但是，要与他们建立比较良好的关系，时间和你交往的技巧也十分重要。一旦你与他们建立了某种关系，这关系就会很牢固，即使有其他的公司与你竞争，他们也会置之不理。

　　许多阿拉伯人是十分精明的商人，也是很有经验的谈判对手，与其表现出来的对事物泰然处之的样子相差甚远。他们也利用文化习俗和宗教的规矩来逼你就范。在出席商务会议的阿拉伯人中，提问最多的人很可能是最没有权力的人。真正的决策者可能是一位沉默寡言的长者，他关注着谈判中发生的一切情况，但却不与你直接交谈。因此，不能等闲视之，至少不能轻视对方。

　　由于洽谈时总是有人进进出出，所以，来访者的提案和发言内容可能要重复许多次，即使要求来访者向明显不称职而且理解能力很差的家族成员重复时，你也不要发火，耐心和修养是十分重要的。一个补救方法就是带足够多的文字资料，使与会者人手一份。

　　对阿拉伯语言的领会也有一定的技巧，他们的语言比较夸张，或者说词意比较含糊，有些像日语。阿拉伯人说"是"时，一般都意味着"有可能"。请你不要为此感到兴奋，这离谈判协议的达成还十分遥远。阿拉伯人讲话喜欢不停地做手势，但他们从不用手指指人，用手指指人被当地人视为是失礼的行为，而且他们认为"竖起大拇指"手势是不尊敬的含义。所以，与他们洽谈时要注意激动时手势的姿势。阿拉伯人习惯坐着时将两脚放在地上，而且他们十分忌讳脚底朝上对着人，这是极大不恭的表示。因此，我们习惯的右腿搭在左腿上的坐姿，很可能会出现脚底朝上的问题，一定要注意避免。

10.3.2　尊重阿拉伯人的习俗

阿拉伯世界凝聚力的核心是阿拉伯语和伊斯兰教，虽然你对这些不一定精通和信奉，但是如果到这些国家访问洽商时，做些基本了解还是十分必要的。比如，遇到斋月，阿拉伯人在太阳落山之前既不吃也不喝。客人也要做到入乡随俗，尽量避免接触食物和菜，如果主人把这些放在待客的房间里，客人也要表示理解并尊重他们的习俗。

中东是一个敏感的政治冲突地区，在谈生意时，要尽量避免涉及政治问题，也不要提及以色列，更要远离女性话题，在任何场合都要得体地表示你对当地人宗教的尊重与理解。

阿拉伯人注重礼仪，一般人在外多以握手问候为礼。如果双方（男性）信仰一致或比较友好，则见面时采取左右贴面3次的礼节，有时候，主人为了表示亲切，用左手拉着对方的右手边走边说，这时你最好不要将手抽出来。如果需要交换物品时，如递送名片，需要用右手或双手接，而不能只用左手。因为按照穆斯林的习惯，左手不洁。名片一面印上英语，另一面应印上阿拉伯语。递名片时用右手并将印有阿拉伯语的那面朝着对方。

阿拉伯人说话时的距离比一般国际社会交往的习惯距离要近些，而且说话时可能会身体经常碰触，对此，来访者不要表现出有一定的距离感，甚至不断向后退，要尽量表现出客人的热情和亲密，这是彼此融洽的很好形式。

阿拉伯人由于信奉伊斯兰教，禁忌较多。在公众场所，男女不得混杂。因此，一些国家的电影院都是半边男座，半边女座，界限分明。在饮食上的禁忌主要有，忌食猪肉、有贝壳的海鲜和无鳞鱼等，肉食不带血。酒也是绝对不能饮的，自然，酒也不能作为礼品馈赠。

阿拉伯人认为招待来客是他们的美德，他们会主动安排一切招待事宜。但如果他们邀请客人赴宴，陪同一定全是男性，所以，客人也不要带女性参与。

到阿拉伯人家里做客，如果你在主人家门口看见了鲜血淋淋的羊的躯体，应该认为自己受到了礼遇。因为这意味着主人为招待你而宰杀了一只羊。进入屋子时，除非主人申明，否则应先脱鞋，入乡随俗。

10.3.3　不要靠法律解决一切问题

做国际贸易，出现冲突和纠纷是不可避免的，人们可以通过各种形式，如私下调节，法院、仲裁庭判决，以及各种法律条款来解决。但如果你与阿拉伯人做生意，想以公事公办的态度，一切靠法律程序来解决是不实际的。常年与阿拉伯商人打交道的经验表明，在阿拉伯国家，如果你的阿拉伯伙伴不能正常履约时，你打算怎样解决争议要十分慎重。可以按照法律的程序，双方通过法院或仲裁庭解决问题，但你的生意就很难在这个国家做下去了。即使你有理，能够得到法院的正确判决，使你赢了这一场官司，但法官判你的合作者赔偿，就会使他公开丢脸并蒙受耻辱，那么，他就会千方百计阻止你在这个国家的一切商务活动。所以，不到万不得已时，只要你还想在这个国家做生意，就最好不用法官判决的方式来解决你同阿拉伯人的争议。

实在需要有人出面解决问题时，通过第三方调解是比较可行的办法。实际上，即使是法院也往往充当仲裁者，建议院外调解。保住脸面对阿拉伯人讲是至关重要的。也许你不得不在某件事上做出妥协，这不是出于实际考虑，而是为了保护某个阿拉伯人的自尊心。

在此基础上，再与阿拉伯人签订合约，实际上就像签一纸婚约，双方约定必须遵守，但怎样遵守，遵守的标准，只有合作双方清楚。因此，草签合同也应尽量简洁，条款准确，但不要忘记要有阿拉伯文本。合同应注明两种日期，即公元日期和伊斯兰教年历日期。如果你有优势，最好要求对方提供不可撤销信用证。在报价上报 CIF 价，而不是 FOB 价。

去阿拉伯国家开展商务活动最好于 11 月至 4 月前往，因为那时气候宜人。

10.3.4　馈赠礼物的规矩

阿拉伯人喜欢赠送礼物，而且形式也不拘一格。但如果客人回敬礼物却需要认真考虑，至少礼物的内容和赠送方式不能冒犯他们。

适合作为礼物赠送的主要有：

一是具有民族特色和象征意义的手工艺品或者字画。这些在什么情况下都是比较理想的馈赠礼品。但要注意，不要赠送人或狗的肖像及照片，因为伊斯兰教禁止人体肖像作为礼物送人，而狗被视为不洁净的东西。

二是适合作为礼物的还有一些比较精致的办公用品或生活用品。如镀金钢笔、铅笔、精致的指南针（以便人们随时知道圣地麦加的方位）、名片盒和打火机等。如果上边能刻上图案和受礼人的名字最为理想。

三是在赠送的礼物中，活鹰是最受欢迎的。这不仅仅是因为阿拉伯人喜欢玩鹰，而且鹰在当地售价昂贵，作为礼物馈赠便是投其所好，但一般是比较好的朋友时赠送为好，初次见面不宜。

四是赴宴或见面赠送礼物，不要送给主人的太太，更不要询问关于他太太和小孩的事。送礼的禁忌也比较多，在一些阿拉伯国家不准下象棋，因此，这类物品更不能作为礼品赠送。禁忌以猪、熊猫、六角星做图案，因此有此类图案的物品也不能作为礼品馈赠。

复习思考题

1. 阿拉伯人的民族性特点表现在什么地方，你能否举出例子说明？
2. 阿拉伯文化中，伊斯兰教处于什么地位，它怎样支配人的行为？
3. 阿拉伯商人的谈判特点以什么著称？
4. 你能分析一下阿拉伯人的禁忌形成的根源吗？
5. 法制与习俗是什么关系，在阿拉伯国家是如何体现的？
6. 在阿拉伯国家，代理人和中间人的作用是什么？

案例分析

与阿拉伯商人的贸易

某中国公司与阿拉伯某公司谈判出口纺织品的合同，中方给阿方提供了合同规定的纺织品的报价条件，阿方说需要研究，约定次日早上9：30到某饭店咖啡厅谈判。9：20，中方小组到了阿方指定的饭店咖啡厅，等到10：00还未见阿方人影，咖啡已喝了好几杯了，这时中方有人建议："走吧？"有人抱怨："太过分了。"组长说："既然按约到此，就等下去吧。"一直等到10：30，阿方代表才不紧不慢地出现了，一见中方人员就高兴地握手致敬，但未讲一句道歉的话。

在咖啡厅双方谈了一个钟头，没有结果，阿方要求中方降价。组长让阿语翻译告诉对方：按约定9：20来此地，我们已等了一个钟头，桌上的咖啡杯的数量可以作证，说明诚心与对方做生意，报价不虚（尽管有余地）。对方笑了笑说："我昨天睡得太晚了，谈判条件仍难以接受。"中方建议双方再认真考虑后再谈。阿方沉思了一下，提出下午3：30到他家来谈。

下午3：30中方小组准时到了他家，并带了几件高档丝绸衣料作礼品，在对方西式的客厅坐下后，他招来他的三个妻子与客人见面，说："这是从中国来的贵客。"三个妻子年岁不等，脸上没有平日阿拉伯妇女带的面罩。中方组长让阿语翻译表示问候，并送上事先准备好的礼品，三位妻子很高兴。见过面后，就退下去了。

这时，阿方代表说："我让她们见你们，是把你们当朋友。不过，你们别见怪。我知道在中国是一夫一妻制。我还有权按穆斯林的规定再娶一个，等我赚了钱再说。"中方人员趁机祝愿他早日如愿，并借此气氛把新的价格条件告诉对方。对方很高兴地说："中方说研究就拿出了新方案。"于是，他也顺口讲出了自己的条件。中方一听该条件虽与自己的新方案仍有距离，但已进入成交线。

翻译看着组长，组长很自然地说："贵方也很讲信用，研究了新方案，但看来双方还有差距。怎么办呢？我有个建议，既然来了您的家，我们也不好意思只让你让步，我们双方一齐让步如何？"阿方看了中方组长一眼，说道："可以考虑，但价格外的其他条件呢？"中方说："我们可以先清理然后再谈价。"于是双方又把合同的其他条件、产品规格、交货日期、文本等扫了一遍，确认、廓清、订正。阿拉伯商人说："好吧，我们折中让步吧，将刚才贵方的价格与我的价格进行折中成交。"中方说："贵方的折中是个很好的建议，不过该条件对我方还是过高些，我建议将我方刚才的价与贵方同意折中后的价进行折中，再以此价成交。"该商人对中方的建议表示接受，笑着说："贵方真能讨价还价，看在贵方昨天等我一个小时的诚意上，我们成交吧！"于是，他伸出手来握住了中方组长的手。

资料来源：丁建忠主编．商务谈判实务．中央广播电视大学出版社，2000

问题：

1. 请你总结一下阿拉伯商人的谈判特点。
2. 中方是如何应对的？在阿拉伯商人迟到的问题上中方的策略有什么效果？

背景资料测试题：

1. Mountain Bell 公司经历了这样一件事情，该公司将一张董事双脚放在桌上打电话的照片用于宣传广告，结果引发了中东地区和远东地区人们的愤怒。

思考题：为什么照片会引发人们的愤怒？

2. 沙特阿拉伯对一家采用"普通的"报纸打广告的航空公司给予了一个"小小的"制裁——禁止营业。因为广告上的场面是一位颇具魅力的空中小姐正在向飞机中的男女乘客们分发香槟。

思考题：这家广告公司的广告设计有两处违反了伊斯兰教的教规，请你指出。

3. 在许多中东国家的修理店里，数百台美国人的收音机躺在那里"久病不愈"，是因为美国人要求店主在要求的期限内将收音机修理好。

思考题：为什么顾客的要求店主不能满足？

4. 一家美国公司的经理与一位沙特阿拉伯商人谈生意，开始时双方谈得很投机，沙特商人盛情邀请美国人一起喝咖啡，美国人急于要回宾馆发传真，就好心回绝了沙特阿拉伯商人的邀请。结果第二天发现情形完全不同，不知为什么沙特阿拉伯商人越来越冷淡，使原本大有希望的洽谈陷入僵局。

思考题：请你回答原因。

5. 美国一家软饮料公司由于将几组六角星印入商标而大大激怒了阿拉伯的消费者，虽然公司一再解释说这些六角星不过是一种简单的装饰，但阿拉伯人却认为它反映了这家公司支持以色列的情感，必须被替换。

思考题：你认为还有什么图形或颜色是阿拉伯人忌讳的？

资料来源：〔美〕戴维·A·利克斯著. 商业大失败. 四川人民出版社，1989

第 11 章　拉美人的谈判风格

学习目的

通过本章的学习，读者应对拉丁美洲各国的文化及民族特点有一个基本了解，在此基础上掌握其商人的商业礼俗、谈判习惯和行为特点，进而有效地进行贸易洽商。

拉丁美洲和北美同处一个大陆，辞海对此的解释是："美国以南所有美洲地区的通称。包括墨西哥、中美、西印度群岛和南美洲。因长期沦为拉丁语族的西班牙和葡萄牙的殖民地，现有国家中绝大多数通行的语言属于拉丁语族，故称为拉丁美洲。"① 因此，拉丁美洲是世界上种族较多，文化差异极大的地区之一。

11.1　拉丁美洲人的文化特征

11.1.1　拉丁美洲的发展历史

拉丁美洲的历史发展有四大特点。

首先，与欧亚大陆一些经历了数千年形成过程的古老民族相比，拉丁美洲民族的形成时期相对比较短暂。因此，许多民族文化处于不断发展变化之中。

其次，拉丁美洲的民族，是从原有民族中分化和派生出来的，没有经历所有古老民族所经历过的早期发展阶段。很多民族的组成成分主要是移民。实际上，拉丁美洲大陆是一个移民大陆，其文化历史带有较多的移民烙印。例如，在服饰上，许多国家的民族，既保持着传统的民族特色，也在很大程度上体现出欧洲人的风格。

第三，拉丁美洲国家的人绝大多数说拉丁语，但仍有 12 个国家讲英语，还有的国家讲法语、荷兰语等。主要是由于他们以前受不同的宗主国统治，语言是从宗主国继承过来的，而不是他们自己创造的。也有些研究拉丁文化的学者认为，拉丁

---

① 辞海. 上海辞书出版社，1980. 686 页

文化有着很好的成就，其中奇布查文化、阿兹特克文化、玛雅文化和印加文化是美洲四大古代文化的代表，曾达到极高的文明程度。

第四，拉丁美洲民族是由原属于不同种族人相互混合而形成的，种族成分十分复杂，不像其他民族基本上是由单一种族构成的。这些民族即使到了现代仍在不断分化与融合当中，并且不断改变自己的面貌。在19世纪末，移入拉丁美洲的移民及后裔已达5 000多万，相当于19世纪初1 500万人口的3倍。在20世纪50年代时，曾有大量的英国人、德国人、意大利人、日本人和犹太人移民到智利、阿根廷、乌拉圭和巴西等国家。据统计，在20世纪20年代，拉丁美洲国家只有8 000万人口，但过了半个世纪后，人口增加到3.4亿，其中主要是移民。现在的拉丁美洲人主要有印第安人、白人、黑人以及各种不同的混血人组成。这些人绝大多数信奉天主教，少数信奉基督教。

11.1.2　拉丁美洲人的民族性

拉丁美洲的大部分民族性格特点是爽直热情，诚实质朴，开朗健谈，活泼好动。特别是当你与他们有了深入交往，关系比较融洽时，他们是不设防的，而且也愿意与你保持良好的私人关系。

社会学的专家从分析问题的理性和感性的角度来研究世界各大洲的民族的特点，认为："拉丁美洲人喜欢间接地处理问题，多数情况下按个人的感情看待并处理问题，事实可以作为证据加以接受，但他们也随着谈判人的需求而变化。多数拉丁美洲国家的人将对家庭的忠诚看做是个人最大的义务。有权势的家庭首要的义务就是重用亲戚和家庭成员。这个家庭成员包括夫妻双方的直系亲属，人数可以多达数百人。既满足了构成群体基本活动圈子的需要，又构成了给个人极大稳定感的社会群体。"

拉丁美洲人的阶级和社会地位的观念很强，这种观念会决定一个人将拥有什么样的职业，阶级是根据经济术语来加以描述的，许多国家对有色人种有强烈的偏见，许多国家贫富悬殊，阶级地位差别巨大，但不论什么阶层，男性地位突出，妇女处于从属地位。即使在上层阶层，妇女的影响也仅限于高雅的气质，受过教育的举止行为等方面，极少有人担任要职，商业行为更是与女性无关。

在大部分拉美国家，谈判的话题是比较广泛的，也可以无拘无束。但家庭的问题属于个人隐私，最好不要涉及。此外，打听对方的身世也属于不明智的做法。

当然，有些民族在做生意时还是比较精明和有心计的。例如，委内瑞拉商人见多识广，通晓几国语言，但谈判中却非常低调，故意"藏拙"，他们只与你讲西班牙语，并表现出对什么都感兴趣的样子，他们希望在你毫无防范的交流中达到自己的目的——以最优惠的条件达成协议。

11.1.3　拉美人的价值观念

社会学对认知模式的研究表明，跨文化交际的主体是个人，而非文化本身。极少有个人能完美体现他所代表的文化，但我们对文化的分析研究可以预测某一特定文化中人们的谈话、行为、洽谈以及决策的方式。

人可以分为两类，一类人思维开放，另一类人思维封闭，前一类人在决策前会想方设法了解许多信息，而后一类人的视野狭窄。思维开放型的人易看到问题的相对性。他们承认自己并不是无所不能，在得出正确结论前他们需要了解情况。

大多数神权统治国家的文化都属于思维封闭型文化。这样的文化特征之一是，至关重要的事情都由神说了算。一切不符合上帝旨意的东西都可以置之不理。如果从这一点来讲，阿拉伯人、拉丁美洲人都属于思维封闭型文化，但实际上学者的研究发现，美国人、加拿大人也属于封闭型文化，即世界上绝大多数国家的人都具有封闭型文化特征。

但同处于一个大陆的不同民族，人们的观念和行为方式却差别极大。专家曾这样描述他们：一个北美人已急着想落实计划时，拉美人却刚开始认识你，当北美人想大展鸿图时，他们却刚想怎样开张，当北美人想让他们的产品占领整个拉美市场时，拉美人却只关心在国内领土上自己掌握的那一小部分市场上如何打开产品销路。由此，你可以清楚地看出他们之间的差别是什么。一般来讲，拉美人的生活节奏比较慢，这恐怕是一切非工业化国家的特点，这也在他们的社会交往中明显地表现出来。

拉美人对足球的偏爱甚至成了他们对事物喜爱判断的标尺。足球是人们非常乐于谈论的话题，著名的足球运动员是绝大多数人崇拜的明星，有着极高的社会地位，踢足球甚至成了青年人实现成功梦想的主要途径。在拉丁美洲，有着成千上万的足球协会，各种足球学校培养了成千上万的足球人才，出现了像贝利、马拉多纳那样具有极高声望的世界大球星。如巴西、阿根廷、智利、秘鲁、巴拉圭等都是世界足球之国，每年向全世界源源不断地输送人才。

11.2　拉丁美洲人的谈判特点

11.2.1　注重私交，朋友关系重于一切

交流是一个动态而非静态的过程，它并非固定一成不变，成功的跨民族文化交际取决于你掌握的信息如何。世界各民族都有自己习惯并发展了的掌握和了解信息的模式，如欧洲人主要是通过公众信息系统获得需要的情况资料，但在发展中国家，人们更喜欢或习惯于从自己熟悉和了解的渠道中获得相关信息。

在拉丁美洲，绝大多数人是通过扩大了的家族关系获得支持和信息的。私人间的关系和交往远比公司间的关系重要得多。越是在重要交易和关键时刻，越是通过私人的交往和友谊获得信心和决策的信息。在这些国家的任何时候和任何场合，朋友都是有重要的位置和很好的回报的。

私人间的友情和关系对商务活动的开展起着重要作用，拉丁美洲绝大多数国家的人注重寻求建立在双方相互信任相互依靠基础上的长期关系。你必须深刻认识并能有效实施。建立这种关系可能会消耗金钱和时间，也考验你的意志力，但是十分必要的。在这些国家的商业活动中，你会发现拥有这种关系比你代表的公司实力更具有实际意义。而且对你的联系人不能忽视，要多次拜访并经常联系。

需要指出的是，如果中途更换谈判代表是不明智的行为。例如，在与他们的交往中，如果你的公司更换了与他们打交道的代表，将意味着公司的交往关系重新开始，对于许多过去熟识的人都要重新认识，尽管你不愿意这样，但拉美人却不愿意将对你前任的好感转移到你的身上。所以，专家们都告诫不要在谈判过程中更换公司的人员，否则就意味着谈判进程的重新开始。拉丁美洲人只愿意和他们熟识的人打交道，而不是和他的公司。

11.2.2　谈判进程缓慢，决策时间长

在拉丁美洲许多国家，想要通过施加压力，实现快速交易，你很可能会失败。如果你去一个国家许多次才能达到你预先估计的一次就能达成目标，你不要对此感到沮丧，拉丁美洲人对于调子低、节奏慢的生意洽商感觉最好。和处事敏捷、高效率的北美人相比，拉美人显得十分悠闲、乐观，时间观念也较淡漠，应邀参加宴会，甚至要晚到 30 分钟以上，否则，会让别人认为你是个吃客。

他们的悠闲表现在众多的假期上。他们常常在洽商的关键时刻去休假，生意就只好等休假完了再商谈。因此，比较有效的做法是，事前详细了解他们的节假日和休假的时间，仔细安排你的行程和洽商日期并及时让你的合作伙伴了解。

不要认为合同中的某一部分达成了协议，这一部分就算完成了。等签署了整个合同后，并且其中的每一部分都经过了再一次的确认，你才能认为所有的问题都解决了。拉丁美洲人否定前一部分谈妥的内容所表现出来的从容镇静的神态会使你感到以前是否交涉过这样的内容。

聚会时，你必须进行自我介绍，只有在长者主持的正式会议中，你才能指望东道主将你介绍给别人。在会议期间，要避免窃窃私语，当地人认为这是不礼貌的行为，而且可能会引起他们的疑心。

拉丁美洲人基本上都是狂热的体育迷。以体育作为会谈的开场白，不失为一种好办法，多数国家足球是最流行的运动项目。众多足球明星在一般人眼中，都是崇拜的对象。谈论所在国家的家庭和食品也是会谈开场的合适话题，拉丁美洲国家的

人很喜欢对他们国家有比较了解的客人。

在开始话题时，还应该谨慎从事，有时你想讨好对方，但未必有好的效果。例如，在秘鲁，尽管他们对自己的印加帝国文化很自豪，但人们并不乐意谈他们祖先的印第安人文明，反倒更愿意谈论他们的殖民统治者西班牙的文化遗产。所以，贸然引出你不知后果的话题也是不明智的。

与拉丁美洲人谈话必须凝视着对方，如果你躲避对方的目光，往往被理解为不可信任。但拉丁美洲人与人交谈时保持的距离要比北美人近得多。如此近距离地凝视对方，对许多国家的商人来讲是十分不舒服的，甚至是件困难的事。但如果你本能地向后退，他们可能会不断前进，从而会出现两个人交谈十分钟后，会面的地点可能已经移走了十几米，但问题是你的"礼貌"会伤害主人的自尊心。所以，要适应与他们的"亲密接触"。

此外，你下榻宾馆的档次会直接影响对方对你所代表公司实力的评价。如果出差到这些国家，专家建议最好下榻档次较高的宾馆酒店，并在有声望的餐馆就餐，尤其是你要宴请对方时。

11.2.3 拉丁美洲人的文化习俗

许多拉美国家的商人对他们本民族的文化非常自豪，对自己民族的文化、历史和成就的欣赏、赞美溢于言表，如果你想与他们深入交往，比较省力气的事就是了解其民族文化特点，并不失时机地给予恰当的评价。

拉丁美洲人对时间的概念不是以守时为准，多数人对时间的认识是不能受其左右，让时间服从自己。所以，约会迟到是经常的事。据说，他们不迟到只有在看斗牛和足球时。但近几年，有些商业比较发达的国家的人们已经开始认识到时间对他们的意义，如委内瑞拉等。但就普遍意义来讲，他们不认为守时是美德。但你最好不要在约会时迟到，否则他们会相当不满。在许多国家赴宴可以晚到半小时或 1 小时。

拉美人的社交礼节主要有：会见时，传统的做法是用力与男士或女士握手。但比较亲密的男性朋友之间可以拥抱、握手，在对方肩部捶几下，最后再一次握手。

工作餐在拉丁美洲国家比较流行，它们通常被安排在餐馆里，应邀去拉丁美洲人家中用餐的客人相对较少。但在不同国家，规矩有所不同。如在秘鲁，如果你请你的客户共进晚餐或午餐，应该只宴请最重要的客人，而在交易达成后，你可以宴请所有参加谈判的人。

尽管人们可以在午餐时谈论业务，但用餐仍被视为一种社交场合。除非东道主先提及业务方面的话题，否则不要在用餐时谈论业务。进餐时，应将双手放在桌面上，不要放在腿上。与阿拉伯文化相反，一般餐桌上的食品不能直接用手抓，餐桌上备有全套餐具，甚至像香蕉之类的水果也备有水果刀叉等供你使用。

此外，在酒桌上要尽量避免斟酒，在南美斟酒有一些复杂的禁忌，例如，用左手斟酒是对客人的严重侮辱，从后面向玻璃杯中斟酒是敌意的表现等等，你很难把握，所以，尽量不要主动斟酒。

就餐时要尽量吃光盘子中的食物，如果你没有把握，要尽量少拿，主人问你是否再要时，应当谢绝，如果主人再坚持，你才可品尝。应该在适当时机，对主人提供的食物加以褒扬，总之，在就餐时赞不绝口是值得提倡的。应该在所有人都用餐完后再离开餐桌。

11.2.4　拉丁美洲各国的禁忌

拉丁美洲国家比较多，也是一个多民族聚集的地区，风俗习惯差异较大，因此禁忌各不相同。

如哥伦比亚人喜爱红、蓝、黄色，禁忌浅色，图案喜爱圆形、三角形和六角形，数字喜爱3、5、7等单数，但忌讳13。打手势也要格外注意，如将手掌水平放置来表示某人的高度，是将此人当作牲畜对待的含义。两个伸直的手指是一种猥亵的手势，在北美人表示"OK"的手势，在这里却是同性恋的表示，双手举过头顶拍手呼唤人等都是不礼貌的。此外，由于哥伦比亚海拔较高，不易大量喝酒和做剧烈运动，否则容易引起高原反应。

而委内瑞拉人喜爱黄色，忌用红、绿、茶、黑、白色，这些颜色代表国内的五大党派，不宜用在商业上。数字13和14都是不吉利的。委内瑞拉人讨厌孔雀，认为孔雀会带来灾祸。与此相关的东西如图案、照片、羽毛等都是不祥之物。

秘鲁和墨西哥、巴西等国家的人都忌紫色，紫色的包装和服饰都很少见。在墨西哥各种花的颜色也有很多说法。黄花表示死亡，红花招致符咒缠身，而白花则能消除符咒。但红色、黄色和绿色在秘鲁很受欢迎，秘鲁人也喜爱向日葵、驼鸟图案的商品。而南美洲面积最大、人口最多的国家巴西人喜爱红色，以棕色为凶丧之色，紫色表示悲伤，黄色表示绝望，如果是黄、紫两种颜色在一起，定会引起恶兆。

11.3　怎样与拉美人谈生意

拉丁美洲国家历史比较短暂，但文化和民族差异却很大，商人的习惯和交易惯例也不同，但我们还是有一些基本规则需要把握和遵守，这会有助于你尽快与他们熟识并友好相处。

11.3.1　理解与尊重拉美人

首先，与拉美人做生意，要表现出对他们风俗习惯、信仰的尊重与理解，努力争取他们对你的信任。例如，哥伦比亚商人不喜欢速战速决的交易方式，凡事喜欢慢慢来。他们在正式谈交易时，一边喝着掺奶的哥伦比亚咖啡，一边平静地阐述他们的要求，对你的问题他们也不急不躁，慢慢思考，从容回答。如果你显示出急于达成交易，事情就会"欲速则不达"。他们的商业意识表现不是彼此用专业术语沟通后，就立刻用约定俗成的做法完成，而是建立在关系友情基础上的信任后才能出现的合作。

其次，拉丁美洲多数国家的商人自尊心很强，如果用语不慎，伤害其面子或感情，你就很难挽回。他们喜欢接受的方式是，你要热情周到，但自尊和礼貌、礼节是不能缺乏的。也许他们开始时态度和语言会模棱两可，转弯抹角，并不直接表示什么。这需要你通过努力建立双方的信任与真诚来克服。他们比较讲究感情和相互关系，一旦与其有了很好的交往，生意就会好做多了。

因此，交谈洽商中使用直截了当否定的做法是危险的。拉丁美洲人对自己的尊严的在意会超出你的意料。他们避免当众指责、批评任何人，更不喜欢受到这样的对待。他们大多数人都不会直接拒绝你，不会说"不"，而"也许"或"我们看看"实际就可能意味着"不"。对此，你应该敏感的感受到，也应该以比较婉转的方式表示你的拒绝或不同意。

11.3.2　交易中的策略

首先，在谈判中，你如果要想有效说服对方，应强调双方公司的相互信任和相互一致的利益，还应着重说明对于个人家庭以及集体荣誉的利害关系。这种以情动人的方法要比陈述某项提议可能产生的结果更有实效。

其次，避免流露出与他们做生意是对他们的恩赐，一定要坚持平等、友好互利的原则。美国人在同墨西哥人做一笔唾手可得的大生意时就犯了一个致命的错误。墨西哥要将出产的天然气卖掉，潜在的买主只有美国，因为如果要修过长的管道将天然气输出，成本是极高的。但美国人在谈判中态度傲慢，骄横跋扈，利用自己是惟一买主压制对方，这激怒了墨西哥人，他们宁愿将天然气烧掉，也不卖给美国人。

再次，磋商中出现纠纷或意见不一致时，不要过早妥协或轻易妥协，这不仅会暴露自己的弱点，还会使其得寸进尺，给对方进一步要挟的机会。在讨价还价阶段，耐心和毅力是比较重要的。不能追求达成协议的效率，你越这样想，事情的结果可能越相反。陈述己方意见和方案时，最好使用有说服力的数字和吸引人的图像资料。

最后，拉丁美洲人的个人身份意识很强，因此，商务谈判小组至少应有一位具有较高层次的代表，并使对方清楚地了解他在你们国家或企业中的地位、职位和学历等有关个人情况。如果到对方国家洽商，下榻在知名的旅店以及进出高级餐馆还是值得提倡的做法。商业名片和所有有关公司资料都要用西班牙语和英语印刷。

11.3.3　注意他们的商业习惯或惯例

第一，商人只做生意，不问政治。由于拉丁美洲是由众多的国家和地区构成，这些国家党派众多，观点纷呈，国际间的矛盾冲突也比较多，要避免在谈判中涉及政治问题、宗教信仰和民族问题，也不要谈及政府的治理问题、社会治安或恐怖活动事件等等，这都是敏感而且难以把握的话题。

第二，中间人的作用不可忽视。事实上，你与拉丁美洲商人做生意如果没有中间人，你几乎很难做成什么，更别想有大的作为。在阿根廷，如果你要与政府打交道，没有一位有资历并关系熟络的中间人，甚至无法预约。你聘请的这位中间人应该有很好的社会关系，他替你牵线搭桥，一方面他了解谁是与你打交道的决策人，他的态度怎样，另一方面，有他的引见和指点，可以尽快加深对方对你的信任，加快生意的进程。

第三，在拉丁美洲国家中，各国政府对进出口和外汇管制都有不同程度的限制，而且差别较大。一些国家对进口证审查很严，一些国家对外汇进出入国境有繁杂的规定和手续。所以，一定要认真调查研究，有关合同条款也要写清楚，以免发生事后纠纷。

第四，拉美人尽管在合同条款中愿意讨论并敲定细节内容，但并不重视合同的履行，常常是签约之后又要求修改，合同履约率也不高，特别是不能如期付款。另外，这些国家经济发展速度不平衡，国内时常出现通货膨胀问题，所以，在对其的出口交易中，力争用美元支付。

第五，拉美地区国家较多，不同国家谈判人员特点也不相同。如阿根廷人喜欢握手，巴西人以好娱乐、重感情而闻名，智利、巴拉圭和哥伦比亚人做生意比较保守，而乌拉圭人做生意比较开放等，都需要我们在洽商前做认真的了解和详细的准备。总之，只要你不去干预这些国家的社会问题，耐心适应这些国家人做生意的节奏，你就会同拉美人建立良好的个人关系，从而保证谈判的成功。

11.3.4　馈赠礼物

拉丁美洲人喜欢礼物，任何礼品都会使南美人留下美好印象，馈赠礼品的目的比礼品本身更重要。像在任何国家一样，礼品应具有良好的质量。如果礼品是公司所生产的，那么公司的名称和标识语应谨慎地表示出来，而不是用鲜艳的颜色和夸张的图案将整个外表加以装饰。

不要赠送刀剑一类的东西，因为这些东西象征着友谊的断绝。在有些国家送礼也有禁忌。在墨西哥不要送对方银制品作礼物，银制礼品常常与无收藏价值的旅游纪念品相联系。

质地上乘的皮箱、精致的国际象棋以及毛巾一类的亚麻织品尤为所交往的客户所欢迎，精美的厨房器皿也受妇女欢迎。照相机、影碟机、唱片、名牌钢笔等也是非常适合的礼物，此外，小型电子产品，如电脑记事本、计算器等也很受欢迎。应邀到家中做客，可带一束鲜花或巧克力、香槟酒、葡萄酒、苏格兰威士忌等礼品以及儿童的礼品。

复习思考题

1. 拉丁美洲国家的发展历史有什么特点？
2. 拉丁美洲的移民特点表现在什么地方？
3. 你怎样理解拉丁美洲人"时间应该是人的奴仆"的观点？
4. 为什么说拉丁美洲许多国家"私人关系重于公司关系"？
5. 如果你要赢得拉丁美洲人的信任，应该注意什么？
6. 拉丁美洲人的禁忌形成的根源是什么？

案例分析

一次南美人与北美人的谈判

20 世纪 90 年代初，美国的科尔斯蒂芬兄弟公司与南美商人进行了一笔农副产品买卖交易。

在双方正式谈判之前，美国的科尔斯蒂芬兄弟公司派人到南美考察，在此基础上美国人制定了相应的谈判策略。该公司了解到南美地区近几年连续遭受自然灾害，必须大量进口小麦以保证国内市场供应。但是，由于这些国家缺少外汇，公司想要卖个高价格是不现实的。经过周密研究，科尔斯蒂芬兄弟公司决定运用变通的方式达到目的，即先要求南美人用现汇方式付款，而对方必然会提出用实物（咖啡和可可）来支付，这样，美方就可以乘机压低这些产品的价格，达到赚取更大利益的目的。

但南美商人也对美国人进行了认真研究，他们认为美国商人肯定会利用国内农产品短缺，急于购买的心理来抬高售价，即使这样行不通，他们也会以美国产品质量好，可以大批量供货为由要求提高价格，进而压低南美易货产品的价格。对此，南美商人也进行了认真准备。

正式谈判开始后，美方代表首先表态："我方小麦的质量在世界上是一流的，价格也是极有竞争力的。目前，中国在我国的年采购量都超过一定的数量，市场行情一直看涨，所以，货款要用美元来支付，付款方式采用即期汇票或信用证方式。"

南美商人环视一下美方代表，郑重提出早已准备好的提议："如果用国际上现在很好销的咖啡和可可来支付怎么样？"

这早已在美方的预料之中，他们已经做好了接受这种付款方式的一切准备。于是，美方代表表示："用咖啡和可可来支付不是不行，但要看这些产品如何作价。"

随后美方公司提出：咖啡和可可按低于国际市场成交价 50% 的价格与小麦交换。这当然不是南美商人希望的条件。南美商人表示不能接受。但是，按照他们的习惯，并不愿意由他们直接来提出应该是多少，他们希望美国人自己将咖啡和可可的价格提高。于是南美商人提出美国人的提议他们觉得不能接受，如果美方有意借此压价，他们打算向阿根廷购买小麦。

这对美国的科尔斯蒂芬兄弟公司是个不小的震撼，公司担心失去这笔交易，立即对提议进行修正，以咖啡和可可低于国际市场价格 30% 的比例获得易货贸易权。但南美商人还是不表态，但却显示出与其他国家商人接触商谈的迹象。对此，美国公司再次提出让价 5%，但美方表示这是最后的让步，如果南美商人还不接受，美国人就将退出谈判。

南美商人也清楚，如果再做秀，很可能真就失去这笔生意，于是，答应了美国人的条件。随后，双方又展开了货物运输方式、保险条款以及相关内容的磋商，结果，美国人发现，南美商人对租船市场行情并不了解，他们的谈判重心也并不在这一点上。于是，美国公司提出由他们租用货船接货、送货，南美商人完全同意美国人的提议及开价。实际上，美国人原先打的如意算盘，即在易货贸易上并没有获得额外利益，但是，却在货物运输上获得了很大收益。南美人事前充分估量的不要在产品讨价还价中输给美国人目的是达到了，但却在其他方面失误了。

资料来源：刘园主编．国际商务谈判．首都经济贸易大学出版社，2004

问题：
1. 你认为在这笔交易中，美国人对南美人真正了解吗？
2. 谈判中的获利是指什么？从这一案例中你得到了什么启示？

背景资料测试题：
1. 某个电话公司启用彼脱利克人的演员做广告，想使其带上拉丁色彩。广告中，妻子对丈夫说："请你到楼下给麦阿利挂个电话，说我们要迟到一会儿。"在这短短的广告中，有两处重大的文化错误。请你指出来。
2. 一家公司广告宣传失败的教训让人难忘。某个鱼罐头生产厂家在墨西哥做广告的画面是一位身着短裤的女性与一个绅士风度的男性打高尔夫球。该广告登在地方报纸上，并注文说明："夫人午后与丈夫去打高尔夫球，虽到傍晚才回家，但仍能拿出一顿罐头鱼唱主角的丰盛晚餐。"结果令人啼笑皆非。请你指出其中的文化失误。

3. 北美的某家公司在由机场通往阿根廷首都布宜诺斯艾利斯市区的公路干道旁租赁了一短空围墙，并写下了这样一则广告："Par（商标名）vous seriez deja."这句话翻译过来就是"Par 与你同在"。不幸的是这个广告恰好写在一块墓地的围墙上，于是，误解便不可避免地发生了。请你说明误解来自于什么？

4. 可口可乐公司在智利市场上的推销失败也使人联想到民族习惯的差异。公司将一种新型饮料投放到智利市场，这种饮料的原料从葡萄中提取，价格包装也没什么问题，但就是销路不佳，智利人对其反应冷淡。原因是智利人喜好的是用葡萄制成的葡萄酒而不是什么葡萄饮料。请问，是不是就不能在智利销售这种饮料呢？

　[美] 戴维·A·利克斯著. 商业大失败. 1989

第 三 编

国际商务谈判策略

第 12 章　国际商务谈判常用的策略技巧

学习目的

　　谈判策略是指谈判人员为取得预期成果而采取的一些战术技巧，它是各种谈判方式的具体运用。任何一项成功的谈判都离不开灵活巧妙地运用谈判策略，一个优秀的谈判人员必须谙熟各种谈判策略与技巧，掌握在不同情况下各种策略的使用效果，进而更好地实现谈判目标。

　　谈判策略由于使用者的目的和时机的不同，作用各异，我们把它们归纳为两个方面加以介绍：对双方有利的谈判策略、对使用方有利的谈判策略。

12.1　对双方有利的谈判策略

　　对双方有利的谈判策略是建立在谈判双方互利互谅、有理有节的原则基础上的谈判方式与技巧。在谈判中采用这类策略技巧，对双方都有益处，主要包括以下几种形式：

12.1.1　休会

　　休会是谈判人员比较熟悉并经常使用的基本策略，是指在谈判进行到某一阶段或遇到某种障碍时，谈判双方或一方提出中断会议、休息一会儿的要求，以使谈判双方人员有机会恢复体力、精力和调整对策，推动谈判的顺利进行。

　　客观地讲，谈判是一种高强度的脑力劳动，谈判人员不仅要精心策划、考虑如何更好地表达己方的立场和要求，更重要的是还要领会和观察对方的立场、态度以及各种现场表现，注意力要高度集中，所以，一场谈判下来，体力和精力都消耗较大。休会是为了满足人们生理上的需要，使谈判人员从紧张、正式的谈判中脱身，放松一下，恢复体力和精力，以利再战。研究也表明，人的精力和注意力变化是有一定规律的。一个小时的谈判，精力极端充沛的时间不超过 10 分钟。人的精力变化见图 12-1。

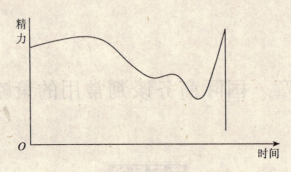

图 12-1　谈判者精力变化态势

但休会作为一种策略运用，其作用远远超过这一含义。它可以成为谈判人员调节、控制谈判过程，缓和谈判气氛，融洽双方关系的一种战术技巧。

在哪些情况下比较适合采用休会策略呢？大致有以下五种情况：

（1）在会谈某一阶段接近尾声时。这时休会，使双方人员借休息之便，分析讨论这一阶段进展情况，预测下一阶段谈判的发展，提出新的对策。

（2）在谈判出现低潮时。从人的生理角度来讲，人的精力呈周期性变化，有高峰低谷之分。如果会谈时间拖得过长，谈判人员会出现体力不支、头脑不清、注意力分散等现象，最好休息一下，进行短暂的休整后，再继续谈判。

（3）在会谈将要出现僵局时。在谈判中，双方观点出现分歧是常有的事，如果各持己见，互不妥协，会谈难免会陷入僵局。有些情况下，如果继续进行谈判，双方的思想还沉浸在刚才的紧张气氛中，结果往往是徒劳无益，甚至适得其反，导致以前的成果付诸东流。因此，比较好的做法就是休会，使双方有机会冷静下来，客观地分析形势，采取相应的对策。

（4）在一方不满现状时。谈判一方可能会对谈判内容、程序、进度等方面出现不满意的情况，可能会采取消极对抗的办法。这样，会谈就会变得毫无生气，拖拖拉拉，效率很低。这时，一方可以提出休会，进行私下磋商，重开议局，改变不利的谈判气氛。

（5）在谈判出现疑难问题时。在谈判中，由于是两方以上的交涉，新情况、新问题会层出不穷。如果出现意外情况，会谈难以继续进行时，双方可提出休会，各自讨论协商，提出处理办法。

休会一般是经由一方提出，另一方同意才能采用的方式，这需要双方的配合。因此，为了避免对方的拒绝，提出休会一方要把握好时机，看准对方态度的变化。如对方也有休会的需要，则一拍即合，立即生效。一般地说，如东道主提出休会，客人出于礼貌很少拒绝。

休会是一种内容简单，容易掌握，作用明显的策略技巧，能否发挥上述作用，关键就看你怎样运用了。

12.1.2　假设条件

假设条件是指在谈判的探测阶段，提出假设某种情况，试探对方的底细。这里假设包含着虚拟的假设和真正的假设，例如，在谈判的探测阶段，当双方就交易的内容互相探测对方的底细或打算时，己方可提出"如果扩大订货，你们打算在价格上做出什么让步？""假如我方推迟交货期，你们将采取什么样的付款方式？"这里提出的假设可能是一方真正打算采取的措施或做出让步，也可能是一方虚拟的假设条件，以试探对方对此问题的态度、观点。

运用假设条件策略要注意以下几个问题：

第一，提出假设条件的原因。提出假设条件可以从两方面考虑：一是在己方认为不太重要的问题上提出假设条件，如果对方对此反应敏感，则说明他对这一问题比较重视，如己方让步，会取得较好的效果。但如对方反应平淡，则可能不是他们利益的关键所在，己方即使让步，收效也不会太大。二是在己方认为比较重要的问题上提出假设条件。如果对方也很看重这一问题，说明要获得对方的让步会很困难，必须有所准备。

第二，提出假设条件的时机。如在双方就价格问题上已商讨多时，在几乎确定的情况下，再就价格问题提出假设条件，有时不仅不能收到预定的效果，反而打乱了已谈妥的方案。只有在问题已经提出，双方出现分歧，都在设想多种解决途径，以便能选出最佳的组合方案时，这时的假设条件策略才能更好地发挥其作用。

第三，提出假设条件的后果。必须充分估计到当假设变成真实后可能产生的结果，这既影响到提出条件的一方是否打算把虚拟的假设变为真正的假设，也关系到当对方把你提出的假设条件变成自己的要求，请求履行时所处的地位，弄不好会变主动为被动，给对方留下把柄。

12.1.3　开诚布公

许多人称它为开放策略。近年来，随着人们传统谈判观念的转变，人们对谈判的认识已由简单的敌对者变为合作者或竞争性的合作者。与此相适应，开放策略越来越多地运用到谈判中来。这一策略的基本含义，是指谈判人员在谈判过程中持诚恳、坦率的态度向对方陈述自己的真实思想和观点，实事求是地介绍己方情况，客观地提出己方要求，以促使对方通力合作，使双方在诚恳、坦率的气氛中有效地完成各自的使命。

这一策略常常遭到持传统谈判观点人的否定。他们认为在双方对峙的谈判中，向对方介绍己方的主要情况，这无疑会暴露己方实力，给对方以可乘之机，但事实证明，这一策略很有效。它有助于谈判人员达成一个双方都满意的协议，而双方都满意的协议，会促使双方的长期合作，这对双方的受益远远不是一次交易结果所能评价的。

当然，并不是在任何谈判中、任何情况下都可以采用这一策略。运用开放策略，首先，双方必须都对谈判抱有诚意，都把对方当做是惟一的谈判对象。其次，运用这一策略的时机也很重要，一般是在谈判探测阶段结束或报价阶段开始之初。在此阶段，对对方的立场、观点、态度、风格等各方面的情况，己方已有所掌握了解，双方是处在诚恳、友好的谈判气氛中，这时提出己方要求，坦露己方观点，比较适宜。否则，开门见山地就提出己方情况，讲一大堆己方的困难，会让对方无所适从，甚至造成误会，认为己方不是没有诚意，就是想占便宜，这反而不利于谈判进行。

所谓开诚布公，是指将己方情况的十之八九透露给对方就可以了，实际上，百分之百的开放是不可能的，也是不现实的。在谈判中，不讲实情，是出于某种策略，讲出实情，也是策略需要，采取开放策略是要以取得好的效果为前提的。

我们来看看杰克·韦尔奇的谈判术。1983 年 11 月，杰克接到皮特·彼得森的一个电话，他是一位投资银行家，也是美国 B-G 公司的一名董事，杰克以前与他认识。"你是不是准备把你们的家用电器业务卖掉？"彼得森问道。杰克回应道："你这是个什么问题？"彼得森说明他是代表 B-G 公司的董事长兼 CEO 拉里·法尔利来与杰克通话的。

"那好，如果你是认真的，我可以为你做些什么呢？"杰克认真地问。"这样，在一到五之间，一代表你永远不会卖，二代表你要卖个大价钱，三代表你准备按公平价格出售，你选择哪一个？"皮特问道。"我的大家用电器业务差不多介于一和二之间，我的小家用电器业务是三。"杰克说道。"好，这正是我们感兴趣的。"皮特说道。

两天后，1983 年 11 月 18 日，皮特、拉里和杰克坐在了位于列克星敦大街 570 号的 GE 纽约办公室里。拉里开列了一个长长的问题单，杰克对对方提问的大部分问题都做了回答。然后，皮特直截了当地问杰克这项业务想卖多少钱。3 亿美元，一分钱都不能少，而且这项业务的总经理鲍勃·莱特不能随着这笔交易过去。没有多久，对方就给了杰克回音，他们同意继续往下走。以后，谈判进展得很顺利，双方彼此间非常信任，很快达成了希望的交易。

在运用这一策略时，应针对双方洽商的具体内容介绍有关情况，不要什么问题都谈。如企业的生产经营状况，包括原材料供应、产品销路、技术设备条件、劳动力素质等。在谈判中可能涉及到企业生产中的原材料供应问题，因此，谈判一方应侧重介绍有关这方面的情况，使对方了解你在这方面的困难以及解决的方案。当然，如需要开诚布公地讲出己方的实际困难，还应注意唤起对方的不仅仅是同情、谅解，还应让对方感到只要通力合作，就能战胜困难，并使他也受益。这样，就使对方乐于做出让步，乐于帮助你。

12.1.4　留有余地

在双方谈判过程中，如果对方提出某项要求，另一方是否需要马上答复呢？答案是否定的。即使是一方能够满足另一方的要求，最好不要马上就答应下来，必要时，答复其主要内容，留有余地，以备讨价还价之用。

从表面上看，这项策略同"开诚布公"策略背道而驰。因为后者倡导开诚布公，而前者似乎着意在"留一手儿"，但实际上这两项策略并不抵触，因为两者的目标是一致的，都是为了达成协议，只是实现目的的途径不同而已。

留有余地策略应用的时机，恰好是在开放策略失效之时，如果发现谈判对手比较自私，甚至只想乘人之危钻空子，最好就是采用这项策略。

留有余地是在各类谈判中经常采用的策略技巧。因为谈判实际上是双方利益的协商，当一方提出要求让另一方让步时，也就意味着某方利益可能受到损害。如果双方都不做出妥协让步，都向对方提出要求，那么，协议将无法达成。所以，双方都要设法以己方较小的让步换取对方较大满足，或是以己方较小的损失争取更大的利益。但是，在具体运用时，却要讲究些策略。当对方提出要求，己方可以满足时，如果马上满口应承，就会使对方感到胜利来得太容易，而不满足，甚至得寸进尺，提出新的要求。如果留有余地，并不马上答复，给对方形成一个问题比较重要，我们需慎重考虑的印象，或是经过一番讨价还价再做出让步，分量就不同了。

12.1.5　使用"误会"

在谈判中，当对方不断地提条件，容易使双方陷入讨价还价之中时，一个比较巧妙的做法就是将对方的意思"误会"地理解，当双方为了解决一方故意制造的"误会"时，就避免了一方无休止的要价，或者使其降低原先要价的标准而不致引起对方的对抗和反感。

丹麦一家大型技术设备公司，准备参加德国在中东的某一工厂设备的招标工程。开始时，他们认为中标的可能性不大，后经过详细的分析研究，在技术上他们相信自己比其他竞争对手更有优势，于是决定积极应标。

在同德方几轮会谈后，丹麦公司取得了一定进展，便想趁热打铁，早日结束谈判，达成协议。可是德方却不紧不慢，还在不断地提条件。在一次会谈中，德方一位高级官员说："我们进行工程招标时，对全额部分采取保留态度，这一点，我相信你们是理解的。现在，我们还要提一点，希望贵公司认真考虑，就是在现价基础上再减 2.5%。"接着他又说："我们已把这提案通知了其他应标公司，现在只等你们的回答，我们便可做出决定。对我们来说选谁都一样，不过，我们是真心同贵公司做这笔生意。"

　　丹麦人回答："我们必须商量一下。"

　　一个半小时以后，丹麦人回到了谈判桌旁，他们故意误解对方的意思，回答说，我们已经把规格明细表按照德方的价格要求编写，接着又一一列出可以删除的项目。德方看情况不对，马上说明："你们误会了，本公司的意思是希望你们仍将规格明细表保持原状。"接下来的讨论便围绕着规格明细表进行，根本没有提到降价的问题。又过了一小时，丹麦方面准备结束会谈，于是向德方提出："你们希望减价多少？"德方回答说："如果我们要求贵公司削减成本，但明细表不做改动，我们的交易还能成功吗？"这个回答其实已经表明了对方已同意了丹麦公司的意见。于是丹麦公司向对方陈述了该如何工作，才能使德方获得更大利益。德方听了之后表现出极大兴趣。丹麦方面还主动要求请德方拨出负责监察的部分工作，交由丹麦公司分担。就这样，一笔交易谈成了，德方得到了所希望的利益，丹麦公司几乎也没做出什么让步。

　　在谈判中，当对方发现你误解了他的意思时，往往会赶紧修正。这样一来，对方便在无意间承受说明自己情况的压力。这时候，优势往往会跑到你这一边来。

12.1.6　私下接触

　　在谈判过程中，双方人员都有比较充裕的时间进行休整，包括休息就餐、娱乐。如果谈判人员能充分重视这些"业余时间"，有意识、有目的地与谈判对手私下接触，不仅可以增加双方友谊，融洽双方关系，而且还会得到谈判桌上难以得到的东西。

　　私下接触也是一种非正式的会谈。每当双方端坐在谈判桌前为各自的利益讨价还价时，都要受到会谈气氛的影响。谈判每一方为了表示出强大与自信，战胜对手，都要从各个方面武装自己、防备对方。因此，在这种情况下，求得双方妥协让步，达成协议是件十分费力、艰苦的工作。但私下接触却能较好地解除这些戒备和武装。娱乐、游玩、就餐活动能很好地创造出轻松愉快的气氛，双方的交谈随意、活跃，对立的情绪也荡然无存，对对方的防备警惕性大大下降，许多人在对方的盛情款待下变得十分慷慨。当然，这种口头承诺并不等于谈判协议中商定的条款，但至少你找到了问题的突破口。如果能掌握好时机，乘胜追击，那么，这种承诺就会是合同中的条款。

　　私下接触的形式没有限制，凡是可以使双方人员高高兴兴消遣的地方或活动形式均属此例。如高尔夫球俱乐部、保龄球房、游泳场、大戏院、游览地等。

　　双方关系越熟悉，合作的时间越久，运用私下接触策略效果越好。如果双方个人间的友情已远远超过了公司之间的关系的话，那么，私下接触甚至比正式谈判还要重要了。

12.1.7　有限权力

有限权力是指谈判人员使用权力的有限性。谈判专家认为，受到限制的权力才具有真正的力量。这是因为，一个受了限制的谈判者要比大权独揽的谈判者处于更有利的地位。

当谈判双方就某些问题进行协商，一方提出某种要求企图让对方让步时，另一方反击的策略就是运用有限权力。可向对方宣称，在这个问题上，他无权向对方做出这样的让步，或无法更改既定的事实。这样，既维护了己方利益，又给对方留了面子。

在一般情况下，谈判人员不具有全权处理谈判中所有问题的权力（特殊授权除外），这样，谈判人员的权力就受到某种限制。怎样把受到限制的权力这一不利条件变为谈判中的战术策略运用，值得认真研究。

谈判人员受到限制的权力是多方面的，就金额限制来讲，有标准成本的限制、最高最低价格的限制、购买数额的限制、预算限制等；此外，如公司政策的限制、法律和保险的限制、委员会的限制等等，简直难以计数。会利用限制的谈判人员，并不把这些看成是对自己的约束，相反倒更能方便行事。首先是把限制作为借口，拒绝对方某些要求、提议，但又不伤其面子。其次、利用限制，借与高层决策人联系请示之机，更好地商讨处理问题的办法。再次，利用权力有限，迫使对方向你让步，在权力有效的条件下与你洽谈。如果对方认为你的权力有限，直接与你的上级交涉，就会遇到更大的压力，做更多的准备，甚至有些事情要从头开始。而且由于双方地位、身份的差距，处境更为不利。

一个优秀的谈判人员必须学会利用有限的权力作为谈判筹码，巧妙地与对方讨价还价。

例如，埃及和以色列和平与冲突持续不断的 20 世纪 70 年代，为了调停两国的争端，前苏联与美国一直不停地出面斡旋。1973 年 10 月，埃及的第三军团被以色列包围，随时都有被歼灭的危险。当时的苏共总书记勃列日涅夫急电美国总统尼克松，建议美国国务卿基辛格博士速到莫斯科，作为总统授权的全权代表与苏方谈判，调停战事。

尼克松立即将谈判重任委以基辛格，但国务卿却不急于到达苏联，并要求苏联必须明确美国国务卿是在苏方邀请下前往莫斯科的。正当基辛格精心策划外交谈判手腕的同时，尼克松向苏共总书记发去了一封电报，电文大意是他将授予基辛格"全权"，称"在你们商谈的过程中，他所做的承诺将得到我的全力支持"。

勃列日涅夫见电文后异常高兴，立即复电尼克松"完全像您说的那样，我理解基辛格博士是您所充分信任的最亲密的同事，这次他将代表你讲话，并理解在我们同他商谈的过程中，他所做的承诺将得到您的全力支持。"与此同时，苏联人将尼克松的电文告诉基辛格，国务卿对此"大吃一惊"，"十分恼火"，立刻急电华盛顿，拒绝被授予全权："一定要使我能够对俄国人坚持双方提出的建议要向总统汇报，并请他考虑。若授予全权，就会使我无能为力。"基辛格作为一个谈判老手，非常清楚，如果将自己处于某种受牵制的地位，会更好地争取谈判主动。

当然，有限权力也不能滥用。过多使用这一策略，或选择的时机不好，会使对方怀疑你的身份、能力。如果他认为你不具有谈判中主要问题的决策权，就会失去与你谈判的兴趣与诚意，这样双方只会浪费时间，无法达成有效协议。

12.1.8 寻找契机

掌握契机首先是商场上的战术，是指寻找和创造有利条件或抓住有利时机来实现预谋的目的，即我们常说的发现和利用市场机会。这是寻找交易伙伴，实现交易合作的最重要方式。

委内瑞拉著名的石油大亨拉菲勒·杜戴拉在不到20年里，从一无所有起家，创建了10亿美元的巨型产业，就是因为他善于抓住一切机会，扩张他的企业，从而获得了巨大的成功。

在20世纪60年代，杜戴拉拥有一家玻璃制造公司，但他一直渴望能进入石油业。当他得知阿根廷准备在市场上买2 000万美元的丁二烯油气，他就到那里去看看能否获得合约，但他发现他的竞争对手是英国石油公司和壳牌石油公司。同时，他也了解到一个信息，阿根廷牛肉生产过剩，于是，他便对阿根廷政府说："如果你们愿意向我买2 000万美元的丁二烯，我将向你们采购2 000万美元的牛肉。"阿根廷把这个合约给了他。

杜戴拉然后飞到了西班牙，那里有造船厂因无活可接而濒临倒闭，这令西班牙政府十分头痛。杜戴拉对西班牙政府说："如果你们向我买2 000万美元的牛肉，我就在你们的制造厂订造2 000万美元的油轮。"

然后，杜戴拉又飞到美国的费城，对太阳石油公司的经理们说："如果你们愿意租用我在西班牙建造的2 000万美元的油轮，我将向你们购买2 000万美元的丁二烯油气。"

太阳石油公司同意了，而杜戴拉也由此进入石油界。

掌握契机，首要的一点就是培养谈判人员或企业家的经营素质，要具有市场经营的基本意识，否则，就是有市场机会，你也认识不到，甚至会被别人加以利用。例如，20世纪60年代，当时的利比亚王国举行租借石油产地的第二轮招标，有9个国家的40多个石油公司参与投标。与他们的势力相比，美国西方石油公司势单力薄，被其他大公司看做是"自不量力"。但西方石油公司的董事长哈默却认为，招标中，企业实力是一个重要因素，可还有其他的东西。他对标书进行了精心策划：

标书的材料选用穆斯林喜爱的上等羊皮，扎上象征利比亚国旗的红、绿、黑三色缎带，在里面的正文中特别提出三项优惠："西方石油公司将在扣除税款前的毛利中提取 5% 供利比亚发展农业；出资在国王、王后的诞生地寻找水源，建造沙漠绿洲；出油后与利比亚联合兴建制氨厂，使利比亚有充足的化肥和化工原料。"两个月后揭标，西方石油公司获得两块租地，令各大石油公司目瞪口呆。

第二，善于判断形势。只有善于分析局势，才会寻找和发现有利时机。一个优秀的谈判者必须清楚地知道在什么场合下，谈论付款条件最有利；在什么情况下，生意谈到什么程度；在什么情况下，最好是放弃所坚持的。美国商人麦克·麦高梅一直试图说服劳力士表厂的全球总裁安德瑞·汉纳格赞助温布尔登网球赛一个先进的电子计分和计时系统。但是，这位总裁却认为，赞助运动钟表是大众市场手表制造商的事，如精工表和天美时表。而麦克清楚，要说服这位总裁，最好的办法就是让他亲自到赛场上来，领略网球赛那种古典、优美的环境，热烈的竞赛气氛和这个特殊地方的美丽迷人之处。果然，这位总裁坐在皇家包厢里，边喝茶边欣赏大赛时，一直表现出十分满意的情形，当比赛一结束，这位总裁向麦克打了个轻缓的手势，说："这，就是劳力士。"

第三，充分了解竞争对手。对竞争对手的了解，不仅局限在生意场合中，还要在其他能接触和联系上的活动中观察了解对方，发现其特点，特别是其弱点。美国著名企业家麦克·麦高梅在事业上之所以成功，很重要的一点就是他善于在私下接触时观察了解对手，掌握其特点。他喜欢与客户打高尔夫球时观察对方，通过观察对方对各种球的处理，来推断此人的商业行为，而且屡试不爽。比如，有些打球者拒绝所有的"保送"，坚持要自己打入每一杆球，并且正确记录下结果。那么，这类人在商场上要他们给予别人利益是相当困难的；而有些人则迫不及待地想得到"保送"，即别人的让步。这种人往往有强大的自我，认为自己随时都能指挥，让球进洞。那么这种人在交易上也不愿意给别人帮助，只是期待别人来帮助他；还有一种人，当他们拿着球杆打球时，多多少少表现出漫不经心的样子，如果打进了，那很好，如果没进，他们就会说："我没好好打。"那么这种人在商场上就很难向他们取得诺言，他们喜欢自欺，喜欢夸张，当他们有所改变时，他们也能自圆其说。所以，在商业交往中，特别是在谈判桌上，最难对付的是那种能自己创造一种说法来解释事实，而且坚持不变，最后反而成了他们的真理的人。

第四，将危机变为生机。多数人认为出现危机是件坏事，如谈判陷入僵局，工厂濒临倒闭。但任何事物都有两个方面，从危机的角度讲，人们只有面对危机时，才会感受到它，才会比其他任何时候更有动力和干劲。有时背水一战，反倒起死回生了，这就是危机的积极一面。同时，它也告诉了我们如何把危机变为机会。但要注意的一点是，当危机发生时，不要急于反应，因为，当时你可能正处在危机的震惊中，很可能头脑发晕或惊慌失措。一旦你根据潜在的机会分析过危机，控制住情绪，那么，你就能正确对待危机并寻找出适当的解决办法。许多人在谈判陷入僵局时，不是对突如其来的感情爆发感到束手无策，就是要过于急切地解决问题。

12.1.9　使用代理人

商务谈判中代理人是十分重要的。研究表明：寻找代理人谈判，有时比亲自交涉效果要好。所以专家建议，在必要的情况下，请代理人出面谈判。

在聘请中间人或代理人时需注意：

第一，要选择层次较高、有威信、商业信誉较好的人，这种人有广泛的人际关系网，他能为你谈成生意，而不是失掉生意。第二，要选择忠诚可靠、愿意与你合作的人。他能够尽心尽力履行与你的协议，勇于承担责任并对你负责。第三，代理人的职业素养也很重要，它体现在如市场判断能力、创新能力、说服能力、应变能力、自信心等多方面。

聘用代理人，可以更好地运用发挥谈判策略与技巧。如当对方向代理人提出要求时，他通常会考虑代理人的"有限权力"，所以，要求显得较为"合理"。你的利益损失也小。另一方面，在交易谈判中，代理人的心理状态比较稳定，他不同于交易当事者，买卖成功与否与切身利益直接相关。所以，代理人往往能争取到最优惠的条件。著名谈判专家尼伦伯格以他的亲身经历证明了这一点。一次，他作为一个公司的代理人进行谈判，对方的老板及律师都到场了，而尼伦伯格的委托人却借故没有出席。在谈判过程中，专家发现他可以十分顺当地迫使对方做一个又一个的让步或承诺，而他却可以借委托人未到，权力有限为由，婉绝对方的要求，最后，他以极小的让步为他的委托人争取到很多利益。在涉外交往中，代理人的作用就更为重要，他甚至还起着中间人的作用。我们知道在与日本人的交易时，中间人的介绍或担保是很有用的，这时代理人就是理想的中间人。

需要指出的是，寻找代理人有个授权范围，有全权委托代理或一般代理之分，究竟采取哪一种代理方式，可根据具体情况灵活处理。

如果对方聘请代理人与你谈判，需要提防他利用权力有限向你施加压力，迫使你做过多的让步。这种情况下，越权和其老板直接交涉是最好的办法。

12.2　对使用方有利的谈判策略

从这一角度出发，在谈判中应用的战略战术都是环绕着对使用方有利这一目标，但这并不是以损害对方利益为代价的。它的出发点在于努力寻求最佳途径，在不断争取一方利益的同时，也尽量使对方感到满意。

12.2.1　声东击西

就军事战术来讲，声东击西是指当敌我双方对阵时，一方为更有效地打击对方，造成一种从某一面进攻的假象，借以迷惑对方，然后攻击其另一面。这种战术策略同样适用于谈判。

在谈判中，一方出于某种需要而有意识地将会谈的议题引到对己方并不重要的问题上，借以分散对方的注意力，达到己方目的。实际的谈判结果也证明，只有更好地隐藏真正的利益需要，才能更好地实现谈判目标，尤其是在你不能完全信任对方的情况下。过去传统的马匹交易，马贩子从来不让卖马的人知道他真正喜欢哪匹马，否则价格就会飞涨。美国大富豪洛克菲勒，想使纽约的不动产升值，打算把有影响的机构设在纽约，其中包括联合国大厦。当他已悄悄买下准备建联合国大厦的地皮后，立刻又公开扬言他要以两倍以上的价格购买纽约的房地产，由此房地产价格飞涨，他达到了自己的双重目的。

使用声东击西策略的手段和方式也是多种多样的，因为要使这一策略使用得普遍又不失效，那么就不能被对方很快觉察或引起其警觉，否则结果会适得其反。有这样一个我国台湾企业的事例颇有代表性。若干年前，在我国台湾劳工运动方兴未艾之际，台南某地一个机械厂打算拆迁厂址、投资大陆时遇到了很大的麻烦。员工拒不接受厂里提出的谈判条件，他们态度强硬地拉起白布条，围厂静坐抗议，并提出两项要求：一是加薪30%；二是改进员工福利。并扬言资方如不妥协，大家骑驴看唱本——走着瞧。造成员工如此坚决对抗的原因是他们担心厂里将主要资金投向大陆，员工都会被辞退。机器是工厂的命脉，资方惟恐员工做出报复行动，因此，找来一位专家，由他代表资方出面谈判。讨价还价后，劳方同意给业主一星期考虑。

资方利用争取到的这段缓冲期，积极部署，联络货柜车、货运船期，准备扭转局势。一个星期后，双方再度磋商，资方暂且答应劳方开出的价码，并且为了显示其诚意，将于次日招待全体员工到我国台湾溪头旅游。当游览车将兴高采烈的员工送走之后，大卡车便缓缓驶入，资方动作迅速地将工厂机器拆下，运至码头接驳货轮，驶向大陆。四天之后，员工度假回来，工厂已空无一物，员工已失掉与资方谈判的主要筹码。而资方提出协助转业及依照劳动基本法遣散的做法都有理有据，一场相持不下的劳资纠纷，终于在资方"声东击西"策略的运作下落幕。

一般来说，使用这种策略，其主要目的在于：

第一，尽管双方所讨论的问题对己方是次要的，但采用这种策略可能表明，己方对这一问题很重视，进而提高该项议题在对方心目中的价值，一旦己方做出让步后，能使对方更为满意。

第二，作为一种障眼法，转移对方的视线。如己方关心的可能是货款的支付方式，而对方的兴趣可能在货物的价格上。这时声东击西的做法是力求把双方讨论的问题引到订货的数量、包装、运输等方面，借以分散对方对前述两个问题的注意力。

第三，为以后的真正会谈铺平道路。以声东击西的方式摸清对方的虚实，排除正式谈判可能遇到的干扰。

第四，作为缓兵之计，把某一议题的讨论暂时搁置起来，以便抽出时间对有关的问题做更深入的了解，探知或查询更多的信息和资料。或以此延缓对方所要采取的行动，如发现对方有中断谈判的意图时，可运用这一策略，做出某种让步的姿态。

在了解、掌握这一策略的目的及作用后，我们就可以更加灵活、自如地运用它。如果你想对某个重要问题让对方先让步的话，就可以利用声东击西策略，故意把这一问题轻描淡写地一笔带过，反而强调不重要的部分，造成对方的错觉，这样，你可能就会较容易达到目的。

但也要提防对方在谈判中使用同样办法来拖延时间，或分散己方注意力，如果有迹象表明对方是在搞声东击西，己方应立即采取针锋相对的策略。

12.2.2　最后期限

多数重要的国际谈判，特别是那些与政治目的相关的谈判，基本上都是到了洽商的最后期限或是临近这个期限才达成协议的，因为在期限到来时，人们迫于这种期限的压力，会迫不得已地改变自己原先的主张，以尽快求得问题的解决。

曾有这样一个故事，最恰当不过地说明了最后期限的力量。在美国某乡镇，有一个由12个农夫组成的陪审团。在一次案件的审理中，陪审团中11个人认定被告有罪，而另一个人则表示了不同看法，认为被告无罪。由于陪审团的判决只有在其所有成员一致通过的情况下才能成立，于是陪审团中11个成员花了将近一天的时间劝说不同意者改变初衷。这时，忽然天空乌云密布，一场大雨就要来临，那11个农夫都急着要在大雨之前赶回去，收回晒在外面的干草。可是，持不同意见的人仍然不为所动，那11个农夫却急得如热锅上的蚂蚁，立场开始动摇了。最后，随着"轰隆"一声雷鸣，这11个农夫再也等不下去了，转而一致投票赞成另一个农夫的意见，宣判被告无罪。

在双方谈判中，某一方提出最后期限，开始并不能够引起对方十分关注。但是，随着这个期限的逐渐迫近，提出期限一方不断地暗示，表明立场，对方内心的焦虑就会不断增加。特别是当他负有签约的使命时，他就会更加急躁不安，而到了截止日期的时刻，不安和焦虑就会达到高峰。因此，在谈判过程中，对于某些双方一时难以达成妥协的棘手问题，不要操之过急地强求解决，而要善于运用最后期限的力量，规定出谈判的截止日期，向对方开展心理攻势。必要时，己方还可以做出一些小的让步，给对方造成机不可失、时不再来的感觉，以此来说服对方，达到己方的目的。

　　1995 年美日达成的汽车贸易谈判协议就是在 6 月 28 日美国规定对日进口汽车实行高关税制裁前最后几小时达成的。该项协议谈判历时近 2 年，始终未能达成双方谅解，能在制裁实施前的最后几小时达成协议，不能否认"最后期限"的作用。

　　规定最后期限，也可以有效地督促双方的谈判人员振奋精神，集中精力。因为，随着期限的迫近，双方会感到达成协议的时间很紧，会一改平时的拖沓和漫不经心的态度，努力从合作的角度出发，争取问题的解决。

　　当然，提出最后期限的方式也很重要。是委婉、彬彬有礼地提出最后期限，还是强硬、直言不讳地提出要求，对谈判所起的效果是截然不同的。前者会融洽谈判的气氛，使对方为你的诚意所动，而后者只会引起对方的不满，招致报复，以至于中断谈判。同时，也要掌握提出最后期限的时机，弄不好，会使谈判发展于己方不利；而提出最后期限又反悔，则是最失信誉的做法。

　　如果己方代表既负有与对方签约的使命，又有一个最后期限，提出这个问题，恐怕于己方不利，对方会利用期限的压力，逼迫己方让步。例如，最常见的形式就是，当你刚下飞机，对方在安排你的食宿时，他会彬彬有礼地问你："你打算逗留几天？为你安排几号的飞机？"等。如果你毫无戒心地说出你的日程安排，对方也就掌握了你的最后期限的截止日期，他很可能利用这一点，安排讨论的议程，利用最后期限的力量，迫使你做出让步。所以，当你负有签约的使命时，最好不要过早地告诉对方你的行程时间、打算，以免对方钻空子。

　　相反，如果对方使用这一策略，一定要注意：

　　第一，如果你有期限限制，决不能泄露出来，这会造成己方不利，甚至由主动陷于完全被动的局面。

　　第二，仔细研究对手设立期限的动机，以及不遵守期限可能导致的后果。

　　第三，不要被对方设立的期限所迷惑，绝大多数的期限都是有谈判的余地的。我方可采取一些措施、办法改变最后期限。

　　第四，不考虑对方个人或是公司提出的最后期限，按己方事先既定的计划办。

12.2.3　双簧战术

　　也称吹毛求疵。这是指在谈判中，一方为了达到自己预定的目的，先向对方提出苛刻要求，然后再逐渐让步，求得双方一致的做法，以此来获得己方的最大利益。由于是谈判人员分别扮演不同的角色，如有人扮演白脸，提出苛刻条件，有人扮演红脸，"装好人"，缓和矛盾，所以被称为双簧战术。比如，买方想要卖方在价格上打折扣，但又估计自己若不在数量上做相应让步，对方恐怕难以接受这个要求。于是买方一人在价格以外的其他方面，提出较为苛刻的要求，这样在双方的讨价还价中，如果提出条件的人与对方谈僵了，另一人再出面缓和，不停打压对方，令其就范。

但是，任何谈判策略的有效性都有一定的限度，这一策略也是如此。先向对方提出要求，不能过于苛刻，漫无边际，要提得有分寸，不能与通行和惯例做法相距太远。否则，对方会觉得己方缺乏诚意，以致中断谈判。同时还要注意，提出比较苛刻的要求，应估计是对方没有掌握的信息与资料的某些方面，或者是双方难以用客观标准检验、证明的某些方面，以增加策略使用效果。

利用白脸与红脸就是根据谈判对方既想与己方合作，但又不愿交恶的心理，诱导谈判对方妥协的战术。这种方法有时十分有效。扮演红脸的人声称同情或理解对方的立场、观点，试图以对对方的支持来获得有价值的信息，但注意不要同时做相应的承诺。而扮演白脸的人则不断与其周旋，以迫使对方放弃或转而同意另一方的意见，进而达成对使用一方有利的协议。

对双簧战术的破解是：

第一，如果对方使用这一策略，要注意不要落入圈套。有些情况下，不一定是白脸唱完了，红脸再上台，而是白脸、红脸一起唱。不管对方谈判人员如何表现，要坚持自己的谈判风格，按事先定好的既定方针办，在重要问题上决不轻易让步。

第二，双簧战术使用是以不超出职业道德和商业潜规则为界限的。但在许多情况下，如果对方的"表演"超出这一界限，采取温和手段会适得其反，可以考虑采取退出谈判，向上级提出抗议，要求撤换谈判代表，公开指出对方诡计等对应形式。

美国大富豪霍华·休斯是一位成功的企业家，但他也是个脾气暴躁、性格执拗的人。一次，他要购买一批飞机，由于款额巨大，对飞机制造商来说是一笔好买卖。但休斯提出要在协议上写明他的具体要求，项目多达34项。而且其中11项要求非得满足不可。由于他态度跋扈，立场强硬，方式简单，拒不考虑对方的面子，也激起了飞机制造商的愤怒，对方也拒不相让。谈判始终冲突激烈，最后，飞机制造商宣布不与他谈判。休斯不得不派他的私人代表出面洽商，条件是只要能获得他们要求的11项基本条件，就可以达成他认为十分满意的协议。该代表与飞机制造商洽商后，竟然取得了休斯希望载入协议34项中的30项。当然那11项目标也全部达到了。当休斯问他的私人代表如何取得这样辉煌战果时，他的代表说："那很简单，在每次谈不拢时，我就问对方，你到底希望与我一起解决这个问题，还是留待与霍华·休斯来解决。"结果对方自然愿意与他协商，条款就这样逐项地谈妥了。

12.2.4 攻心策略

攻心策略也称为情绪论，它是一种心理战术。即谈判一方利用使另一方心理上不舒服或感情上的软化来使其妥协退让的战术。比较常见的有：第一，以愤怒、发脾气等爆发行动使对手手足无措，使对方感到强大的心理压力，特别是当对方是新手或软弱型谈判者时更为奏效。第二，以眼泪或其他软化方式来博得谈判另一方的同情、怜悯，以使对方让步。这一方式在对待吃软不吃硬、双方有一定合作基础的谈判一方比较有效。第三，谄媚、过火地恭维谈判另一方，唤起对方的自尊心、虚荣心，使对方在意乱情迷之下失去自我控制能力，或为显示自己能力而做出退让。第四，制造负罪感，使谈判另一方产生赎罪心理。如前一笔交易，给你的让利要在这一笔生意中找回来。第五，采取蔑视或暗示等形式，给对方设置心理障碍，制造自卑感或形成低人一等的感觉，使对方主动让步。

由于攻心策略是针对谈判者本人的，具有十分强烈的心理效应。尽管商业谈判多为理智性行为，事先制定较为周密的计划方案。但是，更重要的是谈判人员临场作用的发挥，所以，在谈判中，心理战术的运用特别重要。

许多谈判实例也证明，运用心理战术争取谈判的利益，十分奏效。一般来说，谈判者心理素质好，承受能力强，则会很好地控制谈判的局面，使心理战术为己所用。但如果谈判者心理素质差，情况正相反，很可能是心理战术的牺牲品。毫不夸张地讲，谈判者心理素质的强弱是影响谈判结果最重要的影响因素。

需要指出，运用攻心战术要适可而止。因为不论是感情上的爆发，还是制造负罪感，都不是原则性谈判所提倡的，也很难掌握度，弄不好会产生很大的副作用。而以这种方式所获得的合作，在合作的效果上也会大打折扣。

但如果一方采用这种战术，另一方可以采取下列对策：

第一，保持冷静、清醒的头脑。千万别使自己的心理失去平衡。当出现情绪不宁、心绪烦躁的情况时，要设法中止会谈，采取休息或其他方法，平静自己的心情，保持清醒、镇定。

第二，一般情况下，特别是当对方是初次合作时，只谈事实，不涉及个人感受，要时刻提醒自己，不能凭感情情绪化地处理谈判中的一切重要问题。

第三，对谈判对手充满感情的话语的表达，要进行归纳和重新措辞，使之成为情绪化的表白。在表示你了解他感受的同时，也表明你应坚持的立场及你所承担的责任。

第四，明晰对方恭维的真正目的。坚持任何情况下不卑不亢，不为所动。要学会区别对方的表述是发自内心的佩服、尊重，还是出于某种需要，口是心非。一个优秀的国际谈判家必须时刻牢记的是谈判目标的达成，而不是虚荣心的满足。

12.2.5　疲劳战术

在国际商战中，有时会遇到一种锋芒毕露、咄咄逼人的谈判对手，他们以各种方式表现其居高临下、先声夺人的挑战姿态。对于这类谈判者，疲劳战术是一个十分有效的策略。这种战术的目的在于通过许多回合的拉锯战，使这类谈判者感觉疲劳生厌，以此逐渐磨去锐气。同时，也扭转了一方在谈判中的不利地位，等到对手精疲力竭、头昏脑胀之时，使用一方即可反守为攻，实现谈判目标。

心理学研究表明，人的心理活动及个性特征有很大的差别。例如，在气质、性格方面，几乎人人不同。而人们个性上的差异，又使人们的行为染上其独特的色彩。一般来说，性格比较急躁、外露，对外界事物富于挑战特点的人，往往缺乏耐心、忍耐力。一旦其气势被扼制住，自信心就会丧失殆尽，很快败下阵来。扼制其气势的最好办法就是采取马拉松式的战术，攻其弱点，避其锋芒，在回避与周旋中消磨其锐气，做到以柔克刚。实行疲劳战术最忌讳的就是硬碰硬。因为这很容易激起双方的对立情绪，况且硬是对方的长处，只有以柔克刚，以软制硬，才会收效显著。

在国际谈判中，许多世界著名谈判大师都是以富有耐心或善于运用疲劳战术著称的。一位美国石油商曾这样叙述沙特阿拉伯石油大亨亚马尼的谈判战术："他最厉害的一招是心平气和地，把一个问题重复一遍又一遍，最后搞得你精疲力竭，不得不把自己祖母都拱手让出去。"如果你确信对手比你还要急于达成协议，那么运用疲劳战术会很奏效。

应对这种疲劳战术，首先要在事先有足够的思想准备，要具备良好的心理素质，一定要比对方沉得住气。其次，战术运用要得当，在不同阶段要确定每一回合的战略战术，以求更有效地击退对方的进攻，为自己谋求回旋的余地。最后，注意发现和寻找对方的致命弱点，喜欢进攻或攻击的人弱点也比较突出，一旦被发现，突破口就打开，一般会收到事半功倍的效果。

12.2.6 不开先例

不开先例是谈判一方拒绝另一方要求而采取的策略方式。如买方提出的要求使卖方感到为难，他可向买方解释，如果答应了买方的要求，对卖方来说就等于开了一个先例，以后对其他买主要采取同样的做法，这不仅使卖方无法负担，而且对以前的买主也不公平。

例如，"你们这个报价，我方实在无法接受，因为我们这种型号产品售价一直是ＸＸ元"。再如，"在30%的预付款上可否变通一下，我们购买其他公司的产品一律按20%交预付款"。再如，"××公司是我们十几年的老客户，我们一向给他们的回扣是15%，因此，对你们来讲也是一样"。

在谈判中，拒绝是谈判人员不愿采用、但有时又不得不用的方式。因此，人们都十分重视研究掌握拒绝的技巧，最主要的就是怎样回绝对方而又不伤面子，不伤感情，不开先例就是一个两全其美的好办法。

当然，既然不开先例是一种策略，因此，提出的一方就不一定真是没开过先例，也不能保证以后不开先例。它只说明，对应用者是不开先例。因此，采用这一策略时，必须要注意另一方是否能获得必要的情报和信息来确切证明不开先例是否属实。如果对方有事实证据表明，你只是对他不开先例，那就会弄巧成拙，适得其反了。

同时，如果对方运用不开先例策略，应对的策略是：首先，要采取具体情况具体分析的办法，说服对方有理由为你的要求让步。如"我理解你给××公司20%折扣的理由，因为你们在那个地区已经有许多固定的用户，已经占领了当地的市场，没有必要在价格上进行竞争。但在我们这个地区却不同，这是个新开发的市场；产品还没有知名度，没有固定用户。为了争取用户，就要在价格上进行竞争，你方给我们的折扣要在30%才行，否则，难以推销。"

其次，认真收集有关信息，判定他的不开先例是借口还是真实情况，寻找突破口。既然不开先例是借口，是战术，就很有可能曾经开过先例，如果你有这方面的信息，则对方会不攻自破。

最后，采取其他有效形式让他对你开先例。许多国家的商人做生意是以感情为重的，只要你与他之间有了交情，一切都可以商量。

12.2.7　争取承诺

一项承诺就是一个让步，有打折扣的效果。如果谈判一方无法得到对方的让步，就该尽量争取对方的承诺。承诺做出后，对方可能会履行，也可能不会。若要使对方履行，则必须采取一些措施、步骤，要让对方知道不履行承诺是不妥的。但对大多数有道德的人来讲，一旦做出承诺，都会尽力履行的。经验证明，人们维护自己所说的话，就像维护自身一样。

在谈判中，承诺的作用很重要。买方如果争取到卖方的口头承诺，可以增加买主议价的力量。买方应把卖方的口头承诺记下来，妥善保存，以备以后查证。承诺的形式很多，不仅仅局限于一方答应承担某种责任。例如，在买卖交易中，买方的人员称赞卖方所提供的服务时，这也是一种承诺，卖方应巧妙地利用这一点，促使双方达成交易。

通用电气公司的前任董事长杰克·韦尔奇在他的回忆录中列举了一个事例，是有关谈判对手失信的事情，他认为这是最不讲道德的。在1988年，杰克与手下的保罗到荷兰的艾恩德霍芬与飞利浦公司的CEO会谈。杰克听说他们有兴趣卖掉公司的电器业务，如果那笔买卖能成交，GE在欧洲的电器市场就拥有了强大的地位，因为飞利浦公司在这个领域是欧洲的第二大公司。

会谈结束后，杰克一行冒雨赶往机场。在路上，杰克对手下的人说,："你有没有在一个房间里同时听到过从两个完全不同的角度谈论同样的业务？我们两人不可能都对，我们有一个人最后会火烧屁股的。"那天的会谈后，双方开始谈判飞利浦的电器业务，那个 CEO 安排他的总裁与杰克手下的保罗谈判。经过几个星期的努力后，双方就价格问题达成了一致，便认为可以成交了。但这时却出现了令人震惊的事。

在他们握手后的第二天，那位总裁带来了惊人的消息："对不起，保罗，我们打算和惠尔浦合作。"这时杰克给飞利浦的 CEO 打了电话，"这不公平。"杰克对那位 CEO 说。对方表示同意："你把保罗派过来吧，我们在这个星期内解决这个问题。"

结果，保罗立刻飞到艾恩德霍芬。他用了星期四一整天的时间就新交易进行谈判，同意为飞利浦的电器业务支付更多的资金。到星期五中午，细节问题也完成了。对方总裁告诉保罗："我们下午四点之前过去，到时我们带去打印好的正式文件，就可以签字了，到时候我们一起喝一杯香槟。"

大约在五点钟，飞利浦公司的总裁出现在保罗住的饭店，他抛出了第二颗炸弹："我很抱歉，我们要跟惠尔浦公司合作。他们又回来了，报的价比你们的高。"保罗简直不敢相信，当他在半夜时分向杰克汇报时，杰克十分震怒，飞利浦在交易上两次反悔，这在他的高级商务谈判的交易中是从来没有过的。这也是在杰克几十年的经理生涯中最令他感到不愉快的事情。

12.2.8　出其不意

在谈判中，使对方惊奇乃是保持压力的较好方法，在短时间里它有一定的震慑力量，甚至会使对方措手不及。运用这一策略可包括以下几方面：

(1) 令人惊奇的问题。如新的要求，出乎对方意料的诘问，提出己方所掌握的机密，揭露对方的底细等。

(2) 令人惊奇的时间。截止日期、会谈速度的突然改变，惊人的耐心表现等。

(3) 令人惊奇的行动。如退出商谈，拖延的战术，感情上的爆发，坚决的反击。

(4) 令人惊奇的人物。谈判人员的更换，更高权威者的出现，技术专家、顾问、律师的到场等。

用此种招术最为奏效的是中国与美国的入世谈判，朱总理亲自出马参与谈判，使几乎破裂的谈判最终达成协议。对此，龙永图副部长有着生动的回忆。他回忆说：1999 年 11 月 15 日，当中美入世谈判几乎再次面临破裂之时，朱总理亲自出面，把最棘手的 7 个问题找了出来要亲自与美方谈。当时，石广生部长担心总理出面谈，一旦谈不好将没有回旋余地，不同意总理出面。总理最终说服了我们。最后，中方决定，由朱总理、钱其琛副总理、吴仪国务委员、石广生部长和龙永图五位，与美方三位代表谈判。

谈判刚开始，朱总理就对 7 个问题的第一个问题做了让步。当时，中方有些担心，参加谈判的龙永图副部长悄悄地给总理写条子。朱总理没有看条子，又把第二个问题拿出来，又做了让步。龙永图又给朱总理写了条子。朱总理回过头来对龙永图说："不要再写条子了！"然后总理对美方谈判代表说："涉及的 7 个问题，我方已经对两个做了让步，这是我们最大的让步。"美国代表对总理亲自出面参与谈判感到愕然，他们经过商量，终于同意与中方达成入世谈判协议。

运用出其不意策略是在对方尚无准备的情况下，打乱其计划或部署，或者是利用对方意想不到的事物，向对方反击，以使局势朝着向己方有利的趋势发展。因此，谈判人员掌握运用这一策略是比较重要的。最常使用的、收效较好的出其不意方式就是掌握令对方惊奇的事情、信息、资料，在必要时向对方摊牌，迫使对方在事实面前做出让步、承诺和保证。

美国谈判专家齐默尔曼在《怎样与日本人谈生意》一书中，介绍了他与日本人谈判运用这一策略取得了意想不到的结果。日本人在谈判中的准备工作之充分是首屈一指的，参加谈判的每一个人都是某一方面的专家，他们提出各种细节问题，要求对方予以答复。而要使他们满意，非得把总部的各种高级专家都请来不可，但要这样做十分困难。因此，对付日本谈判人员的最好办法，就是让他们认为，你也准备得十分充分，但不是像日本人那样不厌其烦地提出各种细节问题，而是出其不意，让他们大吃一惊。这样，就打乱了他们的阵脚，使他们忙于研究对策，处理意外问题。例如，齐默尔曼先生常常在下一轮会谈中能清楚地讲出上一轮会谈某一个人提出的某一具体问题，当时是怎样研究的。他甚至能够讲出很久以前会谈的具体细节，这对对方的震惊不亚于提出一个爆炸性的问题，日本人怎么也搞不懂他怎么会有这么好的记忆力，随心所欲地说出他所需要的各种情况。这样，他就轻而易举地扭转了谈判中的被动局面，掌握了谈判的主动权。

但是，运用出奇不意策略也要慎重，要充分估计到它可能产生的各种后果。因为运用这一策略既能够使对方措手不及，弄不好也能制造出不信任或恐惧的气氛，它很可能会阻碍双方意见的交流，使双方产生更多的隔阂，甚至使对方丢面子，陷入尴尬的境地。

12.2.9　得寸进尺

这是指己方在争取对方一定让步的基础上，再继续进攻，提出更多的要求，以争取己方利益。这一策略的核心是：一点一点地要求，积少成多，以达到自己的目的。

国外谈判专家的实验证实，这是一个十分有效的谈判战术。实验的内容是：要求家庭主妇支持"安全驾驶委员会"发起的一项运动。先要求家庭主妇在请求以立法鼓励安全驾驶的请愿书上签字，结果绝大部分家庭主妇都签了字。然后实验者又要求这些家庭主妇在她们的院子里竖一块牌子，上面写着谨慎驾驶的字样。有

55%的主妇同意这样的要求。而没有被要求在请愿书上签字的主妇，只有17%的人同意竖了牌子。可见，一点一点地要求容易实现，积少成多，也达到了同样的目的。

但这种战术的运用也具有一定的冒险性，如果一方压得太凶，或要求越来越高的方式不得当，反而会激怒对方，使其固守原价，甚至加价，以进行报复，从而使谈判陷入进退维谷的僵局。因此，只能在具备一定条件的情况下，才能采用这一策略。这些条件是：

（1）出价较低的一方，有较为明显的议价倾向；

（2）经过科学的估算，确信对方出价的"水分"较大；

（3）弄清一些不需要的服务费用是否包括在价格之中；

（4）熟悉市场行情，一般在对方产品市场疲软的情况下，回旋余地较大。

12.2.10　以林遮木

人们常说"见树不见林"，这是比喻只看到事物的某一面或某一点，而忽略了事物的全局或整体。以林遮木则恰恰相反，是比喻人们被事物的总体所掩盖，忽略了事物的重点、要点。

在商务谈判中，运用以林遮木的方法就是，一方会故意向另一方提供一大堆复杂、琐碎，甚至多半是不切实际的信息、资料，致使对方埋头查找所提供的资料，却分辨不清哪些是与谈判内容直接相关的，既浪费了时间、精力，也没掌握所需情况，甚至还会被对方的假情报所迷惑。这就像人们赴宴一样，这个吃一点，那个吃一点，可能还没吃到主要的一道菜时，肚子就已经饱了。以林遮木的另一种表现手法是一方介绍较多的情况，以分散对方的注意力，遮盖真实意愿或关键所在，造成对方错觉，争取更多的让步。谈判专家卡洛斯博士在参与一次谈判时，见到卖方为了支持自己的立场，用手推车推了两大箱档案给买主参考。看到大家一脸的惊讶，他解释说："偶然找到，就把它们全带来了。"大家在哄笑之余，不难理解卖方的用意。

如果对方向你使用这种战术，你可以从以下几个方面加以注意：

（1）始终保持清醒的头脑，当对方过于滔滔不绝地介绍枝节、细节时，就要引起你的警觉，设法引诱对方陈述实质内容，并力求让对方按你的思路走。

（2）对复杂的资料要进行分类、排队，去粗取精，去伪存真，进行认真的调查分析。

（3）善于提纲挈领地抓住主要问题，要时常提醒自己是否偏离了商谈的主要目标，可尝试在每一阶段商谈结尾时做一下结论性的提示。

（4）援引政府条例、法规或运用有关程序规定，迫使对方道出实情。

（5）抓住一切机会向对方开展心理攻势，如暗示己方掌握某些情况，必要时，可能放弃合作等。

（6）注意谈判截止的时间。对方一般是在时间紧，而你又急于求成的情况下运用这一策略的，切忌不要上当。

12.2.11　既成事实

既成事实可以理解为先斩后奏，先做后商量。在谈判中运用这一战术是指不顾对方，先为自己取得有利的地位，或争取某种做法，然后再应付对方可能的反应和反击。这是在国际上、特别是政治交易中经常采用的策略技巧。如先动用武力，然后再坐下来谈判，这时的局势对某一方可能会有利，有利于取得理想的谈判效果。当然，采取这一策略，必须充分考虑如果行动失败可能导致的后果。

在贸易交往中，交易的两方或某一方常常是先与对方接触，但不一定马上进入实质性洽商阶段，而是在各方面（外围）做工作，如了解情况，增进友谊，寻找权威人物，筹措必要资金，待时机成熟再与对方进行实质性洽商，迫使或诱使对方签合同。这种方法十分有效，既避免了与对方的正面冲突，又巧妙地达到了己方的目的。谈判专家荷伯·科恩的亲身经历证明了这一点。

荷伯的妻子打算另买一处房子，所以每到周六、周日她都约上荷伯去看房子。最后，不胜其烦的荷伯告诉他妻子：“买房子事宜由你全权处理，只要买好了，告诉我一声，我与孩子搬进去就是了。”荷伯自己很得意，认为“把球打到了她的场上”。几周之后，妻子打电话给他，说她买了一所房子。荷伯以为听错了，修正她说：“你是看中了一所房子。”她妻子说：“已经写了合同，但得你同意才行。”荷伯便放下心来，与妻子一同去看房子。在路上，妻子告诉他，邻居朋友们都知道他们要搬家了，他们双方的父母也都通知了，甚至连新房的窗帘都已经做好了，孩子们都选择了自己的房间，告诉了他们的老师，新家具也已订购了。结果怎么样呢？正如荷伯所说：“我妻子告诉我的是一个已经完成了的事实，为了维护我的面子，我只得同意，而且毫无怨言。”在商业上，运用最为普遍的既成事实是：如果你接到一份不同意的合约，最简捷有效的方法是，把不同意的条文划掉，签上名字，然后寄还给对方。一般情况下，对方都会接受这种既成事实。

12.2.12　以退为进

以退为进策略从表面上看，谈判的一方是退让或妥协，或委曲求全，但实际上退却是为以后更好的进攻，或实现更大的目标。在谈判中运用这一策略较多的形式是，谈判一方故意向对方提出两种不同的条件，然后迫使对方接受条件中的一个。例如，对方购买你的产品，这时你可以提出：“我方出售产品享受优惠价的条件是，批量购买在 2 000 件以上，或者是预付货款的 40%，货款分两次付清。"这样，对方享受优惠价就要在两个条件中选择其一。多数的做法是，先向对方提出温和的要求，然后再提出强硬的要求。一般情况下，对方要在两者中选择其一，自然你的温和要求对方就很容易接受了。

以退为进策略如果运用得当，效果十分理想。美国一家大航空公司，要在纽约城建立一个大型航空站，要求爱迪生公司优惠供电，最初被电力公司以公共服务委员会不批准为由所拒绝。为此，谈判陷入僵局，后来航空公司决定，自己建一个发电厂来满足供电需求，消息一传出，爱迪生电厂预感到要失去这个大用户，于是立即改变态度，主动请求委员会给予其优惠价格。委员会批准后，航空公司还是准备自己建厂，结果电力公司不得不两度请求委员会降低价格，这时，电力公司才与航空公司达成协议，航空公司获得了极优惠价格的供电。

西方国家的劳资谈判中，使用较多的谈判战术就是以退为进，因为其前提条件和采用手段比较灵活，而且成本也比较低。发生在美国艺术品制作行业的一起劳工事件很有意思。在这次谈判中，工会代表劳方利益，希望其成员在补贴上得到全面提升，增幅达 5%，因为以前的谈判合同中有这样的先例。

但是，在谈判即将举行的前一个月，忽然传出这样的消息：该公司正在认真考虑关闭这个不赢利的工厂，要在其他地方重新开设。这个消息并不是直接从管理层那里得到的，而是从消息可靠的第三方那里获得的。这一情报促使工会换个角度来考虑他们面临的选择。结果他们非常愿意接受降低 15% 的工资待遇，同时与管理层合作来使经营活动赢利。

当然，因为撤退或做出消极的姿态是这一策略奏效的主要原因，所以就必须认真考虑使用这一策略的后果，这里的退往往是指提出方的另一条件，但如果不认真考虑退一步的后果，万一退步的后果对你十分不利，即使是能够挽回，也得不偿失。同时，还要考虑退一步后对方的反应是什么，如果你没有把握对方的反应是什么，也不要轻易使用这一策略。

复习思考题

1. 休会如果作为谈判策略运用，需要注意什么？
2. 假设条件实施有哪些基本要求？
3. 为什么说"只有受到限制的权力才具有真正的力量"？
4. 使用双簧战术要注意什么？
5. 最后期限策略的应对措施是什么？
6. 攻心策略应用需要注意什么？

案例分析

S 公司采购字幕机的交易

某地 S 公司打算于 2004 年换购一台字幕机，于是开始了他们的询价。该公司在 2004 年完成了政府投资 122 万元的数字电视天气预报系统工程的建设项目，设备在 9 月份基本到位。但使用时技术人员发现某国的伍豪 WinhouseXCG 字幕机不是很适合实际工作需要，在输出质量上和功能方面都不尽如人意，于是经技术人员建议，最后决定退掉合同款为 5.5 万元的字幕机。

在与该设备的代理商联系后，对方表示可以接受，于是该公司开始寻找新的代理商，前提是由于是政府的投资项目，款项上最好不要相差太大。可供选择的代理商合适的有两家：奥维迅和大洋图像。由于和大洋图像的代理商较熟，公司业务员拨通了大洋图像在某地办事处的电话并说明了事由。由于公司前一代的产品就是用的大洋公司图像的产品，对其产品比较认可。但当初没有选择该产品，一是由于价格相对昂贵（报价 8.98 万元），二是从伍豪的产品介绍来看，比较适用，但实际并非如此。

开始谈判后，S 公司主谈人邹主任决定对大洋的代表小杨采用开门见山、开诚布公的洽商策略。

"小杨，这回打电话是想问一下你们的字幕机的价格。不瞒你说，我们从伍豪订购的字幕机使用起来不是很理想。"

"好的，邹主任，我马上把报价给你发过去。"

"我想知道，在上次报价的基础上我们会享受多大的优惠。因为这是政府投资项目，我们对伍豪 WinhouseXCG 字幕机的订购价是 5.5 万元，只能拿这部分款冲抵，不能超支。"

"邹主任，你也知道，他们是小公司，无论从产品质量、信誉，还是从售后服务来看都不能和我们相比，我们在原则上是不讲价的。"

"如果是 8 万多，那肯定不行，我还是与其他公司联系吧。"

"要不这样，我先给你把报价发过去，也有一款 6 万多的，是简版，如果只是做天气预报，功能也可以。同时我向北京总部问问，能不能给老客户一点优惠。"

"那就谢谢你了。"

看了报价单，邹主任将目标定为以 5.5 万元左右的价格拿下大洋图像的字幕机，而且要求设备试用一个星期。说实在的，公司认为 7 万元就是比较理想的价格了。但是既然目标已定，就要全力以赴去做。

大约一个小时后，对方公司来电话，简版的字幕机现在没有货，XCG 一款，说是搭上代理费可以八折优惠，不能再低了。

　　三天后，对方业务代表小杨如约而至，给公司的技术人员演示了一下他带来的字幕机，大家反响很好。剩下来就是价格问题了。但小杨却怎么也不松口，八折7.18万元，就是培训费不要了，可以省1 000元。S公司的邹主任说："我们可以不要你们的几个软件。"小杨说，就是这样也不能低于7万元。看来再讲下去，也不会有什么大进展。索性不谈了，让他给技术人员多讲讲设备的性能和功能。一上午很快就过去了，买方公司的领导始终没有露面。邹主任对小杨说："我还是比较满意你们家的产品，至于价格，确实还是比较高，这字幕机还是试用一段时间再说，我们领导有事出去了，回来后，我会向他说明你的意思。这里面主要是政府投资的款项不能与标书有大出入，这是一个具体情况。我们的合作还是一个长期的关系，你也知道，视音频产品更新频率还是比较快的。再者，我们之所以选购了伍豪的设备，是因为东北的同行都使用了他家产品，他们在气象影视这一块儿确实也花了不少心思，要是失去气象影视这块市场，你们公司损失也不小。"

　　一周以后，小杨的电话："邹主任，设备使用得怎么样?""信号指标和功能上应该没有什么问题，只是我们的领导还不满意我们商谈的7万元价格。""那邓主任决定多少拿下来?""我上回不是跟你说了吗? 5.5万元。""那肯定不行，看来你得把机器发过来了。你也应该问过省局气象影视中心了，我们在年初得知，这台设备是8万元发给他们的。"

　　"省局多少钱买的我们真的没打听。再说，我们之间多少价钱，这之中还有个具体情况不是? 各自觉得做得来就一拍即合了，用不着和第三方谈论。这许多天来我们双方都是有诚意的，只是鉴于这个具体情况——政府投资，价格不能和标书出入太大，不能超支，要不说不清楚。"

　　"这样吧，我能不能直接和邓主任谈谈。"

　　"他现在不在，正与财务决算中心的同志核对工程款。下午一点钟，你打过来吧。"放下电话，邹主任迅速与邓主任取得联系，并把今日的成果如实汇报，感觉已经进入最后的定价阶段，就看这最后一锤了。邓主任略一沉吟，"就看我们的最后努力了。看来降价的空间实在是余地很小，不过，我们还要尽全力向我们的期望价格努力。"

　　令人兴奋和不安的电话铃终于响了。

　　"是小杨啊，是我啊。上回来也没见个面儿。是挺忙，今年的项目也是局里的重点建设工程，各方面的压力也挺大。降1 000? 6.9万和7万不是一样吗? 对呀，咱们的合作也不是这一回两回，现在就这个情况，我们的邹主任也跟你说明白了，再说，视频产品的利润空间还是有的，我看我也别坚持5.5万元了，我们各让一步，6万元怎么样，小杨? ……好，你也够爽快的。好的，一周内我就让伍豪把5.5万元打到你们公司账号上。剩下的5 000元我与单位商量，也争取在一周之内

问题：

1. S 公司以比较理想的价格买下字幕机，主要应用的谈判策略是什么？

2. 这其中最让你欣赏的一段话是什么？

第13章 谈判成交的技巧

学习目的

通过本章的学习读者可对交易中最关键的环节——成交技巧有深入的了解和把握。人们通常认为，对谈判成功与否的检验标准就是以是否成交来判定，当然这样的认识并不完全正确，但确实反映了能否达成协议对谈判活动至关重要。

俗话说："编筐编篓，全在收口。"这是形象比喻在做事的关键环节上要把握住。谈判中的成交技巧就起着这样的作用。

13.1 讨价还价策略

讨价还价是谈判中一项重要内容。一个优秀的谈判者不仅要掌握谈判的基本原则、方法，还要学会熟练地运用讨价还价的策略与技巧，这是谈判成功的保证，这里介绍几种主要的讨价还价技巧。

13.1.1 投石问路

（1）投石问路的交易技巧

要想在谈判中掌握主动权，就要尽可能地了解对方情况，尽可能地了解和掌握当己方采取某一步骤时，对方的反应、意图或打算。投石问路就是了解对方情况的一种战略战术。与假设条件相比，运用方主要是在价格条款中试探对方的虚实。例如，一方想要试探对方在价格上有无回旋的余地，就可以提议："如果我方增加购买数额，你们的价格优惠是多少呢？"或者再具体一些："购买数量为100时，单价是5元，如果购买数量为1 000，单价又是多少呢？"这样，买方就可以根据卖方的开价，进行选择比较，讨价还价。

一般来讲，任何一块"石头"都能使买方更进一步了解卖方的商业习惯和动机，而且卖方难以拒绝。

下列都是我们选择投石问路的主要方面：

第一，如果我们和你签订了为期一年的合同，你们的价格优惠是多少？

第二，如果我们以现金支付和采取分期付款的形式，你的产品价格有什么差别？

第三，如果我们给你提供生产产品所需的原材料，那么，成品价又是多少呢？

第四，我方有意购买你们其他系列的产品，能否在价格上再优惠些呢？

第五，如果货物运输由我们解决，你的价格是多少呢？

第六，如果我们要求你们培训技术人员，你们可否按现价出售这套设备？

第七，如果我方要求对原产品有所改动，价格上是否有变化？

第八，假设我们买下你的全部存货，报价又是多少？

（2）投石问路的对策

反过来，如果对方使用投石问路策略，己方应采取什么措施呢？建议从以下几个方面考虑对策：

一是找出买方购买的真正意图，根据对方情况估计其购买规模。

二是如果买方投出一个"石头"，最好立刻向对方回敬一个。如对方探询数量与价格之间的优惠比例，己方可立刻要求对方订货。

三是并不是提出的所有问题都要正面回答、马上回答，有些问题拖后回答，效果更好。

四是使对方投出的石头为己方探路。如对方询问订货数额为 1 000 的优惠价格，你可以反问"你希望优惠多少？"、"你是根据什么算出的优惠比例呢？"

有的时候，买方的投石问路反倒为卖方创造了极好的机会，针对买方想要知道更多资料信息的心理，卖方可以提出许多建议，促使双方达成更好的交易。

13.1.2　报价策略

交易谈判的报价是谈判不可逾越的阶段，只有在报价的基础上，双方才能进行讨价还价。报价之所以重要，就是因为报价对讨价还价乃至整个谈判结果产生实质性影响。基于这一点，我们把报价作为策略研究。

（1）先报价与后报价

先报价比后报价（还价）更具影响力，因为先报价不仅能够为谈判规定一个难以逾越的上限（卖方的报价）或下限（买方的报价），而且还会直接影响谈判对方的期望水平，起到争取主动的作用。但是，先报价也有不利之处，主要是一方先报价之后，另一方可根据对方的报价水平调整自己的策略和报价方式，特别是在先报价一方与还价一方价格有较大出入时，更是如此。另一方面。在一方报价之后，另一方不一定马上还价，而是对原报价进行各种挑剔指责，目的是迫使原报价者让步。

由此可见，先报价与后报价各有利弊，一般来讲，有下列报价原则：

第一，在预期谈判会出现激烈竞争的情况下，或是双方可能出现矛盾冲突的情况下，"先下手为强"，采取抢先报价的策略，争取在谈判之初占据主动，给对方以较大的心理压力。但是，如果双方是在友好的合作气氛中洽商，有长期的合作关系，彼此对对方都十分了解、熟悉，先报价与后报价没有什么实质性的差异。因为双方都致力于寻求彼此都感到满意的解决方案，不会在枝节问题上做过多的纠缠，讨价还价也只是双方妥协的表现，并不表现为实质利益的划分。第二，就习惯来讲，发起谈判者应带头报价。第三，若对手是较为老练的谈判者，己方对对方情况不太熟悉，则力争让对方先报价，这样先把球踢给对方，以便己方摸底，了解更多情况。第四，若情况相反，则己方可先要求主动报价，引导对方按己方的意图行事。

但不论处于哪一类情况，如果对手先报价，己方采取的态度是，首先不要干扰和影响对方的报价，不要中途打断对方的报价。有的谈判者在报价时先报出价格，把让步和优惠条件放到最后，如果你先沉不住气，或想当然地认为对方要求过于苛刻，就会影响对方的思路与情绪，同时也暴露出己方的弱点。其次，在对方报完价之后，对一些主要条件和内容，要适当加以重复，以明确自己是否真正了解了对手的报价。最后，如果对方的报价不合理，甚至是故意刁难，也不要马上回绝。对于谈判人员来说，在谈判中，不论你的理由多么充分，立即回绝对方的提议将被视为鲁莽草率，而且将会被认为对对手及提议缺乏合作与诚意。在这种情况下，一个比较可行的做法是，要求对手解释报价的原因。另一种是，考虑对手报出价格中的可接受性，哪一部分有进一步谈判的可能，哪一部分报价无法接受。

（2）报价起点的确定

要报价，首先要确定报价目标，报价目标一定要与企业的谈判目标结合起来，先明确己方的最低价格标准，以便明确在什么情况下放弃谈判，什么情况下力争最好的结果。其次，要采取高报价（卖方）和低报价的方式（买方）。

对于卖方来讲，高报价的优势是：第一，卖方的报价事实上是对谈判的最后结果确立了一个终极上限。在谈判中除非有极特殊、极充足的理由，否则报价之后再重新报价是极力避免的，而且对方也不会接受你报价后的提价。第二，采取高报价则为卖方让步留有较大的余地，有利于卖方在必要情况下做出让步，打破僵局。第三，报价高低影响对手对己方潜力的评价，报价越高，对方对报价的潜力评价越高；反之则低。第四，报价高低也直接反映出报价方的期望水平。一般讲，期望水平高的，报价也高，成功的可能性也越高，获利也越大，这已为专家们的实验所证实。把两组学生分为谈判的两方，都有同样的机会获得 5 元的谈判结果。研究人员暗示一方，希望他以 7.5 元作为谈判目标，而暗示另一方，希望他以 2.5 元作为谈判目标。结果是，前者的谈判结果接近 7.5 元，而后者却接近 2.5 元。这说明，一个人期望水平越高，他将会努力实现或维护这个水平，那么他的成果也会越好。所以，作为卖方来讲，报价越高，结果可能越理想。

但如果你是买方，应采取低报价的策略。这是因为：第一，买方的报价是向对方表明要求的标准。尽管双方都知道这个标准要有所调整，但报个低价会给对方很大的心理压力。第二，买方报价的高低也反映了他的期望水平、自信与实力。第三，报价低为谈判中的价格调整与让步留出了较大的余地。

（3）报价方式

报价的方式、方法也很重要。如果报价一方在报价时犹犹豫豫、含含糊糊，那么就不会获得理想的效果，上述的作用也就谈不上。所以，在报价时要注意。第一，报价时态度要坚定果断，给人以自信、从容的印象。第二，报价要非常明确，以使对方能准确无误地了解报价方的要求、期望。因此，在口头报价的同时，最好也要以文字的形式显示出来，以免事后出现误会、纠纷。第三，要在报价过程和报价以后，一般不应附加任何解释说明，如果你主动为你的报价进行解释和辩护，对方会对你的报价产生误解和疑心。只有当对方对你的报价不满或要求对此做出解释时，你再加以说明。

13.1.3　抬价压价战术

（1）抬价的作用

这种策略技巧是商务谈判中应用最为普遍、效果最为显著的方法。谈判中没有一方开价后，另一方马上就同意的。双方拍板成交都要经过多次的抬价、压价，才互相妥协，确定一个一致的价格标准。所以，谈判高手也是抬价压价的高手。

由于谈判中的"黑箱"，即抬价一方不清楚对方要求多少，在什么情况下妥协，所以这一策略运用的关键就是判定抬到多高才是对方能够接受的。一般来讲，抬价是建立在科学的计算，精确的观察、判断、分析基础上的。当然，忍耐力、经验、能力和信心也是十分重要的。事实证明，抬高价往往会有令人意想不到的收获。许多人常常在双方已商定好的基础上，又反悔变卦、抬高价格，而且往往能如愿以偿。

抬价作用还在于：卖方能较好地遏制买方的进一步要求，从而更好地维护卖方利益。美国谈判专家麦科马克例举了他参加谈判的一次亲身经历，很好地说明了这一问题。有一次，他代表一家公司交涉一项购买协议，对方开始的开价是 50 万元，他和公司的成本分析人员都深信，只要用 44 万元就可以完成这笔交易。一个月后，他开始和对方谈判，但对方却又声明原先的报价有误，现在开价 60 万元。这反倒使麦科马克先生怀疑自己原先的估计是否正确。直到最后，当他以 50 万元的价格与对方成交时，竟然感到非常满意。这是因为，他认为是以低于对手要价 10 万元的价格达成了交易，而对方则成功地遏制了他的进一步要求。

在讨价还价的过程中，双方都不能确定对方能走多远，能得到什么。因此，时间越久，局势就会越有利于有信心、有耐力的一方。中韩的一笔交易，很能说明这一问题。

中方某公司向韩国某公司出口丁苯橡胶已一年，第二年，中方又向韩方报价，以继续供货，中方公司根据国际市场行情将价格从前一年的成交价每吨下调了120美元（前一年1 200美元/吨）。韩方感到可以接受，建议中方到韩国签约。

中方人员一行二人到了汉城该公司总部，双方谈了不到20分钟，韩方说："贵方价格仍太高，请贵方看看韩国市场的价，三天以后再谈。"

中方人员回到饭店感到被戏弄，很生气。但人已来汉城，谈判必须进行，中方人员通过有关协会收集到韩国海关丁苯橡胶进口统计，发现从哥伦比亚、比利时、南非等国进口量较大，从中国进口也不少，中方公司是占份额较大的一家。价格水平南非最低，但高于中国产品价，哥伦比亚、比利时报价均高出南非价。在韩国市场的调查中，批发和零售价均高出中方公司的现报价30%～40%。市场价虽呈降势，但中方公司的开价是目前世界市场最低价。

中方人员分析，若不急于订货，为什么邀请中方人员来汉城。再说韩方人员过去与中方人员打过交道，有过合同，且执行顺利。据此，中方人员认为：韩方意在利用中方人员的出国心理，再压价。根据这个分析，经过商量中方人员决定在价格条件上做文章。总的讲，态度应强硬（因为来前对已表示同意中方报价），不怕空手而归。其次，价格条件还要涨回市场水平（即1 200美元/吨左右）。再者不必用三天给韩方通知，仅一天半就将新的价格条件通知韩方。

在一天半后的中午前，中方人员电话告诉韩方人员："调查已结束，得到的结论是：我方来汉城前的报价低了，应涨回去年成交的价位，但为了老朋友的交情可以下调20美元，而不再是120美元。请贵方研究，有结果请通知我们，若我们不在饭店，则请留言。"

韩方人员接到电话后，一个小时，即回电话约中方人员到其公司会谈。韩方认为：中方不应把过去的价再往上调。中方认为：这是韩方给的权力。我们按韩方要求进行了市场调查，结果应该涨价。韩方希望中方多少降些价，中方认为原报价已降到最低水平。经过几回合的讨论，双方同意按中方来汉城前的报价成交。这样，中方成功地使韩方放弃了压价的要求，按计划拿回合同。

（2）压价的作用

压价可以说是对抬价的破解，如果是买方先报价格，可以低于预期目标进行报价，留出讨价还价的余地。如果是卖方先报价，买方压价，则可以采取多种方式：

第一，揭穿对方的把戏，直接指出实质。比如算出对方产品的成本费用，挤出对方报价的水分。

第二，制定一个不能超过预算的金额，或是一个价格的上下限，然后围绕这些标准，进行讨价还价。

第三，用反抬价来回击。如果在价格上迁就对方，必须在其他方面获得补偿。

第四，召开小组会议，集思广益思考对策。

第五，在合同没有签订好以前，要求对方做出某种保证，以防反悔。

第六，使对方在合同上签署的人越多越好，这样，对方就难以改口。

13.1.4　价格让步模式

价格让步是让步策略中最重要的内容。让步的方式、幅度直接关系到让步方的利益。这里我们介绍价格让步在理论上的几种可能形式：假设谈判的一方在价格上让步的幅度是 100，共分 4 次做让步，那么应怎么让步呢？请看下面几种让步形式（见表 13-1）：

表 13-1

让步法	第一次	第二次	第三次	第四次
1	100	0	0	0
2	50	50	0	0
3	25	25	25	25
4	10	20	30	40
5	50	30	25	−5
6	40	30	20	10

第一种让步模式：100/0/0/0

这种让步方式是一次就全部让出，不留任何余地，然后坚守阵地，再也不让了。这会让对方觉得不可理解，一次就全部让出，会使对方认为你报价的"水分"较大，不然怎么会一下子让出 100，在以后的讨价还价中你没有一点通融余地，会使知足的人感到得到了很多，不知足的人感到你还有余地，所以并不感谢你。这就是做出了让步，却没有收到让步的效果。

第二种让步模式：50/50/0/0

这是分两次做均等让步，让步幅度较大，而且是均等让步，这也不可取。一是让对方感觉到你的让步是大概，而不是精确，二是他还想要求你做让步，而你又拒不让步了，会使对方感到缺乏诚意。

第三种让步模式：25/25/25/25

这是四次做均等程度的让步，这种让步方式更不可取，它只是在理论上成立，这只会让对方产生无休止要求让步的欲望，而且均等让步不符合成本、价格计算精确的原则。

第四种让步模式：10/20/30/40

这是递增式让步，是最忌讳的让步方式。一次次越让越大，每次让步之后，对方不但感到不满足，反而诱发了要求更大让步的欲望。

第五种让步模式：50/30/25/－5

这种让步模式给人以过头之嫌，让步到最后又加价，会使对方感到不理解，还容易产生怀疑和不信任。在实际谈判中，这种让步方式也有人使用，但主要是为了扼制对方要求让步的无限制，而不是真的要加价。

第六种让步模式：40/30/20/10

这种让步方式为最理想，即每次做递减式让步，它克服了上述几种让步形式的弊端，又能做到让而不乱，成功地扼制了对方可能产生的无限制让步的要求。这是因为：（1）每次让步都给对方一定的优惠，表现了让步方的诚意，同时保全了对方的面子，使对方有一定的满足感。（2）让步的幅度越来越小，越来越困难，使对方感到己方让步不容易，是在竭尽全力满足对方的要求。（3）最后的让步方式不大，是给对方以警告，己方已经让步到了极限，也有些情况下，最后一次让步幅度较大，甚至超过前一次，这是表示己方合作的诚意，发出要求签约的信息。

中日关于进口三菱汽车索赔案的谈判，就是这种价格让步策略的典型再现。1985 年 9 月，中国就日方向中方提供的 5 800 辆三菱载重汽车存在严重质量问题，向日方三菱汽车公司提出索赔。日方在无可辩驳的事实面前，同意赔偿，提出赔偿金额为 30 亿日元。中方在指出日方报价失实后，提出我方要求赔偿的金额为 70 亿日元，此言一出、惊得日方谈判代表目瞪口呆。两方要求差额巨大，在中方晓以利害关系提前下，日方不愿失去中国广阔的市场，同意将赔偿金额提高到 40 亿日元。我方又提出最低赔偿额为 60 亿日元，谈判又出现了新的转机。又经过双方多次的抬价压价，最终以日方赔偿中方 50 亿日元，并承担另外几项责任而结束谈判，创造了中外谈判索赔案的最高赔偿记录。

13.1.5 目标分解

讨价还价是最为复杂的谈判战术之一，是否善于讨价还价，反映了一个谈判者的综合能力与素质。我们不要把讨价还价局限在要求对方降价或己方降价的问题上。例如，一些技术交易项目，或大型谈判项目涉及到许多方面，技术构成也比较复杂，包括专利权、专有技术、人员培训、技术资料、图纸交换等方面。因此，在对方报价时，价格水分较大，如果我们笼统地在价格上要求对方做机械性的让步，既盲目，效果也不理想。比较好的做法是，把对方报价的目标进行分解，从中寻找出哪些技术是我们需要的，价格应是多少？哪些是我们不需要的，哪一部分价格水分较大，这样，讨价还价就有利得多。

例如，我国一家公司与德国仪表行业的一家公司进行一项技术引进谈判，对方向中方转让时间继电器的生产技术，价格是 40 万美元。德方靠技术实力与产品名牌，在转让价格上坚持不让步，双方僵持下来，谈判难以进展。最后中方采取目标分解策略，要求德方就转让技术分项报价。结果，通过对德商分项报价的研究，中方发现德方提供的技术转让明细表上的石英振子技术，我国国内厂家已经引进并消化吸收，完全可以不再引进。以此为突破口，中方与德方洽商，逐项讨论技术价格，将转让费由 40 万美元降至 25 万美元，取得了较为理想的谈判结果。

运用这一策略的另一种方式，就是将目标分解后，进行对比分析，非常有说服力。例如，一家药品公司向兽医们出售一种昂贵的兽药，价格比竞争产品贵很多，所以，销售人员在向兽医们推销时，重点强调每头牛只需花 3 美分，这样价格就微不足道了，但如果他们说每一包要多花 30 美元，显然就是一笔大款项了。

13.1.6　文件战术

一家金融公司举行董事会议，12 名董事围坐在椭圆形的会议桌前激烈地讨论着。有 11 名董事面前摆着纸和笔，而另外一位呢，除了纸笔之外，还堆满了一叠叠文件资料，每一叠都厚达十厘米。董事们对该次会议的中心议题——有关公司经营方针的变更均踊跃发言，各抒己见，一时之间，难达结论。在混乱当中，那位携带了大批文件资料的董事，却一直保持沉默，而每一位起来发言的董事，都会不约而同地以充满敬畏的眼光，向那堆文件资料行注目礼。待在座人士都发言过后，主席请那名似乎是有备而来的董事说几句话。只见这位董事站起来，随手拿起最上面的一叠资料简要地说了几句话，便又坐下来。之后，经过一番简短地讨论，11 名董事均认为最后发言的董事"言之有理"，而一致同意他的意见，纷乱而漫长的争论遂告结束。

散会之后，主席赶忙过来与这位一锤定音的董事握手，感谢他所提供的宝贵意见，同时也对其为收集资料所下的工夫表示敬意。

"什么？这些文件资料和今天的开会根本是两回事嘛！这些东西是秘书整理出来的，先交给我看看，如果没有保存的必要，就要烧毁了。而我正打算开完会便出去度假，所以，顺便把他们也带到了会场。至于我发表意见时手上拿的纸条，不过是刚刚边听各位发言边随手记下的摘要。老实说，对于这一次的会议，我事前根本就没有做什么准备。"这位被"误解"了的董事做了如此解释。

任何事情，都不能光看表面。平常的董事会议，除了纸笔之外，大家什么也不带。而这一回，突然出现了一名携带了大堆资料入会的董事，除了令在座人士惊讶之外，自然也会叫人联想到——他带了那么多参考资料出席会议，想必在事前已做了充分的准备。正因为有这种联想，所以，不论这位董事说了什么，都会使大家觉得"有分量"、"言之有理"，从而毫无疑义地采纳了。与开会不同的是，在谈判时若要使用"文件战术"，那么，你所携带的"工具"，也就是各种文件资料，一定要与谈判本身有关。

　　参加任何谈判，都要留意自己所使用的战术或技巧是否适用于谈判的内容，这是非常重要的。所使用的战术或技巧要是不够高明、不适合谈判内容都会适得其反。"文件战术"的效果，多半产生在谈判一开始。如果你是精心策划准备，要在谈判中通过你与对方的交锋显示出你的力量，那么还是不要如此夸张地表现，能不动声色、出奇不意最好。

13.1.7　最后报价

　　谈判中常有"这是最后出价，我们再也不能让步了"的说法。如果另一方相信，这笔生意就能成交，如果不相信，也可能双方继续讨价还价，也可能就牺牲了这笔交易。

　　要使最后出价产生较好的效果，提出的时间和方式很重要。如果双方处在剑拔弩张、各不相让，甚至是十分气愤的对峙状况下，提出最后报价，无异于向对方发出最后通牒，这很可能会被对方认为是种威胁。为了自卫反击，他会干脆拒绝你的最后报价。比较好的方法是，当双方不能就价格问题达成一致时，如果报价一方看出对方有明显的达成协议的倾向，这时提出报价比较合适。让对方产生这样一种感觉："在这个问题上双方已耗费了较多的时间，我方在原有出价的基础上最后一次报价。这是我们所能承受的最大限度了。"在提出最后报价时，尽量让对方感到这是己方所能接受的最合适的价格了。而且，报价的口气一定要委婉诚恳。这样，对方才能较容易接受。最后报价可与原报价有一定出入，以证明己方的诚意。同时，督促对方也尽快采取和解姿态，达成协议。

　　当然，最后出价既能够帮助，也能够损害提出一方的议价力量。如果对方相信，提出方就胜利了。如果不相信，提出方的气势就会被削弱。遣词造句，见机行事，与这一策略的成功与否休戚相关。从对方的立场来讲，了解掌握这一策略也是十分必要的。因为如果不了解最后出价的奥妙，很可能被提出方的虚张声势所迷惑，付出较大的代价。

13.2　掌握让步艺术

13.2.1　谈判中"取"与"舍"的关系

　　谈判本身是一个理智的取舍过程，如果没有舍，也就不能取。一个高明的谈判者，"除了知道何时该抓住利益外，还要知道何时放弃利益"。正因为如此，让步的技巧、策略就十分重要。在商业交易中，可能你让步的后果是十分危险的，会使你遭受灭顶之灾；也可能你"寸土必争"，与交易失之交臂。让步策略中的关键就是判定在什么情况下你要"取"，在什么情况下你要"舍"。

在 20 世纪 70 年代，美国西方石油公司的董事长哈默先生既是一位声名远扬的企业家，又是一名经验丰富、思维敏捷、善于处理重大事件的谈判专家，并擅长与"危险国家"的对手打交道。1976 年 5 月 5 日，伊朗国王巴列维在没打招呼的前提下，给西方石油公司的董事长哈默发去了一封电传，通知哈默说，有一个叫赛路斯·安塞利的人（实际上他是伊朗经济财政大臣候尚·安塞利的兄弟）已动身前来见哈默，电传没有说明任何原因。

安塞利到达后，来到哈默在洛杉矶的办公室，直截了当地说明了来意。"哈默博士，我被授权通知你，伊朗国王愿意购买西方石油公司的股票。""好哇，"哈默说："欢迎国王购买西方石油公司的股票。其实他去买就是了，在证券交易所市场上可以直接买。""不！"安塞利说，"国王希望从西方石油公司直接买一部分股票。""他想买的这一部分是多少呢？""他想买到公司 10% 的股票，还想得到再购买 10% 的特权。"哈默感到一旦伊朗掌握公司 10% 的股票，国王就成了最大的股东。哈默说："但他至少也得拿出 1.25 亿美元的现款。"

当时西方石油公司的现金很充裕，不急需更多的现款。由于国王正在伊朗领导一场现代化的运动，这为西方石油公司在伊朗生产和销售化肥开辟了广阔的前景。但是，公司 10% 的股份将会使国王处于举足轻重的地位，他可以接管西方石油公司，或者制造风潮使股票价格猛跌。

安塞利先生向哈默保证，国王完全是出于善意，他只是想从西方石油公司目前的经营管理中得到利益。于是，双方聘请律师进行洽谈协商，30 名律师马不停蹄地工作了好几个星期，但哈默坚持有一点不妥协：如果伊朗人想卖掉他们那一部分股票，他们必须向西方石油公司出售，除非该公司拒绝买进。

当这项交易的最后细节正在拟入协议时，哈默接到了候尚·安塞利的电话，请哈默到他下榻的旅馆房间去。并嘱咐哈默一定要单独前往，一个律师也不要带。这种迹象让哈默警惕起来，他立即与公司董事们进行紧急磋商，分析可能出现的问题，考虑对策。

当哈默走进财政大臣的房间时，一切照旧，没有什么变化，审核协议进行的很顺利，候尚已准备签字了。"只有一个小小的细节国王想修改一下。"大臣补充说。"哪个细节？"哈默问。"国王不同意关于伊朗人出卖股票必须首先卖给你们的那条规定。他想把那条款从协议中删掉。"

此时，哈默一切都明白了。如果国王有权把手中的股票随意卖给别人，他就能够以稍高于西方石油公司的股票市场价格提出接管西方石油公司，从而就可以推翻西方石油公司现有的管理机构；他也可以把西方石油公司捆绑起来交给七姐妹当中的某一家公司，该公司又可以用同样办法收拾西方石油公司，而西方石油公司只能束手就擒。

这时，哈默从椅子上站起来说："这项交易到此为止。""你们不是当真的吧？"

目瞪口呆的部长叫了起来。"当然是当真的。交易到此为止。"哈默与他的助手迅速走出房间，回到下榻的酒店。不到半小时，他们已飞离巴黎。所以，这一实例又向我们揭示了另一层含义，把握谈判中的让步与否不仅仅限于战术层面考虑，还要从战略层面来认识。

13.2.2 让步的策略技巧

让步的策略技巧有多种形式，但主要有以下几个问题需要把握。它包括：

(1) 让步要因人而异

让步的模式不是千篇一律、一成不变的。谈判对手不同，让步战术也要不同。第一种情况，如果对方是谈判新手，那么在谈判初始阶段，你就采取低姿态，有较大的让步表示，对方很可能并不感激，也不欣赏，即使你明确地告诉他，他也因缺乏经验不敢信任你。现实生活中，我们每个人常常会遇到这样的情况，当你到商场买你不熟悉的东西时，最开始问讯的商品价格是否是最优惠的，你心中无数。所以，最常见的办法就是将商场内同样的东西看个遍，问个遍，然后再决定取舍。尽管这使你颇费周折，但能令你感到放心，这时做的决策才是最优决策。这与谈判者的让步策略极其相似。

第二种情况，如果对方是个想向上级邀功请赏的人，或者说是一个狡诈的谈判对手，那么你可能就是个牺牲品。关于这方面的例子数不胜数。日本松下电器公司的创始人松下幸之助在早年的商战中就吃过这样的大亏。当他第一次来到东京，寻找批发商销售他的产品时，与对方一见面，批发商就友善地寒暄说："我们是第一次打交道吧，以前我好像没见过您。"这是批发商以"第一次打交道"与"我好像没见过您"的寒暄托词，实际来探测对手究竟是生意场上的老手还是新手的底细。松下先生缺乏经验，恭敬地回答："我是第一次来东京，什么都不懂，请多多关照。"他的答复却使对方获得了重要信息：新手可欺。批发商又问："你打算以什么价格出卖你的产品？"松下又如实地告知对方："我的产品成本是每件20元，我准备卖25元。"其实，按当时的市场价格和他的产品质量，还可以卖更高的价格。但批发商老谋深算，利用松下在东京人地两生，又急于为产品打开销路的愿望。将每件产品的价格压到20元，结果批发商大赚一把，却使松下先生受到了很大的损失。

第三种情况，如果对方是个谈判老手或是个有智慧、有理性、消息灵通的人，那么，你也不能马上表示妥协，但他能充分理解你，并愿意与你共同协商，满足各自的要求。

归根到底，无论对任何人，在做出让步时，最好的办法是让他经过一番奋斗和努力获得，只有这样得来的东西他才会感到有价值、值得珍惜。这不仅是人类生活的准则，甚至是动物的本能。某个资料上介绍，在美国的天堂动物园里，新来了一个喂河马的饲养员,老饲养员就告诫他,不要让河马吃得太饱。但新的饲养员感到不解,为什么不要让动物吃饱。结果,他不停地给河马喂食物,并到处在河马所及的地方放置食物,人们无不感到他的仁慈和善意。但两个月后,他却发现,他养的这只河马并没有长大多少,反倒是老饲养员不怎么喂的那只长得飞快。他以为是两只河马自身素质有差别。而老饲养员二话没说,跟他换着喂。不久,老饲养员喂的那只河马又超过了他喂的河马,这使他大惑不解。老饲养员告诉他,你喂的那只河马,是太不缺食物,反而拿食物不当回事,根本不好好吃食,自然长不大。我的这一只,总是在食物缺乏中生活,因此,它十分懂得珍惜,好好吃食,反倒健壮。同理,在日本一家动物园里,一个常年喂猴子的饲养员,不是将食物好好摆在那儿,而是费尽心思,将食物放在树洞里,猴子很难吃到。正因为吃不到,猴子反而想尽了办法要去吃,它整天为吃而琢磨,后来终于学会了用树枝努力地去够,把食物从树洞里弄出来。当人们问其中的原理时,养猴子的人说,这种食物猴子是没胃口的。平时,你摆在猴子面前,它都懒得看,根本不会去吃。只有用这办法喂它才奏效。而且,你越让它费劲得到,它越想得到,才会珍惜,使它把认为不好的东西变成了喜欢的东西。天下有许多事,一旦容易了,就等于过剩,人们就不重视,甚至抛弃它。而不管是多是少,它的原有价值都会被降低。这其中的道理不仅适用于谈判中的让步准则,也是人与人交往,正确处理人际关系的规则。

(2) 让步的基本规则是以小换大

让步的规则或策略处处充满着哲学中的辩证关系,关键看我们怎样认识,怎样实践。许多人固守自己的信仰和价值观,对让步表现得极为固执或固守传统,并自以为正确,而还有一些人把让步作为无足轻重的小事一桩,随时准备妥协退让,对让步的后果很少考虑。这两者都是我们应该摒弃的。

首先,学会处理让步中"大"与"小"的关系。让步规则中的"小"与"大"不仅具有相对性,还具有辩证性。因为让步既是谈判中的规则,也是我们生活中的准则。我们前面谈到不要轻易让步,因为这样会使我们不珍惜原本很有价值的东西。但是不是我们只要让步了就一定会有所损失,让步中的小与大是怎样体现的呢?曾经有一篇题为《人质之死》的文章颇引人深思,我们应怎样看待让步。

2003 年 8 月,发生在撒哈拉沙漠中的 11 名欧洲游客被绑架事件最终得以解决,但代价是一名德国女游客米歇尔·施皮策失去了生命。回顾整个过程,米歇尔未能幸免并非偶然,为什么悲剧偏偏发生在她身上呢?为什么只有她未能挺过这 6 个月的劫难呢?在某种意义上来说,是她自己选择了死亡。主要原因就在于她的不妥协、不让步。

2003 年 3 月 9 日,有 6 个德国人、4 个瑞士人和 1 个荷兰人组成的临时旅行团在非洲的撒哈拉沙漠中探险。他们一行 11 人在步行 3 小时后穿越一个峡谷时迷路了,只好返回。但就在他们回到自己的车旁时,他们被几个戴头巾的武装分子包围。他们其中的两位女士，包括米歇尔不停地哭，瑞士人库尔特劝她们振作，因为眼泪只能惹怒匪徒。后来，匪徒将这些人关在山区中一个 1.5 米宽、近 30 米长的峡谷里，每天的恐惧和生死未卜都在不停地折磨着这些人质。最后，为了增强活下去的勇气，他们决定住在一起，以便互相鼓励和通气。他们开始商讨与匪徒周旋的策略，怎样延长生命期限，改变生存环境，但德国人米歇尔却采取了拒不合作的态度。

绑架者是一些极端分子，他们坚持妇女在他们面前要戴头巾，穿长外套或裙子。他们给了米歇尔一件灰色的长外套，但她拒绝穿。她说她从不穿灰颜色，她也拒绝缠头巾，只肯戴她的太阳帽。当其他人质请她合作时，她一口回绝："我不愿意受约束。"尽管峡谷到处都是刺儿和尖石，她宁愿光脚也不穿鞋。其他人都用一升的瓶子装水，她坚持只用半升的瓶子，其理由是："我喜欢用小瓶喝水。"在炎热的天气里，防晒霜弥足珍贵，但她依然我行我素用来搽脚。

米歇尔与同伴的距离越来越大。她愤怒地看着其他人质和绑架者相处得很融洽。他们彼此用阿拉伯语和德语交流沟通，绑匪甚至向人质咨询，怎样提出索要赎金的要求。米歇尔向同伴嘶喊："为什么你们不反抗?!"同伴们告诉她，反抗的结果可能是所有人都难以脱险，还不如和绑匪合作，争取生存的机会，才能救赎人质。但她一点也听不进去，反倒越发变本加厉，处处与绑匪唱反调，这不仅增加人质生存的危险，也使得她的同伴越来越远离她，甚至觉得她是危险人物。结果，米歇尔和其他人质之间的关系越发紧张，为一点鸡毛蒜皮的小事就引发冲突。事后来看，这不仅是由于她倔强的个性，也受制于她深植头脑中的决不妥协让步的价值观。

到后来，由于米歇尔总是赤脚走路，使她的脚踝受伤，继而伤口感染化脓。为了让脚得到休息，米歇尔便很少喝水，这样就不用一瘸一拐地上厕所。别人劝她多喝水，免得脱水，但她根本听不进。又走了两天后，米歇尔的脱水症状加重，脸色灰白，皮肤烫人，却不出汗，这是明显的中暑症状。随后，她陷入了昏迷，一小时后毫无痛苦地死去了。随着她的死亡，群体内的氛围也发生了微妙变化，变得更加融洽，更加相互照应了。"因为我们知道，如果我们不能同心同德，不能向绑匪做适当的让步，我们都将难以生存。"一个人质事后总结道。

当面临生与死的抉择时都不做让步，这种精神是可嘉的，但作为社会中人的策略选择，我们却不能不说，它会使你失去各种的选择机会，也大大缩小了你的生存空间，也就谈不上你做人的价值了。

其次，要把握让步的时机。让步是谈判中最重要的策略或技巧，因此，要很好地处理让步问题，除了让步的指导思想和战略目标要确立，注重让步中的具体关系，还要知道在什么时候做大的让步，在什么时候做小的让步。一些情况下，你可以做较大的让步，甚至看起来是很不划算的一笔交易，但是它却让你在其他方面收回了利益。我国黑龙江省一家银行的业务员在面临歹徒抢劫时，机智地与其周旋，在扔给歹徒索要的一小袋零钱时，趁机按响了报警器，歹徒吓得跑掉了。事后，她被银行的领导视为叛徒，严厉指责她应该为保卫银行财产不惜牺牲自己的生命。但事件报道出来后，激起极大民愤。舆论的导向是损失了近万元零钱的"让步"收益是巨大的，它不仅保存了人最宝贵的生命，还使银行的上百万财产免受更大的损失。许多实例证明，让步中的大与小不是一成不变的，如果我们准备充分，能妥善处理交易中的各种关系，善于沟通，让步带来的只是收益。

当然，商业行为中的让步，多数情况下，是交易双方讨价还价的结果，就这一点来讲，要事先充分准备在哪些问题上与对方讨价还价，在哪些方面可以做出让步，让步的幅度有多少。

最后，让步不一定就是利益的转移，你也可以采取变通的方式。专家建议，必须以某种形式来回应对方做出的任何让步。当然这并不是说你也要给对方一样的让步，比较好的形式是答应会认真考虑他们的想法和要求。谈判专家尼伦伯格认为，创造变通的方式也是让步的最佳形式。他举例在美国的劳工谈判中，这样的变通做法十分寻常。如经年累月谈判，使得分歧与危机减至最低限度；利用小组委员会参加谈判，分化危机；一旦你感到危机出现时，马上派代表人参与谈判。劳方和资方实行联合交易，各个击破。

（3）让步需注意的问题

让步要注意以下几点：

第一，不要做无谓的让步，应体现出对己方有利的宗旨。每次让步或是以牺牲眼前利益，换取长远利益，或是以己方让步，换取对方更大的让步和优惠。

第二，在未完全了解让步的后果之前，不要轻易使用这一战术策略，盲目让步会影响双方的实力对比，让对方占有某种优势。

第三，让步要让在刀口上，让得恰到好处。能使己方以较小的让步，获得对方较大的满意。因为人的心理是如果耗费大量资源和时间成本得到的东西，会格外珍惜和欣赏。

第四，在己方认为重要的问题上力求使对方先让步，而在较为次要的问题上，根据需要，己方可以考虑先做让步。

第五，不要承诺做同等程度的让步。因为这种让步所达成的协议仅是双方机械妥协的结果，不是理想的协议。同时，费尽心机获得的承诺也没有什么意义。

第六，如果做出的让步欠妥，要及早收回，不要犹豫。许多人喜欢如果让步欠妥，就以沉默或"忘记"来掩饰，这不是君子风度，也不合规矩。

第七，一次让步的幅度不宜过大，节奏也不宜太快，应做到步步为营。实践证明，当一个人轻而易举地得到对方做出的某种让步时，别人给予的东西往往会贬值。最后，当某件东西得来全不费工夫时，人们又会希望得到类似的东西。

第八，在准备让步时，尽量让对方开口提条件，表明其要求。许多情况下，你会发现他的要求其实没有你想象的那样高。

第九，让步的目标必须反复明确，让步不是目的，只是实现目的的手段，任何偏离目标的让步，都是一种浪费。让步也要定量化，在每次让步之后，都要明确让步已到何种程度，是否获得了理想的效果。

第十，在接受对方让步时要心安理得，不要有负疚感，马上考虑是否做出什么让步给予回报，如果这样，你争取到的让步就没有什么意义了。

让步的具体形式很多，在实际运用上，要根据对方的反应，灵活地运用，切忌一成不变地固守一种模式。让步又是一个十分慎重的问题，每一个让步都能给对方某种好处，相应地，每个让步都可能损失己方的某种利益。因此，让步之前，一定要慎重考虑前因后果，要求对方让步时，也应考虑为此可能付出的代价。

13.3　把握成交机会

13.3.1　正确认识成交

谈判的最重要的环节之一，就是把握成交机会。它就像百米冲刺一样，你可能在赛跑中一直领先，但由于没掌握好冲刺技术，最后功亏一篑，冠军与你失之交臂。许多推销员常常不明白为什么自己多次做工作的客户却与别人做成了交易，那就是你缺少敏锐的觉察力，缺少判断成交迹象的经验和技巧，没有把握住成交机会。结果，虽然你成功地唤起了客户的需要，但却不能将你的产品推销出去。

在商务谈判活动中，随着双方对所商讨问题的不断深入，成交的机会会随时出现，那种认为只有商谈到最后，才是要求成交的最佳时机是极端错误的。

由图13-1可见，成交不是双方接触到最熟悉或融洽状态时，才提出达成合约的要求，它可能在交易中随时出现，需要你发掘和判定。

13.3.2　谙熟成交迹象

那么如何判断对方的成交迹象呢？主要有以下几个方面：

第一，对手由对一般问题的探讨延伸到对细节问题的探讨。例如，当你向他推销某种商品时，他忽然问："你们的交货期是多长时间？"这是一种有意表现出来的成交迹象，你要抓住时机明确地要求他购买。

第二，以建议的形式表示他的遗憾。当客户仔细打量、反复查看商品后，像是自言自语地说："要是再加上一个支架就好了。"这说明他对商品很中意，但却发现有不理想之处。但只是枝节问题或小毛病，无碍大局。你最好马上承诺做些改进，同时要求与他成交。

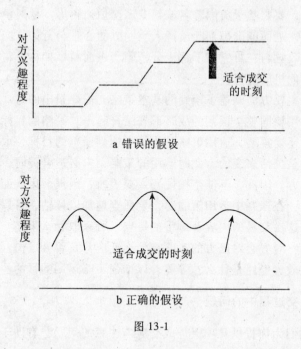

图 13-1

第三，当对方对你的介绍和商品的使用功能随声附和，甚至接过话头讲得比你还要具体时，这也是可能成交的信号。你就要鼓励他试用一下，以证明他的"伟大设想"。比如，当你介绍某一家用切削器的功能时，对方说："我以前也曾用过类似的，但功能没这么多，你这东西能打豆浆吗？要是那样，每天都可以吃新鲜豆浆，但却可以节省 15 分钟的购买时间，不是吗？"下一步，就是你怎么接过他的话头了。

第四，当谈判小组成员由开始的紧张转向松弛，相互间会意地点头、用眼睛示意时，也是你要求成交的好时机，可以将话题向这方面引，即使是不能马上成交，也会加速成交进程。

第五，抓住一切显示成交的机会，特别是对方讲话时所发出的信号，也许他是无意识的，这样对你更有利。有一家公司在和对方谈生意，当双方在砍价时，一方报出 48 元，另一方马上叫起来："你怎么能指望我们在 45 元以上买你们的商品呢？"这一句话输出了两个信息，一是他们的价位是 45 元，二是他已准备成交了。再如，一家油漆公司与他的经销代理商谈判经销价格问题，油漆公司认为经销商要价太高，派财务经理与他压价，但对方在与他沟通时，却同时问他，这项计划什么时间开始执行？这立刻暴露出油漆公司已准备与经销商成交了，这种情况下再指望他降价已是不可能了。

在国际谈判中，比较著名的是"伊朗人质危机"的谈判。这次谈判的问题之所以能最终解决，要归功于美国著名谈判专家荷伯·科恩。他对伊朗的领袖霍梅尼研究得十分透彻，进而能准确判断劫持人质一方的心理与行为，同时，他又对美国的大选形势和执政党与在野党的了解十分精确，进而料事如神，帮助美国政府圆满达成了解决人质危机的协议。

以上从三个主要方面阐述了谈判的基本策略。需要指出的是，仅仅知道策略还不够，策略的运用要同整个谈判的战略部署结合起来。策略的目标和策略的实施甚至要比策略本身还要重要，运用策略是为了要达到谈判的目标，取得谈判成功。

策略的运用是灵活多变的，此时运用的策略，未必适合彼时，适用于卖方的策略，未必适合买方。因此，不能生搬硬套，要因时、因地、因人而异。为了更好地发挥策略的效用，在谈判中运用策略时，要适当地加以评估，可以采取提问题的形式。例如，根据这次交易的内容及对手的特点，可采取什么策略？此刻是否是变换策略的最好时机？对方会对己方的策略有什么反应？是否会反击？可能采取什么方式？如果策略失效，退路是什么？等等，以增强策略运用的目的性、有效性。

13.3.3 注意成交过程中的问题

在这里，我们为你提供几项促进成交应该注意的问题，有助于你将谈判对手推向达成协议的一方。

（1）适时展现对"结束谈判"的积极态度，可以反复询问对方："既然我们对所有的问题都已达成共识，何不现在就签署协议呢？"就这一点来说，你仔细回想一下，当你到零售店买东西时，店员是不是想尽一切办法要求你"现在买了不是更好？"立即成交对卖方来讲什么时候都不是一件坏事。

（2）在要求结束谈判时，话不宜过多，免得忽略了对方的反应。同时，话太多也会让对方觉得你紧张、情绪不稳定。

（3）设法采取不同的方式向对方渗透，达成协议是相当明智的选择，尽量将理由解释充分并"冠冕堂皇"。

（4）采取假定谈判已经顺利达成协议的方式，如果你是买方，将协议要点记下来，并询问对方支票开立的日期；如果你是卖方，询问买家货品该送往何处。

（5）与对方商量协议的具体内容，例如像遣词用字、送货方式，表示谈判双方在主要议题和价格上已取得共识。

（6）以行动表示达成协议。如业务人员开始动笔填写订单，买方则给卖方购货凭证，相互握手以示成交等，行动可以具体展现你对达成协议的诚意。

（7）提供一项特别的优惠，诱使对方提早结束谈判。如再提供一定比例的折扣，承诺分期付款，提供设备等。

（8）以陈述故事的方式告诉对方，某人或某企业因错失达成协议的机会，以致陷入困境，进而衬托双方成交是十分值得的。

（9）强调未能立刻达成协议可能招致的一些损失。人们多半是对能得到什么无动于衷，但却非常在意可能受到的损失。如果你是买方，可以告诉对方，你提供的这种条件，已经是公司的最大优惠，如果不马上成交，市场的变化导致企业会修改条件，不要错失良机。

（10）尽管你会受到对方的拒绝，但不要轻言放弃。国外一位名气不小的共同基金管理员的经历是：他总是在别人拒绝他七次之后才放弃。

总之，了解策略是一回事，运用策略是另一回事，能否在谈判中发挥策略的有效作用，关键就看你的运用。

13.4　利用直觉谈判

13.4.1　什么是直觉

直觉是一种基本的心理功能，它是那种以一种无意识的方式传达感性认识的心理功能。哲学家将其认为是"本能的先天思想"。法国哲学家彭加勒认为："逻辑是证明的工具，而直觉是发现的工具。"而经济学家也看重直觉，美国著名学者，同时又是诺贝尔奖金获得者，决策理论创始人 H·A·西蒙认为："人所把握的信息总是不完全的，但要决策，那么他依据的至少有一半得凭直觉进行判断。"美国战略管理专家罗伯特·沃特曼说："通常人们认为'信息加上机会就可以产生出经营成功的最重要的战略'。但是这里还有第三个因素，这就是直觉。"

人们很早就意识到直觉的作用。在世界的三大宗教——佛教、基督教和伊斯兰教的经典中，到处都有关于直觉的预知，但早期人类关于直觉的研究很多并不科学，甚至与巫术、占卜等相关，只有到了近代，随着科学的发达，社会的进步，对直觉的研究与解释才不断引起人们的注意，并做出了令人振奋的探索。对直觉的解释最有代表性的要数"第六感"说。许多人认为，直觉的预知是人们的第六感知。我们知道，人作为生物有机体是通过五种感觉器官，如眼、耳、鼻、口和皮肤感知外界事物的。坚持第六感知说的人认为，人们还有"心觉"即我们所说的直觉。这种第六感知包含的种类很多，像"直感"、"灵感"、"心灵感应"、"诀窍"、"超感觉"等形式。例如，就灵感来讲，诗人、作家、音乐家和画家等都有深刻体会，没有灵感，创作就会枯竭。但在日常生活中，普通人更多的是一种直觉的感受。例如，我们在陌生场合碰到一些人，我们可以凭直觉大体知道这个人的职业，许多细心人甚至还能判断出对方的秉性与行为习惯。一个最典型的例子是，从事反扒的老警察，凭直觉就知道该上哪辆公共汽车，并在拥挤不堪的车厢中能感觉出有没有扒手，他可能什么时候下手扒窃；银行的出纳员在点钱时，能本能地识别出假钞；

石匠在凿石块时，会准确地判断哪块石头能裂开。所以说，第六感官实际上还是眼、耳、鼻、口和皮肤这五大感官对运动着的物体的综合感觉，再加上心理的体验。

一个资料中给我们介绍了一位母亲的直觉，使她意外破获了连警察都难以侦破的案子。一年冬天，在美国的费城，一户人家无端起火，大火瞬间就吞噬了家里的一切，包括刚刚出生 10 天的宝宝。这事发生得真是十分蹊跷，这位母亲本不过是到附近的超市中买一些婴儿的尿片，结果家里就发生了火灾，当这位母亲踩着火苗冲进婴儿室时，床上却空空如也。小宝宝的尸骸遍寻不见——随之而来的人们告诉这位母亲，那团粉嫩的生命已经成了灰烬。直到 6 年后……

那是一个朋友的生日派对，这位母亲看到一位女孩。只第一眼，就不由得呆住了：可爱的酒窝、美丽的黑发、似曾相识的眼神。一瞬间，强烈的直觉告诉她：眼前的女孩就是自己的亲生骨肉，也就是 6 年前在大火中"死去"的那个孩子。

这位母亲急中生智，佯称女孩的头发上粘了口香糖，然后借给她整理头发的机会拿到了五根头发。结果 DNA 的试验证明，这位孩子果然是那位已"死去"的女孩。警方不得不对当年那场火灾重新调查。曾被认为是电线短路造成的火灾，却是一个精心策划的预谋，当她的孩子被偷走后，罪犯又放火烧了她的家，以销毁证据。但母亲的直觉为她找回了孩子，也伸张了正义。

13.4.2　直觉在谈判中的作用

直觉在谈判中的作用主要表现在三个方面：

第一，直觉可以帮助我们预测某些事物或人的行为的变化与可能的结果。在知觉理论中，最有影响的被称为"体验唤出"，即所谓"巅峰经验的实现"。"巅峰经验"是美国心理学家马斯洛最先提出的，也称为"默契体验"和"纯粹经验"。它指的是：当人们极度专注于某一事情时，会在极短的瞬间，体会到以前从未体会的东西，会完全忘掉自我，和他所专注的事情融为一体，并以事物的化身出现。既然这时的人已完全融为事物并代表事物，所以，他很容易知道事物将怎样变化。有这样一个事例。某一天，松下公司的创始人松下幸之助到公司本部召集会议。会上，他突然问，远在另一个城市的分厂发生了什么问题？秘书说："早上刚接过各分厂的汇报，一切正常。""马上打电话去问，那里肯定有问题！"松下说。不一会，通过电话，秘书悄悄告诉松下：那个工厂的工人正在酝酿罢工，那里的经理正准备向总经理汇报。

第二，直觉可以帮助我们决策。决策在任何活动中都十分重要，尽管决策的方法很多，但直觉决策仍不失为一个有效方法。研究表明，直觉决策在以下几个方面都是不可替代的：（1）存在较高的不确定时；（2）极少有先例存在时；（3）变化难以科学预测时；（4）"事实"有限时；（5）事实不足以明确指明前进道路时；（6）分析数据用途不大时；（7）当需要从几个可行的方案中选择一个，而每一个的评价都良好时；（8）时间有限，并且存在提出正确决策的压力时。

对于谈判来讲，直觉的决策会更多。这主要是由于谈判是一种影响因素较多，最终结果不太确定的行为，例如，对谈判对手是否有成交倾向的判断，对讨价还价的程度，有经验的谈判人员在许多情况下是通过直觉来判断的。

第三，直觉可以影响我们的心理定势，从而左右谈判结果。

著名心理学家荣格对直觉有系统的研究，他认为："直觉是一种本能的领悟，而不管其内容实质。像感觉一样，它是一种非理性的感知功能。直觉的内容具有一种特定的特征，与情感与思维的内容等'派生的'或'推理的'特征形成对照。因此，直觉的认识具有一种内在的必然性与内在的明确性，这种特性使得斯宾诺莎把这种'科学的直觉'确认为最高的认识形式。同感觉一样，直觉具有这种共同的性质，它的物质基础是它的确定性的根本与源泉。同样，直觉的确定性依赖于一种明确的心理事实，不过，主体对这一事实的根源及其完备状态却完全没有意识到。"

"直觉既以主观的形式也以客观的形式出现：前者是对无意识心理事实上的一种感性认识，这些事实的根源基本上是主观的；后者却是对另一些事实的感知认识，这些事实依赖于客体的阈下感受，依赖于由此而产生的思维与情感。"由此可见，直觉作为一种特定的心理现象，不管是无意识的感性认识，还是基于事实的感知，都说明直觉会左右人的心理活动和事物认识，并形成比较定势的认知模式，常常潜意识地影响我们的分析与思考，影响基本判断和决策。例如，我们在交易时可能会突然心血来潮地答应对方增大购买数量，或做出较大的让步，因为你感觉到对方陈述的现状是真实的，问题是可信的，而你的购买可以解决他很大的困难。

复习思考题

1. 你怎样理解高期望、高报价的策略？
2. 最后报价与最后期限策略的差别是什么？
3. 在价格让步模式中，你怎样理解第五种让步模式？
4. 请分析正确和错误的成交图示的区别。
5. 请举例说明让步要"因人而异"的规则。
6. 利用直觉谈判需注意什么？

案例分析

采购德国纳格尔珩磨机的启示

　　1999 年，我国某厂购买德国纳格尔珩磨机，预计总价款 400 万欧元。技术部门的技术考察、采购部门的价格分析及前期的商务谈判持续了 5 个多月。技术部门经多家比较后，倾向于纳格尔。中方一位谈判代表作为商务副主谈，全过程参与此项设备引进工作。

　　为了给对方施加压力，为中方争得主动权，中方特地邀请美国辛辛那提、日本丰田工机的代表参与竞标。尽管技术部门对这两家的设备不甚满意，但为了营造一个竞争环境，中方商务代表苦口婆心地向技术部门做了大量的说服工作，并保证在不违背大原则的基础上，率先满足技术部门的要求。

　　在与三方代表进行多次技术交流和商务磋商后，正式的谈判在一天上午开始了。被邀请三方代表出现在指定的会议室内。按德国纳格尔、美国辛辛那提、日本丰田工机的先后顺序，在规定的 45 分钟内，首先，进行设备简介和技术说明，然后，在封闭的投标室内进行首轮封闭投标。在一方步入会议室的同时，请其他两方代表在同一候补会议室内静候。

　　另外，在此 45 分钟内，中方规定谈判小组中除技术人员与对方进行简单交流外，商务谈判人员一律以充满自信的微笑凝视对方，不与对方做任何商务信息交流，让对方代表认为中方主谈人员早已胸有成竹，从而给对方心理上的威慑。

　　因中方在早晨的说明会上预先说明，主谈即主管厂长 21：45 飞机飞往长春（虚构此事端，在中方集体早餐中每人多吃一个鸡蛋和一杯牛奶），若要加快谈判进度，中午就不能休会。否则，如果今天谈不完，各位代表要等候两天，再接着谈（三方代表分别在不同酒店下榻）。

　　经中方谈判小组对三方代表提交的封闭标书进行 1 个小时的评议后，紧接着进行第二轮商务谈判。

　　此轮按日本丰田工机、美国辛辛那提、德国纳格尔的先后顺序，请对方代表进入主谈会场，故意把德国纳格尔排在最后。

　　首轮投标书中，日本丰田工机报价 418 万欧元、美国辛辛那提报价 385 万欧元、德国纳格尔报价 402 万欧元。

　　中方分析的结果是：中方事先规定成套设备中的电气系统、传动系统、液压系统、润滑系统等均采用统一的品牌，如电气系统的西门子、传动系统的法那克等等。因此，对方整体报价中，利润的隐藏点肯定不同。所以，商务代表提出，要求三方代表在 2 个小时内，把整体报价分解为按 11 个部分进行分项报价，而且强调是最终报价。

三方分别封闭在三个小会议室内，经过紧张工作，按中方要求，由整体报价形式，分解为分项报价形式。

当中方拿到三方代表的分项报价后，立即填入中方事先准备好的 EXCEL 表中，迅速筛选出 11 个分项中每一项的最低价，合计为 335 万欧元。加上组合效率系数 8%，应为 362 万欧元。这也是中方的最高接受价格。

第三轮商务谈判开始，此轮按美国辛辛那提、日本丰田工机、德国纳格尔的先后顺序。辛辛那提蜻蜓点水，一掠而过，而与丰田工机的谈判中，耗用了 1 个多小时的时间，其间谈笑风生，一阵阵欢笑声不时在走廊内飘荡。中方商务代表暗示丰田代理商，2000 年，中方另有两台加工中心引进，即使此次不能如愿，明年的项目，丰田工机中标的可能性很大。因为，中方曲轴加工线上，已有两台丰田工机的加工中心，技术部门及车间操作者反应良好。因此，日方代表满面春风地离开了，这让德方代表满腹狐疑。

最后一位走入主谈会场的德方代表表情十分复杂，入座后，中方商务代表首先提醒德方，中方主谈 21:45 要赶飞机，20:12 务必离开。若达不成协议，明天可与中方商务代表继续谈，关键问题由中方代表电话请示主谈。也可以两天后，等主谈回来后面谈。

然后，主谈重申中方立场和原则。接着，中方商务代表开门见山地向德方说明各个分项系统之中，所掌握的最低报价，并逐一征询对方是否能接受。若不能接受某个分项价格，请说明理由。

除了三个分项系统，德方以前出产的珩磨机没有配备过，因需调试风险费用而坚持原价格外，其余的项目均同意中方厂家的还价，总价款为 358 万欧元。主谈轻轻地问了一句是否为最终价格，对方沉吟片刻后，毅然决然地说："355 万，这是我方最低的报价。"

中方主谈和德方销售代表的两双手紧紧地握在一起。晚上 8 点整，双方协议草签完毕。

问题：
1. 中方在此次商务谈判中使用了什么战术？为什么奏效？
2. 促使德方成交的战术技巧有什么特点？对其他国家的谈判者也有效吗？

第14章　破解谈判陷阱

学习目的

　　谈判是交易各方的博弈，也是各方实力较量的结果，因此，为达到各自的目的，所使用的手段和采取的策略并不一定符合商业规范和职业道德，这里我们将超出职业道德规范的谈判伎俩的使用并使对方陷入不利境地的谈判谋划称为谈判陷阱，识破交易中的阴谋诡计，了解陷害人的种种手段以及如何消除谈判冲突都有助于我们很好地进行国际贸易交往。

　　我们系统地介绍了一些谈判中常用的策略和技巧，这些都是符合职业道德的。但在实际谈判活动中，一些人为了达到己方目的，常常是不择手段，不顾后果，行贿、窃听、欺骗、恫吓等。对这些伎俩，我们也应有所认识，有所防备，以便能更有效地反击、自卫，更好地维护自己的利益。

14.1　识破交易中的阴谋诡计

　　交易中的阴谋诡计表现为多种形式，这里我们的主要判断根据是谈判者使用这些伎俩是否超出了职业道德规范，并以此达到不可告人的目的，获得不正当的利益。

14.1.1　欺骗

　　这是谈判中经常使用的一种伎俩，即对方在陈述客观情况时，故意隐瞒真实情况，编造一些虚假的事实，欺骗对方。例如，"这种产品是我们引进国际20世纪90年代末最先进的设备生产的，质量性能是一流的"。实际上，引进的生产设备充其量是20世纪80年代的产物，是外国企业淘汰下来的设备。这就是明显的欺骗行为，是违反职业道德的。尽管可能一时欺骗了对方，但是很难保证永远不露马脚，对方一旦发现他被欺骗，就会想尽一切办法报复，后果是消极的。

　　在现实中，欺骗的情形有多种：第一，别有用心的对手常常会借与你谈判之机，诱使你披露全部或部分情报，而他却并不一定与你做交易。许多情况下，使用这种伎俩的人是想让你抛出建议，然后再用这些建议向其他有目标的客户压价，从而寻找他认为最理想的客户，这在当今的贸易洽商中简直是司空见惯。对付这种欺骗手段的有效办法是想方设法澄清对方的谈判动机，除非你确信对方只与你一家进行了实质性接触，否则，不要轻易提供有价值的资料情报。

第二，谈判对方往往提供一大堆有名无实的资料，让你在其中寻找，发现星星点点的有用情报，更多的是以假象欺骗你。如提供过时的价格标准，不符合实际的数字，夸大的产品质量性能，失效的技术专利等，以引诱你洽商。

第三，谈判对方可能派遣没有实权的人与你商谈，以试探你的态度、立场，或故意透漏给你错误的情报，诱骗你上当。在有些情况下，当你与对方协商，谈妥条件，准备签署协议时，对方的所谓实权人物出面，否定了你已议好的主要条款，再重新商议。由于你已经花费了许多时间精力，不愿意看到交易功亏一篑，或负有成交的使命，不能空手而归，只好妥协，以求签署协议，这种不道德的做法，也属于故意欺骗。

对付这种情况的办法是：一方面，在进入实质性条款洽商中，要认真考察对方的权限范围，你可以直接询问对方："在这个问题上，你有多大的权力范围？"如果对方回答含含糊糊，你可以要求直接与对方有决定权的人谈判。你也可以通过各种渠道，了解对方在企业中的地位、权力与责任。对方在交谈中常常含糊其辞，不讲实质性的内容，要么是别有用心，要么就是无权决定，一定要引起警觉，可采用假设条件策略试探对方。另一方面，如果对方想在谈妥之后重新反悔，决不能轻易退让。

例如，对方在主要问题谈妥之后突然宣称，他们只将你认为是定案的协议作为进一步谈判的基础，这种情况下，多数谈判的另一方都感到十分沮丧，不知如何是好，其基本对策是坚持对等的原则。你可以提出，如果你认为这个协议只是个草案，对双方都没有约束力，那么，我们可以再考虑一下，是否还有必要坐下来再提出各自的方案。如果他能体会出你有中止谈判的意思，也许主动权就会转移到你手中。但前提要确定他是否真想与你做交易，否则，你这样做，正好给了他寻找其他客户的借口。

第四，在个别情况下，还会出现谈判一方擅自改动协议书的内容，单方毁约的行为。因此，必须仔细审查协议书的内容，责任条款是否清楚，意思表达是否完整，措辞是否严谨，避免可能出现的漏洞与疏忽，减少可乘之机。

故意欺骗不同于没有讲出全部情况。有些时候，出于某种需要，并没有讲出全部情况或全部真相，但并没有编出虚假的情况欺骗对方。因此，一定要警惕对方在谈判中使用故意欺骗的伎俩，商谈的重要内容一定要一丝不苟，严肃认真。同时，还要学会察言观色，编假话欺骗对方常常会出现前言不搭后语，甚至自相矛盾的情况，仔细观察你就会发现这些破绽。此外，每当对方向你介绍一些比较重要的情况，或回答你提出的关键问题时，最好不要只听一面之词就匆忙做出决定，一定要经过调查、核实。任何一家商店都不会因为听说你在银行有存款，就把商品卖给你，即使赊销，也要通过一定方式证明你有能力支付货款和保证付款，这对于你也同样适用。寻找机会证明一下对方说的话，就减少了上当受骗的可能性。

14.1.2 威胁

威胁大概是谈判中用得最多的伎俩。因为威胁很容易做出，它比提条件、说服要容易得多。它只要几句话，而且不需要兑现。而且人们的本性多少也使许多谈判人员自觉或不自觉地使用威胁手段。但是谈判专家对一些典型的案例研究表明，威胁并不能达到使用者的目的，它常常会导致反威胁，形成恶性循环，损害双方的关系，导致谈判破裂。例如，"你们如不能保证在第四季度中全部交货，我们将拒绝接受你们的货物，一切损失将完全由你方承担"。这种威胁的口吻虽然比不上"你们如果不同意这个条件，我们就将退出谈判"来得直截了当，但其作用却差不多，很容易激怒对方，使被威胁的一方感到有必要进行自卫。

实际上，表达同样的意思有各种方式，如果有必要指出对方行为的后果，就指出那些你意料之外的事，陈述客观上可能发生的情况，而不提出你能控制发生的事。从这一点来讲，警告就要比威胁好得多，也不会引起反威胁。就刚才的例子来讲，如果说"从情况来看你们在第四季度供货确实存在一些困难，但如不能在年底前交货，我们部分车间就会停工待料。造成生产上的损失不说，也会使我们继续履约有极大困难"，这样的效果会好得多。使用威胁的一方虽然看起来很强硬，但实际上却是心虚的表现，因为对方一旦不惧怕威胁，他便无计可施了，也没有了退路。

威胁的副作用很大，优秀的谈判者不仅不赞成使用威胁，而且尽量避免使用威胁的字眼。研究表明，威胁常常来自那些壮志未酬、虚荣心受挫，同时自尊心很强的人。在谈判专家荷伯·科恩看来，凶残和威胁来自于弱者，而体面和同情源自于强者。

对付威胁的有效办法，是无视威胁，对其不予理睬，你可以把它看成是不相干的废话，或是对方感情冲动的表现。你也可以指出威胁可能产生的后果，揭示使威胁成立的虚假条件，这样，威胁就失去了应有的作用。必要时，对威胁进行反击效果也会很好。多年前，美国威斯康星州的一个参议员威廉·普鲁西米尔在哥伦比亚区的国会山附近晨跑时，一个歹徒冲到他面前要抢劫。这位反应机敏的参议员对歹徒说："那好，你接着威胁我好了。说实话，我真希望你这样做。我的癌症已到了晚期，正想着自杀呢。但是，要是我那样做的话，我妻子就得不到我的人身保险了。因此，如果你杀了我，你可真是帮了我们家大忙了。"结果歹徒什么也没勒索到，反倒吓跑了。

14.1.3　强硬措施

这种伎俩在国际性谈判以及西方国家的劳资谈判中较为普遍存在，即谈判一方声称某些条款没有任何考虑、商量的余地，他们往往是"要么干，要么算"。在有些方面，他们固执得不近情理，强硬地坚持某些要求，把它当做一种赌博，先向对方摊牌，然后迫使其让步。

一些权力欲较强的谈判者，善于坚持强硬的毫不妥协的立场，经常打出这张"王牌"，声称"这个不能改，那个不能变"，竭力攫取一切。在有些情况下，他们的强硬立场可能会占上风，但从长远来讲，这是一种短视的行为。一味地强硬是极不可取的，道理就和拍皮球一样，你拍得越重，反弹得越高，无论是什么内容的谈判，没有哪个谈判对手会默默忍受对方施加的压力。谈判专家把这种伎俩的应用比喻为：两辆卡车在一条单行道上迎面高速驶来，当两车相近时，双方都可能要采取措施避免相撞，一个司机的做法是，把方向盘扔出了车外，这样，车子只能向前走。另一个司机在这种情况下，既可以向前开，使两车相撞，也可以把车子开到马路边的沟里。这说明，采取强硬措施的一方如同司机将方向盘扔出窗外一样，把自己置于毫无选择的境地，虽然强调了自己的要求，却减少了对形势的控制，而另一方增加了选择的余地。但是，无论怎样做，结果都不理想。

在谈判中使用强硬的手段，对双方来讲，都会受到不同程度的损害，要么同归于尽，要么是两败俱伤。这里有一个例子对于我们有很大的启示作用。20 世纪 70 年代中期，发生在美国西方石油公司和美孚石油公司之间的一个风波的处理很好地说明了采取强硬措施的结果是什么。

20 世纪 70 年代中期，当时世界上实力最雄厚的大公司美孚石油公司想购并美国西方石油公司。一天，美孚石油公司的董事长约翰·斯韦林根从芝加哥打来电话，希望第二天能到洛杉矶西方石油公司的办公室见到哈默。哈默以为他大概要与他商谈自己公司在科罗拉多的油页岩试验的事。于是，哈默表示欢迎与对方见面洽商。

第二天，斯韦林根董事长与他的助手如约来到公司。他们对哈默说："哈默博士，我们是想买下贵公司。"哈默的回答也直截了当："敝公司不卖。""哦，"约翰·斯韦林根耐着性子笑道，"我看你还是放聪明些，听完我的开价后再拒绝也不迟。我将以每股 17 美元的价格买下你们的全部股票，同时也买下你们的优先股。"

那天，西方石油公司的股票在纽约证券交易所的售价为 14 美元一股。西方石油公司公开发行并出售 5 500 万股普通股票和 1 500 万股优先股，由此，斯韦林根的出价将是 13.5 亿美元。"自然，"斯韦林根接着说，"我们会照顾西方石油公司的主要职员，当然也包括你自己在内，我们将支持你们在北海和别处的开发项目，合并后的公司将是美国十大工业公司之一，我们的销售量合起来接近 170 亿美元。"

哈默在西方石油公司的股票能使他个人在这次交易中获利 2 亿美元。但哈默的回答是："我愿意把这项建议提交董事会讨论，但我把话说在前头，我是不会为它说好话的。我公司的价值可不止 17 美元一股。"

哈默立即召集公司所有高级经理人员以及在家的董事参加会议。会上，哈默说："我们就要打一仗了。"使哈默气恼的是斯韦林根不是在征求他的意见，而是在通知他：印第安那美孚石油公司要接管西方石油公司。更霸道的行为还在后面，斯韦林根在当天下午给哈默打电话说："根据证券交易所有关披露新闻的规定，说我们已经商讨过合并的可能性。"

哈默回答说："我无法阻止你发布消息，但我会坚决否认我们对你的建议有任何兴趣。"后来，消息公布了，哈默立即指示律师发表声明，否认对它们的建议有任何兴趣。当然，西方石油公司同时还控告摩根斯坦利公司充当印第安那美孚石油公司的代理人，犯有利益冲突罪，因为它们在一宗重要的房地产交易中充当西方石油公司的代理人。与此同时，哈默立即向美国联邦贸易委员会控告印第安那美孚石油公司违反托拉斯法的规定，这立即在华盛顿引起轩然大波。

当年 9 月 3 日，哈默出席参议院石油工业小组委员会举行的会议。他的发言有这样一段内容："我相信这一听证会比我以往参加过的任何一次听证会都具有更大的全国性的意义。西方石油公司的自由和独立处在生死存亡的关头。这对于本公司 30 万股东、3 万 2 千名职工，对于同我们做生意的许多大大小小的公司，是个至关重大的问题。一旦西方石油公司落入某个大石油公司之手，那么美国人将失去最大的独立石油公司，进而在石油、煤炭、化学、肥料和国际贸易领域失去拥护竞争的一名坚强战士。"

接着，他又说："假如美孚石油公司这次能够趾高气扬地如愿以偿，那么其他企业家还有什么安全可言？美孚石油公司显然自以为能够实现垄断，没有什么力量能阻止它们。我要说，它们能够被阻止！西方石油公司的管理机构和股东将会阻止它们，我们的政府将会阻止它们。政府并非袒护西方石油公司，而是因为我们相信，我国法律的宗旨就是要防止贪婪的吞并行为！"哈默的激烈抨击也极大地伤害了斯韦林根。这使他迷惑不解，他很难理解哈默以及别的人，为什么对大公司如此害怕，合并又有什么不好？斯韦林根公开表示：持这种态度的人表现出了"对经济的无知"。

现在看来，这像是一场闹剧，甚至根本算不了什么。这种购并几乎每天都在发生，在什么行业都会发生。但在当时确实闹得沸沸扬扬，彼此相互攻击。原因很简单，一方忽略了另一方的感情、要求，使用强硬手段，要达到自己单方面的目的。这原本应该是两个公司要共同达到的目的，是一个双赢的结局，但当时的结果却是双方都输。

因此，在谈判中坚持强硬措施的后果是十分消极的。事实证明，谈判中有一方墨守成规，固执己见，立场强硬，很少能达成有创造性的协议。如果双方都是如此，那么，谈判将名副其实地成为一场战斗，谈判的最好结果也只是双方机械妥协的产物。

对付强硬措施的办法就是灵活。如果对方强硬，你也强硬，甚至比他更强硬，双方的僵局就不可避免。如果对方强硬，你软弱妥协，很可能你会被剥夺得一干二净。强硬的显著特征就是死抓住某一点不放，这样，要说服对方放弃强硬立场，灵活性是绝不可少的。有时你可以用打断对方的谈话来对付他："我想我已明白，你的意图是什么，那么，你想听听我们的意见吗？"你也可以提出些问题，要对方解释他为什么不能改变立场。如"你可以解释你们为什么一定要坚持这套设备要采取 CIF 价吗？"此外，开个玩笑、运用一下幽默也是一个好办法。

强硬措施同威胁不同的一点是，对于威胁你可以置之不理，但对于强硬的要求，却不能不予理会。有时这一问题不协商解决，谈判则无法进行，或不能取得实质性的进展。所以，你必须想尽一切办法把对方的不可更改变成可以通融、可以协商，只要你灵活有方，措施得当，任何强硬的立场都是可以改变的。

14.1.4　假出价

这也是一种不道德的谈判伎俩。使用者一方利用虚假报价的手段，排除同行的竞争，以获得与对方谈判或合作的机会，可是一旦进入实质性的磋商阶段，就会改变原先的报价，提出新的苛刻要求。这时对方很可能已放弃了考虑其他谈判对手，不得已而同意他的新要求。例如，一个工程项目，当一方公开对外进行项目招标时，一些感兴趣的投标者争相投标。其中有的投标商会提出以低于其他竞争者的价格投标，结果他被确定为中标者。但当他坐到谈判桌边与对方开谈后，他会千方百计地寻找种种理由与借口，说明最初的报价太低，要重新估价。等到双方就主要条款取得一致意见后，他的报价已提高了 5%，对方想要反悔已为时已晚，否则，之前的全部劳动就会付诸东流了。这样，假出价的一方就达到了他的目的。

假出价与抬价策略大同小异，其差别主要是：假出价的目的在于消除竞争价，排除其他竞争对手，使自己成为交易的惟一对象。也正是因为这一点，使得假出价成为一种诡计，具有欺骗的性质，如果我们不能对此有所认识，难免会吃亏上当。

如何对付对方的欺骗呢，要认识到耍这种手腕的人大多是在价格上做文章，先报虚价，再一步步提升，以达到他原先预想的目标。因此要围绕这一点采取对策。第一，要求对方预付大笔的定金，使他不敢轻易反悔。第二，如果对方提出的交易条件十分优厚，你就应考虑对方是否在使用这一伎俩，可以在几个关键问题上试探对方，试探他的底细。第三，当某些迹象显示出有这种可能时，要注意随时保持两三个其他的交易对象，以便一旦出现问题，进退主动。第四，必要时，提出一个截止的日期。如到期尚不能与对方就主要条款达成协议，那么就应毫不犹豫地放弃谈判。第五，只要可能，最好请第三者在谈判的合同上签名作证，防止对方反悔。

14.1.5　价格诱惑

价格在谈判中十分重要。这是因为，许多谈判就是价格谈判。即使不是价格谈判，双方也要商定价格条款。它最直接地反映了谈判者双方各自的切身利益。自然，围绕价格的战术策略，常常具有冒险性和诱惑性。

价格诱惑，就是卖方利用买方担心市场价格上涨的心理，诱使对方迅速签订购买协议的策略。例如，在购买设备谈判中，卖方提出第二年年初，价格将随市场行情上涨约5%。如果对方打算购买这批设备，在当年年底前签协议，就可以以当前的价格享受优惠，合同执行可按第二年算。如果此时市场价格确实浮动较大，那么，这一建议就很有吸引力。买方就有可能乘价格未变之机，匆忙与对方签约。这种做法看起来似乎是照顾了买方的利益，实际上并非如此，买方甚至会因此吃大亏，所以，价格诱惑是交易中的陷阱。其原因主要有以下几点：

第一，在上述情况下，买方在签署合同时，往往没有对包括价格在内的各项合同条款从头到尾地进行仔细认真的谈判，实际上只是在卖方事先准备好的标准式样合同上签字，很少能做大的修改、补充。这样，买方应争取的各项优惠条件，就很难写入这种改动余地很小的合同中。第二，由于合同签订仓促，很多重要问题都被忽视。卖方也常常会由于事先已"照顾了买方的利益"而在谈判中坚持立场，寸利不让。买方也会为了达成协议，过于迁就对方。第三，谈判人员签订这种价格保值合同时，为抓住时机，常常顾不上请示其上级或公司董事会的同意而"果断"拍板。由于合同的实际执行要等到很久以后，它所包括的一切潜在问题不会立即暴露出来，但一旦出现，其后果已无可挽回了。

由此可见，价格诱惑的实质，就是利用买方担心市场价格上涨的心理，把谈判对手的注意力吸引到价格问题上来，使其忽略对其他重要合同条款的讨价还价，进而在这些方面争得让步与优惠。对于买方来讲，尽管避免了可能由涨价带来的损失，但可能会在其他方面付出更大的代价，牺牲了更重要的实际利益。

因此，买方一定要慎重对待价格诱惑，必须坚持做到：首先，计划和具体步骤一经研究确定，就要不动摇地去执行，排除外界的各种干扰。所有列出的谈判要点都要与对方认真磋商，决不随意迁就。其次，买方要根据实际需要确定订货单，不要被卖方在价格上的诱惑所迷惑，买下一些并不需要的辅助产品和配套件。切忌在时间上受对方期限的约束而匆忙做出决定。最后，买方要反复协商，推敲各项合同条款，充分考虑各种利弊关系。签订合同之前，还要再一次确认。为确保决策正确，请示上级、召集谈判小组会议都是十分必要的。

14.1.6　百般刁难

这是在谈判中以及合同履行过程中经常出现的做法，许多人并不认为这种做法不道德。自然，买别人的东西就不能说东西好，否则就没法讲价钱了。但是如果不顾客观事实，硬是要在鸡蛋里挑骨头，就未免做得太过分了。特别是当合同执行过程中出现问题，负有责任的一方为了掩盖过错、推卸责任，往往采取百般刁难的做法，甚至不惜歪曲事实，编造假证，这就非常不道德了。这种伎俩之所以能奏效，是施计一方通过不断地纠缠，无理挑剔，故意拖延时间，把对方磨得精疲力竭，无计可施，在万般无奈的情况下，妥协让步。

中华人民共和国刚成立不久时，1951 年 5 月，航空工业局在沈阳成立。这主要是贯彻中央的决定，发展自己的航空工业。不久，航空工业局便与首批来华的前苏联专家，一起起草了一个由飞机修理逐渐转向飞机制造的计划。计划以前苏联的飞机制造技术为主，在 3~5 年的时间内生产 3 600 架各类飞机满足我国国民经济发展的需要。但要发展这项事业，就要取得前苏联人的帮助。随后，我国以重工业部何长工部长为代表的谈判小组与以前苏联外交部部长维辛斯基为代表的谈判小组开始了重大合作事宜的谈判。双方一接触，前苏联外交部部长就说："关于建立航空工业，你们的困难是很多的。看来，这笔生意不容易做啊！"何部长半开玩笑地说："有什么不容易做？毛泽东主席一个电报，斯大林元帅一批就解决了！"接着，何部长详细为这位外长介绍中国革命的艰苦历程，力争取得对方的理解与支持。几个回合后，前苏联外交部部长被说服了，表态说："何同志，我接受你的意见，我先召集几个部的人来商量一下，既然客人进了门，就不能不谈。可是你们也要有个思想准备，谈判可能成功，也可能不成功。"由于苏方的负责人改变了冷漠的态度，前苏联政府派出了由外贸部、国防部、航空工业部以及航空工业总设计院主要负责人参加的谈判代表团。结果，经过近两个月的磋商，于 1951 年 2 月 18 日签署了协议并经过斯大林批准。

但好事多磨，尚未等协议完全实施，1953 年 3 月 5 日，斯大林逝世，转眼间，一切都改变了。1956 年 7 月，中国政府派出以李富春为团长的"二五计划"赴苏谈判代表团，成员囊括了我国各委办局的主要负责人，具体谈判代表是第二机械工业部航空工业局的副局长油江。而苏方的首席代表是航空工业部对外联络司司长德沃连钦科。谈判开始后，中方代表油江将航空工业部"二五计划"的副本递给苏方代表，德沃连钦科接过后木然地点了下头，漫不经心地将副本翻阅了一下，对油江说："你们搞的航空计划太大了，而且有些项目根本就不需要搞，像这两个大研究所和大型锻件厂，就很没必要去搞。"

"这是我国航空工业急需的配套设施，没有它们，我们一辈子只能是买飞机，修飞机和仿制别人的飞机。"油江一看德沃连钦科的傲慢神态，一股无名火直撞脑门子。但考虑到两党两国的关系，他只好把火压下去，软中有硬地回敬了对方一句。

"可你们现在连汽车都没搞出来，更别谈飞机了。"德沃连钦科在桌上摊开双手，"再说，建这些飞机厂和研究所需要的设备又从哪里来？我看没必要，也不可能!"他叭地一声将副本合上，往椅背上一仰，耸耸双肩，脑袋摇得像个拨浪鼓。"我奉我国代表团李富春团长的命令，将我国第二个五年计划中的航空工业计划部分的副本送给贵部，以便你们了解，这样才能如期进行谈判。正本由我们的代表团团长交给你们的部长会议主席团，如果你不愿意接受我们的副本，我可以收回，但你有什么权力指责我们国家的计划?"油江被德沃连钦科的无端傲慢激怒了，他告诉坐在身边的翻译任华："把我的话直译给他们，不许篡改。"

结果苏方听后，也感到十分尴尬，傲慢目光立刻消失了。"我不是这个意思，我们是说你这个计划太大了呀!"油江平静地说："计划的大小，是两个国家谈的问题，你要指责，我就收回这个副本。"结果第一轮谈判就这样结束了。

几天后，双方谈判代表的规格升高了。中国谈判的首席代表是第二机械工业部部长赵尔陆，前苏联谈判的首席代表是航空工业部部长捷明杰夫，赵尔陆提出，希望前苏联帮助中国航空工业再建设两个飞机设计研究所和一个大型锻造厂。捷明杰夫说："科研项目的建设是很费钱的，你们搞飞机设计时，可以到我们的研究机构来研究和试验嘛! 大型锻造件我们可以供给你们，你们何必要自己再建一个呢?"他最后含蓄地表达了前苏联政府的态度。

赵部长一看这一问题无法谈下去了，只好将话题一转："贵国所援建的第二批飞机制造厂，是按生产米格-19飞机的生产要求所设计的，能否将它改为按生产米格-21飞机的生产要求更改一下设计呢?""我们根本没有什么米格-21飞机! 这是谁告诉你们的?"捷明杰夫听后一怔，马上矢口否认。其实，前苏联当时已开始生产米格-21战斗机是半公开的事实，西方都做了详细报道。这说明前苏联人根本不想帮助中国，一味在搪塞、拖延。

不久，苏方又把可以参观工厂的邀请单送到了油江手中。苏方允许中方参观的工厂生产的都是一些无关紧要并被前苏联空军淘汰的机种。这次赴苏，中方主要是想看看前苏联的空气动力研究院、发动机研究院及大型锻造厂，但却一家也没有。通过这几次谈判，前苏联代表团的态度使中国人猛醒了，一定要自力更生，发愤图强，完全靠自己的力量实现军事工业的现代化。

谈判中的百般刁难表现为各种形式，多数情况下，对方这样做是出于某种目的，或居心叵测，对此，我们要有所防备。破解的办法主要是：首先要探明对方的用意和目的。如果在索赔谈判中，一般是要推脱责任或索要高额赔款。如果在商品交易谈判中，买方对卖方的产品百般挑剔，只能是借机压价。如果在招标工程项目谈判中，百般刁难，那就是承包方企图提高标价。所以，一定要针锋相对，决不退让。必要时提出讨论问题的截止时间，决不能让对方把问题无休止地拖下去。其次，揭露对方的企图，表明己方立场。再次，直接向对方上级申诉，或运用法律上、政治上的压力。最后，决不屈服于对方的压力。如果没有得到某个交换条件，就不要轻易让步，否则，对方就会得寸进尺，更加纠缠不休。

14.1.7　车轮战术

在谈判中，一方出于某种目的，不断地更换谈判人员，借以打乱对方的部署。例如，一个公司的采购经理常常使用这种战术，他向部下指示，在谈判时，要提出强硬的要求使讨论进入低潮，当双方都精疲力竭或者形成相持不下的僵局时，这个经理就亲自出马处理这笔交易了。卖主因为不愿意失去这笔交易，就迁就买方的要求，这个经理就达到了要求低价或更多服务的目的。

当然，如果新换的对手是个新手，也许对你有利，但如果对你使用这一伎俩的一方是借此压你妥协，他就不会让没有经验的谈判人员出场，对此，一定要有所警惕。

通用电气公司（下称通用）的杰克·韦尔奇早在 20 世纪 80 年代中期，就想在奥地利或匈牙利建造照明企业，后来杰克找到了一个有利时机，稳稳地买下了匈牙利最大、最古老的企业之一的通斯拉姆公司的大部分权益，使通用在欧洲动力领域立足。

当时的情况十分有趣。杰克手下的保罗带着一小队人马到了匈牙利，开始与对方谈判。当双方在谈判桌上交涉时，对方不停地围绕股权价格等几个主要问题，进行车轮战术，到了晚间，通用的首席谈判代表保罗就从他在布达佩斯下榻的希尔顿饭店给杰克打电话，做详细汇报。第二天的谈判还是围绕着前一天的内容，但通用的谈判对手似乎了解了保罗私下里与杰克通话的内容。通用的谈判人员感到匈牙利人在监听他们的电话。于是，他们设计了一些圈套，看看第二天谈判桌上对手有没有反应。不出所料，对方的确有反应。于是，杰克与保罗就利用对方监听电话来设计谈判。

当保罗告诉杰克，对方要求他们用 3 亿美元购买大股东权益时，杰克告诉他："听着，明天，如果他们要你花 1 亿美元以上的话，我要你立刻离开谈判室。"第二天，美方发现他们的对手对价格的要求表现得比较实际了些。一旦杰克和他的下属需要秘密联系时，就会安排一名通用主管坐火车越过边境去维也纳，或使用美国使馆的隔音电话厅。而在其他的时候，他们就用饭店的电话"玩游戏"。当然，游戏的结果是大家都没有受到伤害。

最终双方达成了交易，通用用 1.5 亿美元买了通斯拉姆公司 51% 的股权，剩余部分分 5 年购买。

但如果对方使用车轮战术，应付的方法是：

（1）己方最好不要重复已讨论过的条款，这会使你精疲力竭，给对方乘虚而入的机会。

（2）如果新的谈判对手否认过去的协定，你要在耐心等待的同时，采用相应的策略技巧，说服他回心转意。否则，你也可以借此否认你所许过的诺言。

（3）必要时，寻找一些借口，使谈判搁浅，直到原先的对手再换回来。

（4）不论对方是否更换谈判者，对此要有心理准备。

（5）在对方更换谈判对手时，如果不是处理谈判僵局的需要，很可能就是在使用车轮战术，必须申明己方的立场、要求，至少要保证先前谈妥的一切不做改动。否则，不要轻易同意对方更换谈判人员。

（6）对于新换的谈判对手，不要急于正式谈判，先进行一些私下交往，待双方关系比较融洽、互相摸底之后再谈判。

14.2　陷害谈判对手的卑鄙伎俩

谈判者是谈判活动的主体，而且谈判的最终结果也取决于谈判人员的策略选择和战术运用。但如果谈判主体受到攻击和刺激，处于非理性状态，那么，谈判的天平就会倾斜，并很可能左右谈判结果。我们强调谈判要使用符合职业道德和标准的策略技巧，但现实中，最常见的、也可能是最直接奏效的却是谈判中使用的阴谋诡计，而对谈判对手的攻击和陷害就是其中之一。

14.2.1　人身攻击

（1）人身攻击的表现形式

一提到人身攻击。常常会使人想到，愤怒的一方面红耳赤，唾沫横飞，指责漫骂另一方，有的人甚至拍桌子，摔凳子，高声叫喊。这种做法的目的就是企图用激烈的对抗方式向对方施加压力，迫使其屈服。因为在日常生活中，人们习惯忍耐，常常把自己的愤怒、恐惧、冷漠或者绝望等情绪深埋在心底，一旦在特殊的场合遇到这种情况，便不知所措了，妥协恐怕是他首选的出路，否则，谈判对峙或破裂就是不可避免的了。

人身攻击的另一种表现就是寻找各种讽刺挖苦的语言嘲笑对方，羞辱对方，使对方陷入尴尬难堪的境地，借以出心头之气，或激对方让步。这种伎俩有时可能达到目的，但更多的情况是把对方推到了自己的对立面，使谈判变得愈加困难。也有的时候，人们使用这种表现是想突出自己，强调自己的力量和能力。最著名的要数前苏联领导人赫鲁晓夫在一次联合国会议上的发言，他为了强调自己，竟然用鞋子敲打会议桌。事实上，他这样做也确实达到了他想要的效果，人们对他的发言内容不一定记得，但对于这样一件事却经久不忘。

人身攻击的第三种表现是采用或明或暗的方式，使你产生身体上和心理上的不适感，你为了消除这种不适而向对方屈服。例如，他可能暗示你没有知识，拒绝听你说话，或故意让你重复说过的话，他们还很可能不用眼睛看你讲述一些问题。实践证明，大多数人对此感到不舒服，却又无法提出。此外，还可以故意给对方造成不舒服的环境，如过高、过矮的椅子，别扭的座位，过亮、过暗的光线，低劣的饮食，持续不间断的会谈等，都会给对方造成极不愉快的心理，许多人会因此变得蛮不讲理、沮丧甚至丧失理智。自然，妥协让步是他们为改变这种状况的最简便、最省事的办法了。

（2）如何应对人身攻击

对付这种谈判伎俩，首先要保持情绪上的镇静，保持清醒、冷静的头脑。当对方向你大喊大叫、挥拳击掌时，就是希望看到你心慌意乱、不知所措的样子。如果你能顶住压力，处变不惊，以局外人的身份观看他的"表演"，最先泄气的一定是他。相反，如果我们也意气用事，"以其人之道，还治其人之身"，则很可能会导致一场"混战"，双方的情感都会受到难以弥补的伤害，谈判也成为一场充满火药味的战斗。但如果你也是这样一种类型的谈判者，要控制自己很困难，那么"以暴制暴"也会有效，但副作用是不可避免的。

其次，对于一些人的讽刺挖苦，有时要表现出忍耐，采取不理会的态度。但更多时候，适时的反击会更有效。美国总统林肯在参加一次国会会议时，在换衣间里他在擦皮鞋，一位议员见状说："林肯先生还自己擦鞋。"语气中显然带有挖苦的意思。这时林肯反驳说："那么，议员先生，你擦谁的鞋子呢？"这种适时、适度的反击，要比不反击有效。对待比较严重的人身伤害，我们不能无动于衷，特别是在极其正式、庄重的场合。有时需要义正词严地指出，必要时予以警告，要使对方认识到，他的做法对你丝毫无损，只会破坏他自己的形象。

最后，对于环境给你造成的不适，要明确地提出来，必要时，抗议或退出谈判也是一种有效的策略反击。

14.2.2　"暗盘"交易

（1）什么是"暗盘"交易

许多人把谈判中的贿赂称为"暗盘"交易。贿赂历来都被人们视为是可耻的，有些人甚至深恶痛绝。但是在商业活动中，贿赂存在却是不争的事实。为了达成某种交易或创造更有利的交易条件，利用金钱、商品向他们选定的人行贿。

贿赂行为的危害性极大，它不仅腐蚀了人们的灵魂，败坏社会风气，损害了国家和企业的利益，也破坏了交易的公平合理性。贿赂本身就意味着用不道德的手段达到不道德的目的，获取他不应该得到的东西。一些人通过行贿，获得重要的商业情报；以低价购进稀缺物资；以高价出卖滞销商品等。总而言之，试图通过贿赂解决交易中的一切问题。因此，必须坚决抵制贿赂行为。

（2）"暗盘"交易产生的原因

"暗盘"交易在世界各国都是广为存在的一种现象。这种行为产生的原因是多方面的，既有文化、历史的原因，也有社会制度、企业外在环境原因，更与谈判者个人的自身素养、职业道德等密切相关。

首先，"暗盘"交易有生存的土壤与一些国家的文化传统有关。在一些国家送礼（指较为贵重，含有贿赂）并不受文化的谴责，甚至成为一种普遍的社会习俗。例如，在日本，送礼是司空见惯的社会行为，企业的高管人员之间的礼尚往来，成为一种相互之间联系的重要纽带，以至于在日本人们在意的是礼物的内容和等级不要搞错了，但人们通常认为对比较重要的客户或交易对象送贵重的礼物是合适的。在这种情况下，你很难区别这一礼节是表示个人对你的心意还是你应当在生意中关照他。在亚洲通过送礼而达到个人目的、企业目的并不是个别现象，尽管人们认为这样不妥，但受谴责的程度和人们对此的态度与欧美有很大不同，所以，这样的做法还是有很大的市场。

其次，惩罚的制度措施。社会的正常运行，法规和制度是必不可少的，而且，对于违反规定和制度的人要有有效的惩治措施。在西方社会，市场经济的历史比较长，社会运行的方方面面是通过法规、制度来治理的，人人要遵法、守法。特别是西方社会的法律体系健全，法规条例较细，这使得违规的人需要付出较大的代价。因此，这种"暗盘"交易的行为较少。但在许多不发达国家，社会制度处于转型期，甚至百废待兴，想方设法为个人或小群体牟取私利是人们快速发财致富的一个重要途径，更重要的是人们这样做付出的代价较小，甚至不受惩治，这也是"暗盘"交易屡禁不止的原因。

最后，市场经济是法制经济，也是公正经济，几百年市场经济历史的积淀严密的法规制度使西方人很少或不去采用不公正的手段来获取个人或企业的额外利益，并将其视为不道德。此外，西方国家文明程度较高，公然做违法事情的人很少，人们也养成了一种自觉遵守法律或制度的习惯。但在一些发展中国家，情况会有所不同。例如在中国，由于少数人的违规交易，特别是拥有权势的人，利用权力为自己谋得大量的利益，法规的惩治有限，道德谴责软弱，这就起了极坏的示范作用，许多人也千方百计地创造机会为个人牟取私利。所以，"暗盘"交易不但难以禁止，甚至在一些地区愈演愈烈，"权钱交易"已成为一些官员腐败的特征。在这里，什么谈判策略、技巧都毫无意义。

（3）怎样消除"暗盘"交易

第一，要弘扬一种文明文化，提高公民的自身修养和文化，创造一个以法治国，人人懂法讲法的大环境。

第二，要建立健全社会的各项法规制度，加大对违规者的惩治和处理力度，特别是加大从经济角度的处罚力度，提高其违规的代价。

第三，要教育谈判人员树立牢固的法制观念并制定严格的办法、措施，减少可能发生类似行为的机会，特别要加强对交易进程的监督管理。

第四，要严格选用工作人员，实施人员轮换制度。与此同时，严格查账制度，杜绝财务漏洞。

第五，主要领导必须廉洁奉公，以身作则，并经常对有关人员进行职业道德的教育，防范于未然。

需要指出，还要注意区分什么是贿赂行为。不能将贿赂与礼节性馈赠相混淆。在商业交往中，互相宴请、送礼品也是常有之事，它有助于加强双方的交往，增进双方的感情，这种"润滑"也是必要的。

14.2.3　"人质"战略

（1）何为"人质"战略

在商业竞争中，"人质"战略的运用也是司空见惯的。只不过有的人认为这一伎俩符合商业习惯，可以广泛使用，而有的人则认为这种做法不道德，不应采用。我们认为，超出职业道德或完全是利用这一点为己方获得利益的，应该属于被谴责或限制使用的谈判战术。

商业交易中的"人质"战略，不同于政治斗争中那种以扣押人质作为交换条件的做法。这里的"人质"是泛指对谈判双方有某种价值的东西，包括金钱、货物、财产或个人的名誉。例如，A 公司与 B 公司谈判，购买 B 公司的设备。在交易中，B 公司采取的战术是："你必须从我这儿购买设备的附件和其他零配件，否则，我们则无法提供这套设备的关键部分。"这就是"人质"战略的具体运用。这里的"人质"就是机器设备。B 公司看准了 A 公司必须购买他的机器设备，就借机向对方提出进一步的要求，迫使对方接受。像这样的情况，谈判中会经常出现。

（2）常见的"人质"战略类型

在商业交易中，"人质"战略是最经常使用的一种手段。但当这种手段使用是合乎职业道德并主要不是以损害对方利益为自己牟利时，这种策略是允许使用并十分有效的。但如果不属于上述情况，使用者是通过利用自己拥有的优势或某种东西以损害对方利益为己方牟利，这就超出了职业道德和规范。

在商业上，买方经常采用的手段是：

一是以低于赊欠额的汇票或支票作为清偿债务的全部，例如，买了 500 万元的货物，只支付 350 万元的费用。

二是先侵犯卖方的利益，然后再商谈补救措施。剽窃卖方的商业机密或专利权，待卖方发现后再想法补偿。

三是先将购进的设备安装妥当，然后要求退换设备，或先使用卖方的物品，如汽车，再以性能不好为由要求退还。

四是先将材料使用，再谈改变付款条件。由于对方的产品在你手里，主动权就掌握在你手中。所以，现在比较流行的做法是找一个有实力的中间人。

五是先向法院控告，再设法庭外调解。做出一种姿态，利用对方不愿对簿公堂的心理，先发制人。

卖方经常采用的手段是：

一是先动手修理设备，然后再议定修理费。一些城市流行的街头小贩擦皮鞋，这种简单劳动绝大多数人都认为不会超过五元钱，结果他可能会索要上百元。人们被他这种做法给套牢。

二是延期交货，使买方没有时间要求更换。这主要适用于赶工程，有紧急任务的情况。但如果对方不全部付款，吃亏的是卖方。

三是收取较高或较多的货款，交付较差或较少的货物。这种做法于情于理都说不过去，但却屡见不鲜。

采取"人质"战略，许多情况下会损害对方利益，有时可能造成非常严重的后果。所以，有人称之为商业欺骗或阴谋诡计。

商务谈判的实例表明，使用"人质"战略，往往能达到目的，很多困难、复杂的问题，能够轻易获得解决。但是，这种解决并不是靠公平合理、平等互利实现的，而是靠一方通过手中的王牌压迫另一方接受不合理的条件来实现的。所以，即使达成协议，双方的关系也不会融洽，更不会保持长久的合作。在合同的履行中，被迫接受不合理协议的另一方，也会千方百计地找借口不履行合同。因此，靠"人质"战略达成谈判协议，其后果也是十分消极的。

（3）如何破解"人质"战略

如果在谈判中碰到对手使用这种伎俩，我们必须予以反击。对付的方法，主要考虑到对方是利用手中的"王牌"向我们施加压力，如果我们也有张"王牌"，就会改变我们的劣势。

首先，我们要寻找一张王牌，在必要时向对方摊牌。无数经验证明，交易中，如果你有牵制对方的筹码，他会认真考虑使用这一手段的后果。但如果不是这样，对方可能肆无忌惮。

其次，找一个仲裁者，由他提出一个较为公平合理的方案。谈交易比较保险的一个做法就是寻找中间人，这个中间人越有权威，效果越好，而且出现矛盾也比较容易协商。

再次，必要时，向对方的上级申诉。越级处理不失为一个有效办法，许多问题常常是下属搞糟了。

最后，合同签订应尽量严密，不给对方以可乘之机，在没有得到可靠的保证时，切勿预付款或交货。最重要的一点是，在买卖合约中严格规定：双方应承担的责任、违约条款、处罚措施。在必要的条件下，果断采取法律行动。其他诸如要求数目可观的预付款，寻找可靠的担保人等都是较好的办法。

14.3　冲突与谈判

有这样一句名言："在企业中，如果两个人总是意见一致，那么其中一个人肯定是不必要的。"这揭示了在实际生活中，人们的观点和行为不同，这种不同推动了企业和社会的进步，造就了人类的文明。但这种不同也给我们带来了烦恼，就是当分歧发展到一定的程度时，就产生了冲突。谈判行为是几方协商，达成一致的过程，冲突是不可避免的。那么冲突的影响是什么，谈判中的冲突怎样解决，就成为我们要研究的一部分。

14.3.1　冲突的表现

专家将冲突定义为：人们一方感觉到另一方对自己关心的事情产生消极影响或将要产生消极影响。由于冲突是一种过程，因此，并不是我们简单认为的双方产生矛盾就是冲突，它可以表现为下列形式，见图 14-1。

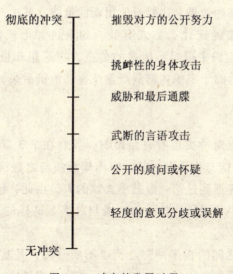

图 14-1　冲突的发展过程

我们可知，冲突并不是一种模式，它可以是上面的某种形式之一，也可能是由下而上，渐进发展，愈演愈烈。不论我们处于上述哪种状态，都是冲突。当然，轻度的意见分歧或误解，这种情况是比较容易解决和消除的，因此，人们也常常感觉不到这是冲突。但如果是后几种情况，往往事情比较复杂。在谈判过程中，如果当事人陷入冲突的矛盾中，很容易导致问题僵化，协议的达成也就比较困难了，所以说，冲突是应该避免或消除的。当然，在比较特殊的情况下，如管理理论强调的，群体内部的适当冲突有助于激发灵感，提出考虑问题的不同思路，增加创造性等，这说明冲突可能是有益的。但仅就谈判行为来讲，冲突是不当的，后果也是极其消极的。

14.3.2　冲突的成因

引发冲突的原因很多，主要集中在以下几方面：

（1）沟通

就沟通来讲，沟通不良和沟通过度都可能引发冲突。一篇研究综述披露：沟通过少和过多，都会增加冲突的潜在可能性。当沟通达到一定程度时，效果是最佳的。另外，沟通的渠道也影响到冲突的产生。如语义理解的困难、信心交流的充分性以及通道中的"噪音"等都可能构成沟通的障碍。谈判中的沟通不同于组织中的沟通，组织中的成员利益是完全一致的，而且也有着比较系统和顺畅的沟通渠道。但在谈判活动中，情况却完全不同。首先，双方利益是不同的，尽管从大局来讲，合作对双方都会有益。但在实际问题上，可能会处处有别。所以，信息传递顺畅与信息不对称都有某种效果，这要看使用者的策略。其次，谈判中沟通的方式和渠道并不固定，也很难确定什么方式有效。如果再加上谈判者带有防备心理的"解码"，可能在正式组织中很容易传递的信息，在这里却极其困难。最后，过度沟通也会给一方带来远高于组织内部的严重危害和消极后果。现实中，这种事例屡见不鲜。

（2）个人因素

谈判者的个性特点对冲突也有直接影响。我们在第3章中曾提到的"本能敌对者"，就是指一些可能与你没有过节，但你却无法与之融洽相处的人。或者换个角度来说，你是否曾经遇到过第一眼就不喜欢的人，由此，他说话的声音、微笑的神态或走路的动作都令你讨厌。如果你的谈判对手是这样的人，就容易引发冲突，甚至难以消除。

此外，谈判各方之间的很多冲突之所以不断升级，是基于"归因"原理，即一方对另一方进行错误的归因。比如，甲方可能会指责乙方：为什么不及时通知他们第二批货交货期延长了。这其中的原因可能是乙方忘记了，但是甲方经过推测和分析，认为一定是乙方故意的，这是他们惯用的伎俩。

（3）谈判活动的特点

谈判活动与其他活动最基本的差别就是，要有两方以上的人员参与，通过协调与沟通，达成一致，并保证各方的利益。这种行为本身就可能蕴涵着冲突。因为人与人打交道，其影响因素是多方面的，对利益分割的看法也各不相同，我们坚持这样的观点，谈判是建立在双方分歧的基础上。因为如果没有分歧，就不需要协商，不用谈判。"在股票的买卖中，股票购买者总是认为股票看涨才买，而股票出售者正是看中股票可能要跌才卖，这就是观念上的分歧构成了交易的基础。"

14.3.3　冲突的处理

（1）准确地判断形势，分析冲突发展的可能倾向或走势

对冲突发展趋势的把握与分析，是解决和化解冲突的前提。多数情况下，冲突是随着谈判进程的延伸不断升级的，许多人对冲突不敏感，或者希望借冲突来为己方牟利，这种观点我们是不赞同的。但要区分复杂谈判中多种因素导致的冲突或矛盾，并获得理想的解决结果，是需要经验和智慧的。在国际谈判中，比较著名的是"伊朗人质危机"的冲突谈判。解救人质谈判是一种非常复杂、涉及面极广的活动，也属于冲突中最高级别的类型。要准确判断劫持人质一方的心理与行为，需要把握的时机和策略是十分重要的。伊朗在霍梅尼执政时扣押了美国的外交官作为人质，试图向美国施压。当时的卡特总统缺乏连贯而一致的策略，致使问题迟迟不能解决，转而求教于著名谈判专家荷伯·科恩。科恩之所以运筹谋略高于卡特总统的顾问班子，就在于他谙熟谈判的基本要领，对冲突中各方的心理把握准确，进而对局势的分析判断到位，被称为"料事如神"，"他能准确地预测出人质获释的时间，几乎能精确到小时"。

当时，正值美国大选。科恩的分析是"霍梅尼和他的毛拉们都清楚，他们正在和一个焦急的买主讨价还价"。因此，科恩建议说，他们要想从这届政府那里得到最高的价钱，那也只能在大选之前解决问题。"坦率地说，任何有经验的谈判人员或集市中的商贩都清楚，在 11 月 5 日，伊朗人一定会把他们'非法获取的商品'降价销售的。"虽然当时的美国总统卡特先生可能愿意出最高的价钱，但科恩预测，在大选日之前，双方不可能有足够的时间来完成交易。结果，人质获释的时间太晚了，根本无法帮助卡特摆脱困境。"因此，里根很有可能在 11 月 5 日成为当选总统。"

随着里根赢得了大选，这种结果让卡特先生在移交权力之前"处于一种极其有利的地位，可以通过谈判达成一个令人满意的协议"。因为"如果通过具体的言行，新当选的总统和他的发言人就能表明，针对那些外国政府支持的恐怖主义，新政府将采取与当前的政策大相径庭的新政策，"科恩建议，"这样的话，伊朗人就会把新总统的就职日看成他们劫持人质的最后期限了。""结果呢，他们就会想办法和卡特——'熟悉的撒旦'打交道，而不会和里根——'陌生的撒旦'进行谈判。"科恩接着以具有预言色彩的语气说："任何谈判都有一个永恒不变的真理——大部分让步和彻底解决都出现在最后期限。"

科恩能如此准确地预测形势和判断事件发展的走势，在于他对伊朗人的认真分

析与研究。从一开始，科恩就认真研究《古兰经》，希望从中找到阿亚图拉·霍梅尼行为规律的线索。在处理这次人质危机时，他也运用了自己在担任司法部和联邦调查局顾问期间处理其他人质问题中积累的丰富经验。

（2）减轻对方的防备心理

研究表明，情绪对知觉的影响有着重要作用，消极情绪会导致过于简单地处理问题，降低了信任感，并对对方的行为做出消极的解释。相反，积极情绪则增加了在问题的各项因素中发现潜在联系的可能性，以更开阔的眼光看待现状，所采取的办法也更具有创造性。所以，当你表现出对自己谈判对手的兴趣时，你要展示自己的热情和友好的态度，要让他们觉得你是真挚的和诚实的。即使你犯了错误，你也要毫无保留地表达自己的全部歉意，要努力营造一种相互尊重和信任的气氛。这一点可以通过多种方式来实现。

首先，不要以与对方对立的立场或想法表示你的意见或观点，特别不要采取示威或反对的方式，即使是在固执己见或出现摩擦时也不理想。专家建议，在表达自己的观点时，可以略带犹豫，语气柔和。如果你过于决断，特别是你的提议可能会威胁到个人或群体的价值观，那么对方很可能会表现出拒绝妥协的强硬态度，双方之间的对抗也就在所难免了。

其次，你的言行尽量不要让对方感到烦躁不安。倘若你的知识或经验没有得到很好的体现，结果很可能就是这种局面。有一条经验之谈：聪明反被聪明误。

再次，通过保持视线接触和记录讲话来表明你在认真听对方讲话。当你在努力领会他们内心所关切的问题、利益和需要时，你要表现得彬彬有礼、同情、尊重和理解。稍微的犹豫所形成的意味深长的停顿，表明你在认真考虑对方说过的每一句话，这样也可以吸引他们的注意力，同时形成一种悬念。

此外，我们在排除谈判中的障碍一章中提到的如何处理谈判僵局的解决办法也适用于冲突的解决。如更换谈判人员，寻找理想的中间人等。

复习思考题

1. 怎样理解"威胁会导致反威胁"的观点？
2. 人身攻击与攻心策略的区别是什么？
3. 为什么说"价格诱惑"是陷阱？
4. 怎样理解谈判策略中的"皮球拍的越重反弹越高"的道理？
5. "暗盘"交易产生的根源是什么？能否消除？
6. 冲突的负面作用是什么？怎样化解谈判冲突？

案例分析

惨痛的代价

20 世纪 80 年代中的一天，一个自称身居日本的外籍华人跑到北京，对工艺品出口部门讲："我虽为日本的工艺品代理商，从事工艺品的进出口代理，但一向注重中国景泰蓝的经营。在中国香港、台湾地区，在东南亚有大宗客户，与欧美客商也有广泛联系。"

中方接待人员均表示：希望与之合作。

"景泰蓝是我们祖先留下的非凡之作，炎黄子孙都有责任把它的美妙介绍给全世界。我如果不再做转口贸易，而是直接获得经营的荣幸，将是一生中最大快事，也不枉经商一世！"代理商说明来意。

"对所有惠顾的客商，我们一概提供方便，尽心服务。"中方接待人员答道。代理商说："我们是不是先谈谈合作意向？比如我要是订购 3 000 万元人民币的景泰蓝，贵方能否在单价上给予优惠？"

"3 000 万？"接待人员对这样大的买主，自然希望合作，于是建议说："我可以跟厂方联系一下，争取以批发价出售，这样在单价方面就会有些优惠了。""很好！明天请厂方也来，还请贵方准备一份批发价目细表，我希望尽早达成合作意向。"代理商爽快地说罢，朗声大笑。

第二天下干，谈判既简短又出乎寻常的顺利，代理商看着批发价目细表，挑出热门品种稍作还价便逐项通过，双方很快达成 3 000 万元的订购意向书。代理商和厂方代表十分高兴，希望订购意向变为实质性的购销合同。

当晚，宴席在宾馆中举行，由中方人员款待。代理商起身举杯："我代理过非洲的木雕、爱斯基摩人的海象牙雕，此番经营故国的景泰蓝。敝人根据以往的经验，要把这桩买卖做好，必得在广告、宣传上多下功夫。我认为，对景泰蓝的民族特色，应做一番工艺背景的介绍和制作艰难的说明。为此，我有一个小小的请求。"

"有话请讲。只要能办到的，尽力配合。"中方代表满口答应。

代理商说："我想参观一下景泰蓝的制作过程，将以亲眼目睹的事实向客户介绍中国工艺品，激发欧美顾客的购买欲望，不知道我的想法能否行得通。"

"符合情理，我方将给予满足并做妥善安排。"中方代表表示肯定。

参观工艺制作的时间用了整整一天。代理商一处不漏地细细察看景泰蓝制作的全部过程，不停的提问要中方代表的解释，他频频发出赞叹，连连举起照相机。两天后，代理商表示确认后再签购买合同，但从此一去不复返，留下的那份 3 000 万元的"购货意向书"自然成了一纸空文。然而不久后，标有英文字样"日本制造"的景泰蓝，在中国香港、台湾地区和韩国、东南亚的市场上相继涌现，其工艺制作不亚于中国货，但价格略低，成了中国强劲的竞争对手。

资料来源：李荣建、宋和平编著. 谈判艺术品评. 华中理工大学出版社，2002

问题：

1. 从本案例中，你觉得有哪些教训需要总结？
2. 分析一下代理商的"盗窃"策略？

第 15 章　　怎样排除谈判中的障碍

学习目的

　　国际商务谈判相对于国内谈判来讲，除了具有国内谈判利益分配冲突造成的直接障碍外，还有许多不可估量或难以预测的影响因素，这主要是由于各个国家民族特点、语言、习俗、法律、相关制度规定等差异造成的，如果各方谈判者不能很好地相互理解和变通，都会成为谈判顺利进行的障碍，最终影响谈判协议的达成。

　　谈判既是双方关系的协商，又是双方在某项合作中的利益分配，因此，不论是什么类型的谈判，总会出现影响谈判顺利进展的各种意外的和不利的情况，如果我们不能很好地掌握处理谈判障碍的各种方法和技巧，就难以达到预期的目的，更谈不上运用谈判、驾驭谈判以更好地处理经济生活中的各种问题。

15.1　打破僵局

　　谈判中的僵局是指在谈判过程中，双方因暂时不可调和的矛盾而形成的对峙。出现僵局不等于谈判破裂，但它严重影响谈判的进程，如不能很好地解决，就会导致谈判破裂。谈判活动的实践表明，即使最有经验的谈判者，有时也会遇到一些难以解决的问题，使谈判无法达成一致，甚至出现僵局，这无疑是谈判人员都不愿看到的。因此，在双方都有诚意的谈判中，尽量避免出现僵局。但是，不论是和风细雨的谈判，还是激烈争辩的谈判，出现僵局几乎是不可避免的，仅从主观愿望上不愿出现谈判僵局是不够的，也是不现实的。必须正确认识、慎重对待这一问题，掌握处理僵局的策略技巧，可以使我们更好地争取主动，达成谈判协议。

15.1.1　谈判僵局产生的原因

　　当然，并不一定在每次谈判中都会出现僵局，但也可能一次谈判出现几次僵局。那么，在什么情况下，僵局出现的可能性更大呢？

　　（1）谈判的双方势均力敌，同时，双方各自的目的、利益都集中在某几个同样的问题上。比如，一宗出口商品交易，买卖的双方都非常关注商品价格、付款方式这两个条款。这样双方通融、协调的余地就比较小，很容易在此问题上抬价压价，互不让步，形成僵局。

（2）双方对交易内容的条款要求和想法差别较大，也容易形成僵局。例如，一桩进口机械设备买卖，卖方要价为 20 万元，而买方报价为 10 万元，卖方要一次性付款，买方则坚持两次付清。这样一来，要协调双方的要求就比较困难。通常的办法是双方各打 50 大板，都做同等让步，以 15 万元的价格成交。如有任何一方不妥协，僵局就会形成。

（3）在谈判中，由于一方言行不慎，伤害对方的感情或使对方丢面子，也会形成僵局，而且较难处理。一些有经验的谈判专家认为，许多谈判人员维护个人的面子甚于维护公司的利益。如果在谈判中，一方感到丢了面子，他会奋起反击，挽回面子，甚至不惜退出谈判。这时，这种人的心态处于一种激动不安的状况，态度也特别固执，语言也富于攻击性，明明是一个微不足道的小问题，也毫不妥协退让，自然，双方就很难继续交谈，陷入僵局。

（4）在谈判中，以坚持立场的方式磋商问题也容易使谈判陷入僵局。一方宣称要做什么，不做什么，另一方也针锋相对，这就大大缩小了双方回旋的余地，增加了妥协的难度。

（5）谈判各方缺乏对文化差异的理解与适应也可能是造成僵局的直接原因。例如，美国人在商务活动中十分注重时间效率，将对方迟到看做是十分不礼貌的事情，而南美人和阿拉伯人将急于做事看做是不礼貌的行为。这种观念上的冲突时常导致谈判中的不和谐，严重的就造成了谈判僵局。

（6）与政治目的相联系的商务谈判也容易陷入僵局。

15.1.2 打破僵局的对策

僵局使谈判双方陷入尴尬难堪的境地，它影响谈判效率，挫伤谈判人员的自尊心。因此，应尽力避免在谈判中出现僵局。在僵局已经形成的情况下，我们应采取什么对策来缓和双方的对立情绪，使谈判出现新的转机呢？

第一，应抛弃旧的传统观念，正确认识谈判中的僵局。许多谈判人员把僵局视为失败的概念，企图竭力避免它，在这种思想指导下，不是采取积极的措施缓和，而是消极躲避。在谈判开始之前，就祈祷能顺利地与对方达成协议，完成交易，别出意外麻烦。特别是当他负有与对方签约的使命时，这种心情就更为迫切。这样一来，为避免出现僵局，就事事处处迁就对方，一旦陷入僵局，就会很快地失去信心和耐心，甚至怀疑自己的判断力，对预先制定的计划方案也产生了动摇，还有的人后悔当初怎样……这种思想阻碍了谈判人员更好地运用谈判策略，事事处处迁就的结果，就是达成一个对自己不利的协议。

应该看到，僵局出现对双方都不利。如果能正确认识，恰当处理，会变不利为有利。我们不赞成那种把僵局视为一种策略，运用它胁迫对手妥协的办法，但也不能一味地妥协退让，这样，不但僵局避免不了，还会使自己十分被动。只要具备勇气和耐心，在保全对方面子的前提下，灵活运用各种策略、技巧，僵局就不是攻克不了的堡垒。

第二，运用有效的谈判策略。在谈判战术中，处理僵局问题，避重就轻，转移视线也不失为一个有效方法。有时谈判之所以出现僵局，是因为僵持在某个问题上。这时，可以把这个问题避开，磋商其他条款。例如，双方在价格条款上互不相让，僵持不下，可以把这一问题暂时抛在一边，洽谈交货日期、付款方式、运输、保险等条款。如果在这些问题的处理上，双方都比较满意，就可能坚定了解决问题的信心。如果一方特别满意，很可能对价格条款做出适当让步。

采用避重就轻的策略是需要灵活掌握的，一种办法是缩小问题的范围，把注意力集中到问题本身。有些情况下，谈判出现僵局是因为局限在一些大方面，难以达成一致意见。但如果尝试着将问题分解，变成一些小问题，恐怕就容易解决了。把问题缩小还有一个好处就是将解决问题的考虑放在具体方面，容易发现更好的选择。另一种办法是扩大问题的范围，这种方法使用是基于所有的解决方案单独看起来都很好，但对于一些未列入计划范围内的方面产生负面影响时比较奏效。还有一种做法是将双方的注意力集中到意见一致的领域，回顾一下已解决的问题，提醒双方都已经走了这么远了，要珍惜获得的成果，这样解决问题的动力就会增加。

第三，运用休会策略。谈判出现僵局，双方情绪都比较激动、紧张，会谈短时间内也难以继续进行。这时，提出休会是一个较好的缓和办法，东道主可征得客人的同意，宣布休会。双方可借休会时机冷静下来。休会策略的采用，并不等于就是休息，恢复各自的体力、精力，更重要的是借休会之名，行斡旋之实。比如，在私下向对方表示对他的观点或想法的理解，但有一些在谈判桌上不便表述的理由。经验表明，双方推心置腹的诚恳交谈对缓和僵局也十分有效。如强调双方成功合作的重要性、双方之间的共同利益、以往合作的愉快经历、友好的交往等，以促进对方态度的转变。在必要时，双方会谈的负责人也可以单独磋商。还可以在己方的小组内仔细研究争议的问题，让小组成员各抒己见，集思广益，商量变通的解决办法。

第四，改变谈判环境。即使是做了很大努力，采取了许多办法、措施，谈判僵局还是难以打破，这时，可以考虑改变一下谈判环境。

谈判室是正式的工作场所，容易形成一种严肃而又紧张的气氛。当双方就某一问题发生争执，各持己见，互不相让，甚至话不投机、横眉冷对时，这种环境更容易使人产生一种压抑、沉闷的感觉。在这种情况下，一方可以建议暂时停止会谈或双方人员去游览、观光，出席宴会，观看文艺节目，也可以到游艺室、俱乐部等处玩乐、休息。这样，在轻松愉快的环境中，大家的心情自然也就放松了。更主要的是，通过游玩、休息、私下接触，双方可以进一步熟悉了解，清除彼此间的隔阂，增进友谊，也可以不拘形式地就僵持的问题继续交换意见，寓严肃的讨论于轻松活泼、融洽愉快的气氛之中，这时，彼此间心情愉快，人也变得慷慨大方。谈判桌上争论了几个小时无法解决的问题，在这儿也许会迎刃而解了。

第五，利用调解人。当出现了比较严重的僵持局面时，彼此间的感情可能都受到了伤害。因此，即使一方提出缓和建议，另一方在感情上也难以接受。在这种情况下，最好寻找一个双方都能够接受的中间人作为调解人或仲裁人。

在这里，仲裁人或调解人可以起到以下的作用：

一是提出符合实际的解决办法；二是出面邀请对立的双方继续会谈；三是刺激启发双方提出有创造性的建议；四是不带偏见地倾听和采纳双方的意见；五是综合双方观点，提出妥协的方案，促进交易达成。

调解人可以是公司内的人，也可以是公司外的人。最好的仲裁者往往是与谈判双方都没有直接关系的第三者。一般要具有丰富的社会经验、较高的社会地位、渊博的学识和公正的品格。总之，调解人的威望越高，越能获得双方的信任，越能缓和双方的矛盾，达成谅解。

第六，调整谈判人员。当谈判僵持的双方已产生对立情绪，并不可调和时，可考虑更换谈判人员，或者请地位较高的人出面，协商谈判问题。

双方谈判人员如果互相产生成见，特别是主要谈判人员，那么，会谈就很难继续进行下去。即使是改变谈判场所，或采取其他缓和措施，也难以从根本上解决问题。形成这种局面的主要原因，是由于在谈判中不能很好地区别对待人与问题，由对问题的分歧发展为双方个人之间的矛盾。当然，也不能忽视不同文化背景下，人们不同的价值观念的影响。据某资料介绍，美国一家公司与日本一家公司进行一次比较重要的贸易谈判，美国认为派出了最精明强干的谈判小组，大多是 30 岁左右的年轻人，还有 1 名女性。但到日本后，却受到了冷遇，不仅总公司经理不肯出面，就连部门的负责人也敷衍搪塞。主要原因是日本的文化观念与美国人有着较大的差异。在日本人看来，年轻人，尤其是女性，不适宜主持和参与如此重要的会谈。结果，美方迫不得已更换了主谈人员，日本企业高层人士才肯出面洽商。

在有些情况下，如协议的大部分条款都已商定，却因一两个关键问题尚未解决而无法签订合同。这时，己方也可由地位较高的负责人出面谈判，表示对僵持问题的关心和重视。同时，这也是向对方施加一定的心理压力，迫使对方放弃原先较高的要求，做出一些妥协，以利于协议的达成。

第七，尊重文化差异，缩小双方的感情隔阂也能有效地消除谈判的僵局。跨文化谈判最重要的是对对方文化的理解和尊重。但当我们习惯了某一种文化模式时，常常会忽略其他文化的影响，或者不能正确理解不同文化状态下人们行为的差异，觉得自己的这种做法是理所当然正确的，而错在对方。如果谈判双方都持这样的观点，谈判中的僵局就是不可避免的了。所以，要有效防止由于文化差异带来的负面影响，跨国谈判的准备工作十分重要，要认真了解你的谈判对手的文化特点和民族差异，了解他们的习俗禁忌和商务活动特点，做到知己知彼，百战不殆。

15.2　改变谈判中的劣势

谈判是一场双方实力的竞争。如果一方在谈判中处于劣势地位，那么就难以进行势均力敌的较量，至少失去了与对方抗衡的筹码，难以达成令双方都满意的协议。

15.2.1　正视谈判中的劣势

在谈判中，某一方处于劣势既可能是由于对方有优势，使己方处于劣势；也可能是由于己方自身有不利因素。主要出于以下几方面原因：

第一，涉外交易中，跨国公司在商务谈判中有着不可争议的优势，如企业实力雄厚、技术先进、资金充足、营销模式成熟等都能成为谈判的有力筹码，成为议价的优势，给对方造成比较大的压力。我国自 20 世纪 80 年代开始对外开放后，需要大量引进国外先进技术发展我们的生产力，但跨国公司利用他们的技术垄断使我们在交易谈判中付出了很大的代价，并受到了限制。

第二，国际市场供求关系紧张，或某一方具有垄断的趋势。在这种情况下，一方会利用自己在市场上的优势，迫使对方处于一种形式上的劣势，接受不平等的交易条件。进入 21 世纪，国际石油价格不断上涨，石油主要输出国——中东的一些阿拉伯国家，在国际商务谈判中的优势越来越明显，与石油产品资源缺乏，供求紧张有直接的联系。

第三，产品或服务在国际上具有较强的竞争力，特别是国际知名品牌，是交易中十分理想的谈判筹码，这里主要指产品的技术、性能、质量及新颖性等。2005年，美国星巴克咖啡连锁公司全方位进军中国市场，市场调查表明，一杯星巴克咖啡，溢价人民币 16 元，主要来自于品牌知名度的影响。

第四，能够提供独特的技术或服务，没有竞争对手或难以进行比较，这使得供给方能够从各方面迫使需求方做出让步。卖方的垄断资源会给其带来竞价方面的优势。就国际市场需求发展趋势看，提供个性化的服务或产品已经是企业利润的主要来源。

第五，一方急于达成协议也会使自己处于劣势。如急于推销存货，迫切需要资金贷款等。急于达成协议不仅来自企业的窘迫状况，还可能来自于谈判者不成熟的心态。

此外，公司的信誉，谈判者所掌握的知识、信息多寡也是影响交易双方在谈判中的地位和实力的重要因素。

在谈判中，处于不同的位置，对谈判的最终结果影响极大，上述劣势的形成指的是参与谈判企业的实力和背景原因所造成的，还有一些劣势不是由于企业实力造成的，而是谈判人员在谈判中的失误或其他原因造成的。诸如，富有经验的谈判高手和谈判新手之间肯定会出现实力不对等的情况，对谈判局势的判断也会影响战术的使用，从而形成一方被动的局面。

15.2.2　怎样改变谈判中的劣势

出现上述情况，都可能造成某方在谈判中的劣势，进而影响双方的利益分配。那么，能否改变在谈判中的不利地位，掌握谈判的主动权呢？答案是肯定的。

当然，我们这里讲的劣势，是指在某一方面或某一条件下的劣势，并非是双方实力相差极为悬殊的优劣对比。如果所有的优势都掌握在对方手中，那就别指望靠谈判技巧来取得平等的利益。这就如同一位顾客要到商店去买价格上万元的珠宝，而他兜里只有一百元的货币一样，是不可能实现的。"在任何谈判中都存在着难以改变的事实。"我们这里讲的是在可能的条件下，怎样改变在谈判中的劣势地位。

（1）维护自己利益，提出最佳选择

谈判处于劣势，最常见的一种情况是担心不能成交，过于迁就对方，从而达成了一个自己不满意的协议。为了避免出现这种情况，许多谈判人员习惯于事先制定出一个所能接受的最低限度标准也就是最坏的结果。一般来讲，如果买东西，最低限度就是所能出的最高价格，如果卖东面，最低限度就是你所能接受的最低价格。

运用这种方法对于改变劣势地位有一定作用，它可以使你保持比较清醒的头脑，当出现较大压力或诱惑时，能够随时考虑原先规定的标准，决不轻易动摇或妥协。

使用最低限度标准也有不利的一面，从某种意义上说，它限制了谈判策略与技巧的灵活运用，因为最低限度是不能轻易变更的要求，只有你下定决心，坚持规定的标准，才会避免屈服于对方的压力。

最低限度也限制了人们的想像力，不能启发谈判人员去思考，提出特别的变通的解决办法。例如，引进某种机器设备，你可能预先订出不能以高于10万元的价格买进，但是，在谈判中可能有许多新情况出现，促使你考虑一些其他的变通办法。你可能发现对方在维修、服务、运输、付款等方面能提供较优惠的条件，这样，就使你能从其他方面得到补偿。在价格上让步，整体利益并没有受到损失，这也是值得考虑的方案。如果事先预定的标准过高或过低，也会造成不良的后果。

由此可见，应用最低限度标准并不是一个万全之策，它可以使你避免接受一个不利的协议，也可以使你无法提出和接受有利的方案。

我们认为，要避免谈判中处于劣势地位可能带来的不利后果，比较好的方法是根据实际情况，提出多种选择方案，从中确定一个最佳方案，作为达成协议的标准。在这些方案中，至少要包括：对谈判结果的设想，对方根据什么向己方提出条件？不利于己方的因素有哪些？怎样克服？在什么样的情况下中断谈判？我们所能达到的目的是什么？在哪些方面进行最佳选择？等等。

在谈判中，对讨论协议有多种应付方案，就会大大增强你的实力，使你有选择进退的余地。有时，能否在谈判中达成协议，则取决于你所提出的最佳选择的吸引力，你的最佳选择越可行，越切合实际，你改变谈判结果的可能性就越大。因为你充分了解和掌握达成协议与不达成协议的各种利弊关系，进而就比较好地掌握了谈判的主动权，掌握了维护自己利益的方法，就会迫使对方在你所希望的基础上谈判。

（2）尽量利用自己的优势

谈判对方有优势，并不是说在所有的方面都有优势，因为所有的优势都掌握在对方手中，仅靠谈判技巧要达成一个双方都满意的协议恐怕是不可能的。当谈判双方实力相差较大，己方处于劣势时，在谈判之前的准备工作中，就应包括对双方优劣势的分析，摆出对方的优势，再看看己方的优势是什么，如何利用己方的优势。这样，你就能够对双方的实力相比，以及由此产生的问题心中有数。例如，己方要购买一批产品，谈判的对手是实力雄厚的大公司，产品很有竞争力，生产批量大、周期短、交货迅速，这些都是它的优势。但是，它急于出售产品以加速资金周转，这就是它的短处，也恰恰是己方的优势。

双方在谈判中的优势、劣势并不是绝对的。在谈判初期，就双方的实力对比来看，你可能处于劣势。但是，随着多种方案的提出，增加了你的实力，也增加了你的优势。

有时，你的优势可能被掩盖了，表现不明显，也可能对方没有认识到你的优势的重要意义。因此，在谈判中如何利用自己的优势，发挥自己的长处，攻击对方的短处、薄弱环节，也是谈判人员应掌握的策略技巧之一。著名谈判专家尼伦伯格为我们介绍了一个他亲身经历的例子。他受聘于人帮助其解决一桩关于房产纠纷的案子。他的委托人租了一个办公间，还有两年合同到期，但承租方要将此楼拆掉，另建新的大厦，这样，原有房客都要搬迁，由承租方负责搬迁和违约的费用。但双方在支付多少费用上交涉起来。

房东第一次见尼伦伯格先生是自己亲自来的，这在专家看来是失策，这使他无形中将自己置于被动的地位，但房东如果委派律师来就不会形成这样的局面。因为律师不能马上谈到价格问题，而房东首先需要了解租房者的打算。结果，房东一见面就问尼伦伯格："你要多少？""很抱歉，你虽是买方，但我不卖。"这是尼伦伯格的回答，一下子就把球踢到对方，并强化了租房者的优势——因为我想继续租下去。

协商中，房东不停地加价，但尼伦伯格就是不松口，房东无奈，采取拖延的战术，而这恰恰是租房者希望的。最后，房东又请来律师与尼伦伯格交涉，将房屋的搬迁费涨到 5 万美元时，尼伦伯格提出了他的开价——12.5 万美元，这是他经过精心计算的结果。等到律师将付款的支票交到尼伦伯格手里时，律师告诉他，如果再多要 5 美元，就会有一台推土机将那栋房子推倒，而且房东会宣称那是无意的，这样尼伦伯格和他的客户就什么也得不到。在尼伦伯格看来，这样告诉对手结果也是不明智的。但实际上，尼伦伯格得到了最大限度的赔偿，这是源于他对谈判对手的深入分析并最大限度地利用了自己的优势。

总之，要改变谈判中的劣势，在坚持上述原则的基础上所应采取的具体步骤有三点。

第一，制定达成协议所必需的措施。如果不能达成协议，是否还存在着与其他公司洽谈的可能？如果按照对方的条件，是自己生产合算，还是购买合算。

第二，改进自己的最佳设想，把这些变为实际的选择。如果认为与对方谈判达成协议比不达成协议要有利，就应努力地把这种可能变为现实，最主要的是在谈判中不断充实、修改自己的最佳方案、计划，使之更加切合实际。

第三，在确定最佳方案的同时，也应明确达不成协议所应采取的行动。

（3）要掌握更多的信息情报

不可否认，企业具有一定规模，产品有一定的知名度，确实是企业本身具有的优势。但如果己方不具备这方面的优势，而对方又恰恰具有这样的优势，要改变的办法之一，就是广泛收集信息情报，了解更多的内幕，可以有效地避免谈判中的被动，并发现更多的机会。比如，交易双方就价格问题反复磋商，对方倚仗商品质量一流，不提供优惠价。但购买一方的企业如果掌握了市场行情变化的走向趋势，如产品价格可能下降，或有更新的产品出现，那么，就可以据此向企业施加压力，利用卖方急于出售产品的心理，掌握谈判的主动权。

有这样一个事例：英国一家颇有实力的公司，希望在东南亚寻找一个代理商，准备全权委托代理商处理这一地区的业务。它们找到华籍商人张先生，希望与他谈成此事。为有实力的厂商做代理人，这对许多商人来说是求之不得的事，但张先生却没有轻易应允。而是进行了认真详细的调查，了解到英方在向张先生发出邀请之前，已经对所有可能的候选人做了充分的调查分析，结果认为张先生本人及他领导的公司最为理想，从而排除了其他候选人。据此，张先生认为：第一，英方具有十分诚意与他洽商代理一事；第二，自己是惟一理想的候选人；第三，英方公司资信、实力均属一流。由此，他确立了有理、有利、有节的谈判对策，使双方都满意地达成了代理协议。

（4）要有耐心

耐心就是力量，耐心就是实力。如果你不具有其他方面的优势，那么，一定要有耐心或寻找没有耐心的对手。这样，你也有了防卫的筹码，在必要时，打乱对方的部署，争取胜利。因为对于有耐心的一方来讲，你会仔细观察谈判进程中的一切，包括了解竞争对手的心态、状况、特点，了解一切对你有用的东西，并且寻找对方的弱点，进行有效的攻击。

持续数十年的越美之战，使越南人耗尽了一切，资源设备均遭严重破坏，民不聊生，越南人确实想尽快结束战争。但在怎样结束的问题上，他们却使实力雄厚的美国人着实吃了一惊。越南政府放出信息："我们要把这场战争打627年，如果我们再打128年的话，那有什么要紧呢？打32年战争对我们来说只是一场快速战。"真是语出惊人，一场32年的快速战。

越南人之所以这样，就是利用美国国内大选，竞选人急于结束旷日持久的战争，以换取美国民众的拥护的心理。越南人这种无所谓、不在意的态度，越发使美国人着急，本来主动权在美国，但却变得十分被动，费了九牛二虎之力才使越南人坐到谈判桌上来。

在巴黎和谈时，越南以黎德寿为首的代表团，没有住旅馆，而是租用了一栋别墅，租期是两年半。而以哈里曼为首的美国代表团则是按天交付旅馆的房费，他们只准备了几个星期的时间，甚至随时准备结束谈判，打道回府。结果怎样呢？越南在最不利的条件下，取得了最理想的谈判结果，这就是耐心的力量。

在实际谈判中，无数事例证明，如果你感到你的优势都不明显，或局势对你不利的话，千万别忘记了运用耐心。

15.3 学会处理反对意见

任何一项谈判协议的达成都不是一帆风顺的，要克服重重困难与障碍。每一条款的提出，都会遭到这样或那样的反对意见，经过反复不断的磋商才确定下来，因此，学会处理各种反对意见的方法与技巧，也是克服谈判障碍的一个重要内容。

一般来讲，每一笔交易都是妥协让步的产物，交易条件也都有好与不好两个侧面，对于当事人双方总是既有利又有弊的。所以，任何一项建议，不论其条件多么优越，总会遇到这样或那样的不同意见，以至于现在人们已经形成一种观念，不经过反对的提议，不是不成熟、不适用，就是根本没有考虑的余地。有些时候，由于我们不能正确对待、处理各种不同的反对意见，而失去了达成交易的机会。

要学会处理不同的反对意见，我们必须清楚了解谈判中可能出现哪些类型的反对意见。

15.3.1 不同类型的反对意见

（1）一般性的不同意见

这是谈判中最常见的反对意见。每当一项提议拿到谈判桌上来，另一方就可能会提出不同意见或疑问。有些是由于提议带有明显的偏颇性，但即使是对双方都有利的提议，也会遭到反对。这是由于提的问题越多，越能发现问题的逆反心理。所以，有时会出现一方把提议的好处介绍得越多，越容易引起对方的疑心，遭到对方的反对的情况。

（2）偏见与成见

这是带有较强感情色彩的主观性反对意见，也是最难处理的反对意见。对方可能出于先人为主的印象，片面强调某一点，如购进机器设备必须包括零配件，产品包装只能统一规格，交易一定是强者胜、弱者败，通过中间商做生意不好等。那么，你用摆事实、讲道理的方法则很难改变他的看法，因为对方的看法带有一定的感情成分，有些则是由于不同文化背景形成的根深蒂固的观念。要在不影响磋商合同条款的前提下，尽可能避免讨论由偏见引起的分歧。

（3）借口

借口不是真正的反对意见。它是对方出于某种原因不想说明，但又拒绝对方要求的理由。在有些情况下，对方代表受有限权力的约束，可能对商品价格、购买数量或支付能力不能做最后决策，但又不便公开申明，便寻找种种借口。这时，己方不必过多地周旋这一问题，因为即使你消除了这些借口，对方也不会与你达成最终协议，弄不好反倒使他感到有必要对他的借口进行辩护，使借口转化为真正的反对意见。比较好的处理方法是采取回避的方式，可假装没听见，也可建议对方回头再讨论，随着业务洽谈的进展，对方很可能就不再坚持了。

（4）了解情况的要求

提出这种反对意见的目的是要了解更多的详细情况。一般是以问话的形式提出的，如"这种材料的质量为什么比价格贵的还好呢？""我们不能同意你们更换这部分材料的做法，除非你们能做出恰当的解释。"这类反对意见是建立在对方诚意或善意的基础上，比较容易处理。反驳这种意见一定要举出令人信服的、以事实为根据的证据，表达也应婉转客气，要让对方明白己方不同意的理由。有时对方的要求不太高，但却需要己方付出很大代价，这样，对方也不会过于坚持自己的意见。

（5）自我表现式的不同意见

谈判一方为表明自己掌握某些情况，或说明他有独到见解，不易被对方说服，喜欢找机会表达他自己的某些看法，提出不同意见，并列举他认为是正确的有说服力的事例。遇到这种情况，己方最好不要急于驳斥，要让对方把意见讲完，必要时也应予以肯定，并注意一定不能伤害其自尊心，但也不能因为怕失去交易而盲目迎合。可以用事实去说服，间接指出或暗示他讲的不正确、不全面。

（6）恶意的反对意见

这种反对意见的目的是给对方出难题，有意扰乱视听，甚至对个人进行人身攻击。处理这类反对意见，一定要冷静、清醒，不要鲁莽行事，大动肝火。也可以假装没听见，也可以义正词严地指出其错误，也可以根据当时具体情况，采取积极灵活的各种方法消除对方的火气，这样，恶意的攻击会变成一般的意见，事情就简单化了。

15.3.2　处理反对意见的技巧

第一，当对方提出反对意见时，要分析他提出反对意见属于哪一种形式。如果是从偏见或成见出发，就不要急于去驳斥，要尽量寻找其偏见形成的根源。然后，以此为突破口，证明他的见解不符合客观实际。如果对方只是一般性地反对你的提议，或者在找借口，那么，你不必过于认真，只要恰如其分地解释说明就可以了。有这样一个事例，上海宝山钢铁公司收到了日本新日钢铁公司发来的一箱资料。在发货通知上注明资料一共是 6 份。但是，中方人员在开箱验收时，却发现只有 5 份资料，于是与对方进行交涉。但日方代表说，他们在发出资料的时候，至少要 3 个人经手，不可能发生差错。中方说开箱时有 5 个人在场，反复核对，也不会错。结果双方各执一词，不欢而散。

第二次会谈，中方采取了逻辑推理论证的方法。提出了资料丢失的 3 种可能性：一是在运输过程中丢失；二是在中方收到资料后，由于保管不善而丢失；三是日方在发送时资料便短缺。第一种情况，资料如果是在运输过程中丢失的，则装运资料的包装箱必然会有破损的地方。中方代表出示了包装箱的照片，照片显示，包装箱完好无损。第二种情况，每份资料重 32 公斤，5 份资料共重 160 公斤。6 份资料应重 192 公斤，而在包装箱上标明的是净重是 160 公斤。因此可推论日方只发来 5 份资料。因此，"在中方收到资料后，由于保管不善而丢失"这一条也是不能成立的。那么，剩下的只有第三种可能性，即"日方发送时资料便短缺"。日方代表听了中方的推理论证之后，无话可说，当即表示回去向总部汇报请示。不久，日方将一份补发的资料寄到了上海宝山钢铁公司。①

区别对方反对意见最简单的办法就是提问，"你这样讲的根据是什么呢？""为什么会这样想呢？"对方提出反对意见理由越不充分，他就会觉得你的问题越难以回答，你从他的话里了解的情况越多，你就越可能发现他提出意见的真正目的，并及早对症下药，予以消除。

第二，回答对方反对意见的时机也很重要。这不仅会有利于避免矛盾冲突，还会增加说服效果。当你观察到对方在仔细审议某一项条款，可能提出某种意见时，可以抢先把问题指出来。这样，你可以争取主动，先发制人，避免由于纠正对方看法时可能发生的争论，并引导对方按你的想法、思路去理解问题。有时对方提出的

问题有一定难度，或是当场回答不合适，你可以把问题岔开，当你准备好了，或是感到时机成熟时，再予以回答。否则，匆忙反驳对方的意见，会给对方造成再提出意见的机会。此外，还有些意见会随着业务洽谈的进展逐渐消失，你可以不必回答。

第三，回答对方的反对意见，冷静、清醒的头脑、谨慎平和的态度，是十分必要的。如果你带着愤怒的口吻回答对方的问题，对方会认为你讨厌他的意见，对他有看法。这样，要想说服他也就更困难了，甚至还会遇到对方更强烈的反对。所以态度平和、友好，措辞得当是十分必要的。有时，运用幽默也具有很好的效果。美国总统林肯在1843年与卡特莱特共同竞选伊利诺州议员，两个人因此成了冤家。一次，他们碰巧一同到当地教堂做礼拜。卡特莱特是一名牧师，他一上台，就利用布道的机会转弯抹角地攻击林肯，最后他说："女士们，先生们，凡愿意去天堂的人，请你们站起来。"全场都站起来，只有林肯仍坐着。牧师又说："凡不愿去地狱的人，请你们站起来。"人们又都站起来，林肯仍坐着。牧师以为奚落林肯的机会来了，他大声问："林肯先生，那么你打算去哪呢？"林肯不慌不忙地说："卡特莱特先生，我打算去国会。"全场的人都笑了，牧师反被窘住了。

第四，回答对方的问题，要简明扼要，不要离题太远。如果你回答得长篇大论、啰哩啰嗦，很可能会引起对方的反感，也使对方有进一步反驳的口实。一般来讲，你只要回答对方提出疑问的疑点就可以了，必要时，再加以适当的解释和说明。例如，对方问："你们的交货时间难道不能提前一点吗？"你可以说："前面我们在讨论产品的规格、质量时已经讲了产品的生产周期问题，这里我们是根据这一点来推算的交货期限，恐怕不能提前了。"这就避免重复双方已经明确了的内容。

第五，间接地反驳对方的意见是一种较好的处理方法。有时直截了当地驳斥对方，容易伤害对方，使他丢面子，所以间接地反驳、提示、暗示都比较好。特别是在国际商务谈判中，由于民族文化和习俗差异较大，直接的回答可能会使对方陷入窘境，所以，避免正面冲突，采取迂回前进的办法是很可取的。

15.4　控制谈判气氛

任何谈判都是在一定的气氛中进行的。谈判气氛的发展变化直接影响着整个谈判的前途，谁能够控制谈判气氛，谁就能在谈判中占据主动。

谈判气氛伴随着谈判的始终。在谈判的不同发展阶段上，谈判气氛要出现各种变化：是温和、友好，还是紧张、强硬？是沉闷冗长，还是活跃、顺畅？这都会影响谈判双方人员的情绪变化，甚至改变双方在谈判中的地位。所以，良好的谈判气氛是使谈判顺利进行的保障。

一些西方谈判专家把谈判气氛分为四种类型：第一种情况，洽谈气氛的表现是冷淡、对立、紧张。在这种气氛中，谈判双方人员的关系并不融洽、亲密，互相表现出的不是信任、合作，而是较多的猜疑与对立。第二种情况，会谈气氛是松松垮垮、慢慢腾腾、旷日持久，谈判人员在谈判中表现出漫不经心、东张西望、私下交谈、打瞌睡、吃东西等。这种谈判进展缓慢，效率低下，会谈也常常因故中断。第三种情况，洽谈气氛是热烈、积极、友好的，谈判双方互相信任、谅解、精诚合作，谈判人员心情愉快，交谈融洽，会谈有效率、有成果。第四种情况，洽淡气氛则是平静、严肃、谨慎、认真。意义重大、内容重要的谈判，双方态度都极其认真严肃，有时甚至拘谨。每一方讲话、表态都思考再三，决不盲从，会谈有秩序、有效率。

显然，上述第三种会谈气氛是最有益，也是最为大家所欢迎的。怎样才能创造一个热烈、轻松、和谐的谈判气氛，并利用谈判气氛有效地促进会谈呢？我们认为主要从以下三个方面入手：

（1）积极主动地创造和谐的谈判气氛

谈判气氛是在双方开始会谈的一瞬间就形成了，并影响以后会谈气氛的发展。因此，在谈判初始阶段形成的气氛十分重要，双方都应重视，力图有一个良好的开端。

会谈伊始，双方见面，彼此寒暄，互相正式介绍，然后大家围坐在谈判桌前开始洽谈。这时的会谈气氛还是客气的、友好的，彼此可能聊一些谈判以外的话题，借以使气氛更加活跃、轻松，消除互相间的生疏感、拘束感，为正式谈判打下基础。在这一期间能否争取主动，赢得对方对你的好感，很大程度上取决于对方对你的"第一印象"。第一印象在人们的相互交往中十分重要，如果对方在与你初次交往中，对你的言行举止、风度、气质印象良好，就会对你产生好感、信任，并愿意继续保持交往，反之，就会疏远你，而且这种印象一旦形成，就很难改变。因此，要创造相互信任的谈判气氛就要争取给对方留下良好的第一印象。

创造和谐、融洽的谈判气氛，开局阶段是重要的。这就是双方都重视开场白的原因。美国前总统尼克松在他的回忆录中，对 1972 年访问中国时与周恩来总理的初次会面有深刻的描述，并把他与江青的会面做了比较。周总理与他见面时的第一句话是："您从大洋彼岸伸出手来和我握手。我们已经 25 年没有联系了。"而江青见到尼克松的第一句话就是："你为什么从前不来中国？"同样是简短的见面语，周恩来的机智、高雅、诚挚友好与江青的平庸、盛气凌人和缺乏幽默感形成鲜明的对照，给人留下的印象也就不同了。但是，并不是说有良好的开端，就一劳永逸，会谈气氛永远是融洽、和谐的。随着谈判的不断深入发展，分歧也会随之出现，如果不注意维护，不采取积极的措施，会谈气氛也会发生变化，良好的会谈气氛也会转向其反面，形成剑拔弩张、唇枪舌剑的紧张对立气氛，这无疑会阻碍谈判的进行。因此，还应随着谈判的深入发展，密切注意会谈气氛，有意识地约束和控制谈判人员的言行，使每个人自觉地维护谈判气氛，积极促进谈判。

当然，维护和谐的谈判气氛，并不是要己方一味迁就、忍让、迎合、讨好对方，这样，只会助长对方的无理要求，破坏谈判气氛。和谐的谈判气氛是建立在互相尊重、互相信任、互相谅解的基础上的，己方在谈判中应本着有理、有利、有节的原则，该坚持的一定要坚持，该争取的一定要争取，该让步时也要让步，只有这样，才能赢得对方的理解、尊重和信任。如果对方是见利忘义之徒，毫无谈判诚意，只想趁机钻空子，那么，就必须揭露其诡计，并考虑必要时退出谈判。

（2）随谈判进展调节不同的谈判气氛

会谈一般应在紧张、严肃、热烈、和谐的气氛中进行。但是，在实际谈判活动中，谈判气氛并不能完全随人愿变化，这是由于：第一，人是生命的有机体，要受其生理机能的制约，长时间的紧张严肃，会使人丧失其承受能力，不利于会谈的进行。第二，谈判的结果随机性特别大，当双方关系融洽时，会谈气氛既热烈又和谐；当双方关系僵化时，会谈气氛就紧张。这种情况如果持续下去，会严重影响会谈进行，应想法调节会谈气氛。利用幽默是最好的形式。例如，美国前总统里根到加拿大访问时，双方的会谈时常受到反美抗议示威的干扰。加拿大总理特鲁多感到十分尴尬和不安。此时，里根却幽默地说："这种情况在美国时有发生，我想这些人一定是特意从美国来到贵国的，他们想使我有一种宾至如归的感觉。"几句话使得在场的人都轻松下来。应该说里根总统深受美国人民的爱戴，与他"自我贬损式"的幽默是分不开的。研究美国大选的专家认为美国人认同普通人，那些谦虚、优雅而且愿意贬低自己的人在人际交往中尤其受欢迎。里根总统身边的人在回忆总统时印象深刻的内容之一就是他年龄偏大，经常遭人挖苦。对于这一点他从来不回避。一次在一个医疗会议上发表演讲时，他对与会者说："要是我需要做一次移植手术，那么我肯定会碰到一大难题：我所需要的器官他们不再生产了。"结果受到与会者的热烈欢迎。这样做的效果：一是它可以使演讲者富有人情味，帮助听众们认同他，形成一种融为一体的感觉；二是它还可以让听众感到自己更有尊严、更有价值；三是它可以使人们换个角度来看问题，赋予一个普通事件新的含义。

幽默对缓和谈判双方的僵局也十分有效。卡普尔任美国电话电报公司负责人的初期，在一次董事会议上，众人对他的领导方式提出许多批评和责问，会议充满了紧张的气氛，人们似乎都无法控制自己的激动情绪。有位女董事质问："过去的一年中，公司用于福利方面的钱有多少？"她认为应该多花些钱。当她听说有几百万美元时，说："我真要晕倒了！"卡普尔诙谐地回答："我看那样倒好！"会场上爆发一阵难得的笑声，气氛也随之缓和下来。

（3）利用谈判气氛调节谈判人员的情绪

气氛是在谈判双方人员相互接触中形成的，又对谈判人员的情绪影响甚大。在紧张、严肃的谈判气氛中，有的人冷静、沉着；有的人拘谨、恐慌；有的人振奋、激昂；有的人则沮丧、消沉。为什么人们会产生各种各样的情绪体验呢？根据心理学所阐述的理论，这是人的大脑对外界刺激信号的接收反应不同造成的。

随着正式谈判的开始，谈判人员大脑的运动加快了，大脑的运动轨迹有两条：首先是对外部刺激信号的接收，如谈判各方人员进入会谈室的方式、姿态、动作、表情、目光、谈吐的声调变化等都对人的大脑产生影响；其次是大脑对这些信号的反应，反应的方式取决于信号的强弱。有的人会积极反应外部信号，有的人会消极反应外部信号。如内容重要或分歧较大的谈判，会谈气氛是紧张严肃的。积极反应者则情绪振奋，对谈判充满信心，消极反应者情绪沮丧，信心不足，疑虑重重，这会直接影响双方在谈判中应采取的行动。

人的情绪的形成变化，受环境的影响极大。心理学家的实验证明，把一个人关进一个与外界隔绝，听不到任何声音的屋子里时，那么用不了多久，他就会情绪烦躁，难受至极，甚至有发病的感觉。人的情绪，如喜、怒、哀、乐、欲，都是随外界条件变化产生的种种心理感受。在谈判过程中，双方人员的心理压力较大，如果会谈气氛过于紧张、严肃，就会使一些人难以承受。如有的谈判人员会歇斯底里地爆发情绪，都是承受不了心理压力的表现。因此，谈判人员应考虑谈判气氛不能过于严肃、紧张，至少不能长时间如此。注意随时采用各种灵活的形式调整会谈气氛，如休会，查询有关资料，插入一些轻松愉快的话题，提供水果、饮料、点心，改变谈判座位等。

相反，如果谈判气氛松松垮垮、慢慢腾腾，谈判人员的情绪也振奋不起来，会出现漫不经心、沮丧消极、无所谓等现象。这会严重影响谈判效率，固然也是应当避免的。此外，在国际商务谈判中，谈判气氛的形成与变化还要考虑受民族和习俗的影响。如美国人、欧洲人对待正式谈判极为严肃认真，讲究时间效率。但阿拉伯人、南美人相对比较随意，时间感不强，这也可能表现为谈判气氛不紧张，但并没有消极意义。

由于情绪具有感染性，因此，在某种气氛下，某个人的情绪表现也会影响其他人，这个人越有威望，越有地位，影响力也就越大。在谈判活动中，如果谈判小组负责人在困难面前沉着坚定，充满必胜的信心，也会给其成员带来极大的鼓舞。反之，他表现出惊慌失措，就容易使其成员动摇、颓丧，乃至丧失信心。

复习思考题

1. 谈判中出现僵局的主要原因有哪些，其消极影响是什么？
2. 避免僵局的策略应该怎样使用？
3. 改变谈判劣势的做法有哪些？怎样运用更有效果？
4. 反对意见有哪些类型，各有什么特点？

5. 怎样区别不同反对意见，处理技巧中最重要的规则是什么？

6. 怎样创造良好的谈判气氛？

案例分析

中国民航与英国飞机制造公司的索赔谈判

20 世纪 80 年代中期，中国民航从英国购进的三叉戟飞机用的发动机——斯贝发动机故障频繁。航班被迫取消，发动机被送进维修厂，甚至送到生产地英国去检修。中国民航北京维修基地的女工程师薛其珠为监修斯贝发动机来到了其位于英国的维修基地。其间，她认识到大批斯贝发动机的故障是由于设计缺陷造成的。1984 年 9 月，她代表中国民航正式向英国航空发动机制造公司提出了索赔要求。

英国公司驻维修基地的负责人泰勒收到这份报告后，召开紧急会议商议对策。第二天，薛和廖两位中国工程师就领教了英国人的厉害，感到了巨大的压力。基地为他们在生产车间设了专用办公室和专用电话，还派了两个陪同。但他们不能随意走动，要去哪个车间必须事先联系，由车间主任出面接待。冷漠与戒备代替了热情与周到。

中方报告中提出：为什么没有给中国做 2848 型发动机叶片改装。对此，英方的答复是："2848 的改装是失败的，由于增加叶片厚度影响了进气量和输出功率，所以，那种叶片已经不再生产。目前的改装可以代替 2848，而且效果更好。"搪塞！"那么为什么中国民航的履历本上都写着 2848 改装已做？"中方继续问。"公司仅生产过 80 台改装叶片，已全部装在英航发动机上。公司从未打算为中国民航做此改装。至于履历本上的记载，是由于打字员工作疏忽造成的。"英方回答。

"我认为贵公司欺骗了中国民航。你们向中国民航收取了改装费，却把大批有设计缺陷的库存废叶片装入了发动机，卖给了除英航以外的各国客户，从而把损失不光彩地转嫁到客户身上，是这样吗？""关于错打了型号的问题，我有一点不解。英航几乎是与中国民航同时购买的发动机，为什么英航的履历本一台不错，而中航的 100 多台全打错了？"

全场鸦雀无声。"看来，我们的分歧在于 2848 的改装是否成功。你们说改装是失败的，为什么你们从来没有向中国发正式文件说明 2848 的改装的失败？而恰恰相反，根据我做的计算，以及英航十几年的使用结果，都可以证明这一改装对避免发动机喘振是有效的。"她出示了英航的那份电报。"最根本的问题是，贵公司为什么把有设计缺陷的未做改装的发动机卖给客户？为什么还要按改装后的价格向客户收费？"

没有人能回答她的问题。又召开了第二次会议。英国人这次又改变了战术。他们企图先声夺人，掌握主动权，所以，他们一个接一个的发言，几乎不容中方有说话的余地。

"薛女士，事实上 2848 的改装不可取，加厚四级叶片对发动机气动特性影响很大。我们可以用计算来证明。"一个英国技术人员摆出了一串串的公式和数据。薛代表立即提起笔来，也摆出了一串串数据，证明 2848 的改装是成功的。另一个英国技术人员抢过话头，认为中国的检验手段差，飞行员的操作也有问题，这才是发动机损坏的真正原因。

薛指出："不错，这些原因可能存在，但英方能否讲清楚，为什么出故障的大量斯贝发动机都有相同部位的叶片损坏？而这种现象为什么从未在其他型号的发动机上发生？这难道不是设计缺陷？把这种发动机卖给客户，公司是否还有一点人道主义和职业道德？"

英国人火了，他们一起冲着中方嚷起来，倒好像中国人做了什么对不起英国人的事。薛也提高了声音："你们嚷什么？如果你们用转嫁经济损失的手段坑害客户，中国民航决不答应！"气氛随之紧张起来，不得不宣布散会。

之后，又是第三次、第五次，直到第八次会议。中方代表寸步不让，用英国公司自己发的技术资料来驳倒他们。在这些会议上，对手也不顾及绅士风度了。英国人大喊大叫，指指点点，甚至还大摔文件。紧接着的会议，英国请来一位经济律师，想靠国际法律知识给中方施加压力，但没有奏效。

谈判极其艰苦，最后英国人在慢慢退却。他们提出先免费为中国民航送修的两台发动机做现有改装，继而同意免费更换所有的发动机的第五级叶片。但在赔偿十几年的损失这一问题上，他们仍然不肯让步。他们当然知道，同意赔偿就是承认卖给中国的发动机有缺陷，二者可能给公司造成不堪设想的后果。

以薛工程师为首的中方决心坚持到最后，决不退却。离回国不到一周了，英国人突然热心照顾起他来，用宴会、参观、郊游和各种活动，把他们的日程安排得满满的，英国人希望一直拖到他们离开。

中方既不去参观、郊游，也不赴宴，只是盯住泰勒，要求继续开会。会上，英方一位商务负责人冷冷地发问："你们是搞技术的，何必插手商务？我们希望和中国民航商务部门探讨这个问题。"随后，中方商务代表乘车抵达格拉斯哥，带来了全部合同。次日，谈判又开始。英国人又开始刁难：按合同规定，只有在三种情况下才能提出索赔要求，即设计差错、装配差错和器材差错。中国民航不在这三种情况之内且大大超过了索赔时限，因此，英方不能赔偿。

中方薛代表发言：指出发动机有设计缺陷是索赔关键，她列举了中国民航受到的种种损失。接着陈代表发言，他代表中国民航商务部门指出英方在商务上的不诚实行为。时限问题在本次索赔中毫无意义。

双方争执不下。英国人大发脾气，主要负责人竟然掉过头去，把脊背冲着会场。但中国人不为所动，一直坚持。到了第三天，英国人感到了这长城的牢不可破，一些技术人员开始不告而辞，会场只剩下公司驻英格兰总代表泰勒等人。僵持4小时之后泰勒开口了："我向各位道歉，并向中国民航道歉，由于本公司给中国民航在经济上造成了重大损失，我同意用赔偿方法来解决。"

　　1985 年 3 月 5 日，英国公司和中国民航在北京签订赔偿合同，英方的赔偿数额为 304 万美元。这也许是中国民航历史上数额最大、最特别的一次赔偿。

资料来源：于忠荣等编著．商务谈判名家示范．山东人民出版社，1995

问题：
1. 请你分析这次索赔谈判，谈判的僵局有什么特点？
2. 谈判的气氛是怎样随谈判进程而改变的？对谈判最终结果有影响吗？

第四编

国际商务谈判的沟通艺术

第 16 章　国际商务谈判中的沟通

学习目的

对本章的学习使读者进一步了解沟通在谈判中的特殊作用，各种沟通方式对谈判当事人的微妙影响以及对谈判最终所起的作用，以期使读者加深对沟通的认识，更好地掌握沟通策略与技巧。

在国际商务谈判中，沟通和交流是十分重要的，不仅跨国交易需要通过良好的沟通达成双方的合作，而交易中的诸多矛盾与纠纷处理也依赖于顺畅的沟通与交流。这是我们研究沟通的前提与共识。

16.1　沟通中的语言表达

语言表达是沟通最重要的形式之一。这不仅是因为操不同语言的谈判者沟通存在着障碍和困难，更重要的是语言是一国文化、民族心理的集中表现，因为叙事清晰、论点明确、证据充分的语言表达，能够有力地说服对方，取得相互之间的谅解，协调双方的目标和利益，保证谈判的成功。正如谈判专家指出的那样：谈判技巧的最大秘诀之一，就是善于将自己要说服对方的观点一点一滴地渗进对方的头脑中去。

16.1.1　语言表达的作用

在谈判中，双方的接触、沟通与合作都是通过语言表达来实现的，说话的方式不同，对方接收的信息、做出的反应也都不同。这就是说，虽然人人都会说话，但说话的效果却取决于表达的方式。例如，当对方阐述某一观点，你没理解时，你可以说："对不起，我没能理解你讲的意思，你是说……"你也可以说："你讲的是什么，我不明白。"前者婉转、客气地指出了没能理解对方的讲话意思，把责任归为己方。后者也说明了没理解对方讲话的客观事实，但却暗示责任在对方。这两种表达方法没有太大的差别，但输出的信息却很不相同，自然，对方的反应也不一样。所以在谈判中,语言的表达是十分重要的。

(1) 准确无误地陈述谈判者的意图,表达双方各自的目的与要求

谈判双方代表聚在一起,讨论某项交易内容,首先要介绍各自的观点、要求。能否运用语言把它明确、清晰简要地表达出来,这就要看谈判者的说话艺术了。正因为如此,谈判人员都非常重视谈判伊始的"开场白",这里我们不妨举例来分析一下。如我国某出口公司的一位经理在同东南亚某国商人洽谈大米出口交易时,开头是这样讲的:"诸位先生,我们已约定首先由我向几位介绍一下,我方对这笔大米交易的看法。我们对这笔出口买卖很感兴趣,我们希望贵方能以现汇支付,不瞒贵方说,我们已收到了某国其他几位买主的递盘。因此,现在的问题只是时间,我们希望贵方能认真考虑我方的要求,尽快决定这笔买卖的取舍。当然我们双方已是老朋友了,彼此有着很愉快的合作经历,希望这次洽谈会进一步加深彼此的友谊,这就是我方的基本想法。"中方这几句开场白,措辞得当,简明扼要地表明了中方的主要观点、态度以及达成协议的诚意。

一般来讲,在阐述问题时,要论点突出,论据充分,逻辑层次清楚,简明扼要。在解释问题时,可以详细、具体一些,避免使用一些鲜为人知的行话、术语,尽量通俗易懂、深入浅出。

(2) 说服对方,达成合作共识

在谈判中,谈判者常常为各自的利益争执不下,这时,谁能说服对方接受自己的观点,做出让步,谁就获得了成功。反之,不会说服,就不能克服谈判中的障碍,也就不能取得谈判的胜利。

当你提出一个论点要对方理解和接受时,首先必须清楚地说明它的作用,特别是对对方的好处。许多实际经验表明,强调双方处境的相同、愿望的一致,要比强调双方的差异、分歧更能使人理解和接受。当你认为某一问题十分重要,必须要取得对方的谅解与合作时,可以试验着从多个角度去阐述。正面不行,侧面进攻;直接不行,迂回进攻,使对方在不知不觉中接受你的观点。

需要指出的是,讲话时尽量避免以辩解的口气说话,如果这样做,就会显得比对方矮一截而失去士气。所以,在辩论中保持不卑不亢的态度也是十分重要的。

当然,要说服对方就必须认真听取对方的要求,进而明确哪些要求可以理解,哪些要求可以接受,哪些要求必须拒绝,寻找机会把正在争论的问题和已经解决的问题联系在一起。这样,既可以使对方认识到不能让争执的问题影响协议的达成,又可以促使对方改变坚持的立场,做出妥协。

(3) 缓和紧张气氛,融洽双方关系

谈判是双方面对面的交锋,它自始至终受谈判气氛的影响。气氛是随双方的交谈而不断变化的,形成一个和谐融洽的谈判气氛,往往需要双方的艰苦努力,而要破坏它,可能仅仅是一两句话。所以,高明的谈判者,往往在语言表达、措辞上都

十分谨慎、小心。即使是讨论双方的分歧问题，也决不会轻易发火、指责，当然，更不会出现污辱人格、伤害感情的语言。

创造良好的谈判气氛，开局也很重要。一般来讲，不能双方刚一接触，就马上开始谈正题，弄不好会适得其反，在进入正题前，要选择一些其他话题，中性话题是大家公认的较好话题。

中性话题的范围很广，一切和正题不相干的话题都是中性的，这里我们把它归纳为四个方面：一是来访者旅途的经历；二是体育新闻或文娱消息；三是个人的爱好；四是双方熟悉的有关人员等。通过对题外话的简单交谈，双方的感情就比较接近了，气氛也融洽了，再谈正题就显得自然、不唐突。但是，中性话题也有积极、消极之分，谈判人员应设法避免令人沮丧的话题。

就谈判活动来讲，说话的另一大忌是口吐狂言、目中无人。说话者表现出轻狂傲慢，自以为是，瞧不起别人，会引起对方的反感、厌恶，招致对方的攻击。口若悬河、滔滔不绝地讲话，会使人失去倾听对方的机会，忽略对方要求，或者给对方抓住口实的把柄。多数情况下对方不是在听你的"讲演"，而是在欣赏你的"表演"。要避免犯类似错误，可以经常问自己"我是不是讲得太多了？是否给对方留出了讲话的机会？""他为什么没有讲？"这样，你就能时刻保持清醒的头脑。

16.1.2　语言表达的技巧

说话总要表达某种内容、观点，传达一些信息。在这个前提下，说话技巧就是关键因素。小则可能影响谈判者个人之间的人际关系，大则关系到谈判的气氛及谈判的成功与否。语言表达是非常灵活、非常有创造性的。因此，几乎没有特定的语言表达技巧适合所有的谈话内容。就商务谈判这一特定内容的交际活动来讲，语言表达应注意以下几点：

（1）注意语言表达中的寓意以及所形成的"场"

谈判双方的实力对比及变化很多情况下是由于语言的使用造成的。一个高明的谈判者不仅会从对方的语言的潜台词中了解对方心态的变化与感受，并且能通过语言的运用驾驭谈判对手，左右谈判形势，形成一种有利的谈判氛围，即形成一种"场势"。美国谈判专家尼伦伯格在他的《谈判的奥秘》一书中曾举了这样一个例子。美国大财阀摩根想从洛克菲勒手中买一大块明尼苏达州的矿地，洛氏派了手下一个叫约翰的人出面与摩根交涉。见面后，摩根问："你准备开什么价？"约翰答道："摩根先生，我想你说的话恐怕有点不对，我来这儿并非卖什么，而是你要买什么才对。"这种不卑不亢的答话，使得原本地位低于摩根的约翰抬起了自己的身价，一下子改变了由于身份低微而形成的谈判劣势，但要做到这一点需要有睿智的头脑，能抓住问题的实质，进而掌握谈判的主动权。

（2）注意维护对方的面子与自尊

世界上没有哪个民族会在失去尊严中感到愉快并能与对方和睦相处，也没有哪个人失去面子而又能与对方友好交往。谈判是一种协调分歧、化解矛盾的艺术，维护面子与自尊是一个极其敏感而又重要的问题。许多专家指出，在洽商中，如果一方感到丢了面子，即使是最好的交易，也会留下不良后果。当一个人的自尊受到威胁时，他就会全力防卫自己，对外界充满敌意，有的人反击，有的人回避，有的人则会变得十分冷淡。这时，要想与他沟通交往，则会变得十分困难。

在多数情况下，丢面子、伤了自尊心都是由于语言不慎造成的。最常出现的情况是由双方对问题的分歧，发展到对对方的成见，进而出现对个人的攻击与指责。曾有一个保险公司的推销员，在几次拜访了一个客户后，却未能说服他，临走时，他说了一句话："我将来会说服你的，老家伙！"这句充满感情的话表明了他值得称赞的决心，但这却是他决不该说的话。对方立刻嚷道："不，你做不到——绝无希望！"尽管后来这位推销员在近 10 年的时间里连续不断地拜访这位客户，但他却没能成功，因为他伤了客户的自尊。

谈判中，人们最容易犯的一个错误是不自觉地站在客户对立面，试图说服对方，结果是没等你说服他时，却很可能刺伤了他。这一方面是因为客户与你的立场是不一致的，他首先要保护和防卫自己。对你说的东西他更愿意从坏处着想。另一方面本来相互间的利益是冲突的，但你却在各方面让他感到与你的差别，比如对方说什么，你直接驳斥他，这就更会加深他对你的逆反心理，造成一种"凡是敌人拥护的我们就要反对，凡是敌人反对的我们就要拥护"的局面，这恐怕是你最不愿意看到的。

历史上有这样一个故事，听起来像笑话，但实际上却很有哲理。苏丹国王梦见自己所有的牙齿都掉了。于是，一觉醒来，他召来智者为他解梦。智者说："陛下，你很不幸，每掉一颗牙齿，你会失去一个亲人。"苏丹大怒："你这个大胆狂徒，竟敢胡言乱语，给我滚出去。"苏丹召来另外一位智者，向他述说自己的梦，智者听完说："高贵的陛下，你真幸福呀，这是一个吉祥的梦，意味着你比你的亲人更长寿。"苏丹听完后，命人奖赏这位智者 100 个金币。

这位智者走出宫殿时，一位侍者走过来对他说："真是不可想象，其实你同第一位说的是一个意思，为什么你会得到奖赏呢？"这位智者语重心长地说："很简单，一切都是由表达方式决定的。"

（3）注意寻找双方能够接受的共同点

要说服对方，必须要寻找对方能接受的谈话起点，即寻求与对方思想上的共鸣。先表示出自己对对方的理解，然后步步深入，把自己的观点渗透到对方的头脑中，不能急于求成，否则，往往事与愿违。美国的人际关系专家戴尔·卡内基把寻求谈话共同点的方式称做"苏格拉底式"的谈话技巧。

苏格拉底是 2 000 多年前古希腊的哲学家，他以辩论见长，他创立的问答法至今还被世人公认为"最聪明的劝诱法"。其基点是：与人辩论，开始不要讨论分歧的观点，而是着重强调彼此共同的观点，取得一致后，再自然地转向自己的主张。这一方法的特点是，提出一系列的问题让对方称"是"，同时要避免对方说"不"，进而促使对方发生态度转变。卡内基举了这样一个例子：一家公司的总工程师通知西屋公司说，不准备订购他们的发动机了，理由是发动机的温度过高。西屋公司的推销员前去交涉，他就是从"是"开始进行说服的。推销员说："我同意你的意见，如果发动机太热，不应该买它。发动机的温度不应该超过国家规定的标准。"对方答："是"。"有关规定说，发动机的温度可以高出室内温度华氏 72 度，对吗？"对方说："对"。"厂房有多热？"对方答："大约华氏 75 度。""75 度加上 72 度是 147 度，是不是很烫手呢？"对方答："是的。"结果，推销员就是用这种方式，把自己的意见通过对方的"是"灌输到对方的头脑中，使对方又接受了订货。这种方法实际上就是按对方的思维逻辑去考虑问题，承认对方赖以做出决定的依据，再委婉地指出依据的不合适或依据的基础不正确。这样，在驳倒对方观点的同时，也使对方接受了你的观点，这种说明方式在经济索赔谈判中尤其有效。

当对方提出某种观点，而你并不同意时，你可以说："根据你的假设，我可以推知你的结论，但是你是否考虑到……"或者是"有些资料你可能还不晓得"。这要比"你们的意见是建立在片面考虑自身利益的基础上，我们不能接受"要好得多。前者既指出了对方用意的偏颇，表明了己方的态度，又避免了直接正面冲突，从而避免了招致对方不满的可能。而后者，虽然维护了己方立场，但很可能激怒对方，使谈判陷入僵局。

（4）善于运用实例证明或逻辑分析

善于游说的人都清楚，人们做事主要受个人的具体经验影响，抽象的讲大道理远不如运用经验和实例更有说服力。

第二次世界大战期间，一些美国科学家试图说服罗斯福总统重视原子弹的研制，以有效地打击轴心国，尽快结束战争，减少无谓的人员伤亡。他们委托总统的私人顾问，经济学家萨克斯出面说服总统。但不论是科学家爱因斯坦的长信，还是萨克斯的陈述，总统一概不感兴趣，为了表示歉意，总统邀请萨克斯次日共进早餐。第二天早上一见面，罗斯福就以攻为守地说："今天不许再谈爱因斯坦的信，一句也不谈，明白吗？"

萨克斯说："英法战争期间，在欧洲大陆上不可一世的拿破仑，在海上屡战屡败。这时，一位年轻的美国发明家富尔顿来到了这位法国皇帝面前，建议把法国战船的桅杆砍掉，撤去风帆，装上蒸汽机，把木板换成钢板。可是拿破仑却想，船没有帆就不能行走，木板换成钢板就会沉没，于是他二话没说就把富尔顿轰了出去。历史学家们在评论这段历史时认为，如果拿破仑采纳了富尔顿的建议，19 世纪的欧洲史就得重写。"萨克斯说完，目光深沉地望着总统。

罗斯福总统默默沉思了几分钟，然后取出一瓶拿破仑时代的法国白兰地，斟满了酒递给萨克斯，轻缓地说："你胜利了。"萨克斯顿时热泪盈眶，他终于成功地说服了总统做出美国历史上最重要的决策。

（5）谈判中应避免的语言

一般来讲，语言是极其丰富的，语言在特定的情况下会收到不同的效果，不应有什么禁忌。但是经验表明，有些言辞应该慎用。这类言辞主要包括以下几个方面：

第一，极端性的语言。如"肯定如此"、"绝对不是那样"，即使自己看法正确，也不要使用这样的词汇。

第二，针锋相对的语言。这类语言特别容易引起双方的争论、僵持，造成关系紧张。如"开价五万，一点也不能少"，"不用讲了，事情就这样定了"。

第三，涉及对方隐秘的语言。如"你们为什么不同意，是不是你的上司没点头？"西方商人对此类语言更为敏感。

第四，有损对方自尊心的语言。如"开价就这些，买不起就明讲"。这类语言缺乏起码的交际词令，不仅起不到任何作用，反倒让对方轻视自己。

第五，催促对方的语言。如"请快点考虑"，"请马上答复"。在国际商务谈判中，你的一举一动都代表民族或公司以及个人的修养，无助于谈判结果或个人声望的语言都是多余的。

第六，赌气的语言。它往往言过其实，造成不良后果。如"上次交易你们已经多赚了五万，这次不能再占便宜了"。

第七，言之无物的语言。如"我还想说……"，"正像我早些时候所说的……"，"是真的吗……"等等。许多人有下意识的重复习惯，俗称口头禅，它不利于谈判，应尽量克服。

第八，以我为中心的语言。过多地使用这类语言，会引起对方的反感，起不到说服的效果。如"我的看法是……"，"如果我是你的话……"必要的情况下，应尽量把"我"变为"您"一字之差，效果会大不相同。

第九，威胁性的语言。"你这样做是不给自己留后路"，"你这样做的后果自负"。威胁不仅容易导致反威胁，因为任何人都不会因你侮辱了他而无动于衷，而且还显示出你无计可施。

第十，模棱两可的语言。如"可能是……"，"大概如此"，"好像……"，"听说……"，"似乎……"。特殊情况下，模糊语言可以帮你实施某些计策，但如果对方要你回答些关键问题，你这样做很可能失去生意。

（6）说话的方式

讲话过程中的一些细节问题，如停顿、重点、强调、说话的速度等，往往容易被人们忽视，而这些方面都会在不同程度上影响说话的效果。

一般来讲，如果说话者要强调谈话的某一重点时，停顿是非常有效的。试验表明，说话时应当每隔 30 秒钟停顿一次，一是加深对方印象，二是给对方机会，对提出的问题进行思考或加以评论。当然，适当的重复，也可以加深对方的印象。有时，还可以运用加强语气，提高说话声音以示强调，或显示说话者的信心和决心。这样做要比使用一长串的形容词效果要好。

说话声音的改变，特别是如能恰到好处地抑扬顿挫，会使人消除枯燥无味的感觉，吸引听话者的兴趣。此外，清晰、准确的发音，圆润动听的嗓音，也有助于增加讲话的效果。

在商务洽谈中，应注意根据对方是否能理解你的讲话，以及对讲话重要性的理解程度，控制和调整说话的速度。在向对方介绍谈判要点或阐述主要议题时，说话的速度应适当减慢，要让对方听清楚，并能记下来。同时，也要密切注意对方的反应。如果对方感到厌烦，那可能是因为你过于详细地阐述了一些简单易懂的问题，说话啰嗦或一句话表达了太多的意思。如果对方的注意力不集中，可能是你说话的速度太快，对方已跟不上你的思维了。

此外，谈话中的随机应变也是十分重要的。语言的运用要达到说服人的效果，针对说话对象、客观环境的变化灵活调整是十分重要的。语言的魅力或艺术性，就在于他的创造性。只有创造性的语言，才具有鲜活的生命力，才能很好地发挥语言的作用。

有这样一个事例，一位把大量时间和金钱都奉献给心脏病研究的慈善家一直想要建立一个心脏病研究基金会，经过一番奔走呼号，美国参议院委员会终于开始对设立这个基金会的可能性进行调查，并请这位慈善家到会作证。慈善家精心准备了材料详实的演说词。但到开会时，他发现被安排在第六个发言，前面发言的都是些在各个领域学有专长的医生、科学家等。于是，他决定临时改变发言内容。

他对议员们说："先生们，我准备了一篇发言稿，但我决定不用它了，因为我怎么能同刚才发表过高见的那几位杰出人物相提并论呢？他们已向你们提供了所有的事实和数据，而我在这里，则是要为你们的切身利益而向你们做出呼吁。像你们这样辛劳的人，正是心脏病的受害者，你们正处于生命最旺盛的时期，处于一生事业的顶峰，但是，你们也正是最容易得心脏病的人……"接着，他一口气说了 45 分钟，那些参议员们似乎还没听够。不久，全国心脏病基金会就由政府创办了，他被任命为首任会长。

16.2　倾听对方的讲话

倾听和讲话一样具有说服力。谈判专家麦科马克认为：如果你想给对方一个丝毫无损的让步，你只要注意倾听他说话就成了，倾听就是你能做的一个最省钱的让步。

倾听是人们交往活动的一项重要内容。据专家调查，人在醒着的时候，至少有 1/3 的时间花在听上，而在特定条件下，倾听所占据的时间会更多，谈判就是需要更多倾听的交际活动之一。

在交际中的倾听可以分为积极和消极两种。在重要的交谈中，倾听者会聚精会神，调动知识、经验储备及感情等，使大脑处于紧张状态。接收信号后，立即加以识别、归类、编码，做出相应的反应。表示出理解或疑惑、支持或反对、愉快或痛苦等，这种与谈话者密切呼应的听，就是积极倾听。积极倾听既有对语言信息的反馈，也有对非语言信息，即表情、姿势等的反馈。听一番思想活跃、观点新颖、信息量大的谈话，倾听者甚至比谈话者还要疲劳。因为倾听的人总要不断调动自己的分析系统，修正自己的见解，以便与说话人同步思维。而对一般性质的谈话，倾听者会处于比较松弛的状态中，如闲谈、一般性介绍等，这时，人们都在一种随意状态中接收信息，这就是消极倾听。

一般来讲，积极倾听有助于我们更多地了解信息，启发思考。但在多数情况下，消极倾听也是一种必要的自我保护形式。人们由于生理上的限制，不可能在任何情况下都能做到全力以赴、全神贯注地倾听，人们的注意力集中的时间是有限度的，所以，消极倾听会有助于人们放松神经，更好地恢复体力、精力。此外，人们在积极倾听的时候，会受到各种因素的干扰，在一定程度上影响倾听的效果，使信息传递受到阻碍，这点应适当注意。

16.2.1　倾听的作用

（1）倾听是了解对方需要，发现事实真相的最简捷的途径

谈判是双方沟通和交流的活动，掌握信息是十分重要的。一方不仅要了解对方的目的、意图、打算，还要掌握不断出现的新情况、新问题。因此，谈判的双方十分注意收集整理对方的情况，力争了解和掌握更多的信息，但是没有什么方式能比倾听更直接、更简便地了解对方的信息了。

（2）倾听使你更真实地了解对方的立场、观点

了解对方的沟通方式、内部关系，甚至是小组内成员的意见分歧，从而使你掌握谈判的主动权。例如，一家日本公司同美国公司的谈判，就是运用倾听的方法获得了谈判的成功。日本一家公司向美国某公司购买技术设备，方案确定后，它们先派了一个谈判小组到美国去。谈判小组成员只是提问题，边听边做记录，然后还是提问题。美国人对此项交易很有信心，也做了极认真的准备，用三台放映机展示各种图片，整个谈判一直是美国人滔滔不绝地介绍。日本人在第一个谈判小组回国后，又派出了第二个谈判小组，又是提问题，做记录，美国代表照讲不误。然后又派了第三个谈判小组，还是故伎重演，美国人已讲得不耐烦了，但也搞不清日本人

耍什么花招。等到美国人几乎对达成协议不抱什么希望时，日本人又派出了前几个小组联合组成的代表团来同美国人谈判，弄得美国人不知所措。因为他们完全不了解日本人的企图、打算，而他们自己的底细则全盘交给了日本人。当然，结果是日本人大获全胜，以最不利的交易条件争取到最大的利益。可见，会利用倾听也是一种非常有用的谈判战术。

不能否认，谈话者也会利用讲话的机会，向你传递错误的信息或是对他有利的情报，这就需要倾听者保持清醒的头脑，根据自己所掌握的情况，不断进行分析、过滤，确定哪些是正确的信息，哪些是错误的信息，哪些是对方的烟幕，进而了解对方的真实意图。

（3）注意倾听是给人留下良好印象、改善双方关系的有效方式之一

因为专注地倾听别人讲话，表示倾听者对讲话人的看法很重视，能使对方对你产生信赖和好感，使讲话者形成愉快、宽容的心理，变得不那么固执己见，更有利于达成一个双方都妥协的协议。迪特公司的经理迪特先生运用倾听改变了与客户的敌对立场就是生动的一例。

一天，一位客户突然专程赶到迪特公司，声称他接到一份通知，催他归还欠迪特公司的 15 美元的欠款。这使他感到特别恼火，因为他从不欠这个公司的款项，而且还是这么少的一笔。同时，他生气地告诉公司经理，以后再也不买这个公司的产品了。迪特先生耐心地听他讲了个痛快，最后感谢他专程来芝加哥提意见，承认可能错误在公司方面，很大度地向他推荐其他公司，并按惯例请他吃饭。结果，这位客户不仅消了气，反而又在这个公司签了一大笔订单。回去后他重新检了自己的账目，发现有一张放错了位置，正是这 15 美元的账单，他马上给公司寄了一张支票，并附上一封道歉信。迪特的做法很简单，就是耐心地听对方，甚至是指责，就使对方消了气，因为对方感到受了尊重和理解。但如果迪特不这样做，而是更加严厉地指责对方，并拿出证据让他下不来台，后果会怎样呢？也许客户会当场归还所欠的 15 美元，但以后的关系就可想而知了。

倾听和谈话一样具有说服力，它常常使我们不花费任何力气，取得意外的收获。有一家美国汽车公司，想要选用一种布料装饰汽车内部，有三家公司提供样品，供汽车公司选用。公司董事会经过研究后，请他们来公司做最后的说明，然后决定与谁签约。三家厂商中，有一家的业务代表患有严重的咽喉炎，无法流利讲话，只能由汽车公司的董事长代为说明。董事长按公司的产品介绍讲了产品的优点、特点，各单位有关人员纷纷表示意见，董事长代为回答，而布料公司的业务代表则以微笑、点头或各种动作来表达谢意，结果，他博得了大家的好感。

会谈结束后，这位不能说话的业务代表却获得了 50 万码布的订单，总金额相当于 160 万美元，这是他有生以来获得的最大的一笔订单。事后，他总结说，如果他当时没有生病，嗓子还可以说话的话，他很可能得不到这笔大数目的订单，因为

他过去都是按照自己的一套办法去做生意，并不觉得让对方表示意见比自己头头是道地说明更有效果。

（4）倾听还会使我们掌握许多重要语言的习惯用法

这些习惯用法在谈判中，往往会成为人们运用谈判策略的技巧之一。例如，我们经常听到有人说："说来……"这表示说话者故意给人一种他刚想到什么的印象，但十有八九，他所要说的是重要内容，却以随便的口吻伪装成不重要，掩人耳目。再如，一个人说话之前可能会用"坦白地说"、"说实在的"，这很可能表示他根本不坦白、不实在，这种说话方式，也属于一种掩饰。

我们理解和应用上述惯用语，不仅仅局限于其语言上的意义，更要注意其心理上的意义。许多情况下，它都是暗示说话者心中所想的问题。因此，我们要仔细倾听对方说什么、怎么说。这样，对方比较隐蔽的动机和企图一旦流露出来，你就能立刻捕捉到，为你所用。

倾听对方的谈话，还可以了解对方态度的变化。有些时候，对方态度已经有了明显的改变，但是出于某种需要，却没有用语言明确地表达出来，但我们可以根据对方"怎么说"来推导其态度的变化。例如，当谈判进行得很顺利，双方关系很融洽时，双方都可能在对方的称呼上加以简化，以表示关系的亲密。如李××可以简称为小李，王××可以简称为老王等。但是，如果突然间改变了称呼，一本正经地叫李××同志，或是他的头衔，这种改变是关系紧张的信号，预示着谈判将出现分歧或困难。

16.2.2　影响倾听的障碍

倾听可以使我们更多地了解对方，隐蔽自己。倾听可以使我们做出更好的决策，掌握谈判的主动权。但是，许多谈判人员只注意怎样在谈判中更好地表述自己的立场，劝说对方，他们字斟句酌地精心筹划发言提纲，常常陶醉在自我表达的良好感情之中，却不肯用一点时间考虑一下怎么样去倾听，从对方的谈话中获取什么，接受什么。

是什么影响谈判人员更好地倾听呢？归纳起来，至少有以下几种原因：

（1）许多人认为只有说话才是表白自己、说服对方的惟一有效方式，若要掌握主动，便只有说。

（2）先入为主的印象妨碍了我们耐心地倾听对方的讲话，如对某人看法不佳，理解对方的讲话愿意从负面着想。

（3）急于反驳对方的观点，好像不尽早反对，就表示了我们的妥协。

（4）在所有的证据尚未拿出之前，轻易地做出结论。

（5）急于记住每一件事情，结果主要的事情反而没注意到。

（6）常常主观地认定谈话没有实际内容或没有兴趣，不注意倾听。

（7）因一些其他事情而分心。

（8）有时想越过难以应付的话题。

（9）忽略某些重要的叙说，因为它是由我们认为不重要的人说出来的。

（10）从心理学角度来讲，人们会主动摒弃他们不喜欢的资料、消息。

（11）思维方式。有的人喜欢定式思维，不论别人讲什么，他都马上用自己的经验套在一起，用自己的方式去理解。这种思维方式使人难以接受新的消息，不善于认真听别人说什么，而喜欢告诉别人。

许多人忽略了倾听对方，但却常常自我安慰，他讲的没有什么内容，重要的我们已掌握了或以后会掌握的。不幸的是，他并没有掌握，而且以后也不会再掌握了。这种花费最小、最直接、最方便的信息来源不去利用，那么，你只能付出很大的代价。

16.2.3　学会倾听

在谈判中，倾听是重要的，也是必需的。一个优秀的谈判者，也一定是一个很好的倾听者。富兰克林认为：与人交谈取得成功的重要秘诀，就是倾听，永远不要不懂装懂。这就告诉我们要学会倾听，善于倾听。

当然，要很好地倾听对方谈话，并非像人们想象的那样简单。专家的实验证明，倾听对方的讲话，大约有 1/3 的内容是按原义理解，1/3 被曲解地听取了，1/3 则丝毫没听进去。首先，要求倾听者一定要心胸开阔，要抛弃那些先入为主的观念。只有这样，才能尽可能正确地理解对方讲话所传递的信息，准确把握讲话者的重点，才能很好地与对方沟通和交流。

其次，要全神贯注，努力集中注意力。倾听对方讲话，必须集中注意力，同时，还要开动脑筋，进行分析思考。注意是指人对一定事物的指向和集中。由于心理上的原因，人的注意力并不总是稳定、持久的，它要受到各种因素的干扰。在一般情况下，人们总是对感兴趣的事物才加以注意，同时，注意还要受到人们的信念、理想、道德、需求、动机、情绪、精神状态等内在因素的影响，外界因素的影响就更多了，如讲话者的讲话内容，人们说话并不总是套在一定的框架里，有时，出于某种需求，要掩饰主要内容，强调不重要内容；有时条理不清，内容杂乱，这些都会干扰和分散听者的注意力。因此，要认真倾听对方讲话，必须善于控制自己的注意力，克服各种干扰，始终保持自己的思维跟上讲话者的思路。

再次，倾听对方讲话，还要学会约束自己、控制自己的言行。如不要轻易插话，或打断对方的讲话，也不要自作聪明地妄加评论。通常人们喜欢听赞扬的话，不喜欢听批评、对立的话。当听到反对意见时，总是忍不住马上批驳，似乎只有这样，才说明自己有理。还有的人过于喜欢表露自己。这都会导致与对方交流时，过多地讲话或打断别人讲话。这不仅会影响自己倾听，也会影响对方对你的印象。

要学会倾听，善于倾听，也包括创造倾听的机会，就是说倾听者要采取一些策略和方法，促使讲话者保持积极的讲话状态。主要有三种形式：

第一，鼓励。面对讲话者，尤其是没有经验、不善演讲的谈话者，需要用微笑、目光、点头等赞赏的形式表示呼应，显示出对谈话的兴趣，促使对方继续讲下去。

第二，理解。这种方式比较常见，也比较自然。在对方讲话时，可以"是"、"对"等表示肯定，在停顿处，也可以指出讲话者的某些观点与自己一致，或者运用自己的经历、经验，说明对讲话者的理解，有时可以适当复述。这些方式都是对讲话者的积极呼应。

第三，激励。适当地运用反驳和沉默，也可以激励谈话。这里的反驳不是指轻易打断对方讲话或插话，有时对方在讲话时，征求你的意见或停顿，只有这时，反驳才是适宜的。沉默不等于承认或忽视，它可以表示你在思考，是重视对方的意见，也可能是在暗示对方转变话题。

总之，倾听是谈话艺术的重要组成部分，你要掌握谈话的技巧，那么就必须学会倾听，善于倾听，这是一个优秀谈判者的基本技能。

16.3　成功地运用发问

要了解对方的想法和意图，掌握更多的信息，倾听和发问都是必要的，这两者相辅相成。倾听也是为了发问，而发问则可以更好地倾听。当我们了解、掌握了倾听的一般技巧与方法后，发问则成为我们研究的内容。

16.3.1　问话的作用

（1）引起他人的注意、为他人的思考提供既定的方向。例如："你好吗?""今天天气很好，是不是?""你能否告诉我……"这是最为普遍、应用十分广泛的问话。这种问话往往得到的是期望的回答，问话的内容也比较明确，很少会引起别人的紧张和焦虑。许多时候这是为谈话做铺垫的。

（2）获取自己所需要的信息。发问人通过问话，希望对方提供自己不了解的情况。例如，"这个卖多少钱?""你们对这一点是怎么考虑的?"这类问话归结起来，有一些典型的、常见的引导词，如"谁"、"什么"、"什么时候"、"怎么"、"哪个方面"、"是不是"、"会不会"、"能不能"等。在提出这类问话时，如果不事先把问话的意图表明，很可能引起对方的焦虑与担心。比如，双方在洽谈商品交易中一项条款，如果买方在提出了自己对价格的看法后，再询问卖方的意见，那么卖方心里就会踏实，他会根据对方所提供的信息，斟酌自己的回答。但如果对方并没有讲述自己的观点，径直问卖方要开什么价，那么，他很可能有些担心和焦虑，因为他不知道对方是怎么想的,会对他的开价做出什么反应。

(3)传达信息,说明感受。有许多问题表面上看起来似乎是为了取得自己希望的信息或答案,但事实上,却同时把自己的感受或已知的信息传达给对方。例如"你真有把握保证质量符合标准吗?"这句问话像是要对方提供保证质量的依据,但同时也向对方传了问话人担心质量有问题的信息,如果再加重语气,就说明你十分重视这一问题。这样的问题也给对方一定的压力,但切记不要形成威胁。

(4)引起对方思考。这种问话常是"你是否曾经……?""现在怎么……?""这是指哪一方面?""我是否应该……?"等。

(5)鼓励对方继续讲话。当你觉得对方的话还没有说完,或有些问题你还不清楚,那么,可以提问的形式鼓励对方继续讲下去。如"你说完了吗?""还有什么想法?"等,进而了解更详细的情况。

(6)当出现冷场或僵局时,可运用提问打破沉默,如:"我们换个话题好吗?"

(7)做出结论。借助问话使话题归于结论,例如:"我们难道还不应该采取行动吗?"

总之,问话的功能是很多的。许多问题在某些特定的场合具有特殊的功能。如制止别人行动时,你可以说:"请不要这样做,难道你就没有别的办法吗?"问话在什么条件下发生什么样的作用,关键是看使用者怎样运用,达到什么目的,这就是我们将要阐述的第二个问题。

16.3.2 问话的技巧

问话的技巧重要吗?许多人对此不以为然,这里有个小例子很能说明这个问题。有一位牧师问一位长老:"我可以在祈祷时吸烟吗?"他的请求遭到坚决的拒绝。另一位牧师又问同一位长老:"我可以在吸烟时祈祷吗?"因为提出问题的措辞不同,结果,他被允许了。什么原因呢?这就是问话的技巧。后者从不同的角度,请求了与前者同样的问题,却得到了不同的结果。

掌握问话的技巧,应注意以下三个方面:

第一,明确提问内容。

提问的人首先应明确自己问的是什么。如果你要对方明确地回答你,那么你的问话也要具体明确。例如:"你们的运费是怎样计算的?是按每吨重计算的,还是按交易次数估算的?"提问一般只是一句话,因此,一定要用语准确、简练,以免使人含混不清,产生不必要的误解。

问话的措辞也很重要,因为发问容易使对方陷入窘境,引起对方的焦虑与担心。因此,在措辞上一定要慎重,不能有刺伤对方、为难对方的表现。即使你是谈判中的决策人物、核心人物,也不要显示自己的特殊地位,表现出咄咄逼人的气势,否则,问话就会产生相反的效果了。

　　要更好地发挥问话的作用，问话之前的思考、准备是十分必要的。思考的内容包括我要问什么？对方会有什么反应？能否达到我的目的等。必要时也可先把提出问题的理由解释一下，这样就可避免许多意外的麻烦和干扰，达到问话的目的。

　　第二，选择问话的方式。

　　问话的方式很重要，提问的角度不同，引起对方的反应也不同，得到的回答也就不同。

　　在谈判过程中，对方可能会因为你的问话而感到压力和烦躁不安。这主要是由于提问者问题不明确，或者给对方以压迫感、威胁感。这就是问话的策略没有掌握好。例如"你们的报价这么高，我们能接受吗？"这句话似乎有挑战的意思，它似乎告诉对方，如果你们不降价，那么我们就没什么可谈的了。但如果这样问："你们的开价远超出我们的估计，有商量的余地吗？"很显然，后一种问话效果要比前一种好，它使尖锐对立的气氛缓和了。

　　同时，在提问时，要注意不要夹杂含混的暗示，避免提出问题本身使你陷入不利的境地。例如，当你提出议案，对方还没有接受时，如果问："那你们还要求什么呢？"这种问话，实际上是为对方讲条件，必然会使己方陷入被动，是应绝对避免的。

　　有些时候，提出问题，并不是为了从对手那获得利益，而是澄清疑点，因此，提出的问题要简明扼要，一针见血，指出关键所在。

　　第三，注意问话的时机。

　　提问的时机也很重要。如果需要以客观的陈述性的讲话作开头，而你则采用提问式的讲话，就不合适。就谈判讲，双方一接触，主持人就宣布说："大家已经认识了，交易内容也都清楚，有什么问题吗？"显然，这是不合适的。因为这时需要双方代表各自阐述自己的立场、观点，提出具体条件，过早的问话使人摸不着头脑，也使人感到为难。

　　把握提问的时机还表现为，交谈中出现某一问题时，应该等对方充分表达之后再提问，过早过晚提问会打断对方的思路，而且显得不礼貌，也影响对方回答问题的兴趣。

　　掌握问话的时机，还可以控制谈话的方向。如果你想从被打岔的话题中回到原来的话题上，那么，你就可以运用发问。如果你希望别人能注意到你提的话题，也可以运用发问，并借连续的提问，把对方引导到你希望的结论上。

　　最后，考虑问话对象的特点也很重要。对方坦率耿直，提问就要简洁；对方爱挑剔、善抬杠，提问就要周密；对方羞涩，提问就要含蓄；对方急躁，提问就要委婉；对方严肃，提问要认真；对方活泼，提问可诙谐。

16.4 巧妙地回答对方提问

正像提问是交谈中必需的一样，回答也是交谈中不可缺少的一部分。通常人们认为，提问是主动的，回答是被动的，回答是遵循提问的内容。如果你仅仅这样认为，那么你就不会很好地掌握和运用回答的技巧，发挥它的作用。美国心理学家钱德勒·华欣本教授曾提出了回答问话的一些技巧，有些很值得我们借鉴，这里我们提出几种回答对方问话的策略。

16.4.1 不要彻底回答

不要彻底回答，就是指答话人将问话的范围缩小，或只回答问题的某一部分。有时对方问话，全部回答不利于我方。例如，对方问："你们对这个方案怎么看，同意吗？"这时，如果马上回答同意时机尚未成熟，你可以说："我们正在考虑、推敲，关于付款方式只讲两点，我看是否再加上……"这样，就避开了对方问话的主题，同时，也把对方的思路引到你讲的内容上来。

16.4.2 不要马上回答

对于一些问话，不一定要马上回答。特别是对一些可能会暴露己方意图、目的的话题，更要慎重。例如，对方问"你们准备开价多少？"如果时机还不成熟，就不要马上回答。可以找一些其他借口谈些别的，或是闪烁其词，或答非所问，如产品质量、交货期限等，等时机成熟再摊牌，这样，效果会更理想。

16.4.3 不要确切回答

模棱两可、弹性较大的回答有时很必要。许多谈判专家认为，谈判时针对问题的回答并不一定就是最好的回答。回答问题的要诀在于知道该说什么和不该说什么，而不必考虑所答的是否对题。例如，对方问"你们打算购买多少？"如果你考虑先说出订数不利于讲价，那么就可以说"这要根据情况而定，看你们的优惠条件是什么？"这类回答通常采用比较的语气，如"据我所知……"，"那要看……而定"，"至于……就看你怎么看了"。

16.4.4 使问话者失去追问的兴趣

在许多场合下，提问者会采取连珠炮的形式提问，这对回答者很不利。特别是当对方有准备时，会诱使答话者落入其圈套。因此，巧妙的回避或设法阻止其追问应该是谈判人员要熟练掌握的技巧。罗斯福在当选美国总统之前，曾在海军里担任要职。有一天，一位朋友向他打听海军在加勒比海一个小岛上建立潜艇基地的计划。罗斯福向四周看了看，压低声音问："你能保守秘密吗?"那位朋友回答道："当然能。"罗斯福笑着说："那么我也能。"

因此，要尽量使问话者找不到继续追问的话题和借口。比较好的方法是，在回答时，可以说明许多客观理由，但却避开自己的原因。例如："我们交货延期，是由于铁路运输……许可证办理……"但不说自己公司方面可能出现的问题。

有时，可以借口无法回答或资料不在，回避难以回答的问题，冲淡回答的气氛。此外，当对方的问题不能予以清晰、有条理的回答时，可以降低问题的意义，如"我们考虑过，情况没有你想的那样严重。"

复习思考题

1. 语言表达的技巧有哪几方面？
2. 请举例分析谈判中不易使用的语言。
3. 为什么说倾听是最有说服力的语言？
4. 影响倾听的障碍是什么？
5. 请举例分析"苏格拉底问答法"。
6. 回答问话的技巧有哪几方面？

案例分析

怎样说服客户

在美国零售业中，有一家很有知名度的商店，它就是彭奈创设的"基督教商店"。他在经营中有个与众不同的做法，就是把顾客当成自家人，事先说明次等货品的缺点。当彭奈要实行这一接待技巧时，有很多人表示反对，认为这样做无异是给别人的新产品做宣传，但彭奈却坚持不让顾客后悔。他认为顾客的等级不一样，所要求的产品也完全不同。一个周薪1 000元的人和一个周薪只有几十元的人到店内买东西，店员要用两种截然不同的方式来接待他们，才能把这两个顾客同时拉住。

他的第一家零售店开设不久，有一天，一个中年男人到店里买搅蛋器。

"先生，"店员很有礼貌地说，"你想要好一点的，还是要次一点的？"

"当然要好的，"顾客有点不高兴地说，"不好的东西谁要？"店员就把最好的一种"多佛牌"搅蛋器拿了出来。"这是最好的吗？"顾客问。"是的，"店员说，"而且是牌子最老的一种。"

"多少钱？""110元。""为什么这样贵？我听说，最好的才六十几块钱。""六十几块钱的我们也有，"店员说，"但那不是最好的。""可是，也不至于差这么多钱呀！""差得并不多，还有几十元一个的呢。"那位顾客一听，面露不悦之色，掉头想离去，彭奈急忙赶了过去。

"先生，"他说，"你想买搅蛋器是不是？我来介绍一种好产品给你。""什么样的？"彭奈拿出另外一种牌子来，说："就是这一种，请你看一看，式样还不错吧？""多少钱？""54 元。""照你店员刚才的说法，这不是最好的，我不要。""我这位店员刚才没有说清楚，"彭奈说，"搅蛋器有好几种牌子，每种牌子都有最好的货色，我刚拿出的这一种，是同牌中最好的。""可是，为什么比多佛牌差那么多钱？"

"这是制造成本的关系，"彭奈用一种亲切的语气说，"你知道，每种品牌的机器构造不一样，所用的材料也不同，所以在价格上会有出入，至于多佛牌的价钱高，有两个原因，一是它的牌子老，信誉好；二是它的容量大，适合做糕饼生意用。"

"噢，原来是这样。"顾客的神色缓和了许多。"其实，"彭奈接着说，"有许多人喜欢用新牌子的。就拿我来说吧，我就是用的这种牌子，性能并不怎么差。而且它有个最大的优点，体积小，用起来方便，一般家庭用最为合适。家里有多少人？""五个人。"顾客的反抗意识完全消除了。

"那再适合不过了，"彭奈说，他的表情就像跟老朋友谈天一样，"我看你就拿这样的一个回去用吧，保证不会使你失望。"

彭奈送走顾客，回来对他的店员说："你知道不知道你今天的错误？"那位店员愣愣地站在那里，显然不知道自己的错误。"你错在太强调'最好'这一个观念上了。"彭奈笑着说。"可是，"店员说，"您经常告诫我们，要对顾客诚实，我的话并没有错呀！""你是没有错，只是缺乏技巧。我的生意做成了，难道我对顾客有不诚实的地方吗？"

"我说它是同一牌子中最好的，对不对？"店员点点头。"我说它体积小，适合一般家庭用，对不对？"店员又点点头。"既然我没有欺骗客人，又能把东西卖出去，你认为关键在什么地方？""说话的技巧。"店员回答。

彭奈点点头说："你只说对了一半，另一半是我摸清了他的心理。他一进门就要最好的，这表示他优越感很强，可是一听价钱太贵，他舍不得买，又不愿意承认这一点，这是一般顾客的通病。假如你想做成这笔生意，一定要变换一种方式，在不损伤他优越感的情形下，使他买一种较便宜的货。"店员听得心服口服。

资料来源：刘刚．谈判家．中国经济出版社，1995

问题：

1. 请你总结一下彭奈经理说服顾客语言技巧的特点。

2. 说服顾客的是语言，但最根本的是什么？

第 17 章 谈 判 心 理

学习目的

对本章的学习使读者了解支配谈判者行为的心理规律，了解谈判者的需要心理，探索谈判者的具体动机，了解谈判者的个性特点，有助于我们更好地了解与掌握谈判者的行为活动，更好地运用谈判的基本策略与技巧，取得理想的谈判结果。

谈判心理是指围绕谈判活动所形成的各种心理现象及心态反应。它不仅影响谈判当事人的行为活动，也直接关系到协议的达成和合同的履行。

17.1 谈判的心理基础

需要、动机、个性都是人最典型的心理现象，它们时刻支配着人们的行为活动。因此，更有效的进行谈判，就必须了解谈判者的心理。

17.1.1 需要与谈判

（1）需要层次论

人的需要是多种多样，不断发展的，但是，人的需要的产生又是有层次的。研究需要的层次性，可以从根本上揭示需要对人行为的支配作用。

需要的层次性可分为以下几方面：

第一，人的需要首先是生理需要。人要维持生存，就会对食物、空气、活动、睡眠产生需要，而且必须得到满足。这是人最基本的需要。现代各种类型的交易洽商活动，无论怎样紧张、激烈，参加谈判的人员都要保证这种生理上需要的满足，以恢复体力。许多事例证明，在洽商活动中，像就餐、住宿、休息、娱乐等事宜安排得越好、越周到，谈判活动的效率也就越高，成效也越显著。相反，当人的这方面需要不能得到很好满足时，会直接影响谈判效果。

第二，安全需要。这主要指人对安全感、稳定感和秩序的需要。一个最具有代表性的现象就是参与交易的洽商者普遍对交易中的风险比较关注、担心。对安全需要较为敏感的人，宁可放弃很有吸引力的大笔交易，而选择比较稳妥保险的小额交易，甚至放弃交易。

第三，社会需要。这主要是指寻求和改善人际关系的需要。这是在前两种需要满足的基础上又产生的进一步的要求。在经济文化较发达的社会，人们的行为活动更多地表现为社会需要，通过谈判协调行为的活动就是典型的社会交际活动。

第四，尊重的需要。这包括自尊、自重、威信和成功，具体表现为希望自己有能力，有成就，能胜任工作。渴望得到别人的赏识和高度评价，得到名誉和荣耀。这种心理需要在谈判活动中表现得最典型的就是有人喜欢显示自己的身份、地位、权威，有的人特别要面子，有的人喜欢听别人的恭维话，也有的人喜欢排场、阔气与豪华。人们在谈判时可能会为了维护面子与尊严而退出谈判，放弃他原打算进行的交易，也可能为了取得令人钦佩的谈判业绩，废寝忘食、夜以继日地工作。

第五，自我实现的需要。当上述种种需要都已得到充分的满足之后，人们需要的层次又会上升，这就是自我实现的欲望，即每个人都处在最适合他的工作岗位上，充分发挥每个人的能力，所以人们也称这一层次的需求为创造性的需求。就谈判活动来讲，有项目负责人、专业人员、辅助人员，每个人所具备的能力与应发挥的作用是不一样的。领导者不但要能够把谈判小组中每个成员协调在一起，充分发挥集体的智慧，还要使谈判小组的成员明确各自承担的具体工作，使其各司其责，使谈判活动取得理想的结果。

（2）谈判中的需要心理

谈判活动是建立在人们需要的基础上的，正是因为有了需要，才使谈判的各方坐下来进行磋商，最后达成满足彼此需要的目的。我们研究需要与谈判的关系，是要研究是哪一层次的需要支配着人的活动，是显现的需要还是潜在的需要，在什么条件下人的需要会发生转化，从而更好地探究人的行为变化的内因。

潜在需要是人们的一种下意识的欲望，它没有被明确地表示出来，但在某种情况下，更能影响谈判者的思维活动。谈判双方能够坐下来洽商，彼此都清楚有合作的要求，但是谈判的结果却可能是多样的，一个最重要的原因就是需要的满足。

我们知道，人的需要是可以变动的，是受许多因素影响的，满足需要的方式也是多种多样的。尽管我们所研究的谈判活动的需要是集体的需要，是理性的需要，但是，它是由代表企业的人来实现的，它的满足与否是由人来评价的，这就难免会带有个人感情的因素，受个人需要的影响。常见这样的场面，在谈判中由于一方语言或行为的不慎，使另一方感到受到了不公正的待遇和丢了面子，即使他的目的达到了，他也会感到不满意，甚至还可能出现为维护面子愤而反击、中止谈判的行为。也有这样的情况，双方在最初的洽商时，都感到各方的要求差异很大，很难协调。但随着谈判的进展，关系的融洽，感情的加深，居然达成了双方都十分满意的协议，原因很简单，就是谈判双方都感到他们的要求被满足了。

美国著名谈判专家荷伯·科恩在他所著的《人生与谈判》一书中，讲述了他亲身经历的事例，很能说明问题。有一次，他代表一家大公司去东俄亥俄购买一座煤矿，矿主开价 2 600 万美元，而科恩则还价到 1 500 万美元，显然，两方的报价差别较大，必须给予调和，才能达成协议。但矿主态度十分强硬，拒不让价。最后，当科恩开价上升到 2 150 万美元时，矿主仍不妥协。这使科恩感到奇怪。按理说，这个开价比较客观合理，那么，为什么矿主不接受这个显然是公平合理的还价呢？为了找出原因，他邀请矿主共进晚餐，矿主的几句话道出了他不让价的原委。

原来他兄弟的煤矿卖了 2 550 万美元，还有一些附加利益。科恩明白了矿主卖矿山需要的心理特点，而这是根本的问题，但他们却完全忽略了。这就是自尊的需要。随后，科恩开始调查矿主的兄弟从卖矿上得到多少附加利益，协商的结果，达成了一个双方都满意的协议。买方所付出的价格没超过公司的预算，而卖方则觉得他的出卖条件要比他兄弟好得多。这是一笔因满足自尊需要而达成的协议。

再看美国人与墨西哥人的一笔交易。美国想用低价购买墨西哥的天然气，他们认为，这笔买卖只有美国人愿意与墨西哥人做。美国能源部长拒绝同意美国石油财团与墨西哥人进行提高价格的协商。但是，墨西哥人的主要利益不在于要天然气卖一个好价钱，而在于受到尊重，求得平等。美国的行动看上去像是在利用权势：即惟一潜在的购买者。结果引起了墨西哥人的极大愤慨，墨西哥政府决定不出售天然气而把他们烧光，任何签订低价格购买天然气协议的机会已经不存在了。

通常，我们还遇到这样的情况，一些谈判协议的签订，对某一方来讲并不合算，但他们却感到很值得。那么目的是什么呢？显然，是为了建立关系和联系，为了交朋友，为以后的长期交易打基础，这是出于社会的需要。至于从满足谈判各方的生理需要来实现理想的谈判结果就更为常见了。比如，在就餐、娱乐、休息方面精心安排，热情款待，希望以此达到自己生意上的目的。但如果这样做达不到目的，那么很可能情况会颠倒过来，给对方造成种种生活上的不便，形成一定的心理压力，迫使对方妥协。

同样，满足人的自尊与自我实现的需要也是谈判活动比较常见的心理现象。著名谈判专家科恩一次在南美洲的墨西哥城旅行，被一个当地的土著人缠住了。他向科恩推销一件毛毯披肩，而他根本不想买这东西。所以开始没太理会，继续赶路。小贩的开价由开始的 1 200 比索一直向下降，当降到 200 比索时，科恩开始动心了。对方说："好吧，你胜利了，只要你 200 比索。"科恩接过披肩，边走边想："我喜欢吗？我需要吗？都不是，但是我却改变了不想买的主意。是我把他的要价由最初的 1 200 比索降到现在的 200 比索。"于是，科恩开始与小贩讨价还价。

小贩告诉他，在墨西哥城的历史上，以最低价格买到这样一件披肩的人是一个来自加拿大的温尼塔格人，他花了 175 比索。最后科恩花了 170 比索买下了披肩，他创造了墨西哥城历史上买毛毯披肩的新纪录。所以，直到他回到旅馆见妻子之前，还一直沉醉在他的成功喜悦之中。回到旅馆，他迫不急待地向妻子报告他的胜利。"一个土著谈判家要 1 200 比索，而一个国际谈判家花 170 比索就买下来了。"当他的妻子告诉他，她花了 150 比索买到了同样的披肩时，他兴奋的喜悦顿时烟消云散。仔细回想不由得感叹到，这个土著的谈判家最巧妙地利用了他的自我实现或自尊的心理，因为最能打动他的是"你是墨西哥城历史上以最低价格购买毛毯披肩的人"。

（3）谈判中的需要利益

在实际谈判活动中，需要的表现是多方面的。人们在谈判时经常运用的一个策略是最低报价，就是利用这一心理。诸如"这是我们最优惠的价格"，"这是特别优待价"等，就是利用另一方追求自我实现的心理。实际上，这是人们最普遍的心理要求。谁都承认，人人爱听赞美之词，谁也不能否认，当你经过努力，使别人给予你特殊优待时，你的满足可能达到了顶点。这就是自尊与自我实现需要的体现。如果你能掌握人的需要特点，巧妙地满足人们各个层次的需要，你就是一个成功的谈判家。

在谈判中，需要的利益主要表现在以下几方面：

第一，权力的需要。这来自于人们自尊需要的追求，它是个人控制环境的需要，这在自我表现欲强的人身上表现得最为明显。通常在谈判中他们表现得咄咄逼人，立场坚定，支配欲望强，目标要求高，他们为掌握权力，支配他人，控制局面，可以牺牲其他方面的利益，甚至为了获得权力而不择手段。

第二，交际需要。这来自于人们喜欢交往的追求。谈判是一种社会交往活动，而广泛的社会交往、良好的人际关系是谈判成功的保证。很多情况下，人们为了建立关系、寻求友谊而谈判。

第三，成就需要。这是自我实现需要的追求。敢于冒险的人，愿意挑战的人，目的是为追求更大的成就，也是为了获得自我满足。其谈判过程和目的都是围绕着追求自我满足的成就感。

总而言之，需要是谈判的心理基础，没有需要，就没有谈判。一方的需要越迫切，越想达成谈判的协议，相应地，要取得理想的谈判结果就越困难，而形势对另一方就越有利。从这一点来说，需要程度直接影响谈判活动的结果。

17.1.2 动机与谈判

动机是在需要的基础上产生的心理现象，通常被认为是激发人行为的内在心理过程，因此，研究动机心理与推测人的行为活动特点具有重要意义。这里我们主要介绍几种具有代表性的动机心理概念。

（1）认同

认同是指人们怎样看待自己与他人形象的关系。打个比方说，为什么你到商场购物必到其中的某一家店，而却不一定光顾另一些店呢？为什么你在单位同事中有的关系很密切，而有的却很疏远呢？为什么你寻找工作要选择这一家公司，而不是另一家呢？这不仅仅是因为，那家商店货全，价格合理；那个同事通情达理，与人为善；那家公司规模大，形象好，一个共同特点就是你所选择的对象与你有着某种相似性。比如，那家商店卖的东西从价格、品牌、商品质量等主要方面都大致符合你的要求，服务员的服务也获得了你的好感与信任，使你觉得到这家商店买东西正合心意。而你愿意密切交往的同事，则与你有着共同的语言，相似的性格或爱好，与他（她）相处，使你感到十分愉快。同时，他（她）也了解和信任你，那么，这就是认同。

与人交往或交际活动，认同有十分重要的作用，它能简化人们认知了解的过程，有着合并"同类项"的作用。有一个例子很能说明这一问题。一天，一位推销员来拜访拿破仑·希尔，希望希尔订阅一份《周六晚邮》，结果，希尔很干脆地拒绝了。

一个星期以后，另一位推销员来见希尔。她一共推销六种杂志，其中一种就是《周六晚邮》，但她的推销方法则大为不同。她首先看了看希尔的书架，发现他的书架上摆了几本杂志，然后，她又看看他的办公桌，忍不住"惊呼"起来："哦，我看得出来，你十分喜爱阅读书籍和杂志。"希尔很高兴听到这样的恭维。这时，他把正在看的稿子放下来，想要听听她说些什么。

这位销售员走到希尔桌边的书架旁，取出一本爱默生的论文集。在以后的 10 分钟内，她不停地谈论爱默生的这篇《论报酬》的文章，见解独到，分析精辟，使希尔忘记了她是来推销杂志的，竟然产生了想与她探讨问题的欲望。

在取得希尔认同的基础上，她把话锋一转，问希尔："你定期收到的杂志有几种？"希尔向她说明以后，她脸上露出了笑容。这位推销员把她的那卷杂志展开，摊放在希尔面前的桌子上，开始一一分析这些杂志，并且说明希尔为什么应该每一种都要订阅一份。《周六晚邮》可以让人欣赏到最干净的小说；《文学书摘》以摘要的方式把新闻介绍给读者，像希尔这样的大忙人最需要这种方式的服务；《美国杂志》可以向希尔介绍工商界领袖人物的最新生活动态等。但希尔并没有像她想象的那样反应强烈，于是，她向希尔发出了一个温和的暗示：像你这样有地位的人物，一定要消息灵通、知识渊博，如果做到这样，也一定会在工作中显示出来。

接着，希尔问她，订阅这六种杂志共需要多少钱？她很巧妙地回答："多少钱？整个数目还比不上你手中那一张纸的稿费呢。"就这样，当她离开时，带走了希尔订阅的这六种杂志的订单和 12 元订报费，同时，还带走了希尔的五位职员的订报费。

在商务谈判中，认同的作用是十分重要的。如果谈判的对方认同你就意味着他与你有着共同的语言，可交流的信息，相互理解与互相合作。最为典型的表现就是，当我们问一个用户"你为什么总是购买那家公司的产品？"被问者会毫不迟疑地回答："他们的产品我们用来正合适"，"我们感觉很好"。这就是认同的结果。也许你会发现，他们认为十分满意的产品，不见得在市场上就是一流的，而用户的心理感觉却是最佳的。关于这一点，已经从国际上一些著名的谈判专家的研究中得到证实。

　　与认同相对立的就是排斥。由于认同带有感情作用的色彩，如喜欢、信任、偏好等，而排斥也带有感情色彩，如厌恶、怀疑、固执等。它由不同意你个人，导致他不同意你的观点，甚至扩大到其他方面。如果在谈判中，对方对你不是认同，而是排斥，要达成交易就比较困难。反过来，情况对你也一样。

　　形成排斥和对立的原因很多。一般来讲，丢面子、伤感情，都会造成双方的排斥。但有些情况下，也会由于性格差异、文化层次不同、社会环境不同等因素造成交流堵塞，形成排斥。那么，怎样消除排斥，使别人认同你呢？研究表明，如果你在与别人的交流中，表现出你是职业和理性的人，就比较容易获得对方的合作、真诚与信任。同时，不要过高地评价和表现你的职权，你的优越和与众不同，而应尽量强调你与他的感情一致，看法相近，要想办法表现你理解他的需要、观点甚至是立场，如果你能坚持这样做，那么，你就会获得别人的认同。

　　（2）臆测

　　心理学上所讲的臆测，是指在某一客观条件下人的主观猜想、揣测。这是十分重要的心理现象。人们做任何事情，不管情报来源于何处，信息是否准确，都要对可能变为事实的结果或行动的结果加以估计和推测。在大多数情况下，这样的估计和预测是建立在科学分析计算的基础上的，但是，并不排除人的主观臆测。事实证明，人们做任何事情，都喜欢臆测，多数是自然地根据习惯、经验进行推测。所以，臆测是影响人的思维和行为活动的主要因素。正如专家指出的："臆测不易显现，因此，我们常不知道它的存在，像冰山一样，臆测有 9/10 是埋藏在下意识里。"

　　人们喜欢做臆测的本能使人们对犯更多错误有了一定的防卫性。因为如果能事先推测出事情可能发生的结果，人们就会做好心理准备或采取一定的预防措施。

　　但是，我们需要注意的是，许多情况下，人们把臆测当做事实，形成主观断想。如果与实际情况不符，会带来损失，导致犯错误。我们最容易犯的毛病就是，先入为主地下结论，这就是臆测的影响。

　　臆测是一种猜测和概率。如果把臆测作为肯定，不仅会影响谈判者清楚、真实地了解现实，而且还可能被对手加以利用。著名谈判专家尼伦伯格曾介绍这样一个事例，说明臆测的反作用。他与某一家公司在签订一个房地产协议时，对方特地聘请了一位专业律师，而交易所涉及的主要内容依照美国的《不动产租约手册》。这种范本的内容包罗万象，即使是执业 50 年的律师，也不可能记住全部的条文。谈判中，尼伦伯格的同伴对对方的律师说："这是标准的租约手册，像你这样资深的律师，早已熟悉全部的内容了吧？"这样一来，这位律师就觉得有必要维护自己的权威、专家地位，他不使用标准本了，认为再看它，就表示自己缺乏经验，他希望别人把他作为真正的专家对待。结果他忽视了主要条文，反倒被对方利用了。这种臆测在谈判中经常发生，并被有经验的对手利用。

臆测最为典型的是，我们常常根据习惯经验对某事的结果加以推断、假设。专家们用试验证明了这一点。试验者手中握有一物，让被试者猜测是什么？于是大家根据日常经验，纷纷猜测专家手中之物是橡胶做的铅笔，当被猜之物抛到桌子上时，大家才发现是金属一类的东西，这说明了按常规推断的结果并不一定正确，也证明了臆测的主观性。

人喜欢对他人的动机、行为进行猜测，即带有个人的主观偏见去看待一些事物，而却没有意识到，这有时会产生很大的副作用。例如，我们常常不听完别人的讲话，就认定他要讲什么，结论是什么，甚至别人还未讲话，就此推断他说的是什么。这不仅仅失去了了解真实情况的机会，也失去了与对方交流的机会。所以说，在谈判中臆测的作用是重要的，它一方面帮助我们预测未来可能发生的事情，另一方面，我们不要被头脑中想当然的思想所左右，克服的最好办法就是谈判的双方都参与发现事实，分析论证，寻找真实情况。单方面的事实，很容易因个人的观点而发生偏差。经过双方确定的事实是解决问题的基本要素，只要有充裕的时间分析和发现事实，就能找出双方的分歧，同时，又能发现有价值的事实。那么，谈判时所坚持的或不可改变的一切就不会那样不可动摇，一切都可以商议，都可以谈判。

(3) 洞察力

洞察力在心理学上作为观察力、注意力来研究。我们在这里之所以称为洞察力是强调在实际生活中的观察注意力、经验起着十分重要的作用。一个具有很强洞察力的人，会对外界事物进行深入细致的了解，掌握最可靠、最直接的第一手资料，更好地实现谈判目标。

尽管洞察力在一个人所处的环境中是这样重要，而且专家再三强调，敏锐的洞察力是谈判者必不可少的，但是许多人却缺乏商谈中应有的警惕性，特别是一些中高层管理人员。原因在于，他们太过于在意他们自己的想法，而无法去倾听别人说什么。他们过于沉湎于自己的思考中，顾不上或注意不到别人做的事情。这在某种程度上大大地影响了谈判的效率，影响了谈判者臆测的准确性。

在大多数的国际贸易谈判或交易中，谈判对手是不会轻易让你了解事情的真实情况的，甚至一些表面现象与实际正相反。这就需要运用你的洞察力，观察注意从他的言谈举止中偶尔流露出来的真实自我和真正信息，更清楚地了解对方的真实意图。

敏锐的洞察力并非意味着过于匆忙地下结论和对一些微不足道的小事做过敏的

反应，更不是捕风捉影，无中生有，而是通过对对方言行举止的观察，分析和探询他内心世界的真实意图，确定自己的思考和行动。比如，会谈的一方到另一方处拜访，如果对方沏茶倒水招待你，并认真归拢桌上的物品，坐正姿势，下意识地身体前倾，双手并拢，认真地望着你，那么，这表明他准备认真与你交谈，而对方靠在椅子上，全身放松，一副无所谓的样子，那么，你最好不要打算谈什么实质问题。当然这只是一般情况下如此，有时还要具体问题具体分析。如果对方是你的老朋友、知交，那么也可能出现上述状态却并不影响你与他谈些重要内容。但要指出的是，几乎任何有效的观察，除了你看到、听到的以外，还要对整个情况做一个全盘思考和推敲。

有助于锻炼人们洞察力的一点就是积极倾听。因为你在讲话时，很少注意到别人的表情，更无暇顾及对方内心在想什么。而当你倾听时，就可以在仔细地、专注地听他讲的同时，猜测他的内心世界，发现他的真正用意或言外之意。

17.2　知觉与谈判

通常我们把知觉理解为人对客观事物的各种属性的整体概括的反应。它对于我们认识客观事物是十分重要的，这里我们介绍几种主要的知觉现象。

17.2.1　首要印象

在知觉认识中，一个最常见的现象，就是第一印象决定人们对某人某事的看法。这在心理学上被称为"首要印象"。

当我们与某人初次见面时，有时会留下比较深刻的印象，甚至终生难忘。许多情况下，我们对某人的看法、见解、喜欢与不喜欢，往往来自第一印象。如果第一印象良好，很可能就会形成对对方的肯定态度，否则，很可能就此形成否定态度。

正是由于首要印象的决定作用，比较优秀的谈判者都十分注意双方的初次接触，力求给对方留下深刻印象，赢得对方的信任与好感，增加谈判的筹码。

人们首要印象的形成主要取决于人的外表、着装、举止和言谈。正常情况下，仪表端庄，着装得体，举止大方稳重，较容易获得人们的好感。但心理学家研究发现，如果一个人很善于沟通或感染别人，那么他的首要印象也比较好。

17.2.2　晕轮效应

晕轮是指太阳周围有时出现一种光圈，看上去，使太阳好像扩大了许多。晕轮效应是指人对某事或某人好与不好的知觉印象会扩大到其他方面。最典型的是，如果一个人崇拜某个人，可能会把他（她）看得十分伟大，其缺点怪癖也会被认为很有特点，而当这些出现在其他人身上时，则不能忍受。

这种晕轮效应，就像太阳的光环一样，把太阳的表面扩大化了，这是人们知觉认识上的扩大。如果个人的见识、经验比较少，这种表现就更加突出。

晕轮效应在谈判中的作用既有积极的一面，又有消极的一面。如果谈判的一方给另一方的感觉或印象较好，那么，他提出的要求、建议都会引起对方积极的响应，他们要求的东西也容易得到满足。如果能引起对方的尊敬或更大程度的崇拜，那么，他就会发挥威慑力量，掌握谈判的主动权。

但如果给对方的首要印象不好，这种晕轮效应就会向相反的方向扩大，他会对你提出的对双方都有利的建议也不信任。总之，他对你提出的一切都表示怀疑、不信任或反感，寻找借口拒绝，甚至回避你个人。

17. 2. 3　先入为主

这是指人们习惯于在没有看到结论之前就主观地下结论。常见的有不等某人说完话就打断他，想当然地认为对方就是这个结论。先入为主直接影响人们的知觉认识，影响人们的客观判断。这是由于人们日常活动的经验、定向思维和习惯作用的影响。比如，我们看到照片上，长条会议桌的两边坐着两行人，中间插着两国国旗，不用看说明，我们就知道是国际间的谈判。

先入为主的结果可能是正确的，也可能是错误的。最主要的是它影响、妨碍人们对问题的进一步认识，凭主观印象下结论。这在谈判中常表现为猜测对方的心理活动，自觉不自觉地走向认识的误区。我们在上面需要问题的研究中，介绍的某大公司与煤矿主谈判的事例，就是一个很好的说明。公司聘请的谈判代表想当然地推断谈判的焦点就是煤矿的价格，因而把谈判的重点放在双方的讨价还价上。但几经协商，卖方丝毫不通融，这才考虑在买价的背后还可能有其他的原因。症结找到后，问题才圆满解决。显然，这是先入为主妨碍了买主了解卖主的真实意图。

17. 2. 4　激励

激励是指调动人的积极性，激发人的内在潜力。它对人行为的推动作用是十分重要的。激励作用的大小直接影响人的工作积极性和工作效率，所以，是行为科学研究的重要内容。美国著名心理学家佛隆姆认为：激励力量的大小主要取决于两方面因素，即期望值大小和效价的高低，期望值是根据个人的经验判断达到目标的把握程度，效价是达到目标满足个人需要的价值。两者是乘积关系，任何一个要素不具备，就谈不上激励。一个人对目标的把握越大，估计达到目标的概率越高，激发起的动机越强烈，积极性就越大。对于谈判活动来讲，谈判的某一方认为，争取谈判成功的可能性很大，而且谈判达成协议对他来讲十分重要，那么，他参与谈判的积极性就最高，会千方百计设法达成协议。但如果他认为达成协议的可能性很小，或达成协议对他来讲不是很重要，那么，激励力量就小得多，处理谈判事务的消极成分较大，甚至拖延。

　　激励作用对人的行为的推动，主要表现在以下两方面：即目标激励和奖惩激励。

　　目标激励。设置适当的目标，对于调动人的积极性作用显著。在谈判活动中每一方都有总体和具体的目标，如果目标制定得切实可行，又有一定的挑战性，就能激发和调动谈判人员的积极性，如果目标值过小，没有挑战性，或目标制定过高，难以实现，都会使谈判人员缺乏工作积极性、主动性，失去激励作用。

　　奖惩激励。奖励和惩罚是从正、反两个方面激发人的积极性，使行为活动取得更好的效果。奖励是对人的某种行为给予肯定与表扬，使人保持这种行为。奖励得当，对调动人的积极性有良好的作用，奖励包括精神和物质两个方面。

　　惩罚是对人的某种行为通过批评、处罚予以否定，使人中止和消除这种行为。惩罚得当，可以化消极因素为积极因素，但要注意其副作用。需要指出的是，期望理论重视激发对象的心理特性，这在实际工作中具有一定的指导意义。但是，影响激励作用大小的期望因素还要受到社会、经济、道德等因素的制约和影响。例如，有的人认为谈判的成功就意味着己方在交易中赚大头。只要能保证己方的利益，牺牲对方利益是理所当然的。那么，他很可能把自己的期望值建立在损害对方利益的基础上，激励的效果是不理想的。

17.3　谈判中的心理挫折

17.3.1　什么是心理挫折

　　人们的行为活动很少有一帆风顺的，都会遇到这样或那样的困难，碰到各种各样的障碍，当实际活动受阻时，会影响到人的心理，从而形成各种挫折感。所以，心理挫折是指人在实现目标的过程中遇到自感无法克服的阻碍、干扰，而产生的一种焦虑、紧张、愤懑、沮丧或失意的情绪性心理状态。

　　心理挫折是人的一种主观感受，有别于实际上的行动挫折。人们的行为活动，在客观上遭受挫折是经常的。但是，并不是一遇到了挫折，人就会产生挫折感。而且面对同一挫折，人们的感觉反应也不相同。例如，在商务谈判中，当双方就某一问题各不相让、僵持不下时，形成了活动中的挫折。对此，人们的感受是不同的。有的人则感到遇到了困难，反而可能会激起他更大的决心，要全力以赴把这一问题处理好，而有的人则感到沮丧、失望乃至丧失信心。

　　人们行动挫折的产生有主观、客观两方面的原因。其主观原因是在于人的知识、经验、能力水平、智商等方面，而客观原因则是活动对象、环境条件的复杂、困难程度。在人的行为活动遇到挫折时，人们的主观心态由于各种原因会产生不同的反应。如对行为挫折的情境的主观判断，遭受挫折目标的重要性，抱负水平及对挫折的忍受力都会影响人们对遭受挫折后的心态反应。

17.3.2　心理挫折的行为反应

心理挫折是人的内心活动，它是通过人的行为表现和摆脱挫折困扰的方式反映出来的。

（1）攻击。人在受挫时，生气、愤怒是最常见的心理状态。这在行动上可能表现为攻击。诸如，言词激烈，情绪冲动，易发脾气，并伴有挑衅、煽动的动作。

攻击是在人产生心理挫折感时可能出现的行为，但攻击的程度却因人而异。理智型的人善于做自我调节，比感情易冲动的人更容易控制自己；文化程度低的人，受挫后产生攻击行为的可能性比较大；经验丰富、见多识广的人，受挫后会有多种排解方法，攻击的可能性就比较小。此外，受挫目标的期望程度、动机范围等因素都可能影响人的攻击性。

（2）倒退。倒退指人遭受挫折后，可能发生的幼稚的、儿童化的行为。如像孩子一样的哭泣、喊叫、耍脾气等。目的是为了威胁对方或唤起别人的同情心。

（3）畏缩。指人受挫后发生的失去自信、消极悲观、孤僻离群、盲目顺从、易受暗示等行为表现。这时其敏感性、判断力都相应降低。

（4）固执。顽固地坚持某种不合理的意见或态度，盲目地重复某种无效的动作，不能像正常情况下那样正确合理地做出判断。表现为心胸狭窄、意志薄弱、思想不开朗。这都会直接影响人们对具体事物的感受，导致行动失误。此外，不安、冷漠等都是心理挫折的表现。

17.3.3　摆脱挫折困扰的心理防卫机制

出现挫折时的情绪状态是人的应激状态，无论对谁，都是一种不适的困扰，甚至是苦恼的折磨。人人都会自觉地采取措施来消除心理挫折，摆脱困扰。比较常见的有：

（1）理喻作用。这是指人在受挫时，会寻找理由和事实来解释或减轻焦虑、困扰的方式。如谈判所签订的协议没有达到原定的价格标准，会不自觉地拿"今年价格上涨"的理由来安慰自己。理喻的作用有积极与消极之分，如果是不合逻辑的"自我理喻"被称为文饰，即寻找不符合客观实际的理由推卸个人的责任。

（2）替代作用。即以调查目标来取代遭受挫折目标。主要采取升华、补偿、抵消等形式。例如，"在上一次交易中吃了亏，在下一次交易中赚回来"的心理就是如此。消极意义的替代，是将自己的不当、失误转嫁到别人身上，以减轻自己的不安。如自己憎恨某人，却大谈某人憎恨自己，以小人之心度君子之腹。

（3）转移作用。指将注意的中心转移到受挫事件之外的事情中，以减轻和消除心理困扰。消极的转移称为逃避。常见有的人现在失意，却大谈自己过去的辉煌。

（4）压抑作用。指人有意控制自己的挫折感，不在行动上表露出来。通常所讲的临危不乱、受挫不惊、具有大将风度，就是压抑作用的结果。这也是一个优秀谈判者所应具备的。

17.3.4 谈判中心理挫折的表现

谈判活动是一种协调行为，即协调交易各方的利益与冲突。因此，在谈判活动中，谈判人员会遇到这样或那样的矛盾，碰到各种挫折，难免会产生心理波动，并直接影响其行为活动。谈判活动所产生的心理挫折主要表现在以下几方面：

第一，成就需要与成功可能性的冲突。

成就感在人的需要层次中表现为自尊和自我实现，是一种高层次的追求。正是这种追求，促使人认真努力，希望有所造就，希望获得良好的工作业绩。但是谈判活动的不确定性，又造成了谈判人员的谈判结果的不确定性，由此构成了成就需要与成功可能性的矛盾。

交易洽商既涉及到交易各方的实际利益，又具有很大的伸缩性和变动性。就连什么是成功的谈判，什么是理想的结果，都没有统一的标准和一致的答案。即使谈判前制定详细的目标与计划，谈判的结果在很大程度上也取决于双方力量的对比和谈判人员作用的发挥。这既增加了取得工作业绩的难度，也为谈判人员更好地发挥个人潜力创造了条件。这里努力、勤奋、创造性都是获得成功的必要因素。

心理挫折对人的行为有直接的影响，但并不只是消极的影响。对于振奋的人来讲，遭受挫折后，尽管使人蒙上心理阴影，但却可以激励、鞭策人，取得成功。1969 年，英国人对美国总统大选做出了错误的判断，将与尼克松交恶的英国人费里曼任命为华盛顿大使。尼克松当选总统后，提议英国人更换人选，但遭到英方拒绝，这曾使尼克松大为不快。但当后来英国首相威尔逊在唐宁街 10 号为尼克松总统举行招待宴会时，尼克松起身向费里曼祝酒说："有些人说现在有一个新的尼克松，他们要知道是否有一个新的费里曼，我倒愿意把那些都看做是过去的事情。毕竟你是新的外交官，我是新的政治家，我们都想尽最大努力争取世界和平。"这时威尔逊给尼克松写了一张便条："你不能保证你一生下来就是一位勋爵，但是生来就是一位君子却是可能的。你已经证明了这一点。"费里曼为此感动的流下泪来。后来，他与尼克松合作得非常愉快。

第二，创造性与习惯定向认识的冲突。

谈判是一种创意较强的社交活动，没有哪两项谈判成果是完全一致的。适用于上次谈判的方式、方法，可能完全不适用于这一次。虽然每进行一定规模的交易活动，各方都要进行详细、周密、认真的准备，但很大程度上要取决于谈判人员的

"临场发挥"。所以，谈判人员的应变能力、创造力、灵活性都是十分重要的。

但是，人们的认知心理都存在一种思维惯性，这在心理学上被称为"习惯定向"。即人们在思考认识问题过程中，习惯于沿着某一思路进行，这样考虑问题的次数越多，采用新思路的可能性就越小，这种习惯思维对人的束缚性就越大。这就导致人们习惯于用某种方法解决问题后，对又出现的新问题，不寻求更好的方法，还是机械地套用老方法去处理。所以，我们认为，习惯定向是影响谈判人员创造性地解决问题的主要障碍。如何摆脱定势思维对人认识活动的影响，怎样既重视经验，又不依赖于经验，创造性地解决洽商活动的问题，可能是每一参与谈判活动的人都面临的问题。最重要的是培养谈判人员良好的心理素质、正确的工作态度和坚强的意志品质。

第三，角色多样化和角色期待的冲突。

在实际生活中，每个人在不同的情况下可能会充当不同的角色。如一个人在家里是父亲；在单位可能是一位领导者；而从事洽商活动又是临时组织的负责人、专业人员，还可能是其他组织的负责人等。不同的角色，所处的社会地位不同，社会规范的行为方式也不同。由于在不同的情况下担任不同的角色，而不同的角色又要求人有不同的行为方式，彼此之间必然会有矛盾冲突。作为具体的个人，要承担如此众多的角色，而且都要符合角色的要求，难免会出现挫折，形成心理冲突。特别是当原有角色与洽商活动中所扮演角色相冲突时，会直接影响谈判者的心理活动，影响其作用的发挥。例如，一个人在原单位是一名技术人员，但在谈判活动中成为一个主谈人，还承担着决策重任，那么他很可能不适应这种角色的变化。而一个在单位是主要负责人，但在谈判活动中，他只扮演了一个从属的角色，他会感到不受重用，也会影响其作用的发挥。可见，原有角色与实际角色的心理冲突是值得我们认真研究注意的。

17.4 谈判成功的心理素质

17.4.1 信念

良好的心理状态是取得谈判成功的心理基础。只有具备必胜的信念，才能使谈判者的能力得到充分发挥，使人成为谈判活动的主宰。

信念是人的精神支柱，它是人们信仰的具体体现，持有什么样的信念，不仅决定了人的行为活动方式，也决定了人的成就与价值。古希腊大哲学家苏格拉底一次对他的学生说："今天咱们只做一件事，每个人尽量把胳膊往前甩，然后再往后甩。"说着他做了一遍示范动作。"从今天开始，每天做 300 下，大家能做到吗？"苏格拉底问。学生们都笑着说："这么简单的事，谁做不到？"可是一年之后，苏格拉底再问这些学生的时候，全班却只有一个学生坚持下来，这个人就是大哲学家柏拉图。别人问他这样做的理由，他的回答是，这么简单的事情都做不下来，你可能一生什么都无法成就。

我们坚持谈判者必须具备必胜的信念，不是仅仅指求胜心理，它有着更广泛的内涵和更深的层次。信念决定了谈判者在谈判活动中所坚持的谈判原则、方针，运用的谈判策略与方法。例如，谈判的一方为达到目的不择手段，甚至采取欺诈、威胁的伎俩迫使对方就范，为获得自己利益，不惜损害对方利益。在某种情况下，这些做法也是在求胜心理支配下做出的。但是我们不能提倡这种必胜信念，这是不道德的。实践也证明，这样做的后果是十分消极的。不择手段的做法使你签订了合同，也获得了利益，但它使你失去了信誉，失去了朋友，失去了比生意更加宝贵的东西。

所以，我们认为必胜的信念是符合职业道德的，具有高度理性的信心、自信心。这是每一个谈判人员要想取胜的心理基础。只有满怀取胜信心，才能有勇、有谋，百折不挠，达到既定目标，才能虚怀若谷，大智若愚，赢得对方信任，取得合作的成功。

17.4.2　诚意

谈判是两方以上的合作，而合作能否进行，能否取得成功，还取决于双方合作的诚意。就是说，谈判需要诚意，诚意应贯穿谈判的全过程。受诚意支配的谈判心理是保证实现谈判目标的必要条件。我们认为，诚意是谈判的心理准备，只有在双方致力于合作的基础上，才会全心全意考虑双方合作的可能性和必要性，才会合乎情理地提出自己的要求和认真考虑对方的要求。所以说，诚意是双方合作的基础。

诚意也是谈判的动力。希望通过洽商来实现双方合作的谈判人员，会进行大量细致、周密的准备工作，拟定具体的谈判计划，收集大量的信息情报，全面分析谈判对手的个性特点，认真考虑谈判中可能出现的各种突发情况。诚意不仅能够保证谈判人员有良好的心理准备，而且也使谈判人员心理活动始终处于最佳状态中，在诚意的前提下，双方求大同，存小异，相互理解，互相让步，以求达到最佳的合作。

17.4.3　耐心

耐心是在心理上战胜谈判对手的一种战术与谋略，也是成功谈判的心理基础。在谈判中，耐心表现为不急于取得谈判结果，能够很好地控制自己的情绪，掌握谈判的主动权。

耐心可以使我们较多地倾听对方，了解掌握更多的信息，耐心也使我们更好地克服自身的弱点，增强自控能力，更有效地控制谈判局面。有关统计资料表明，人们说话的速度是每分钟 120~180 个字，而大脑思维的速度却是它的 4~5 倍。这就是为什么常常对方还没讲完，我们却早已理解了。但如果这种情况表现在谈判中却会直接影响谈判者倾听，会使思想溜号的一方错过极有价值的信息，甚至失去谈判的主动权，所以保持耐心是十分重要的。

耐心还可以作为谈判中的一种战术与谋略，耐心使谈判者认真地倾听对方讲话，冷静、客观地谈判，准确地分析形势，恰当地运用谈判策略与方法；耐心使谈判者避免了意气用事，融洽谈判气氛，缓和谈判僵局；耐心使谈判者正确区分人与问题，学会采取对人软、对事硬的态度；耐心也是对付脾气急躁、性格鲁莽、咄咄逼人的谈判对手的有效办法，是实施以软制硬，以柔克刚的最为理想的策略方法。

具有耐心也是谈判者心理成熟的标志，它有助于谈判人员对客观事物和现象做出全面分析和理性思考，有助于谈判者做出科学决策。

需要指出的是，耐心不同于拖延。在谈判中，人们常常运用拖延战术打乱对方的战术运用，或借以实施己方策略。耐心主要是指人的心理素质，从心理上战胜对方。心理学研究表明，人是否具有耐心，与人的气质有直接的联系。粘液质气质类型的人，天生性格稳重、平和，而胆汁质气质类型的人则脾气暴躁、缺乏耐性。因此，粘液质气质类型的谈判者运用耐心则得心应手，而对于胆汁质气质类型的谈判者来讲，则需要克服较大的心理障碍。

在谈判活动中，谈判者要自始至终保持耐心，其动力来源于人对利益目标的追求，但人们的意志，对谈判的信心，以及对追求目标的勇气都是影响耐心的重要因素。谈判家荷伯·科恩曾以戴维营和平协议为例，说明了耐心的力量。美国总统吉米·卡特是一个富有伦理、道德的正派人，但他的最大特点就是有惊人的耐心。科恩评论到，不论什么人同卡特在一起呆上 10 分钟后，就像服了镇静剂一样。正是由于他的耐心、坚忍不拔，毫不动摇，使他成功地斡旋了埃以两国争端，达成了著名的戴维营和平协议。

埃及和以色列两国争端由来已久，积怨颇深，谁也不想妥协。卡特邀请他们坐下来进行谈判，精心考虑之后，地点确定在戴维营。尽管那里设施齐备、安全可靠，但却没有游玩之处，散步成了人们主要的消遣方式。此外还有两台供锻炼身体用的自行车和三部电影。所以，两国谈判代表在住了几天之后，都感到十分厌烦。

但是，每天早上八点钟，萨达特和贝京都会听到同样的敲门声，接着就是那句熟悉的话语："你好，我是卡特，再把那个乏味的题目讨论上一天吧。"结果等到第十三天，他们谁都忍耐不住了，再也不想为谈判中的一些问题争论不休了，这样就有了著名的戴维营和平协议。它的成功，有一半归功于卡特总统的耐心与持久。

17.5　个性与谈判

人的个性（也称个性心理特征）是指个人带有倾向性的、本质的、比较稳定的心理特征的总和。包括人生观、兴趣、爱好、能力、气质、性格等多方面，它体现了个体独特的风格，独特的心理活动，以及独特的行为表现。

个性对人们社会活动的影响是十分重要的，它在很大程度上决定了人们活动效率的高低，活动成果的大小。

17.5.1　谈判中的角色

（1）何谓角色

角色是指个人在特定的社会和团体中占有的适当的位置，以及被该社会和团体规定了的行为模式。所以，位置可以被理解为身份、地位。

任何人要很好地扮演或充任其在特定情境中应当承担的角色，首先要实现对角色的认同，即按照社会规范及大多数人的要求，使自己的态度、观念、形象及全部行为，都符合角色要求的模式。例如，家庭中父亲这一角色，意味着角色扮演者在家里占有一家之长的地位，他要参加工作，抚养子女，教育孩子，计划家庭生活等。他的一切语言与行为都应该像一个父亲的样子。而服务员的角色，则要求扮演者在商店里出售商品，他（她）必须具有耐心、周到、热情的服务态度，掌握熟练的服务技巧，丰富的业务知识。

角色是每个人在特定的情境里所具有的某种特定身份、所处的特定位置。所以，情境改变，角色也要发生变换。人的一生可以扮演多种角色，甚至同时扮演多种角色，如在家里可以是家长，在火车上是乘客，在团体中是成员，在工作中则可能是推销员。

充任角色最重要的一点是对角色的装饰，即按照自己承担角色所应有的观念、规范来调节自己的语言、仪态及行为。在与人交往中表现得恰当得体，给人以良好的印象，以获得他人的信赖和喜欢，这一点对于谈判人员来讲是特别重要的。

谈判人员这一角色，不仅社会职能相当重要，而且实现它的难度也很大。一些谈判专家认为，谈判人员实现角色行为的过程，不单单是实现产品或服务的交易，更重要的是在"推销"他自己，或者说是显现他自身的人格特征，并以此来感染和威慑对方，获得他人的信任与接受。

（2）角色在谈判中的作用

角色不同，谈判人员在谈判中所发挥的作用是不同的，表现为两个方面：

一是角色在原团体中所处的地位，使其形成了固有的行为模式，从而影响谈判活动的效率。如某企业经理角色，意味着他在单位负有一定的领导责任，因而，领导这一角色就有一套被规定好了的行为，参与企业决策，决定其职员的升迁、职务的任免，发号施令，交际应酬等。总之，他的言论与行为都应该与领导这一角色相符。当他适应某一角色后，其言行自觉不自觉地开始按角色要求做。因此，在谈判中，也常常会表现出原角色的言行，显得自信坚定，从容不迫，具有一定的权力欲，希望成为谈判的核心人物。当然，如果原角色没有这样的惯例言行，要想在谈判中做到这一点是很困难的。

杰克·韦尔奇在他的回忆录中，将他手下的一员大将加里·温特誉为 GE 金融服务集团发展的大祭司，认为加里天生就擅长做企业兼并工作，对他在 GE 的杰出贡献赞不绝口，"加里把业务开展放在公司文化一个重要组成部分的位置上。在加里的影响下，除了 200 多人从事寻找收购机会的工作以外，GE 金融服务集团的每个领导每天早上来上班时都在思考有哪些潜在的交易。《哈佛商业评论》将 GE 金融服务集团视为成功收购的典范，大量评述加里和他的一班人马是如何开展公司收购业务的——引用的案例不胜枚举。""在 90 年代，加里和丹尼斯·内登完成了 400 多笔收购交易，涉及总资产价值超过 2 000 多亿美元。"

杰克评论加里生来就是做生意的，谈判就是加里的一切。他的伙伴回忆他与加里在我国香港的时候，加里走进一家商店买收音机，他与售货员讨价还价了 1 个小时，要把价格降下来，最后，高高兴兴地买了便宜货。但当他们在街上继续行走时，加里在一个橱窗里看到了一个跟他刚才买的收音机一模一样的展品，标签上的价格比他费了九牛二虎之力砍下来的价格还要低，他险些晕了过去，结果，整个周末他都是气急败坏的。

杰克评论加里，认为他天赋优越，个性超群，甚至有些古怪。"你永远不知道他会从哪里冒出来，或者处于什么样的心情中。他尤其讨厌的是监督。"甚至连杰克本人。"任何老板的监督都会使他暴跳如雷，如果身边有个老板时不时地跟他说'不'，那么他真会怒不可遏。"但是，杰克让加里担当了恰如其分的角色，充分发挥了他的天才。

二是在谈判中所扮演的角色。谈判中的角色与原角色并不都是一致的，原先在企业中并不一定是负责人，但却要在谈判中承担起主谈的作用，这在心理学上被称为角色冲突。当个体不能克服原有角色所带来的内心矛盾冲突时，往往会发生言行变异。就谈判人员来讲，角色要求他必须善于同各种人物交往，善于辞令，灵活、敏锐、富有进取心。但他在原单位的角色却并不要求他具有这些特点，也无从表现。因此，扮演后一角色，常常感到力不从心，难以胜任角色的要求。克服的办法就是努力在实践中锻炼自己，并附有一定的心理训练，以符合角色的要求。

17.5.2　期望水平

期望是指个人根据以往的经验在一定时间里希望达到的目标或满足要求后的心

理冲动。期望心理与人的行为密切相关，期望水平的高低直接影响人们的活动效能。期望水平的高低受多种因素的影响，如人的经验、能力等，但最重要的影响因素是自我评价。

自我评价是指人们对自己的评价、看法。在谈判之前，谈判人员必须对自己的优点、弱点及自尊心、能力有一个清楚的认识，正确的估价，特别是要找出自己的不足之处，以便更好地发挥自己的长处，克服自己的弱点。谈判人员自我评价应包括以下几个方面：

（1）自我尊重感

这是成功的谈判者必须具有的特点。自我尊重感的强弱可以通过自问的形式检验，如，你认为自己有价值，有能力吗？你是否都能完成其真正打算做的事？你如何看待自己的成功？你对挑战的态度是什么？你喜欢接受艰巨任务，并有信心完成吗？谈判中的交往，不同于我们生活中的人际交往，一般作为谈判者个人常常是以某类组织的代表，为各自的利益集团来交涉。因此，谈判中人的尊严体现的不仅是个人方面，还表现为一个群体或组织的尊严。

自我尊重感主要体现在个人的自尊，即一个人如何看待自身形象和能力。只有当一个人有自尊并将其体现出来时，别人才会感受到。恰到好处的自尊表现会为你赢得尊敬和赞赏，也有助于实现个人目标。人们通常喜欢和自己类似的人交往，也喜欢与比自己强大的人打交道。自我尊重感还表现为所代表组织的地位与尊严，这在某些情况下对行为的影响更为重要。1993 年，中美之间贸易大战一触即发，吴仪代表中国政府与美国政府谈判，美国驻中国大使尚慕杰特地会见吴仪，就双边贸易进行磋商。一见面，吴仪就告诉尚大使，她带来两张单子，一张是中国几十亿美元的采购清单，另一张是同样金额的中国反报复清单。吴仪表明一旦美国宣布对中国报复，中方将在半个小时之内公布反报复清单，清单的中英文文本都已拟好，反应绝不会超过半个小时。尚大使表示不希望这样的事情发生，但只能保证吴部长在美国期间不会报复。吴仪说道："我在美国期间风平浪静，双方大谈生意，而回到北京，却听到了贸易报复的消息，爆发了一场贸易战？如果出现这种情况，个人的乌纱帽是小事，更重要的，我无法向全国人民交代！"这其中"我无法向全国人民交代"讲的是个人对所代表国家的尊严感。

（2）责任感

这在自我估价中占有重要地位。一个自我评价高的人，也应具有高度的责任感，这种责任感促使其努力去实现目标，同时，在失败时勇于承担责任。一个自我评价甚高的人其责任感也是与生俱来的。美国南北战争期间南方军总司令李将军就是一个具有高度责任感的人，他率领的部队在一次战争中失利，主要的原因是他的一个下属自作主张，改变作战方案，擅自行动造成的。但是，李将军在向南方临时总统杰弗逊·戴维斯提出辞呈时，将失败的责任承揽下来，他单独前往前线视察部队，以诚恳的态度向战士们道歉："这都是我的过失。"对此，戴尔·卡内基评价道："有勇气说这句话的人，在世界战史上寥若晨星，屈指可数。"

（3）乐观主义

乐观主义的态度通常与自信心相互关联。乐观态度使人在困难中看到光明，遇挫折而不气馁。哈佛大学的一项研究显示，成功、成就、升迁等原因的 85% 是由于人的态度，而仅有 15% 是取决于人的专门技术。而态度的一个最显著的差异就是乐观与悲观。悲观者说："当我看见它时我相信它。"乐观者说："当我相信它时我看见它。"乐观者看到半杯水时说它是半满，悲观者看到同样的半杯水说它是半空。理由很简单，乐观者把水加进玻璃杯，悲观者从玻璃杯中取水。乐观者会为他所看到的目标努力并充满自信，这是成功的基石。著名推销员兼作家拿破仑·希尔以 20 年的时间研究出成功的 17 个要素，并总结出课程——PMA 黄金定律。所谓 PMA（Positive Mental Attitude）就是积极乐观的心态。作者认为 PMA 黄金定律是打开"成功之堡"的钥匙，它鼓励和支持你作出正确选择，扭转劣势，追求并实现更高的目标。美国著名演讲家吉格勒讲了一个他亲身经历过的一件事。他的弟弟做厨具销售员，在一年的岁尾来到吉格勒的办公室。吉格勒问他下一年准备销售多少？他说不知道，但要比今年多。于是吉格勒对他的弟弟说："你是不是想在厨具生意这一行赢得不朽的声誉？"弟弟说："怎样才能做到呢？"吉格勒说："很容易，只要打破公司所有的纪录就行了。"但弟弟反应冷淡："说起来容易，但是没有人打破公司的纪录。因为那纪录不真实，是销售员的女婿帮他实现的。"吉格勒明白，不是公司的纪录不能打破，而是弟弟头脑中的框框束缚了他，一定要让弟弟保持积极的心态，一切都可以打破。首先吉格勒说服了弟弟，使他确信，如果他打破所有纪录，公司会把他的照片同董事长一起挂在总裁办公室，而且会用在全国性的广告与文章中，他将会成为世界一流的推销员，公司会为他制作一个金壶或仿金的壶赠给他。最后吉格勒提醒他利用销售员最好一周的业绩乘以 50 就可能打破纪录。结果奇迹出现了，吉格勒的弟弟将每天的销售都做记录，以前一年销售从未超过 3.4 万美元，但在这一年他卖出了 10.4 万美元，打破了公司的所有纪录。

（4）创造性

它反映了人们解决问题的灵活性与创新性。是寻找切合实际的办法还是盲目效仿别人？是喜欢与众不同，还是跟随大流？是力求稳妥，少冒风险，还是甘冒风险，争取更大成功？这是检验创造性的分水岭。创造性并不仅仅是科学家的事情，它实实在在就存在于我们的生活中，你做什么事情如果只是墨守成规，就很难有好的结果，但如果尝试用不同的方法和思路，问题可能会很快解决。人际关系专家卡内基先生为我们讲述了他熟知的一件事，很有启发。

美国菲德尔费电力公司的韦普先生有一次到宾夕法尼亚州，一群荷兰农夫到农业区去观察他们用电的情形。但韦普先生感到非常奇怪，一间间整洁的农舍竟然没

有一家用电。他向附近的一位同行请教这个问题。对方告诉他："这里的居民崇尚
俭朴，对用电和电力公司都十分反感。"这反倒激起了韦普的兴趣。于是，他来到
一家农户访问。一位老太太给他开了门，但她十分警觉，只将门开了一条缝。当这
位农妇知道他的身份后，立刻将门关上。韦普不死心，继续敲门，但对方将门打开
后，不等韦普说话，就破口大骂。韦普在这种情形下说："很对不起，打扰您了。
我想买您的一些鸡蛋。"老人的态度稍稍缓和了，门也开大了。韦普又说："您家
的鸡长得真好，看它们的羽毛多漂亮。这些鸡大概是多明尼克种吧？"门又开大了
一点。"你怎么知道这是多明尼克种的鸡呢？"老太太问，显然，韦普的话已经打
动了她。"我家也养了一些鸡，可是像您养得这么好的，我还是第一次见到。""那
你自己家的鸡蛋应该够用了！"老人的口气略带怀疑。韦普解释说："我养的是来
亨鸡，只会生白蛋。您老应该知道，做蛋糕黄褐色的蛋比白色的蛋好。我太太今天
做蛋糕……"这时老人恍然大悟，跑到门廊来。韦普借机打量四周的环境，发现
这里有整套的奶酪设备。他继续说："大娘，您养的鸡是不是比您先生养乳牛得到
更多的好处呢？"这话说到了点子上，因为她想把自己得意的事情告诉别人。

　　结果，老妇人热心地带韦普参观她的养鸡场，韦普又不失时机地称赞他们自己
建设的一些设施和装备，虚心请教一些问题并向老人介绍养鸡饲料的牌子和养鸡的
温度等，使他们变得很亲近。最后老人主动问韦普，周围一些农舍在装了电灯之
后，养鸡获得了很大效益，是不是这样？请韦普客观地说明。两个星期后，老太太
所养的鸡都生活在明亮的灯光下。她在养鸡方面获得了更高的效益，韦普也收到了
源源不断的订单。

17.5.3　能力与谈判

（1）能力的概念

　　人们进行任何一项活动，都需要一定的能力保证，如读书需要理解力、注意
力；写作需要创作力、文字表达能力；绘画需要观察力、注意力。能力是指人能够
顺利地完成某种活动，并直接影响活动效率的个性心理。人必须具有一定的活动能
力，才能顺利地完成各种活动，达到预期的目的。

　　由此可见，能力是人的一种主要的心理功能。但是，由于人的各种心理机能系
统及其结构上的组合不同，以及人们所从事的工作和社会环境的不同，在不同的人
身体上体现出来的能力则有很大的差异。如有的人实际操作能力强，心灵手巧，有
的人语言表达能力强，口齿清楚，能言善辩等。

　　谈判活动是一种内容复杂、参加人员较多的社会交往活动，需要人的多方面能
力。如在谈判中要陈述我方的立场、观点，说服对方做出妥协、让步，这需要一定
的语言表达能力；根据对方的情绪、表情的变化，推测其心理活动，调整对策，需
要敏锐的观察注意力；当双方就合同的主要条款讨论协商后，进行拍板定案时，决

策能力又是十分必要的了。可见，谈判人员所具备的能力及其水平的发挥直接影响谈判的效果。日本著名谈判专家矢部正秋在《犹太人谈判绝招》一书中指出："一个人如果缺乏了谈判能力，则无论他在其他方面多么有才能，仍无法在社会里获得成功，甚至无法获得生存。光有才华却不具备谈判能力的人，就像一粒没有经过琢磨的钻石，永远无法闪耀出璀璨夺目的光芒。"

（2）谈判人员应具备的能力

一是语言表达能力。语言是交际的工具，语言表达能力对谈判人员来说是十分重要的。对谈判人员来说，首先是能够用准确、规范的语言陈述立场、观点，提供消息，交流感情，说服对方。这是对谈判人员语言表达能力最起码的要求。如果说话含混不清，吐字不准，措辞不当，或前言不接后语，词不达意，没有逻辑性，会极大地影响谈判人员相互之间的沟通、交流，也是谈判人员讲话的大忌。语言表达能力差，不仅不能很好地阐述自己的观点、要求，也不能很好地说服对方，甚至会引起对方的反感。在许多情况下，谈判的障碍都是由语言障碍造成的。这一点，在国际贸易谈判中表现得尤为突出。

当然，要求谈判人员具备良好的语言表达能力，能言善辩，并不是要求他能够滔滔不绝地讲演，甚至是夸夸其谈，自吹自擂。谈判不是演讲比赛，也不是领导讲话，是双方的沟通交流。因此，要求谈判者既能够必要地清晰明了地说明个人的意见，也能够虚心地听取对方意见，即也应有"听话"的能力。

二是观察注意力。谈判中，察言观色是很重要的。美国传播学家艾伯特·梅拉比将人们之间的信息沟通用一个公式来表示：即信息的全部表达 = 7% 语调 + 38% 声音 + 55% 表情。稍加注意，你就可以发现，不论是个别交谈，还是小组聚会，谈判人员的表情神态是很不相同的。有的人在倾听的同时频频点头，有的人则发出会意的微笑，还有的人全神贯注、目不转睛地望着讲话者，有的则一边听，一边若有所思。各种神态表情反映了人们不同的心理活动，也表现出人们对讲话者的一定看法，在传递某种信息，这些信息的捕捉，就靠我们的观察注意能力。

观察是人的一种知觉认识。它是通过眼睛看、耳朵听、手触摸等形式了解周围事物的心理活动。特别是人的眼睛，正常情况下，人们视线之间的接触约占全部谈话时间的 30% ~60%，由此可判断人们对谈话内容感兴趣的程度。同语言表达能力一样，人的观察注意能力也有一定的差别。这在心理学实验中已经得到肯定的证实。

在谈判中，观察注意力较强的谈判者在与对方的简单接触中，就能很好地发现对方的特点、爱好，甚至经历，并据此做出相应的推断。这非常有助于谈判人员的相互沟通、了解。当你在讲话时，你可以细心观察对方的表情、动作，判断自己的观点是否被接受，在什么程度上被接受，对方对你讲的内容是否热心等。当你作为倾听者时，也能从说话人的姿势、表情上判断出他对听话人的重视与否，有没有诚意。如果谈判人员观察注意力较差，就不能很好地了解这些非语言信息传递的内涵，无法进行有效的信息反馈。自然，也就不能及时地调整自己的表达方式，有时会使你陷入比较被动的境地。

三是判断力。良好的判断能力对谈判人员来说也很重要。谈判专家认为，谈判是人们所从事的工作中最困难的一种，一个优秀的谈判者需要具备其他职业中所不常见的特质，这就是良好的职业判断力。

判断是指确定事物和现象之间的联系。在现实活动中，事物和现象之间的联系往往被各种假象所干扰，影响人们正确认识其相互之间的关系，这就需要人们运用判断力去排除各种干扰因素，了解事物的本质。

在商务谈判中，良好的判断能力会使谈判人员及早地洞察问题或分歧的关键所在，准确地分析、预见事物发展可能产生的各种结果，从而确定相应的策略，决定买卖的取舍。

判断力与风险有密切的联系，判断力越准确，所冒风险就越小，成功的把握就越大。在许多情况下，判断力只是人们某种直觉，当然，这种直觉的产生是建立在接收外界大量信息的基础上的。判断也与人的经验密切相关，经验越丰富，过滤信息的能力越强，分析判断就越准确、越敏锐。

四是交际能力。这里的交际能力不是花言巧语的伎俩，而是与人沟通感情的能力。在这方面，你是否具有特长，你能做到细心倾听别人的讲话，并力争把握其实质内容吗？你能让别人信任你和追随你吗？在谈判中还特别表现为一个人化解矛盾，消除隔阂，平息冲突的能力。美国大财阀洛克菲勒家族早在19世纪初就名扬全国，但却引起了普通民众的嫉恨，在1915年曾爆发了美国产业史上的大事件，即"洛氏"工厂工人的大罢工。在罢工期间工厂的建筑被捣毁，设备被毁坏，政府不得不派出军队镇压，因而造成流血事件。到后来矛盾越来越激化，洛克菲勒二世感到强硬手段不能解决问题，他开始利用个人的交际能力斡旋，最后成功地说服了罢工的工人，解决了争端。其中，最有影响的是他发表的一篇演讲，完全博得了工人的谅解，进而压制了工人对资方的不满，结果，工人们听了他的演讲后，立刻回到工厂中工作，并且连一些罢工的基本要求也放弃了。下面，我们选取一段他的演讲词，探索其中的奥妙。

"我能够在这个场合和各位见面，感到非常荣幸。这段期间，我曾访问过各位的家庭，我们已经不陌生了。""让我们彼此问安，因为我们利害与共，休戚相关。""今天我能够站在这里和各位谈话，可说是各位的善意所赐。今天将是我这一生中最值得纪念的日子，我能有机会和本公司各单位的代表见面，真是我的荣幸。我相信这一次的会谈，将永远铭刻在我心中……"

"我强调，我们不是陌生人，而是朋友。因此，我想站在朋友的立场上，和各位谈谈我们之间的利害关系。听说这次会议是由公司干部和工人代表们决议召开的，我既不是干部，也不是工人，能参加这次会议，就是各位善意的赐予了。我虽不是干部和工人，但身为股东和干部代表的我，自认为和各位有着密不可分的关系。"通过上面演讲词的部分内容，我们可以看出，洛克菲勒二世的谦恭与友善，既不摆架子，说大话，更不是指责、斥骂，而是不断感谢代表们对他的善意与信任。但这其中所显示的尊严和不容忽视的力量每个人都感受到了。同时，他也让代表们理性地认识到工厂与工人之间"皮之不存，毛将焉附"的休戚与共的关系。

五是决策能力。决策能力是谈判活动中比较重要的一种能力。当谈判人员就交易的具体内容协商讨论之后，进入拍板决策阶段，是签合同，还是不签合同，需要谈判人员做出决断。

谈判者的决策能力的高低与其自信心等有直接的关系。自信心强，处理问题迅速、果断。敢于冒风险的人，决策能力相对较强；反之，则较弱。决策过程持续的时间长短也反映了人的决策能力的差别。一般来讲，行为谨慎的人决策可能费时较长，甚至反复考虑斟酌，但一旦拍板定案，则义无反顾，坚决执行。决策能力较差的人，决策时间也比较长，老是犹豫反复、拿不定主意。决策能力的强弱，还要根据决策结果和决策所考虑的内容去分析。当一个人决定做某件事或不做某件事，事实证明他经常是对的，那么，他的决策能力就相对较强。决策能力不单单是人的某一方面能力的表现，从某种程度上说，它是人的各种能力的综合体现。它是建立在人们观察、注意、分析的基础上，运用判断思考、逻辑推理做出的决断。因此，培养锻炼谈判人员的决策能力，必须要注意各种能力的平衡发展。

六是应变能力。应变能力是指人对突然发生的情况或尚未预料到的情况的适应、应付能力。在谈判活动中常会出现各种意外的突发情况，如果谈判人员不能很好地应付和处理。就会陷于被动，甚至功亏一篑，导致谈判失败。

应变能力的强弱与人的灵活性、创造性有密切的联系，当眼前出现的情况同原先预想的有较大的出入时，应变能力强的人能够调动自己的想像力，提出各种灵活的办法、变通的方案，尽量妥善解决。同时，对对方提出的方案、措施，也能够冷静分析思考，权衡利弊关系，做出正确的抉择。但应变能力差的谈判人员却做不到这一点。他们习惯于按老办法去处理新问题，常常是这个我不能接受，那个我不能考虑，从不去寻找更好的解决问题的方法。显然，这种类型的谈判人员是达不成有建设性的协议的。

综上所述，能力是谈判者顺利完成谈判活动、达成谈判协议的根本保证。因此，谈判人员所具备的能力以及这些能力的培养和提高有十分重要的意义。这就要求不仅谈判者个人要注意在实践中培养锻炼自己的能力，还要以各种方式专门训练谈判人员的能力。如进行心理训练、模拟谈判等。

17.5.4　性格与谈判

（1）什么是性格

性格是指人对客观现实的态度和行为方式中经常表现出来的稳定倾向。它是个性特征的核心，决定人的活动的内容和方向。所以，性格的形成与发展对人的行为活动有重要的影响。在现实活动中，人们的性格是千差万别的，比如在交际方面，有的人活泼外向，喜欢结交朋友，有的人孤僻内向，爱独自沉思；在待人处事上，有的人诚实、和蔼，有的人虚伪、狡诈；在情绪特点方面，有的人乐观进取，有的人悲观失望；在行动上，有的人果敢坚强，有的人则谨慎怯懦。这些都会在谈判活动中淋漓尽致地表现出来，直接影响人们的行为方式。

例如，在各国政府的首脑中，前苏联领导人赫鲁晓夫是极具个性的代表人物，曾传闻他在联合国会议上用鞋子敲桌子，以表达他的感情。在 20 世纪 50 年代中期，他与当时的联邦德国总理阿登纳的谈判更显示出两个人的性格特征。赫鲁晓夫的性格是专横跋扈、咄咄逼人，阿登纳也据理力争，毫不让步，结果他们的谈判一直是硝烟弥漫，火药味十足。赫鲁晓夫在回答阿登纳的一项建议时说："在我同意你的这一项建议时，我肯定看到你在地狱里！"阿登纳回击说："如果你看到我在地狱里，那是因为你比我先到地狱！"在谈判桌上，当赫鲁晓夫愤怒地挥拳时，阿登纳则站起来，挥舞他的双拳。当赫鲁晓夫威胁要退出谈判时，阿登纳则命令飞机准备起飞回国。最后，赫鲁晓夫终于发现阿登纳的强硬姿态是性格使然，不是装出来的，以后的谈判态度有了很大的收敛。

总之，人与人之间的性格差别是极大的，有的甚至截然对立，对于性格类型的分析是难以穷尽的。这里，我们就谈判这一特定形式的活动，分析几种具有一定代表性的谈判人员的性格类型，具有一定的现实意义。

（2）谈判人员的性格类型

一是权力型。这种类型的人根本特征是对权力、成绩狂热地追求。为了取得最大成就，获得最大利益，他们不惜一切代价。在多数谈判场合中，他们想尽一切办法使自己成为权力的中心，我行我素，不给对方留下任何余地。一旦他们控制谈判，就会充分运用手中的权力，与对方讨价还价，甚至不择手段，逼迫对方接受条件。他们时常抱怨权力有限，束缚了他们谈判能力的发挥。更有甚者，为了体现他们是权力的拥有者，他们追求豪华的谈判场所、舒适的谈判环境、精美的宴席、隆重的场面。

权力型谈判者的另一特点是敢冒风险，喜欢挑战。他们不仅喜欢向对方挑战，而且喜欢迎接困难和挑战，因为只有通过接受挑战和战胜困难，才能显示出他们的能力和树立起自我形象。一帆风顺的谈判会使他们觉得没劲、不过瘾。只有经过艰苦的讨价还价，调动他们的全部力量获取成功，才会使他们感到满足。

权力型谈判者的第三个特点是急于建树，决策果断。这种人求胜心切，不喜欢、也不能容忍拖沓、延误。他们在要获得更大权力和成绩的心情驱使下，总是迅速地处理手头的工作，然后着手下一步的行动。因此，他们拍板果断、决策坚决。对大部分人来讲，决策是困难的过程，往往犹豫、拖延、难下决断。而这种人则正相反，他们乐于决策，总是当机立断，充满信心。

总而言之，贪权人强烈地追求专权，全力以赴地实现目标，敢冒风险，喜欢挑剔，缺少同情，不惜代价。在谈判中，这是最难对付的一类人，因为如果你顺从他，你必然会被剥夺得一干二净，如果你抵制他，谈判就会陷入僵局，甚至破裂。

要对付这类谈判对手，必须首先在思想上有所准备，要针对这类人的性格特点，寻找解决问题的突破口。正像这种人的优点一样，他们的弱点也十分明显。第一，不顾及冒险代价，一意孤行；第二，缺乏必要的警惕性；第三，没有耐心，讨厌拖拉；第四，对细节不感兴趣，不愿陷入琐事；第五，希望统治他人，包括自己的同事；第六，必须是谈判的主导者，不能当配角；第七，易于冲动，有时控制不住自己。

针对他们的弱点，可从以下几个方面采取对策：

要在谈判中表现出极大的耐心，靠韧性取胜，以柔克刚。即使对方发火，甚至暴跳如雷，也一定要沉着冷静，耐心倾听，不要急于反驳、反击。如果能冷眼旁观，无动于衷，效果会更好。因为对方就是想通过这种形式来制服你。如果你能承受住，他便无计可施，甚至还会对你产生尊重、敬佩之情。

努力创造一种直率的，并能让对手接受的气氛。在个人谈判中，面对面直接冲突应加以避免，这不是惧怕对方，而是因为这样不能解决问题，应该把更多的精力放在引起对手的兴趣和欲望上。例如，"我们一贯承认这样的事实，你是谈判另一方的核心人物"（引诱其权力欲）、"我们的分析表明，谈判已经到了有所创造、有所建树的时刻"（激起挑战感）。与此同时，要尽可能利用文件、资料来证明自己观点的可靠性。必要时，提供大量的、有创造性的情报，促使对方铤而走险。

二是说服型。在谈判活动中，最普遍、最有代表性的人是说服型的人。在某种程度上，这种人比权力型的人更难对付。后者容易引起对方的警惕，但前者却容易为人所忽视。在说服型谈判者温文尔雅的外表下，很可能暗藏雄心，与你一争高低。

说服型谈判者的第一特点是具有良好的人际关系，他们需要别人的赞扬和欢迎，受到社会承认对他们来说比什么都重要。他们也喜欢帮助别人，会主动消除交际中的障碍，在和谐融洽的气氛中，他们如鱼得水，发挥自如。同时，这种人与下属的关系比较融洽，给下属更多的权力，使下属对他信赖、忠诚。

说服型谈判者的第二个特点是处理问题决不草率盲从，三思而后行。他们对自己的面子，对对方的面子都竭力维护，决不轻易做伤害对方感情的事。在许多场合下，即使对方的提议他们不同意，也不愿意直截了当地拒绝，总是想方设法说服对方或阐述他们不能接受的理由。

与权力型不同的是，说服型谈判者并不认为权力是能力的象征，却认为权力只是一种形式。虽然他们也喜欢权力，认识到拥有权力的重要性，但他们并不以追求更大的权力为满足，而是希望获得更多的报酬，更多的利益，更多的赞赏。

要辨别此类人的需要和弱点是十分困难的，因为他们把自己掩藏于外表之下，处事精明，工于心计，说话谨慎，不露锋芒，外表和蔼，充满魅力。他们比较随和，善于发现和迎合对手的兴趣，在不知不觉中把人说服。总之，他们的弱点并不十分明显。要认识这一类人，就要透过表面现象分析其本质。他们的性格可能潜在着这样的弱点：第一，过分热心与对方搞好关系，忽略了必要的进攻和反击；第二，对细节问题不感兴趣，不愿进行数字研究；第三，能长时间专注于单一的具体工作，希望考虑重大问题；第四，不适应冲突气氛，不喜欢单独工作等。

明确了这类谈判者的性格弱点，就可以制定相应的策略。首先，要在维持礼节的前提下，保持进攻的态度，并注意双方感情的距离，不要与对手交往过于亲密。必要时，保持态度上的进攻性，引起一些争论，使对手感到紧张。其次，可准备大量细节问题，使对方感到厌烦，产生尽快达成协议的想法。再次，在可能的条件下，努力造成一对一的谈判局面。说服型谈判者群体意识较强，他们善于利用他人造成有利于自己的环境气氛，不喜欢单独工作，因为这使他们的优势无法发挥。利用这一点，我们可以争取主动。最后，准备一些奉承话，必要时给对方戴个高帽，这很有效，但必须恭维得恰到好处。

三是执行型。这种性格类型的人在谈判中并不少见，他们的最显著特点是，对上级的命令和指示，以及事先定好的计划坚决执行，全力以赴，但是拿不出自己的主张和见解，缺乏创造性。维护现状是他们最大的愿望。

这类人的另一特点是工作安全感。他们喜欢安全、有秩序、没有太大波折的谈判。他们不愿接受挑战，也不喜欢爱挑战的人。在处理问题时，往往寻找先例，如果出现某一问题，以前是用 A 方法处理的，他们就决不会采用 B 方法。所以，这类人很少在谈判中能独当一面，缺少构思能力和想像力，决策能力也很差。但在某些特定的局部领域中，工作起来得心应手，有效率。这种性格的人喜欢照章办事，适应能力较差，他们需要不断地被上级认可、指示。特别是在比较复杂的环境中，面对各种挑战，他们往往不知所措，很难评价对方提出新建议的价值，自然，他也无法拿出有建设性的意见。

找出这种人的弱点并不困难，但困难的是怎样利用这些弱点，实行相应的策略。第一，他们讨厌挑战、冲突，不喜欢新提议、新花样；第二，没有能力把握大的问题，不习惯、也不善于从全局考虑问题；第三，不愿意很快决策，也尽量避免决策；第四，不适应单边谈判，需要得到同伴的支持；第五，适应能力差，有时无法应付复杂的、多种方案的局面。

根据上述特点，在谈判中可注意这样一些问题：

首先，努力造成一对一谈判的格局，把谈判分解为有明确目标的各个阶段，这样容易获得对方的配合，使谈判更有效率。其次，争取缩短谈判的每一具体过程，这类人反应迟缓，谈判时间越长，他们的防御性也越强，所以，从某种角度讲，达成协议的速度是成功的关键。再次，准备详细的资料支持自己的观点。执行者常会要求回答一些详细和具体的问题，因此，必须有足够的准备来应付。但不要轻易提出新建议或主张，这会引起他们的反感或防卫。实在必要时，要加以巧妙的掩护或一步步提出，如果能让他们认识到新建议对他有很大益处，则是最大的成功。否则，会引起他们的反对，而且这种反对很少有通融的余地。最后，讲话的态度、措辞也很重要，冷静、耐心都是不可缺少的。

四是疑虑型。怀疑多虑是这类性格的人的典型特征，他们对任何事都持怀疑、批评的态度。每当一项新建议拿到谈判桌上来，即使是对他们有明显的好处，只要是对方提出的，他们就会怀疑、反对，千方百计地探求他们所不知道的一切。

这种性格类型的另一特点是犹豫不定，难以决策。他们对问题考虑慎重，不轻易下结论。在关键时刻，如拍板、签合同、选择方案等问题上，不能当机立断，总是犹豫反复，拿不定主意，担心吃亏上当。结果，常常贻误时机，错过达成更有利的协议的机会。

这种人的特点之三是对细节问题观察仔细，注意较多，而且设想具体，常常提出一些出人意料的问题。此外，这种人也不喜欢矛盾冲突，虽然他们经常怀疑一切，经常批评、抱怨他人，但很少会弄到冲突激化的程度，他们竭力避免对立，如果真的发生冲突，也很少固执己见。

因此，与他们打交道应注意的问题是：提出的方案、建议一定要详细、具体、准确，避免使用"大概"、"差不多"等词句，要论点清楚，论据充分。谈判中耐心、细心是十分重要的，如果对方决策时间长，千万不要催促，逼迫对方表态，这样反会更加重他的疑心。在陈述问题的同时，留出充裕的时间让对方思考，并提出详细的数据说明。在谈判中要尽量襟怀坦荡、诚实、热情。如果他发现你有一个问题欺骗了他，那么再想获得他的信任是不可能的。虽然这类人不适应矛盾冲突，但也不能过多地运用这种方法，否则，会促使他更多地防卫、封闭自己，来躲避你的进攻，双方无法进行坦诚、友好的合作。

复习思考题

1. 谈判中的需要心理体现在哪些方面？

2. 认同在谈判活动中的作用是什么？

3. 臆测的积极作用与消极作用体现在哪些方面？

4. 怎样克服心理挫折对谈判活动的影响？

5. 成功的谈判者应具备的心理素质有哪些？

6. 个性在哪几个方面影响了谈判行为？

案例分析

中美知识产权谈判代表——吴仪

中美知识产权和经贸谈判中最艰难、最精彩、最具戏剧性的谈判是由当时担任我国外经贸部的副部长、中方的主谈代表吴仪负责的。

1991 年初，中美知识产权和经贸谈判已进行了三轮，双方的立场丝毫没有改变。时间所剩不多了，就在这时候，中方主帅突然病倒了，而这离新一轮中美知识产权谈判仅差两天。美国人不肯改变谈判的时间表。临阵易帅，使另一个难得的人才脱颖而出。她就是此后活跃在国际经贸舞台的风云人物——吴仪。此时，吴仪刚到外经贸部工作 4 个月，副部长的椅子还没有坐热。她来不及做什么准备，就披挂上阵，担任中国知识产权谈判代表团团长，率团飞赴华盛顿。

美国贸易代表处的谈判官员此时还不了解吴仪。他们从中央情报局紧急调集了有关吴仪部长的资料，研究这位谈判桌上的新对手。吴仪 1962 年大学毕业，此后长期在石油战线工作，先在兰州炼油厂任技术员 2 年，后到石油部机关工作 3 年。此后，到北京燕山石化总公司工作了 20 年，先后任技术员、技术科长、副厂长、副总工程师、副总经理，直到公司党委书记。几年前，她才跳出石油战线担任了北京市副市长，分管北京市的工业和外贸工作。只是在这时候，她才算是与对外经贸工作挂上了钩。

关于吴仪，有这样两个评价。一个是别人对她的评价：这"小女子"工作起来有着超过男子的魄力，敢于拍板，杀伐决断，具有大将风度。一个是她的自我评价：我这个人，一是肯干；二是能干一行，学一行，爱一行。这两种评价讲的是一个侧面，足以说明吴仪的工作精神及超过常人之处。

吴仪率中国代表团于 11 月 21 日抵达华盛顿。这时距美国设定的"最后期限"只剩下 6 天时间。双方都感到，谈判的回旋余地已经不多了。按照事先的商定，这一轮谈判过程两天。当中美两国代表在谈判桌前就座的时候，美方的首席谈判代表梅西盯着面前的吴仪，开口说道："我们是在与小偷谈判。"这句冷冷地甩过来的开场白，是中国代表团没有想到的。

几乎就在梅西声音还未完全落下来的时候，一个响亮而威严的声音掷地有声的说道:"我们是在同强盗谈判。"吴仪的口气也是同样强硬。"请看你们博物馆里的收藏,有多少是从中国抢过去的?据我所知,这些中国的珍宝,并没有谁主动奉送给你们,也没有长着翅膀,为什么却越过重洋到了你们手中?这不能不使人想到一页强盗的历史。"由此,双方都意识到,这是一场势均力敌的较量。

随后,美方代表梅西的态度温和起来,甚至还露出了笑容。好像刚才那一场交锋根本就没有发生。梅西:"我们承认中国在知识产权保护上是有很大进步的。这主要表现在,中国制定著作权法并于1992年6月1日生效;同时中国通过了对计算机软件进行保护的实施细则,我们对此是欢迎的。"

吴仪:"我要提醒梅西先生,中国在知识产权方面的进步,绝不仅仅是这两点。实际上,中国早在1982年就通过了商标法,在1984年就颁布了专利法……"

梅西:"我也要提醒中方,仅仅有了法律还是不够的,还必须使法律提高保护标准。比如说,中国的著作权法,只对外国人首先在中国出版的著作才给予保护,而在本国出版的著作则得不到有效的保护。这不符合通行的国民待遇原则……"

吴仪:"许多国家的著作权保护都经历了这个阶段。中国的著作权法从总体上讲是达到了相当的保护水平的。至于其中的一些问题,将会通过中国加入国际版权公约得到解决。这已经列入了中国政府的议事日程……"

1993年11月,中美贸易大战一触即发,美国驻中国大使尚慕杰要求见吴仪。一见面,尚大使非常坦率地说:"我将尽一切力量保证吴仪部长率领的中国采购团顺利成行。听说部长手中已经有了一张采购单子,早日拿出来吧。"

吴仪更加坦率:"大使先生,我手中握着的不是一张单子,而是两张单子。一张是几十亿美元的采购清单,一张是几十亿美元的反报复清单。后一张单子,将比美国报复清单的数额更高。美国希望要哪一张单子?"尚慕杰:"当然,我希望美国能尽快拿到前一张。"

吴仪说:"两张单子任你们挑,想要前一张,就请大使转告美国政府在贸易报复上三思而后行。想要后一张,我会立即把前一张单子转给别的国家。"吴仪:"一旦美国宣布对华报复,我们将在半个小时之内公布反报复清单。清单的中英文文本都已拟好。请大使相信,我们的反应绝不会超过半个小时。"

尚慕杰:"作为大使,我不希望看到自己的任期内有这种危机发生。我希望看到的,是在轻松友好的气氛中,吴仪部长到美国去采购。"吴仪:"美国能做出不进行报复的承诺吗?"尚慕杰:"我能做出的承诺是:保证吴部长在美国期间不会报复。"吴仪:"等我刚离开美国,就开始报复?"尚慕杰:"这……"吴仪:"我在美国期间风平浪静,双方大谈生意,而刚刚回到北京,却听到了贸易报复的消息,如果出现这种情况,我如何向全国人民交代?恐怕连我的乌纱帽也保不住了。"

双方都笑了起来。吴仪又继续说道:"个人的乌纱帽是小事,更重要的,我无法向全国人民交代!"会见结束时,尚慕杰表示:"我将向美国政府准确转达吴仪部长的立场。我对中国采购团的成行抱乐观态度。我将尽力争取美国政府的承诺。"吴仪:"中国等待着。"尚慕杰回国后苦心游说,终于使美国国会改变了立场,中美之间一触即发的贸易大战就此烟消云散。

资料来源:于忠荣等编著.商务谈判名家示范.山东人民出版社,1995

问题:

1. 结合本案例,分析主要谈判人的个性对谈判的影响。
2. 请评述吴仪谈判代表在本案例中的性格类型及行为特点。

第五编

国际商务谈判的法律问题

第18章　国际商务谈判合同的签署与履行

谈判的最终目的是达成协议，签订合同。但是，签订了协议，并不等于谈判的终结。特别是国际商务谈判更具有其特殊性，合同的签订、履行、让与、消灭及合同纠纷的处理不仅与谈判过程有着直接、密切的关系，而且涉及的法律条款和诉讼程序都有很大差异。对此，谈判人员要有充分的准备和正确的认识。

合同是交易双方为明确各自的权利和义务，以书面形式将其确定下来的协议，合同具有法律效力。就是说，合同一经双方签订，就成为约束双方的法律性文件，双方必须履行合同规定的各自应尽的义务，否则就必须承担法律责任。合同还是仲裁机关和法院处理矛盾纠纷的依据。

18.1　国际商务谈判签约应注意的事项

在国际商务谈判中，必须十分重视合同的签约，不仅要严肃、认真地讨论合同中的每一条款，还要慎重地对待合同签约的最后阶段。因为在合同的敲定阶段，每一个漏洞都可能影响合同的实际履行，造成无可挽回的损失。例如，我国某钢铁公司在引进某一套设备时，由于粗心大意，把填料也列入引进之列，合同签完之后，才发现引进的填料就是黄沙。黄沙我国到处都有，何必用外汇购买，我方想退掉，对方不同意。反复磋商的结果，对方答应不装运了，但费用得照付，这真是花钱买教训。从实际情况来看，谈判中签订合同，应注意以下几个方面的问题：

18.1.1　合同文本的起草

当谈判双方就交易的主要条款达成一致意见后，就进入合同签约阶段。这涉及到合同文本由哪一方来起草。一般来讲，文本的起草很重要，它关系到掌握谈判的主动权。因为口头上商议的东西要形成文字，还有一个过程，有时，仅仅是一字之差，意思则有很大区别。起草一方的主动性在于可以根据双方协商的内容，认真考虑写入合同中的每一条款，斟酌选用对己方有利的措辞，安排条款的顺序或解释有关条款，而对方则毫无思想准备。

有些时候，即使认真审议了合同中的各项条款，但由于各国文化上的差异，对词意的理解也会不同，难以发现于己不利之处。因此，己方应重视合同文本的起草，尽量争取起草合同文本，如果做不到这一点，也要与对方共同起草合同文本。但现在我们的一些涉外谈判，往往是由外商一开始就提出一份完整的合同文本，迫使中方按照合同文本的内容讨论每项条款，这种做法会使中方在谈判中处于极端被动的地位。一方面由于思想准备不足，容易让对方塞进一些对中方不利的条款或遗漏一些对方必须承担义务的条款；另一方面，按一方事先拟好的合同文本进行谈判，极大地限制了中方谈判策略和技巧的发挥，并且很难对合同进行比较大的修改和补充，甚至有的只是在对方的合同上签字。

另外，如果用外文文本作基础，对中方也有诸多不利，不仅要在翻译内容上反复推敲，弄清外文的基本含义，还要考虑法律上的意义，一些约定俗成的用法，包括外文的一词多义，弄不好就会造成麻烦，出现意想不到的问题。例如，20 世纪70 年代初，美国总统国家安全事务副助理亚历山大·黑格率团来华，为尼克松总统的访问打前站时，我方发现对方的公告草稿中出现了这样的字句：美国政府关心中国人民的生存能力（Viability）。周总理立刻要求我国有关部门的专家们进行查阅、辩证，以弄清"Viability"一词的确切含义。经反复研究，"Viability"的词意是"生存能力"，尤指"胎儿或婴儿的生存能力"。在第二天的谈判中，周恩来严肃地指出：我们中国是一个独立的主权国家，不要美国政府来关心其"生存能力"。我们欢迎尼克松总统来我国访问，但不能使用这样对中国人侮辱的字眼。一番义正词严的讲话，既捍卫了祖国的尊严，又增加了对方对周总理的敬佩之情。

要起草合同的文本，需要做许多工作，这可以同谈判的准备工作结合起来。例如，在拟定谈判计划时，所确定的谈判要点，实际上就是合同的主要条款。起草合同文本，不仅要提出双方协商的合同条款，以及双方应承担的责任、义务，而且我方还要对所提出的条款进行全面细致的讨论和研究，明确哪些条款不能让步，哪些条款可做适当让步，让步到什么程度。这样，当双方就合同的草稿进行实质性谈判时，我们就掌握了主动权。

18.1.2　明确合同双方当事人的签约资格

合同是具有法律效力的法律文件，因此，签订合同的双方都必须具有签约资格，否则，即使签订合同，也是无效的合同。在签约时，要调查对方的资信情况，应该要求当事人相互提供有关法律文件，证明其合法资格。一般来讲，对重要的谈判，签约人应是董事长或总经理。对于业务谈判协议，出面签约的不是上述人员，但也要检查签约人的资格。要索要对方提交的正式书面授权证明或委托书等，了解对方的合法身份和权限范围，以保证合同的合法性和有效性。

审查对方当事人的签约资格，一定要严肃认真，切忌草率从事。改革开放以来，我国经济发展迅速，对外贸易急剧增长，但是，在与外商、港商谈判时，由于盲目轻信对方，草率签订合同，以致吃亏受骗的现象屡有发生。有些企业急于开展招商引资，发展外贸业务，仅凭熟人介绍，不进行任何资信调查，就签订数额巨大的合同，结果给企业和国家造成重大损失。所以，了解对方的企业信誉及其行为能力和责任能力是十分重要的，是签约的前提条件。此外，与外国公司打交道，子公司与母公司也要分开，如果与子公司打交道，不要只看母公司的信誉和资产情况，实际上母公司对子公司是不负连带责任的。

18.1.3 合同要明确规定双方应承担的义务、违约的责任

许多合同只规定了双方交易的主要条款，却忽略了双方各自应尽的责任和义务，特别是违约应承担的责任。这样，无形中等于为双方解除了应负的责任，架空了合同或削减了合同的约束力。还有一种情况是，有些合同条款写得十分含糊笼统，即使是规定了双方各自的责任、义务，但如果合同条款不明时，也无法追究违约者的责任。例如，我国南方某一城市与港商签订了一个出售矿渣的合同，合同中只明确港商可以每天拉一车，时间一个月。由于没有明确提货车的型号，结果对方拉货的车越来越大，我方明知吃亏，却也无可奈何。

在签约中，最容易出现的问题，就是合同标的不详，质量条款笼统含糊和缺少索赔条款，使自己处于不利地位。如果整个合同文字含糊不清、模棱两可，后果更不堪设想，往往争议、纠纷和扯皮不断，甚至遗祸无穷。例如，某一合同中有这样一条："合同生效后不得超过 45 天，乙方应向甲方缴纳 ＸＸ 万美元的履约保证金……超过两个月如未能如期缴纳，则合同自动失效。"这里"两个月"究竟从哪一天开始算起，是合同生效之日开始算起？还是合同生效 45 天以后算起，写得不明确。

此外，对合同中的一些关键词句，一定要谨慎推敲，不能含糊迁就，有时仅一字之差，却"失之千里"。例如，福建某企业在与外商谈判合同履行保证书时，外商要求写上"在发生受方索取损失补偿时，要先取得供方认可"。为保留或取消"认可"两字，双方展开了辩论，僵持了两天，最后我方以理服人使外商放弃了"认可"要求。因为，如果我方同意保留"认可"这一条，则供方银行的《履约保证书》就失去了任何意义。如供方不认可，出具《履约保证书》的银行就可以不受理受方索赔的要求，《履约保证书》只不过是一纸空文，成了骗取信任的一种形式。

18.1.4　合同中的条款应具体详细、协调一致

合同条款太笼统也不利于合同的履行。例如，某化肥厂从日本引进一套化肥设备，合同中有这样一条："某某管线采用不锈钢材料"，没有具体指明管线应包括阀门、弯管、接头等。结果，在合同履行中，日方认为管线只指管子，我方则认为包括其他，但由于合同没有写明，也无从交涉。结果，我方又出资进口了相配套的管线。

同时，也应注意合同中的条款不能重复，更不能前后出现矛盾。例如，我国一家企业与外商签订了一份合同，在价格条款中有这样一条规定："上述价格包括卖方装到船舱的一切费用。"而在交货条款中却又出现了这样的规定："买方负担装船费用的1/2，凭卖方费用单据支付。"这种前后矛盾的现象，最容易被人钻空子。

在国际贸易中，像这种前后相矛盾的条款需注意外，更多的是许多条款的实施要有辅助条款的规定，才能更明确合同执行的问题。如数量条款规定溢短装时，支付方式为信用证，其保证金额就应规定有增减幅度；又如贸易术语为 CFR 或 FOB 成交，在保险条款里就应定明"保险由买方自理"。此外，关于签约后发生的额外费用负担，如运费上涨、港口封冻的绕航费等也应在合同中明确规定由谁负担。

18.1.5　注意合同执行中的免责因素

许多大型谈判项目所签的合同，执行期限都比较长，在这一过程中，会发生很多意外情况，需要注意如"不可抗力"等免责条款在执行合同中的作用。例如，在 20 世纪 90 年代初，我国的"引大工程"对外招标，在这一工程中，国家投资了几十个亿，在几十座山中打通一条水渠，将南部的一条大河引入西北部。此工程向全世界招标，意大利一家世界著名的工程公司（简称 E 公司）中标。在施工中，E 公司向中国一家公司购买了几十万吨的 12 毫米线材，但他们接货后，却以中方延期交货构成违约为由，拒付几十万美元的货款。中方公司由于对交易的免责条款的法律规定不清楚，盲目与对方交涉了三个月未果。最后，中方公司聘请了律师与 E 公司交涉。律师了解到，中方之所以延迟一天交货，是因为发生水灾，冲毁铁路所致。证据拿到后，中方考虑各种原因，决定先与 E 公司设法庭外调解。经过中方律师有理、有利、有节的一番交涉后，E 公司终于支付了全部货款。双方纠纷的根本原因，就是中方不知道不可抗力在合同执行中的免责作用，既没有通知对方延迟交货的原因，也没有利用这一点去追索货款。

18.1.6　争取在我方所在地举行合同的缔约或签字仪式

比较重要的谈判，双方达成协议后，举行的合同缔约或签字仪式，要尽量争取在我方举行。因为签约地点往往决定采取哪国法律解决合同中的纠纷问题。根据国

际法的一般原则，如果合同中对出现纠纷采用哪国法律未作具体规定，一旦发生争执，法院或仲裁庭就可以根据合同缔结地国家的法律来做出判决或仲裁。

18.2　国际商务谈判签约适用的法律

18.2.1　国际商法

　　就法律术语来讲，国际商法是指调整国际商事活动主体在从事国际商事交易活动中所形成的各种关系的法律规范的总和。国际商法调整的范围十分广泛，除了调整传统商事活动，如货物贸易外，还要调整近几十年来出现的各种新的贸易形式，如服务贸易、技术贸易、国际投资、国际融资、国际租赁与合作等，人们将调整这些交易的法律统称为国际商法。在商务谈判活动中发生的合同签约与履行问题则主要适用国际商法。

　　在国际经济活动中，其调解的法律、法规纷繁众多，尽管国际商法是调解国际商务活动的主要法律体系，比较重要的国际经济法、国际贸易法、国际私法也都属于国际性法律范畴，但是，在签订商务谈判和约时，我们应该注意到它们的调整对象和调整范围的不同。首先，国际商法不同于国际经济法。国际经济法调整的主体比较广泛，除了一般的各种企业组织外，还包括国家和国际组织，而国际商法主要调整各类企业组织贸易中的问题。此外，它们适用的原则也不同，调整的对象也有差异。其次，国际商法不同于国际贸易法。国际贸易法突破了传统的商法界限，具有国家调整和管制贸易的内容，属于国家管理商事活动的公法内容，而国际商法一般属于私法领域，企业之间的贸易纠纷主要是国际商法调整的内容。最后，国际商法不同于国际私法。国际私法是以涉外民商事关系为调整对象，并以解决法律冲突为中心任务，采取的是直接和间接的调整方法。而国际商法调整内容是以权利、义务为主，一般采取直接调整方法。

　　我国商法主要是在 1993 年之后陆续颁布的，有《中华人民共和国海商法》、《中华人民共和国公司法》、《中华人民共和国合伙企业法》、《中华人民共和国合同法》和《中华人民共和国独资企业法》等。对外谈判签约主要应考虑上述法律条款以及这些法律在国际商法体系中的地位和相互关系，注意法律的适用性。

18.2.2　大陆法系与普通法系的差异

　　法系是根据法的历史传统及特点对各国法律所进行的分类。凡属于同一历史传统且具有相同特点的法律即构成一个法系。目前，世界上主要有两大法律体系，即大陆法系和英美法系，而对国际商法实施影响最大的也是这两大法系。我们在订立合同并解决合同纠纷时必须考虑上述两大法律体系的判定标准和裁决依据。

（1）大陆法系

大陆法系又称民法法系或罗马法系，是指以古代罗马法为基础而形成和发展起来的法律体系的总称。其标志是 1804 年颁布的《法国民法典》和 1900 年颁布的《德国民法典》。大陆法系的结构特点是强调成文法的作用，注重法律的系统化、条理化、逻辑化和法典化。它将法律分为公法和私法两大部分。公法可细分为宪法、行政法、刑法和诉讼法等；私法又分为民法和商法。目前，世界上采用大陆法系的国家主要是欧洲大陆国家，如瑞士、西班牙、葡萄牙、意大利、比利时、卢森堡、荷兰、奥地利、丹麦、挪威、芬兰、瑞典、希腊等国，此外，整个拉丁美洲、非洲的一部分，近东的一些国家以及日本、泰国等均属于大陆法系国家。

（2）普通法系

普通法系又称英美法系，是指以英国普通法为基础而形成和发展起来的法律体系的总称。普通法系结构具有两大特点，一是法律的二元性结构，二是重视程序法。普通法系分为普通法与衡平法两部分。普通法与衡平法的相同之处是都属于判例法，但也有不同。首先，救济方法不同。普通法使用金钱赔偿和返还财产作为主要救济方法，而衡平法则可以采用特殊方法赔偿。其次，诉讼程序不同。普通法在审理案件时需设陪审团，采取口头询问和答辩，而衡平法则不设陪审团，但需采取书面诉讼程序。再次，法院的组织系统不同。普通法归法院的王座法庭管辖，而衡平法归法院的枢密大臣法庭管辖。最后，法律术语不同。法官在审理案件时均使用各自特有的法律术语。适用于英美法系的国家和地区主要有：加拿大、英国、美国、澳大利亚、新西兰、爱尔兰、印度、巴基斯坦、马来西亚、新加坡和中国香港等。

（3）大陆法与普通法的区别

一是法律判罚的出发点不同。大陆法系继承和发展了罗马法，以成文法作为法律的主要渊源；普通法则继承发展了日尔曼的习惯法，以判例法作为法律的主要渊源。二是法律重心不同。在大陆法系国家，权利与义务关系由明确的法律规则预先加以界定，主要是根据实体法。而英美法系则以诉讼法为核心，法院在审理案件时注重诉讼程序。三是法律推理方式不同。大陆法系实行从一般规则到个别案例判决的演绎法，其法意识是一般性的、抽象的，逻辑方法是演绎的，以法规为大前提，以事实为小前提，再引出结论。英美法系实行从判例到判例，进而总结出法律一般规则的归纳法，其法意识是具体的、实际的。法官判案是对照有关判例，最后才做出判决。四是司法机关作用的形式不同。在大陆法系国家，司法机关必须根据成文法的条文从事司法活动，司法机构与立法机构相比处于从属地位。而在英美法系国家，判例是英美法系的主要渊源，判例是由高等法院的法官发现和创造的，再由立法机关制定成文，因此，司法机构较立法机构地位优越。

国际商务谈判合同条款要注意双方缔约国家适用法律体系的差别而产生的冲

突，上述两大法律体系在主要条款适用的条件、判罚的出发点以及执行判决的程序
上都有很大差别。所以，要保证合同条款的有效性以及出现纠纷的合理解决，签约
方最好请律师参加谈判，仔细检查合同条款及可能出现的问题以及适用的法律体
系。

18.2.3　国际商务谈判合同纠纷处理的法律适用

国际商事活动合同的法律适用，是指在国际商事合同中各方当事人发生合同争
议时，仲裁机构或法院以哪一国的实体法作为处理争议所依据的法律。在涉外产品
责任诉讼中，适用哪国法审理案件对案件的审理结果具有关键意义。按照美国的冲
突规则，法院通常适用损害发生地法来确定当事人的责任。由于美国法院受理的产
品责任案件一般发生于美国，而且受害者多为美国人，这样损害发生地法就是美国
法，而美国法在目前是世界上对消费者保护最为充分的法律，但对产品责任承担者
而言却很可能不堪重负。如 1975 年，我国出口到美国的烟花在燃放时炸伤了一个
小孩的右眼，美国法院判损害赔偿 600 万美元，其中 100 万美元为人身伤害赔偿，
500 万美元为惩罚性赔偿。①

在法律体系适用的原则上主要有意思自治原则和最密切联系的原则。

（1）意思自治原则

意思自治原则是指谈判合同的当事人有权在协商一致的基础上选择某一国家或
地区的法律来支配其间的权利义务关系，一旦当事人之间产生争议，受案法院或仲
裁机构应当以当事人选择的法律作为合同准据法，以确定其间的权利和义务。

允许合同当事人在出现纠纷时自行选择处理合同争议所适用的法律，不但符合
契约自由原则，有利于当事人预知行为后果，也有利于纠纷的迅速解决。但允许当
事人自由选择法律不是无条件的，实际上各国国内立法和有关国际条约在采纳意思
自治原则的同时，都有若干不同程度、不同内容的规定与限制，主要有：一是对合
同当事人选择法律形式的限制，主要是指当事人默示选择的法律依据的内容，如合
同仲裁地点、特殊术语、合同的格式、争议的性质及合同的有效性等。二是对当事
人选择法律内容的限制。一般都主张在任意法的范围内进行，对于强制性规则或关
于公共秩序的法律不允许当事人通过选择法律而排除其适用。三是对于当事人选择
法律性质的限制，应该是一国的实体法，而不包括冲突法。四是当事人未选择法律
时的处理。有的国家明确规定适用什么地方的法律；有的国家主张按最密切联系原
则由仲裁机构确定等。

（2）最密切联系原则

如果当事人未约定解决合同争议所适用的法律，在法律上就意味着当事人放弃

---

①　王玲等主编．国际商法．清华大学出版社，2004.186 页

了选择合同所适用法律的自主权，应该由受理合同争议的仲裁机构或法院来确定处理合同争议的法律。但为了防止司法部门随意的自由裁量，一般遵循最密切联系原则确定合同所适用的法律。目前，世界各国对于"最密切联系"的解释有分歧，所以，一些国家采用"特征履行原则"确定合同最密切联系地，即能够反映出合同本质特征的履行行为和确定应该承担义务的当事人住所地。我国关于合同法律适用的规定主要是参照上述两个原则，其中以"当事人意思自治"为主，以"最密切联系原则"为辅。

18.3　国际商务谈判合同的履行

18.3.1　谈判合同履行的概念

合同履行是指双方当事人完成合同所要求的行为。各国法都要求当事人严格按照合同的规定，遵守诚信实用的原则实现合同的内容。在大陆法系国家，合同履行制度大多规定在民法的债编中，作为债的履行的一项内容，而英美法系的成文合同法都明确规定当事人必须严格按照约定条款履行合同义务。对于合同履行标准、时间、地点以及替代履行等都有明确规定。我国的《中华人民共和国合同法》对此也做了详细的规定。

合同履行的原则主要是全面履行原则，即双方当事人应按照合同的约定全面履行合同，承担各自的义务，使合同的内容得以实现。另一原则是实际履行原则，是指当事人只能按照合同约定的标的履行，不能用其他标的代替，也不能以支付违约金或赔偿金来代替。因此，要求双方在谈判中，对有关标的物的内容讨论要尽可能详尽、清楚、明确，并在合同中明确规定供货一方交付产品的质量、性能、规格、特点等方面内容以及检验的标准。

合同履行中的抗辩权。在当事人双方互负义务的合同中，如果合同没有约定义务履行的先后顺序，当一方先履行自己的义务、对方当事人可能会不履行自己的义务而使先履行义务的一方遭受损害；或者，如果先履行义务一方正在履行中，而后一方已不可能履行义务，会给先履行义务的一方带来严重影响。对于前一种情况，赋予当事人以不履行抗辩权，对于后一种情况，赋予当事人以不安抗辩权，以保护履行义务一方的利益。不履行抗辩权要求的条件比较严格，如双方互讨债务、清偿期的时间、给付的可能性等。

合同履行中出现的纠纷比较多，双方如果就这样的问题进行谈判被称为索赔谈判。这也是比较棘手的一种谈判。由于这种情况的出现是合同义务不能履行或不完全履行，很可能会给一方或双方造成损害，因此，谈判中针锋相对，剑拔弩张的情况比较常见。但要始终坚持重合同、重证据，注重逻辑推理和系统分析，注重借助各种现代分析工具、测量方法和高科技手段来处理纠纷问题，尊重科学。这种谈判特别需要睿智、机敏、理性的头脑，对谈判人员的综合素质要求也比较高。

18.3.2　谈判合同的违约及其救济

违约是指合同当事人不履行合同或不完全履行合同的行为。但违约的构成条件在各国的法律中有较大的差异。在大陆法系国家，违约责任的构成条件较为复杂，主要有：当事人有不履行合同或不完全履行合同的行为；一方当事人违反合同给对方造成财产上的损害；损害必须是由违约行为造成的；违反合同一方主观上存在过错等。在英美法系国家，只是简单认定当事人违反合同约定即构成违约，既不强调主观过错，也不强调给对方造成的损害。我国《中华人民共和国合同法》的内容等同于英美法。

关于违约的表现形式也较多，大陆法系规定违约有两类：给付不能和给付延迟。而英美法将违约分为违反条件和违反担保。违反条件是指违反合同的重要条款，其法律后果是非违约方有权要求解除合同。违反担保是指违反合同的次要条款或辅助条款，但非违约方不能要求解除合同，只能请求赔偿。

此外，有些法律，如《联合国国际货物销售合同公约》将违约分为根本性违约、非根本性违约和预期违约等，美国法将违约分为重大违约和轻微违约。我国《中华人民共和国合同法》将违约分为不能履行、不履行、不完全履行、履行延迟和预期违约等几种情况。一般不存在免责，都应向对方承担违约责任。

违约的救济方法分以下几种情况：

（1）实际履行

实际履行是指合同一方违约时，另一方可以要求违约方继续按照合同规定的条件履行义务，也可以在针对违约提起的诉讼中，要求法院判令违约方按合同约定履行义务。实际履行是大陆法系国家对违约采取的最主要的救济方法。一般情况下，只要债务人不履行债务，债权人都可以要求实际履行，法院也会满足债权人实际履行的要求。但这种救济方法实现的前提条件是必须存在能够实际履行的可能性。例如，在货物买卖中，特定交易的货物已经灭失，实际履行已无意义，所以，只能采取其他救济方式。在英美法中没有规定实际履行的救济方法，法院也很少做出实际履行的判决。一方不履行合同义务时，惟一的救济方法是提起违约诉讼，要求损害赔偿。但在《联合国国际货物销售合同公约》中，对实际履行的规定是：一方面允许当事人要求违约方实际履行合同；另一方面，允许法院依据其国内法进行判决。所以，谈判人员一定要注意，在这种情况下，如果在大陆法系国家的法院起诉，就会得到实际履行的救济，但如果是在英美法系国家的法院起诉，就很难得到实际履行的救济。我国《中华人民共和国合同法》将实际履行作为主要的违约救济方法。

（2）损害赔偿

损害赔偿一般指当事人违约后，依法赔偿对方因其违约所受损失的补救形式。大陆法实施的是过错原则，认为损害赔偿责任成立要有三个条件：有损害事实；原因归责于债务人；上述两条有因果关系。而英美法坚持严格责任，主张损害赔偿责任，只要有一方当事人违约这一事实就够了。损害赔偿的方法主要有恢复原状和金钱赔偿。《联合国国际货物销售合同公约》规定，只要合同当事人一方没有履行合同义务，对方当事人就可以要求损害赔偿，而无须证明对方违约是否出于过失。我国《中华人民共和国合同法》规定与公约类似。这些差异看起来简单，但出现纠纷时处理却大相径庭，差别极大，需要谈判人员有所了解和准备。例如，一位消费者在零售店买了一把多功能电锯，在使用时，一块木头从电锯中飞出来击伤其头部。消费者向法院提出向产品制造商索取损害赔偿。在大陆法中，如要做此判决，消费者既要证明损害事实，又要证明制造商主观上存在着疏忽或过错，还要有购买产品的证据。但在英美法中，消费者只需证明其损害是制造商的缺陷产品造成的即可获得赔偿。

（3）解除合同

解除合同是指合同当事人依据合同的约定或法律的规定行使解除权，终止合同权利义务的行为。这种情况下的解除合同不同于正常情况下的解除合同。所以，违约救济的解除合同需要适用前提，这一点各国差异较大，参照违约形式分类，有不同的处理标准。英美法规定违约中只有违反条件时才能解除合同。

（4）违约金

各国法对于违约金的性质规定也有差异，谈判人员需要注意。违约金是一方或双方违约后应向对方支付的金钱。关于违约金的性质，是具有补偿性质还是惩罚性质各国规定各有不同。例如，德国法律规定违约金具有惩罚性，大陆法和英美法都认为违约金不具有惩罚性，只具有赔偿性。而我国《中华人民共和国合同法》规定，违约金具有补偿性和惩罚性两种作用。

18.3.3　合同执行中的例外

法律规定，当事人在正常情况下应履行合同，否则应承担违约责任。但在特殊情况下，导致合同无法履行，或虽然可以履行但会增加当事人负担，对此，法律上作为例外原则来处理。这里我们介绍情事变迁原则、合同落空、不可抗力。

情事变迁原则是指在合同成立后，因不可归责于双方当事人的原因发生情事变更，致使合同条件不成立，允许当事人变更合同内容或解除合同。它是大陆法系中一项特有原则，在其他一些国家的法律中也有明确规定。

合同落空的具体含义相当于大陆法系中的情事变迁，但它是英美法中的概念，主要是针对协议签订后，不存在履行条件时的情况的处理。我国《中华人民共和国合同法》对此也有规定，不具备实际履行的情况包括：

（1）以特定物为标的的协议，当标的物灭失时，实际履行协议的标的已不可能。（2）由于债务人延迟履行标的，标的交付对债权人已失去实际意义，如供方到期不交付原材料，需方为免于停工待料，设法从其他地方取得原材料。此时，如再交货，对需方已无实际意义。（3）法律或协议本身明确规定，不履行协议，只负赔偿责任。如货物运输原则一般均规定，货物在运输过程中灭失时，只由承运方负担赔偿损失的责任，不要求做实际履行。

不可抗力是指合同订立后发生的，不可归责为当事人任何一方，且当事人不能预见、不能避免、不能克服的意外事故，它也是当事人对于情事变迁原则和合同落空原则的一种主动适用。一旦发生这些意外事故，当事人可以延迟履行或者解除合同，任何一方不得请求损害赔偿。不可抗力事故包括两类情况，一类是自然原因引起的，如地震、旱灾等；一类是社会原因引起的，如战争、罢工等。谈判人员可以在签订合同时，约定哪些情况属于本合同的不可抗力事故。美国习惯上认为不可抗力事故仅指由于自然力量所引起的事故而不包括由于社会力量所引起的意外事故，所以，美国的买卖合同一般不使用"不可抗力"一词，而称为"意外事故条款"（Contingency Clause）。

英美国家的法律将不可抗力事故称为合同落空（Frustration of Contract），是指合同签订以后，不是由于合同双方当事人的自身过失，而是由于签订合同以后发生了双方当事人意想不到的情况，致使签约目的受挫，据此未履约，当事人得以免除责任。但是构成合同落空是有特定条件的。

18.4　商务谈判合同的让与和终止

18.4.1　合同的让与

合同的让与即指合同转让。用法律术语讲是指合同的客体没有发生变化，但合同的主体发生变更的行为。主要分为两种形式：债权转让和债务承担。

债权转让是指债权人将其债权转让给第三人的行为。但各国法律在确认债权转让制度的同时，也对债权的转让进行了限制，主要有合同性质规定的不能转让债权，如委托人与受托人的债权；当事人约定的不能转让债权；依照法律规定不能转让的债权，如关系国家与社会公众利益等。

债务承担是指债务人将合同债务全部或部分转移给第三人的行为。包括免责的债务承担和并存的债务承担。免责的债务承担是指第三人代替原债务人负担全部债务，也是债务的全部转移。并存的债务承担是指第三人加入债务关系与原债务人共同负担同一内容的债务，是债务的部分转移。合同的转让在英美法的普通法中是不允许的，但在衡平法中有相应规定，这一点需要注意。

18.4.2 合同的终止

合同终止也称合同消灭，是指合同双方当事人权利义务的终止，即合同关系在客观上不复存在。合同的终止与合同的变更不同。合同的变更是合同内容要素的变化。合同变更时，合同关系依然存在；而合同终止则是消灭签订的合同权利义务关系。合同终止也不等同于合同的解除，合同解除的概念是合同的效力由于约定或法定的原因，造成合同关系的不正常消灭，属于构成合同终止的一种原因。

在商务谈判中，关于合同终止的问题协商主要体现在是什么原因导致合同终止。原因不同，合同终止的最终结果和可能的损害赔偿也不同，而且英美法和大陆法有较大的差别。大陆法系国家关于合同终止的原因主要包括：第一，清偿。这是指双方当事人按照合同约定完成合同义务，实现合同目的的行为。但要注意各国关于合同清偿地的规定。第二，提存。这是指因债权人的行为导致合同无法履行时，债务人将合同的标的物提交给提存机关保存，以此消灭债的行为。第三，抵消。这是指当事人一方可以将自己的债务与对方相抵消。第四，免除。这是指债权人放弃自己的债权进而消除债的行为。第五，混同。这是指因债权人与债务人合并为一人而消灭债的行为。

英美法系国家对于合同终止的解释原因主要有：一是因履行合同的终止。二是合同因双方当事人的协议而终止。三是合同因双方当事人的违约而终止。四是合同依法而终止。

18.5 国际商务谈判协议纠纷的处理

在国际贸易合同履行中，发生矛盾、纠纷也是正常现象，但处理起来，情况却极其复杂。这一方面是关系到合同当事人双方切身的经济利益，关系到合同能否继续执行的问题，但更重要的是国际间贸易纠纷解决由于适用的法律不同，调解程序差异较大，有效调解与处理十分困难。在国际商事交易实践中，谈判协议纠纷的处理一般有四种方式：协商、调解、仲裁与诉讼。协商和调解又被称为选择性的解决争议的方法，在国际上被简称为 ADR。

18.5.1 ADR 的商务合同争议解决方式

ADR 是指通过诉讼和仲裁之外的方法解决国际商务合同争议的各种程序的总称。它具有简便易行和节省费用的优点。

（1）ADR 的法律特征

其法律特征主要体现在：第一，当事人之间自愿达成的解决争议的方法。这一点与仲裁相似，但又有所不同。在仲裁解决争议的情况下该仲裁协议对当事人具有法律上的约束力，任何一方不得单方面撤回。当争议发生时，当事人必须将争议提交仲裁，而不能提交法院审理。ADR 的协议则不具有上述法律效力。第二，与此相对应，通过 ADR 达成的解决争议的方案并没有法律上强制执行的效力，但仲裁解决就不同了。第三，ADR 既可以单独适用，也可适用于诉讼程序和仲裁程序中。一般以争议双方自愿为前提，由法官或仲裁员作为调解员，促成当事人达成和解协议。

（2）ADR 的表现形式

第一，当事人之间协商。解决国际争端最简便易行的方式就是当事人相互之间的协商，其特点是没有第三者介入，有利于保持和维护双方的合作关系，甚至增加彼此之间的了解。

第二，调解。调解是在与争议双方无利害关系、但又比较信任的第三者的主持下，通过其劝说诱导，促使争议的当事人互谅互让，达成妥协以解决争端的一种方法。在调解中，调解人只能说服劝导，不能独立自主地做出具有约束力的决定，争议能否最终解决还是取决于双方当事人的意愿。

第三，模拟法庭。主要是在一些英美国家流行的一种选择性解决争议的方法。主要是针对真正上法庭，其诉讼和判决时间、成本都比较高的问题。其具体做法是：模拟法庭由争议双方有权做出决定的公司主管和一位当事人共同认可的第三者组成。其审理的程序基本模仿法庭审理过程。先由双方律师对他们之间的争议做出简要陈述，此后双方当事人即对他们之间的争议的解决做出决断。在此之前，他们会征求聘请的第三者的意见：假定此案由法庭判决，其结果如何？这样，第三者就此案发表其无法律约束力的咨询意见。双方当事人在这些意见的基础上就争议的问题做出决断，以了结双方当事人之间的争议。

18.5.2　仲裁

仲裁又称公断，是指合同双方当事人根据所达成的协议内容，自愿将相互之间的争议交给第三者，任其评断是非并做出裁决。仲裁既具有一定的灵活性，又有法律强制性，它是使用非常广泛的解决争议的一种形式。在国际商务谈判中，很重要的一项协商内容就是合作双方出现矛盾时的解决办法，因此，仲裁是不能遗漏的一项条款，因为按照国际公约的规定，如果双方当事人在合同中未能就争端的解决提出仲裁的建议，就不能申请相关部门受理仲裁。但也可以由于各种情况出现异议。我国某市一家食品公司与美国进出口公司洽谈了一份出口罐头的合同，合同约定，如果双方发生纠纷，由北京市仲裁委员会进行仲裁。后来在合同执行过程中，双方就产品质量问题发生争议，协商不妥，就解除了合同，但对以前的争议如何解决，双方仍有分歧。中方公司认为合同中的仲裁条款约定地为北京，美国公司则认为，合同已经解除，仲裁条款也就失去了效力，所以仲裁失效，随即向北京市西城区法院提出诉讼。①

（1）仲裁的特点

与调解和诉讼相比，仲裁具有如下特点：第一，自愿性，双方当事人在争议发生后可选择仲裁作为争议的解决方式，同时可约定或选择仲裁机构、仲裁员、仲裁事项、仲裁规则、仲裁地点等。第二，排他性，在存在有效仲裁协议的条件下，法院不得受理仲裁协议规定提交仲裁的争议。第三，保密性。仲裁一般不需公开审理，可以最大限度地保护仲裁各方的商业秘密，对交易双方的关系损害较小。第四，专业性。国际商事争议往往涉及许多专门性或技术性的问题，法院的法官有时是难以胜任的。但如果仲裁，仲裁员都是有关的专家或知名人士，能够从专业角度做出科学的裁决。第五，终局性。与诉讼不同，裁决具有终局性，形成对双方当事人均有法律约束力的裁决，并不得提出上诉，因此，可以节约时间和费用。

总之，由于仲裁比较灵活，并且具有与法院判决相同的法律效力，所以在国际间的经济贸易活动中，双方当事人一般更愿意选择仲裁作为解决争议的手段。而且在国际货物买卖合同中，通常都包含通过仲裁解决争议的仲裁条款。

但需要指出的是，在国际经贸活动中，"国际"和"商事"两个词的解释具有一定的说法，联合国于1985年通过的《国际商事仲裁示范法》解释，仲裁为下列情况即为国际性：一是仲裁协议的当事各方在缔结协议时，他们的营业地点位于不同的国家。二是下列地点之一位于当事各方营业地点所在国之外：其一，仲裁协议中或根据仲裁协议确定的仲裁地点；其二，商事关系义务的主要部分将要履行的地点或与争议标的具有最密切联系的地点。三是双方当事人已经明确约定仲裁的一些标的与一个以上的国家有联系。而且对于"商事"一词的解释为：它包括所有商事性质关系所发生的争议，不论其性质是否为契约性质。商事关系包括但不仅限于下述交易事项：任何提供或交换商品或服务的交易；分销协议；商业代理；租赁；建筑工程；咨询；转让许可；投资和金融；银行；保险；开发协议或转让；合资企业或其他形式的工业商业合作；航空；海洋；铁路或公路的货运或客运。

（2）国际仲裁的法律规则

国际商务活动发生纠纷在大多数情况下是通过仲裁处理的，但在国际仲裁中，仲裁规则的确定，仲裁程序的设立是实施仲裁的重要内容，并决定仲裁的结果。这里主要介绍几个谈判协议执行中可能涉及的一些规则：

第一，国际公约。于1923年9月24日在日内瓦签署的《仲裁条款议定书》是第一个国际仲裁公约，后又在1927年签署了《日内瓦公约》，使国际商事仲裁进一步走向统一化。1958年又通过了《承认及执行外国仲裁裁决的公约》，简称《纽

---

① 王玲等编著. 国际商法. 清华大学出版社，2004. 206 页

约公约》。到 20 世纪初，该公约的参加国已达 140 个，我国于 1986 年加入。

第二，国内仲裁立法。仲裁起源于当事人的仲裁协议，但不能游离于法律之外，必须受特定国家法律及有关国际条约的约束，仲裁协议的效力、仲裁裁决的承认与执行等均受特定国家仲裁法的支配。在国际仲裁中，各国有关仲裁的立法差异较大，有些国家在民事诉讼法中含有关于仲裁的规定，如德国、日本、法国的民事诉讼法等。还有些国家则制定专门的仲裁法，如美国的 1926 年联邦仲裁法、英国的 1996 年仲裁法等。这些国家的仲裁法既调整国内仲裁，也调整国际仲裁。我国属于专门的国内立法的国家，1994 年颁布了《中华人民共和国仲裁法》，其中第七章就我国的涉外仲裁进行了专门规定。

第三，仲裁程序规则。在国际商事仲裁中，一般常设仲裁机构，均有自己的仲裁规则。如谈判协议中没有特别的约定，就意味着适用该机构的仲裁规则。但联合国国际贸易委员会的仲裁规则，更广泛地适用于临时仲裁。其特点是：仲裁规则只对特定的当事人有约束力，仲裁规则不得与进行仲裁应当适用的法律相抵触。

（3）仲裁协议的形式及内容

国际商事的仲裁协议是指在国际商务活动中，争议当事人自愿把相互间的争议交付仲裁机构解决的意思表示。根据国际公约的规定，仲裁机构只能受理当事人根据仲裁协议提交的案件。一般国际商事仲裁协议可以有以下形式：一是口头的仲裁协议和书面的仲裁协议。绝大多数国家都采取书面协议的形式，个别国家如日本和瑞士等也有口头协议的约定形式。二是仲裁条款和单独仲裁协议。当事人在争议发生前，为了使争议能够得到迅速、有效的解决，一般都在国际商事合同中事先约定将未来可能的争议提交仲裁的条款，这就是仲裁条款。单独仲裁协议是指当事人在争议发生之前或之后，就该争议的仲裁问题单独达成的协议。

仲裁涉及的内容比较多，主要包括以下几个方面：

一是确定仲裁事项，即提出仲裁的争议范围。世界各国对可仲裁的事项不是无限的，一般都在仲裁法中概括地规定。如工业产权和版权的有效性纠纷、涉及到公共利益的破产案件、证券交易的案件和反垄断案件等纠纷不得提出仲裁等。

二是确定仲裁地点。这是很重要的问题，因为仲裁地点涉及解决争议适用的法律体系，如果当事人未确定适用哪国法律，仲裁机构一般根据仲裁地的冲突规则来确定适用的法律，而各国的法律规则差异较大，当事人通常只对本国的法律比较熟悉，对国外的仲裁制度和法律不大了解，这会使自己处于不利地位。所以，选择本国作为仲裁地点是最理想的，最后的妥协至少应该是选择第三国作为仲裁地。

三是仲裁机构及规则。仅选择仲裁地点是不够的，因为同一地点可能有几个不同的仲裁机构。仲裁机构分为常设机构和临时机构。一般常设机构更有优势。

四是仲裁裁决的效力，是指裁决对双方当事人的约束力。裁决一般具有终局性，但裁决效力越大，对当事人约束力越强，执行裁决也越顺利。

日本一株式会社北京代表处与我国香港某公司签订一份钢材买卖合同，合同中没有仲裁条款。在履行期间，因港方对钢材质量提出异议，双方协商将价格下调15%，但港方仍不付款。日方申明将在北京国际贸易委员会提出仲裁。港方在接到传真后复称：不管采取何种方式解决争议，公司将奉陪到底。日方最终向中国国家贸易委员会提请仲裁，港方认为该委员会没有仲裁权。但按仲裁规则，被申请人表示"不管采取何种方式解决争议，公司将奉陪到底"表明被申请人同意将争议交付仲裁，所以，该委员会具有管辖权。①

18.5.3　国际商务活动中的诉讼

国际商事诉讼是指通过诉讼的方法解决国际商务活动中的争议或纠纷。由于国际上没有专门受理国际商事的法院，也没有统一的诉讼法，所以，国际商事诉讼主要涉及到国际商务活动争议案件行使管辖权的问题。

由于各国是按照各自的民事诉讼法决定对国际商事案件的管辖，因而会导致管辖权的冲突。按照国际法上的属地原则，主权国家对其境内的一切人和物均享有管辖权，而依照属人原则，主权国家对其国民享有管辖权，即便在该国境外也是如此。这便可能产生管辖权的冲突。为此，争议双方往往订立选择法院的约定来解决这一冲突。通常选第三国法院。

目前，许多国家通过双边司法互助协定或有关的多边国际公约避免管辖权的冲突。适用的公约也比较多，如《布鲁塞尔公约》、《卢加诺公约》等都很有影响。

国际商务活动纠纷案件的诉讼有时需要国际司法的协助。这是指一国法院应另一国法院的请求，代为履行一定的诉讼行为，包括协助进行文书的送达、传讯证人、搜集证据等。国际司法协助实际上是一国法院协助外国法院在本国领域内实施具有主权性质的司法行为。因此，需要以有关国际立法、双边的司法互助协定和有关国际公约的规定或互惠关系为前提。国际司法协助必须有法院的正式委托，并注明具体的委托事项。

复习思考题

1. 国际商务谈判签约需注意的事项有哪些方面？
2. 国际商务活动适用的法律体系的主要差异是什么？
3. 谈判中应该怎样洽商合同的违约条款？
4. 合同执行中的例外包括哪些情况，应怎样注意？
5. 谈判合同中为什么一定要有仲裁条款？

---

① 金晓晨主编. 国际商法. 首都经济贸易大学出版社，2005. 325 页

6. 仲裁与法院判决的主要区别是什么？

案例分析

一场中外公司的合作纠纷

在我国甘肃省西北部，许多地方常常终年不见雨水，当地的农民种田时，需要从几里外的地方挑水浇灌。为了彻底解决这些地方的贫困状况，国家投资了几十个亿准备在几十座山里打通一条水渠，将南部的一条大河之水引入西北部，这就是著名的"引大工程"。此项工程我国向全世界进行了招标，引进国际先进技术钻山开渠。期间，意大利 E 公司一举击溃了所有的竞争对手中标。

但在工程施工期间，E 公司向中方 L 公司购买了几十万吨的 12 毫米线材，然而他们在收到线材后，却以 L 公司延期交货为由，拒绝支付几十万美元的货款。为此，中方 L 公司与 E 公司交涉了三个多月毫无结果。于是为了维护企业的合法权益，他们决定聘请上海市曹海燕律师打这场官司。

曹律师在审阅了当事人提供的购销合同和有关材料后，感到里面有些问题。于是便与其委托客户联系，了解详细情况。"从材料上看，你们供应的钢材确实延迟交货一天，而国外的公司执行合同是非常严格的，只要是延迟交货，对方有权拒绝付款。""晚一天有什么了不起，这在中国太普遍了，打个招呼不就行了。"中方 L 公司经理诧异地说。"不行，绝对不行，晚一天就是违约，做生意必须以信誉为本，外国人绝对不吃打招呼这一套。"

"曹律师，你怕和外国人打交道？"L 公司经理疑惑地问。"身为律师，我从来就没有怕过跟任何人打官司。但是要打胜这场官司，我首先必须了解清楚你们延期交货的原因。"L 公司经理恍然大悟。他告诉曹律师，对方之所以晚一天收到货，是因为铁路部门在运输过程中遇到了某地发生水灾，有段铁路被洪水冲毁，抢修了将近两天才恢复通车。

曹律师立刻感到如果这一说法属实，这在法律上被称为"不可抗力"，据此，我国的供货单位就可以免责了，官司可以打赢。曹律师请委托单位拿出证据。"证据？这也要证据？"经理似乎感到不可理解。曹律师向他解释："中方也有责任，当初你们应当及时将铁路受灾的情况书面通知对方，同时请铁路部门出具经当地公证机关公证的相关证明。"经过曹律师和当事人的共同努力，几天以后，中方如愿以偿地得到了相关的证据。企业老板兴奋地说："曹律师，这下我们可以到法院告他们了吧？"

但曹律师从更稳妥的方面考虑，觉得事情可能不一定走到双方完全对立的地步，因为毕竟我方尚没有以法律依据的方式与对方进行有理、有利、有节的交涉。中方延迟交货是受不可抗力的影响，但对方并不知情。另外，"引大工程"是国家扶贫解困的特大项目，万一官司打到法院，影响了"中意友好"，影响了"引大工程"的顺利进行，由此造成的损失是无法想象的。所以，曹律师决定先以企业法律顾问的身份亲自到施工现场与外方交涉。

1992 年 12 月上旬的一天，曹律师和另外一名助手以及委托单位的人员，经过几个小时的长途跋涉，来到了"引大工程"工地附近的一个小城镇。到了 E 公司驻扎在工地的办公机构。在 E 公司的办公区域内，盖着几栋非常高级的活动房，周围是专供职员休息的草坪和一个网球场。他们来到了罗伯特经理的办公室。

"罗伯特先生，根据我的调查，贵公司拒付我的当事人数十万美元的货款是毫无道理的。"曹律师坐下后，开门见山地向对方指出。"是你们中国人太不讲信誉，他们违约，我们就有权按照合同的有关条文扣付货款。"罗伯特的话语以及那蓝色的眼光中透出西方人特有的傲慢。

"罗伯特先生，请你在没有全面掌握事实的情况下，不要随意指责我的当事人。"曹律师马上针锋相对地跟上。"我的当事人是很讲信誉的，他们按时将钢材交给了铁路部门进行运输。贵公司之所以晚收到一天货，根据调查是因为洪水冲毁了某段铁路造成的，这在中国的法律上称为'不可抗力'，因而我的当事人是不构成违约的。"

曹律师边说边将证据交给了罗伯特。但当罗伯特了解了这一情况后，非常蔑视地说："我们是外国公司，我们不承认中国的法律和这些证据。""世界上所有的外国公司和外国人，在中国的土地上必须尊重和遵守我们中国的法律，更何况世界上任何国家的法律以及国际惯例，都把洪水等自然灾害列为'不可抗力'。罗伯特先生，你从事国际经济事务已经多年，你总不会连这起码的法律常识都不懂吧？"曹律师掷地有声地回答。

罗伯特没想到曹律师如此精通法律并反应敏捷，他思索了片刻，忽然又改口说到："但是，由于你们的延期交货，使我们在施工时不得不用 16 毫米的线材替代 12 毫米的线材，为此，造成了我们很大的经济损失，这笔损失你们总应该赔偿吧。"他边说边从档案柜中取出有关施工图纸和施工记录。

"罗伯特先生，你的说法肯定是不能成立的。"曹律师迅速做出反应。"首先你必须提供当天你们仓库中连一根 12 毫米的线材都没有的证据，我们绝不相信安排用材料计划时，连一点意外因素都不考虑；其次，你必须提供那天本该使用 12 毫米的线材，因我们的货未到，而改用 16 毫米的线材替代的数量以及已经用到工程上去的确凿证据。"随后，曹律师又加重语气说："罗伯特先生，我作为一个中国人要提醒你的是，对贵公司参与我国的建设我表示感谢。但是你们必须保证施工的质量。如果你们把本该使用 12 毫米的地方擅自改用 16 毫米线材进行施工，造成质量问题，我一定建议我国相关部门追究你们的法律责任。"说完之后，曹律师走上前去向罗伯特索要有关材料。

罗伯特经理一听曹律师的话立刻慌乱起来，他急忙收起桌上的材料将它们放回原处，同时赶紧解释道："我们改变施工方案都是得到中方认可的，不会有什么质量问题。"此时，罗伯特说话已是轻声慢语，原先的傲慢已不见了踪影。

曹律师继续说道："我今天来是为我的当事人催讨货款的。在今天以前，由于你们没有掌握运输中的特殊情况，你们拒付，我不想责怪贵公司。但是，如果贵公司在得知真相后仍拒付货款，那么我们将向法院起诉。届时不仅要求你们偿还货款本金，同时还将要求贵公司支付利息，请罗伯特先生三思！"

罗伯特先生一听中方准备向法院起诉，急忙连连摆手说道："不要打官司，不要打官司，打官司对我们双方都是不利的。我们完全可以通过谈判来解决此案。"

"坦率地说，我的当事人早就想向法院起诉了，是我阻止了他们。我不想起诉，并不是担心会对我的当事人不利。而是感到贵公司及贵公司的职员，当然也包括您罗伯特先生，放弃国内优越的生活条件，远渡重洋参与中国的建设是令人尊敬的。而一旦进入诉讼，恐怕会对贵公司的声誉不利。同时我也坚信，贵公司肯定是通情达理的，在知道事实真相后一定会支付货款的。"但罗伯特表示："我们公司很大，管理上有一套规定的程序，当初拒付部分货款也是我的上司做出的决定，且已通知了财务部门，现在同意支付货款，也必须重新向公司本部报告，他们研究决定后，再通知财务部。我相信总部了解情况后，一定会做出令你们满意的答复的。"

"那我回上海听你的好消息，不过，十天之内若我的当事人账上见不到应得的美金，我们只能在法庭上见了。"曹律师不卑不亢地说完，准备带领其他人赶到车站，因为离末班车只有 5 分钟了。

出乎中方意料的是，罗伯特先生阻止道："曹律师，为了表示我对你的敬佩，以及我们解决问题的诚意，今天晚上我想请你们共进晚餐，晚餐结束后，我用专车送您回去。"席间，罗伯特先生频频举杯，因为他从曹律师身上看到了中国人令人敬佩的东西。不久，曹律师的当事人就收到了应得的货款。

问题：

1. 曹律师与意大利公司的经理的谈判交锋有几个转折点？
2. 请你分析专业知识在谈判中起了什么作用？

背景资料

国际上主要商事仲裁机构

1. 瑞典斯德哥尔摩商会仲裁院

该仲裁院成立于1917年,从1988年起适用新的仲裁规则。根据规则规定,该仲裁院由三人组成委员会,委员会决定是最终决定,商会不得复议。秘书长由一名律师担任。如果当事人约定,也可以适用联合国国际贸易法委员会的仲裁规则。该仲裁院设有仲裁员名册。组成仲裁庭时,仲裁员可由当事人自行选择,不受国籍限制,但首席仲裁员或独任仲裁员由仲裁庭主席指定。仲裁地点可以在瑞典也可以在瑞典以外的地方,但在瑞典仲裁应适用瑞典的仲裁程序法,双方当事人还要交纳一笔仲裁保证金。使用语言除非当事人有约定外,由仲裁庭决定。常用语言为瑞典语、英语、法语、德语和俄语。

2. 英国伦敦国际仲裁院

该院成立于1892年,1985年制定了新的《伦敦国际仲裁院规则》,当事人也可以约定适用联合国国际贸易法委员会仲裁规则。该院现由伦敦市政府、伦敦工商会和女王特许仲裁员协会组成的联合管理委员会管理。当事人可以指定仲裁员,也可以由仲裁院主席指定,在某种情况下还可以由其他指定机构指定仲裁员,包括法院。双方当事人可以通过签订排除协议,排除法院对仲裁案件的法律问题以及裁决的审查。

3. 香港国际仲裁中心

该中心成立于1985年,采取理事会管理模式,理事会成员是由不同国籍和多方面专长的资深商界、法律界人士组成。理事会下属的管理委员会通过中心的秘书长负责管理仲裁事务。仲裁事务包括本地仲裁和国际仲裁。国际仲裁适用联合国国际贸易法委员会的仲裁规则。国际仲裁庭一般由三名仲裁员组成,当事人双方各指定一名,再由两名仲裁员推举首席仲裁员,也可以由中心指派。该中心设有不同国籍的国际仲裁员名册。如果当事人约定仲裁适用于我国香港法律,则可以约定排除向我国香港法院上诉的任何权利。该中心也采取调解或调停的方式解决争议。

4. 解决投资争端国际中心

该中心是根据华盛顿公约而设立的。华盛顿公约全称为"解决国际与别国国民之间投资争端公约",该公约于1966年10月14日生效。它是国际复兴开发银行下属的独立机构，设行政理事会和秘书处。理事会由各成员国代表组成，主席由国际复兴开发银行行长担任，秘书长负责中心的事务性工作。理事会下设一个调停人和一个仲裁人员小组。向该中心申请仲裁有两个条件：当事人所在国必须是公约成员国；当事人中间必须有仲裁协议。仲裁庭的组成人数必须是奇数，当事人可以指定仲裁员，然后共同指定首席仲裁员，我国是 1989 年申请加入的。

5. 国际商会国际仲裁院

该仲裁院成立于 1923 年。国际商会是国际间的民间组织，其仲裁院具有很大的独立性。该院的理事会由 40 多个分别来自不同国家具有国际商法专长和解决国际争端经验的人员组成。该院设主席一人，副主席若干人，秘书处由来自十多个国家的人员组成。该院现行的仲裁和调解规则是 1988 年修订的。仲裁庭可由一人或多人组成，首席仲裁员由仲裁院指定，仲裁地点可在任何一个国家。仲裁庭自受审理前需将审理事项提交仲裁院批准，审理终结前需将裁决书初稿提交仲裁院以对裁决的形式提出修改，仲裁院必须在得到批准之后才能签署裁决书。

此外，从事国际商事仲裁的常设机构，比较有影响的还有瑞士苏黎世商会仲裁院、美国仲裁协会、日本国际商事仲裁协会、伦敦劳埃德海事仲裁所等。我国现有的涉外仲裁机构有两个，一个是中国国际经济贸易仲裁委员会，另一个是中国海事仲裁委员会。它们都是由中国国际商会（原中国国际贸易促进委员会）设立的。

6. 中国国际经济贸易仲裁委员会

该委员会成立于 1956 年 4 月 2 日，最初名称为"中国国家贸易促进委员会"，1988 年改为现名。地点设在北京，委员会设主任 1 人，秘书长 1 人，副秘书长若干人。设秘书局负责日常事务。在上海和深圳设有分会，备有统一的仲裁员名册，适用的仲裁规则是 1995 年 10 月 1 日实施的。

资料来源：贵立义著．企业法律环境．东北财经大学出版社，2004

主要参考文献

1. ［奥］维克托·克里蒙克主编，屈李坤等译. 国际谈判——分析、方法和问题. 华夏出版社，2004

2. ［美］弗兰克·L·阿库夫著，刘永涛译. 国际商务谈判. 上海人民出版社，1995

3. ［美］特里·莫里森等著，冯云霞等译. 如何同 53 个国家做生意. 译林出版社，1996

4. ［美］尼伦伯格著，郑丽淑译. 谈判的奥妙. 四川文艺出版社，1988

5. ［美］罗杰·费希尔等著，郭序等译. 谈判技巧. 北京大学出版社，1987

6. ［美］荷伯·科恩著，邱君译. 你能谈成任何事. 海南出版社，1999

7. 张晓豪著. 左右谈判. 西安交通大学出版社，1999

8. ［英］珍妮·霍奇森著，卢小生译. 谈判中的独立思考. 经济管理出版社，1999

9. 李品媛编著. 现代商务谈判. 东北财经大学出版社，1995

10. ［美］埃里克·W·斯科皮克等著，谢毅译. 一切都可谈判. 上海人民出版社，1998

11. ［美］凯文·肯尼迪著，王燕然等译. 怎样在国外做生意. 中国对外经济贸易出版社，1989

12. 于忠荣等编著. 商务谈判名家示范. 山东人民出版社，1995

13. 陈栋康等主编. 现代国际商务礼俗. 中国商务出版社，2004

14. 孙建秋等著. 谈判者. 经济管理出版社，2004

15. 白远著. 国际商务谈判. 中国人民大学出版社，2002

16. ［美］戴维·A·利克斯等著，裴学钊等译. 商业大失败. 四川人民出版社，1989

17. ［美］鲁思·本尼迪克特著，吕万和等译. 菊与刀. 商务印书馆，1990

18. ［埃及］艾哈迈德·爱敏著，朱凯等译. 阿拉伯—伊斯兰文化史. 商务印书馆，2001

19. ［美］马克·齐默尔曼. 怎样与日本人做生意. 上海科学技术文献出版社，1989